Mr Garcin

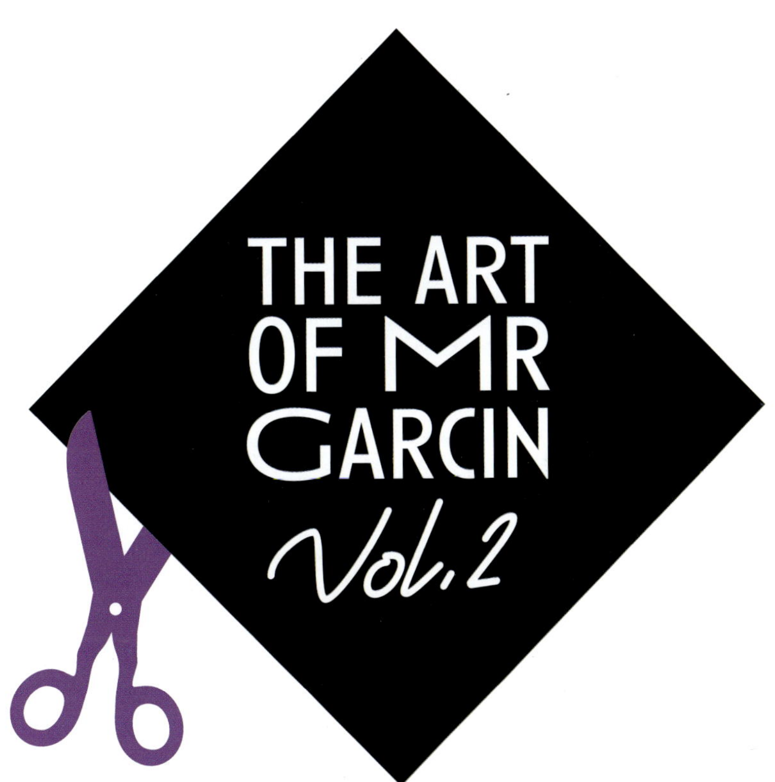

THE ART OF MR GARCIN Vol. 2

L'HOMME AUX CISEAUX D'ARGENT

Le retour !

PRÉFACE
Diane & Jean-Jacques Launier

ŒUVRES
Mr Garcin

THE ART OF MR GARCIN VOL. 2
L'Homme aux Ciseaux d'Argent, le retour !

est édité par **Les Éditions Pix'n Love**
6, rue de la Prévôté – 78550 Houdan
www.editionspixnlove.com

pix'n love
EDITIONS

DIRECTEUR DE LA PUBLICATION
Marc Pétronille
AUTEURS
Mr Garcin, Michaël Verger
PRÉFACE
Diane et Jean-Jacques Launier
COUVERTURE
Mr Garcin, Luc Pétronille (montage)
MISE EN PAGE ET CONCEPTION GRAPHIQUE
Vincent Montagnana
RELECTURE
Christophe Delpierre
DIRECTEUR ARTISTIQUE
Luc Pétronille
CONSULTANT ÉDITORIAL
Benjamin Peray

ISBN : 978-2-37188-232-4 (édition Classique) / 978-2-37188-233-1 (edition Collector)

DÉPÔT LÉGAL : décembre 2024
Achevé d'imprimer en Union Européenne par Grafo (novembre 2024)

Rejoignez Les Éditions Pix'n Love sur :

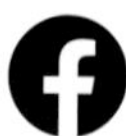 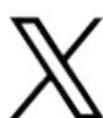 

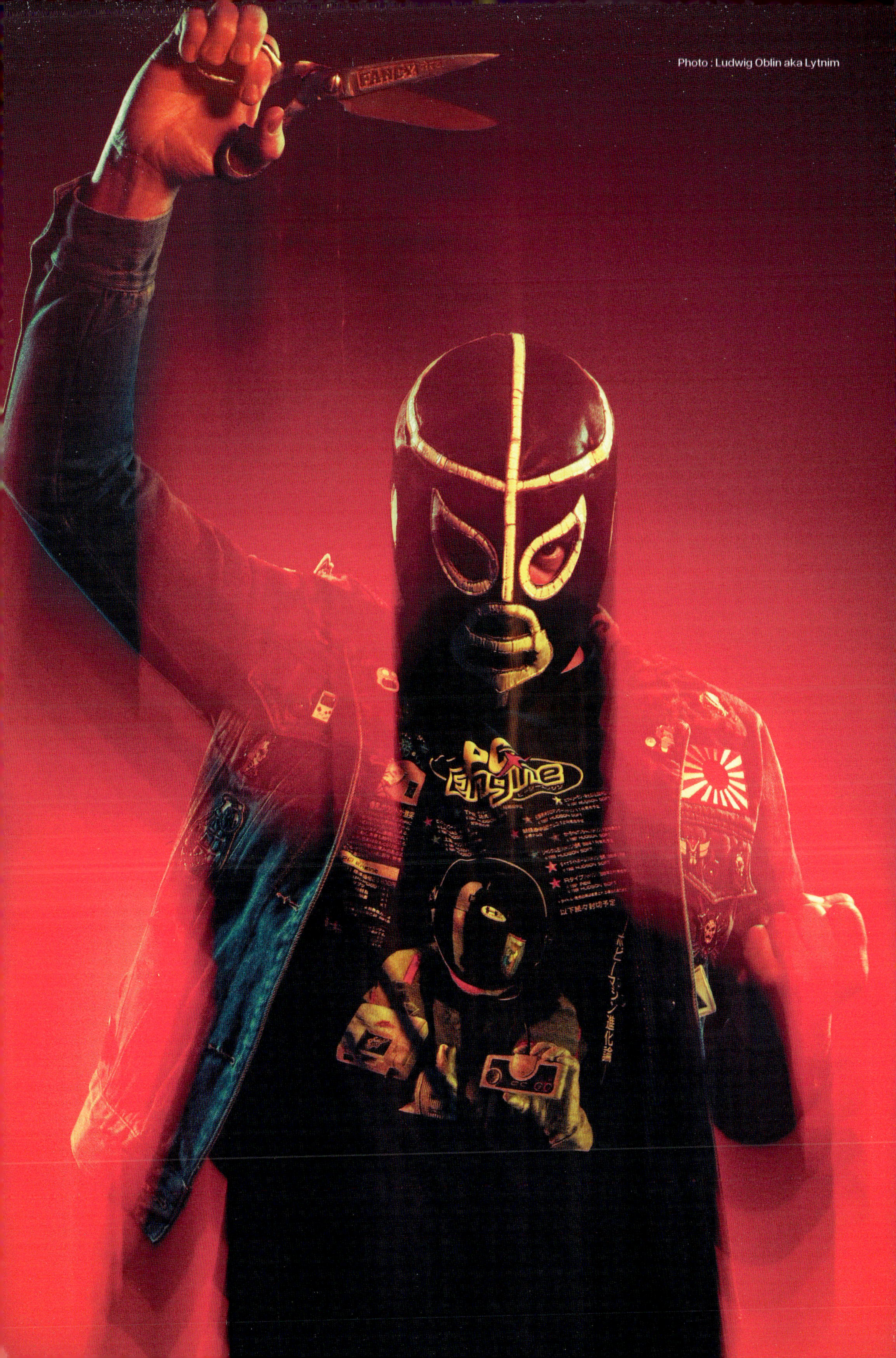

Photo : Ludwig Oblin aka Lytnim

Sommaire

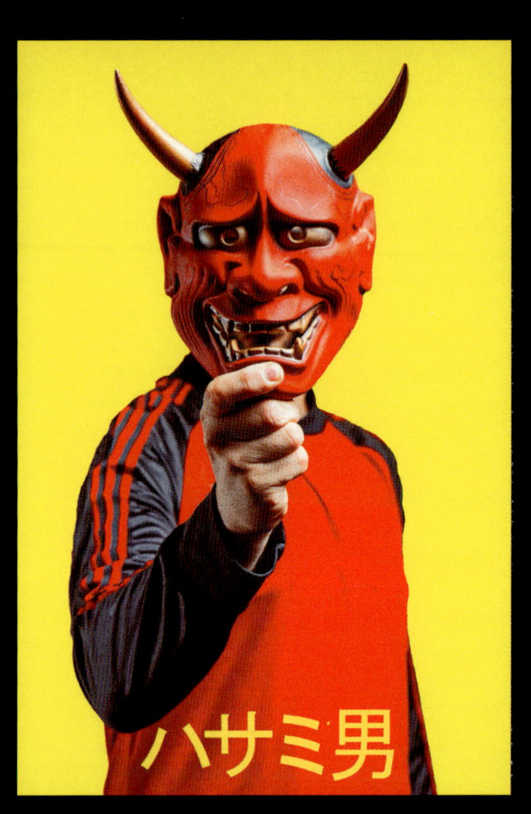

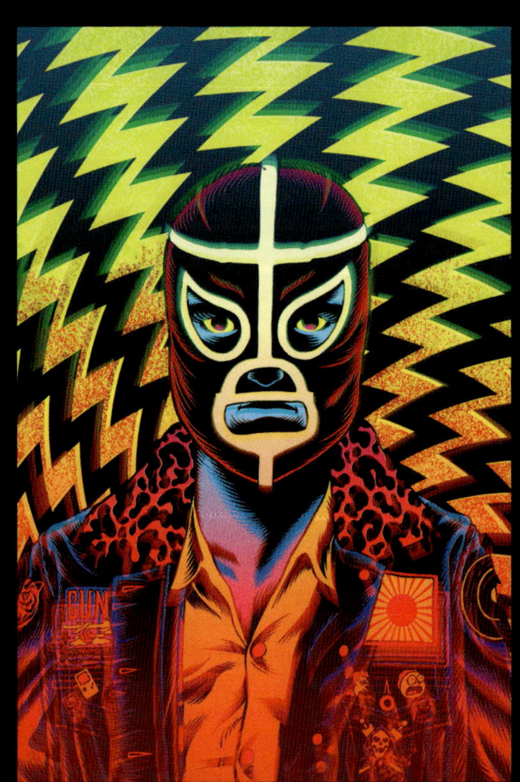

072 ŒUVRES

2017-2022

Préface

Lorsque Mr Garcin franchit pour la première fois la porte de notre galerie sur l'île Saint-Louis, ce fut comme si démarrait le générique d'un film dont l'action prenait place entre Paris, Montpellier et Los Angeles.

Première galerie au monde consacrée à l'art de l'animation, des jeux vidéo, des comics, des mangas et des designs du cinéma, notre espace d'exposition semblait conçu pour y voir apparaître un héros unique en son genre.

Dès notre rencontre, le cœur de l'intrigue s'amorça, dévoilant un scénario à suspense dont l'issue n'était pas encore prévisible.

Afin de parvenir à vivre de sa passion, Mr Garcin se déclarait en effet prêt à abandonner son occupation d'alors, à l'instar du jeune Luke Skywalker, pour se lancer dans une aventure artistique, et ce quels que soient les risques encourus.

Cette détermination à se lancer dans un univers inconnu, dans lequel il y a si peu d'élus, ne manquait pas d'évoquer le choix de Neo, entre pilule rouge et pilule bleue...

À ce stade d'un film, lorsqu'un héros prend conscience de sa destinée et décide de s'y plonger à corps perdu, il est préférable pour lui d'avoir été préalablement piqué par une araignée radioactive, exposé à des rayons gamma, ou bien encore d'être originaire d'une lointaine planète, désormais disparue, qui lui confère une invincibilité sur Terre.

En nous présentant ses premières œuvres, réalisées chez lui à Montpellier, et qu'il souhaitait à présent exposer, le jeune artiste nous révéla alors son incroyable pouvoir.

Mr Garcin possède la faculté de composer des œuvres éblouissantes, constituées de myriades d'images découpées, qui prennent chacune naturellement leur place, comme si elles avaient toujours été destinées à s'y intégrer pour composer une œuvre unique !

Ces vertigineuses mosaïques d'images figuratives et narratives incitent le spectateur à s'y perdre à l'infini, pour mieux s'imprégner du mythe qui se révèle, sublimé par les images de ses sources originelles.

Pour Mr Garcin, « *un grand pouvoir implique une grande créativité* ». L'exposer s'imposa à nos yeux comme une évidence.

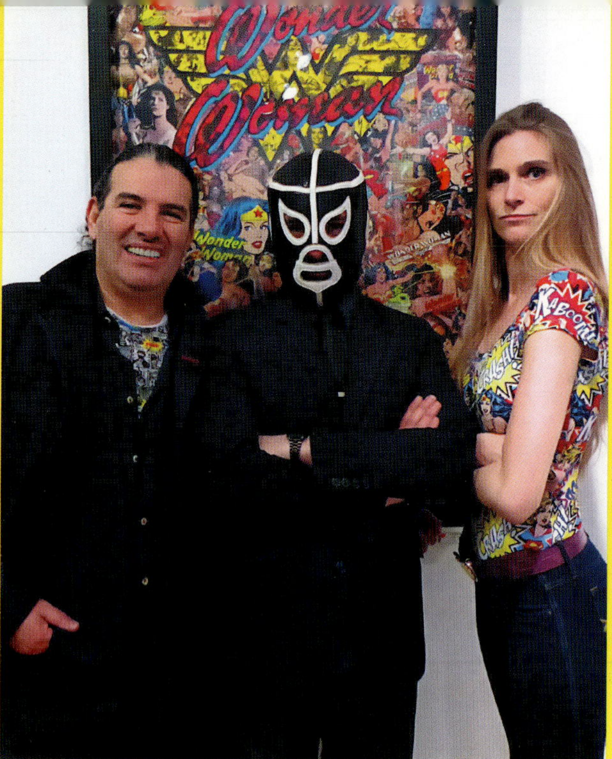

C'est lors du vernissage de cette première exposition, au cœur de l'île Saint-Louis, que l'artiste masqué apparut en public, confirmant ainsi qu'il était bien le héros que le scénario laissait initialement entrevoir.

Nous avons eu le plaisir et la fierté d'exposer deux fois Mr Garcin dans notre galerie, puis dans notre musée Art Ludique à Paris, lorsque nous avons conçu et présenté la première grande exposition au monde consacrée aux super-héros Marvel.

Le pouvoir de Mr Garcin avait en effet été repéré jusqu'à Los Angeles, et l'équipe éditoriale de Marvel lui avait demandé de réaliser la couverture du mythique numéro 700 d'*Amazing Spider-Man*, que nous présentions dans notre musée.

Son œuvre culte représentant l'œil de Spider-Man fut exposée et plébiscitée par les très nombreux visiteurs, et cette exposition se classa dans le top 5 des plus visitées en France durant l'année.

Pour réaliser cette exposition, nous avions collaboré avec Stan Lee en personne, et imaginé un documentaire diffusé au sein du musée intitulé Derrière le masque des super-héros. Stan Lee y expliquait que lorsqu'un super-héros revêt son masque, il abandonne son identité pour se consacrer aux autres.

Indubitablement, c'est également le cas pour le héros de notre histoire : lorsque Mr Garcin s'efface derrière son masque, il émane toujours de lui une puissance ludique et créative qui rend un parfait hommage à chacune des icônes dessinées dans ses œuvres.

Diane & Jean-Jacques Launier

FONDATEURS DU MUSÉE ART LUDIQUE

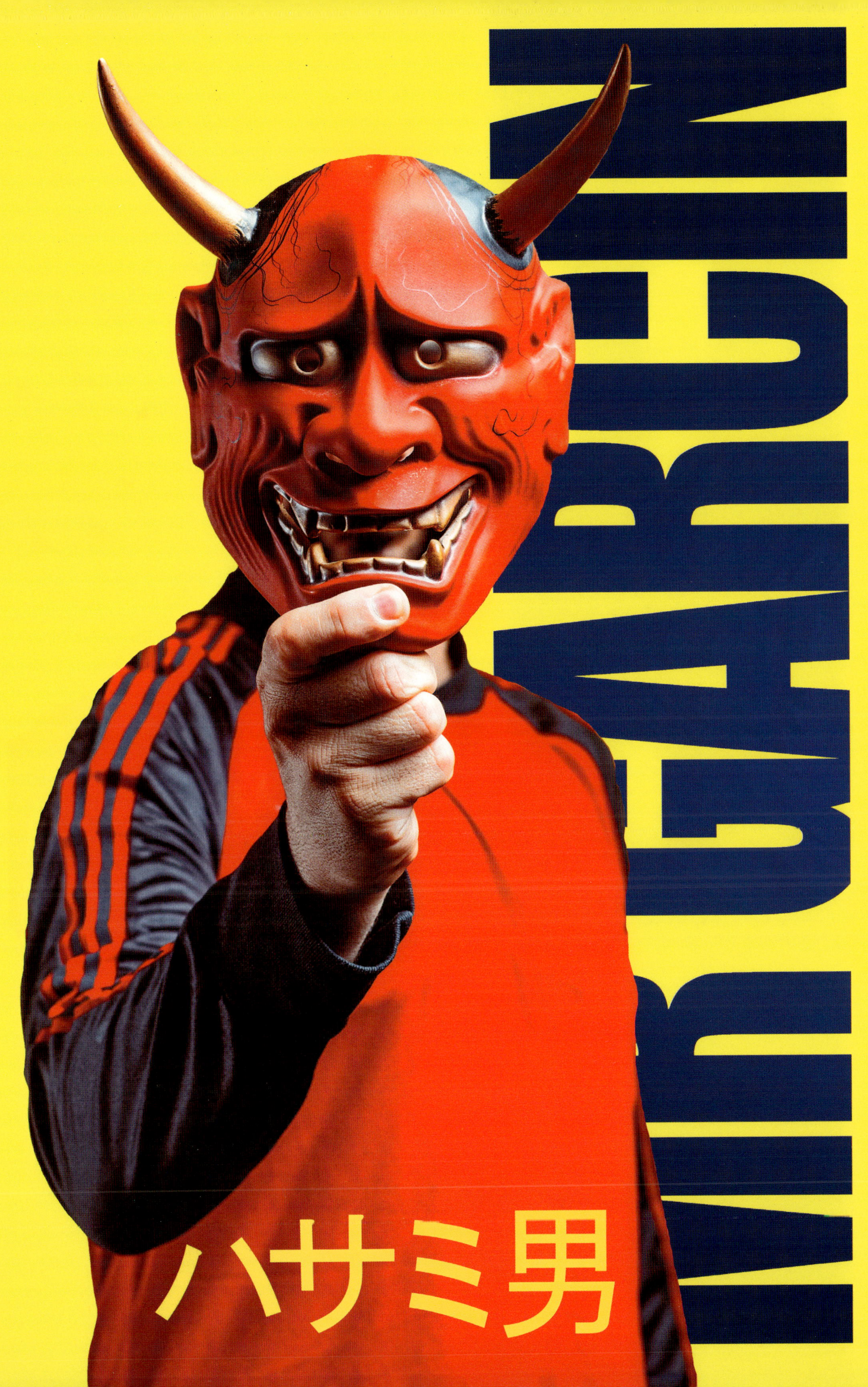
MR GARCIN
ハサミ男

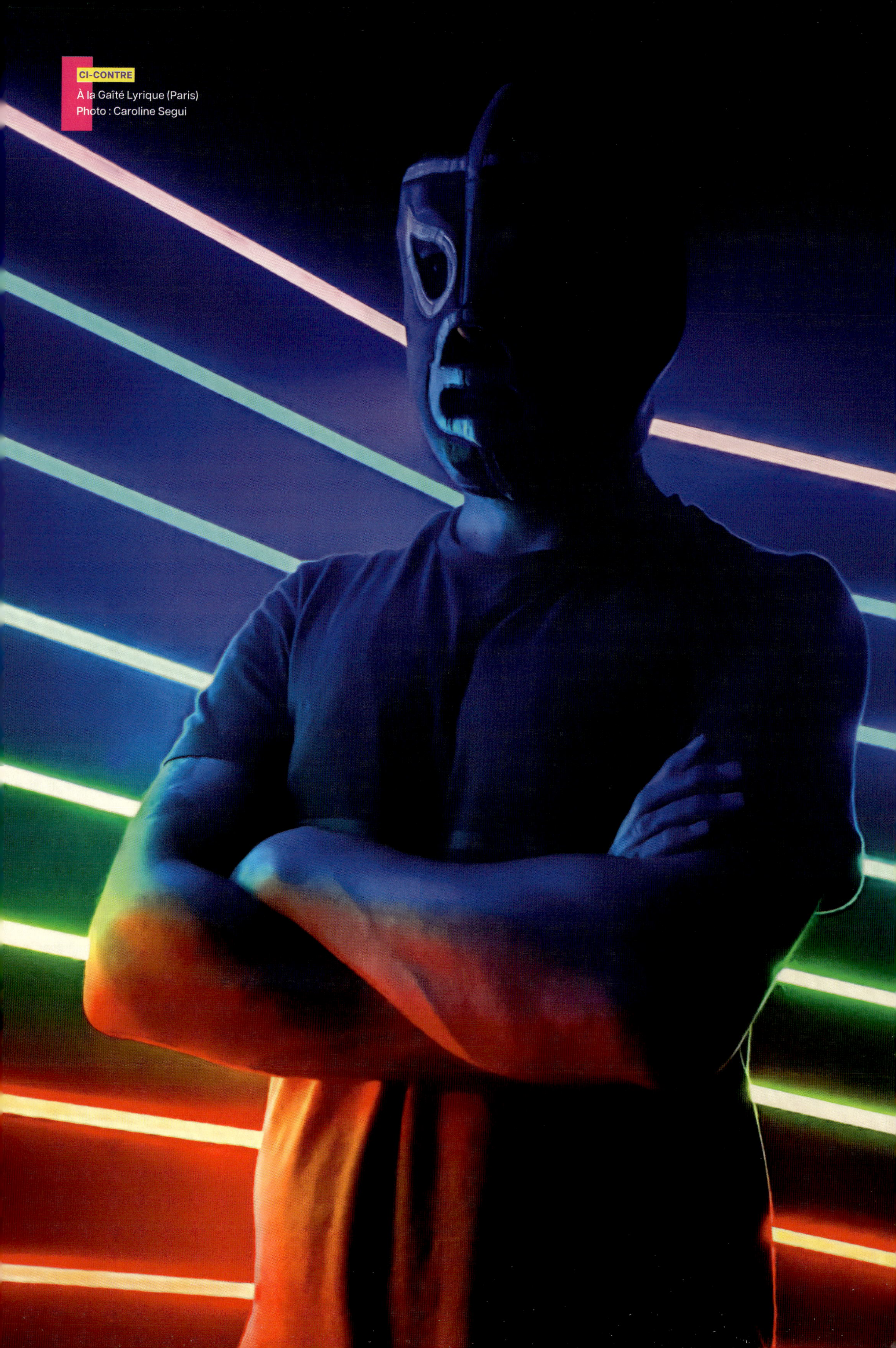

CI-CONTRE
À la Gaîté Lyrique (Paris)
Photo : Caroline Segui

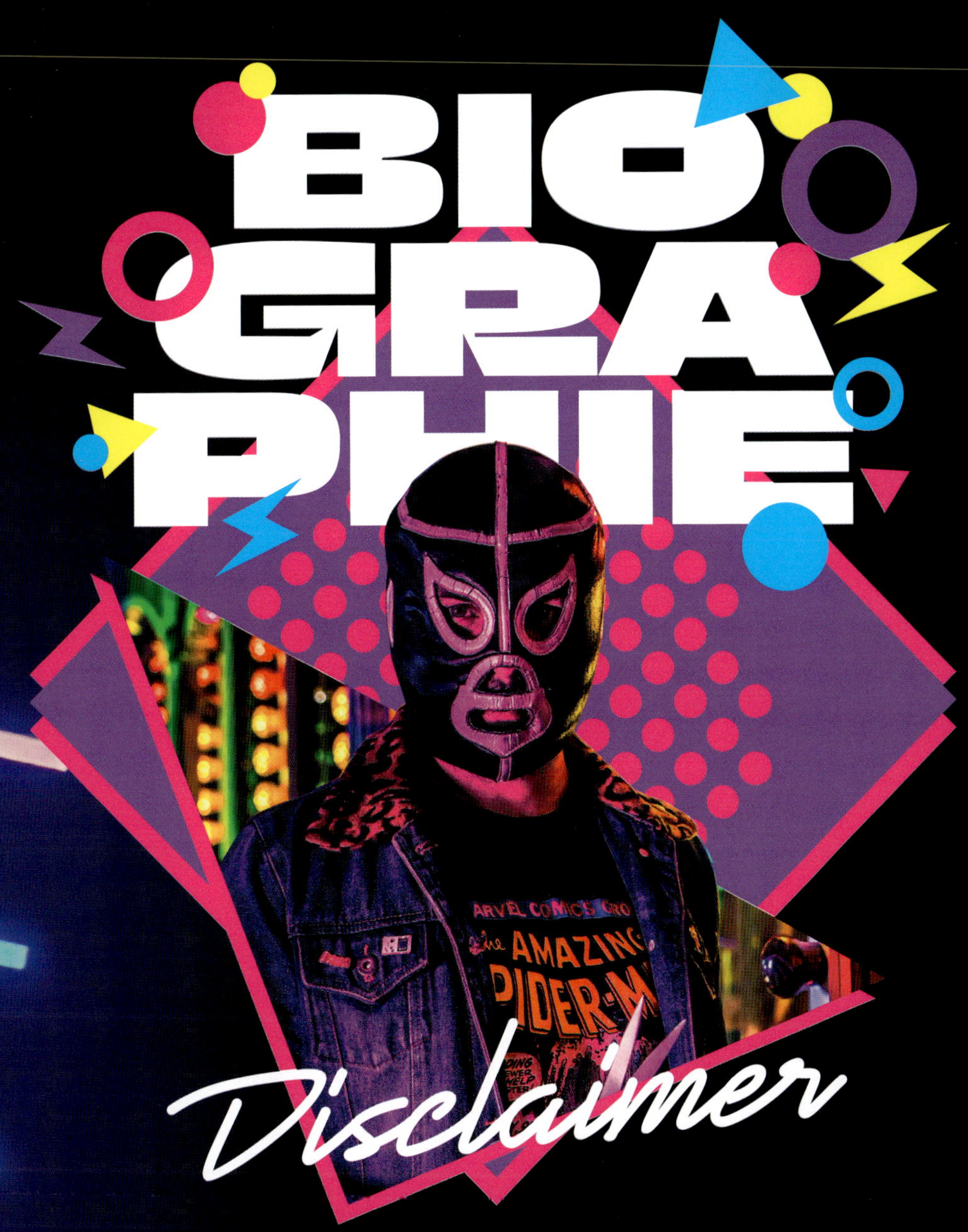

Disclaimer

À la suite de certains retours qui nous sont parvenus après la publication du tome 1 de cette biographie, nous tenons à préciser aux lecteurs que même si la majorité des faits présentés sont avérés, certaines erreurs, voire plaisanteries, ont pu se glisser dans le fil de notre rendu objectif des événements. Et quand je dis « nous », en fait, c'est moi, Michaël Verger. Si vous avez un doute concernant certains éléments, n'hésitez pas à me contacter.

Voici mon adresse e-mail :
contacts-direct@serviceclient-sncf.fr

... Apparemment, j'ai commis une erreur en communiquant mon adresse de contact. En même temps, vu comme ils m'ont fait chier à la SNCF – ne serait-ce que pour trouver où leur écrire en cas de problème –, ce n'est que justice. Quoi qu'il en soit, maintenant, vous savez comment les joindre si vous avez une réclamation.

Bonne lecture !

MV

RÉSUMÉ DE L'ÉPISODE PRÉCÉDENT

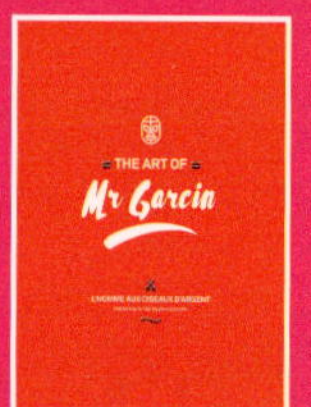

Mr Garcin est un artiste-catcheur mexicain venu d'une autre galaxie (Marseille) pour sauver la Terre avant qu'il ne soit trop tard grâce à des collages audacieux et à la promotion du port d'un masque de sécurité en toutes circonstances. Après une enfance difficile passée à tenter de survivre dans les pires ghettos de New Vegas, il découvre rapidement sa fibre artistique, mais décide de cotiser un peu pour la retraite avant de se lancer (« *On ne sait jamais* », lui dit sa maman). Rapidement repéré suite à la publication, sur le site *Geekart*, d'une de ses premières œuvres représentant l'œil de Spider-Man en gros plan (la reproduction d'une couverture des années 1990), il tape dans un autre œil, celui de Marvel, qui décide d'utiliser ce collage comme illustration du numéro 700 du héros masqué. Puis Marvel disparaît, mais pas la notoriété, et avec elle les commandes, l'argent, la drogue (c'est mal), la reconnaissance, et des tas de portes qui s'ouvrent, comme on va le voir tout de suite, vers de nouveaux horizons.

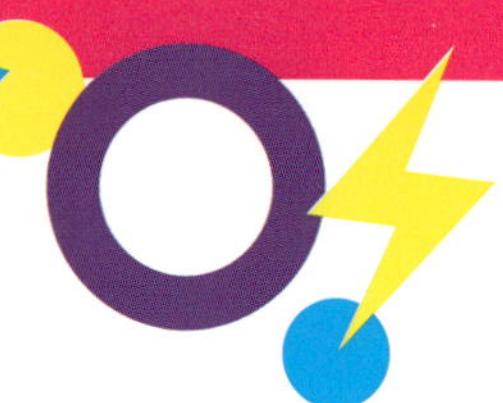

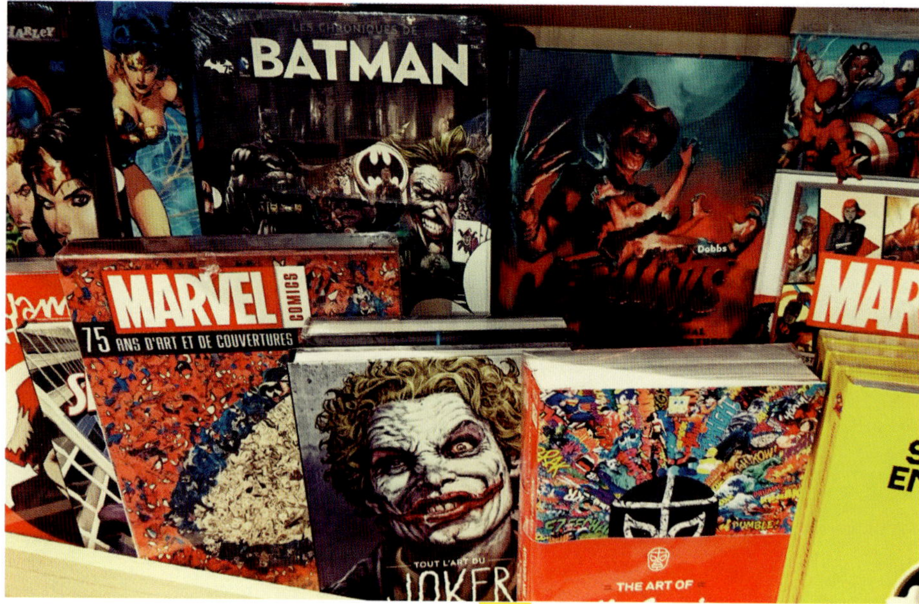

CI-DESSUS
Le livre de Mr Garcin envahit les librairies début 2017

« Je suis trop vieux pour ces conneries »

Et me voilà reparti pour un deuxième épisode. On sait pourtant qu'il ne faut jamais retourner sur le lieu du crime. Que les suites, ça ne marche jamais. Vous allez me dire : « *Et* Terminator *2 ?* » OK, mais ce film n'a-t-il pas ouvert la boîte de Pandore ? Combien de robots tueurs envoyés pour réécrire l'histoire ? C'est bien simple, le passé de Skynet est tellement raturé qu'ils sont obligés de rajouter des remarques dans la marge, maintenant – il paraît que le prochain épisode s'appellera *Terminator Annotation*.

Enfin, nous y sommes : « *Mr Garcin, volume 2* ». Comme vous vous en doutez, il revient plus puissant que dans le premier épisode. Il a développé de nouveaux pouvoirs. Maintenant, il peut repérer une bande dessinée qu'il va découper rien qu'à l'odeur, sur des kilomètres. Il sait manipuler une paire de ciseaux avec les dents. Il est capable de donner l'identité de tous les héros Marvel présents sur ses collages, et d'épeler leur nom à l'envers. Il est en mesure de soutenir le regard de Chuck Norris sans sourciller. Il peut remettre en ordre les 5 000 pièces d'un puzzle dans le noir. Ou échanger au téléphone avec Cthulhu sans éprouver la moindre confusion mentale.

Mais ce n'est pas de cela que nous allons parler. Nous allons plutôt évoquer le chemin que Mr Garcin a décidé d'emprunter pour s'élever vers le sommet, « sans cutter les corners », comme diraient nos amis anglo-saxons, ni utiliser sa capacité à voler – oui, il peut faire ça aussi.

Sa réussite, il veut l'obtenir uniquement à la faveur de son travail, accompli à la sueur de son front masqué.

Il est en mesure de soutenir le regard de Chuck Norris sans sourciller.

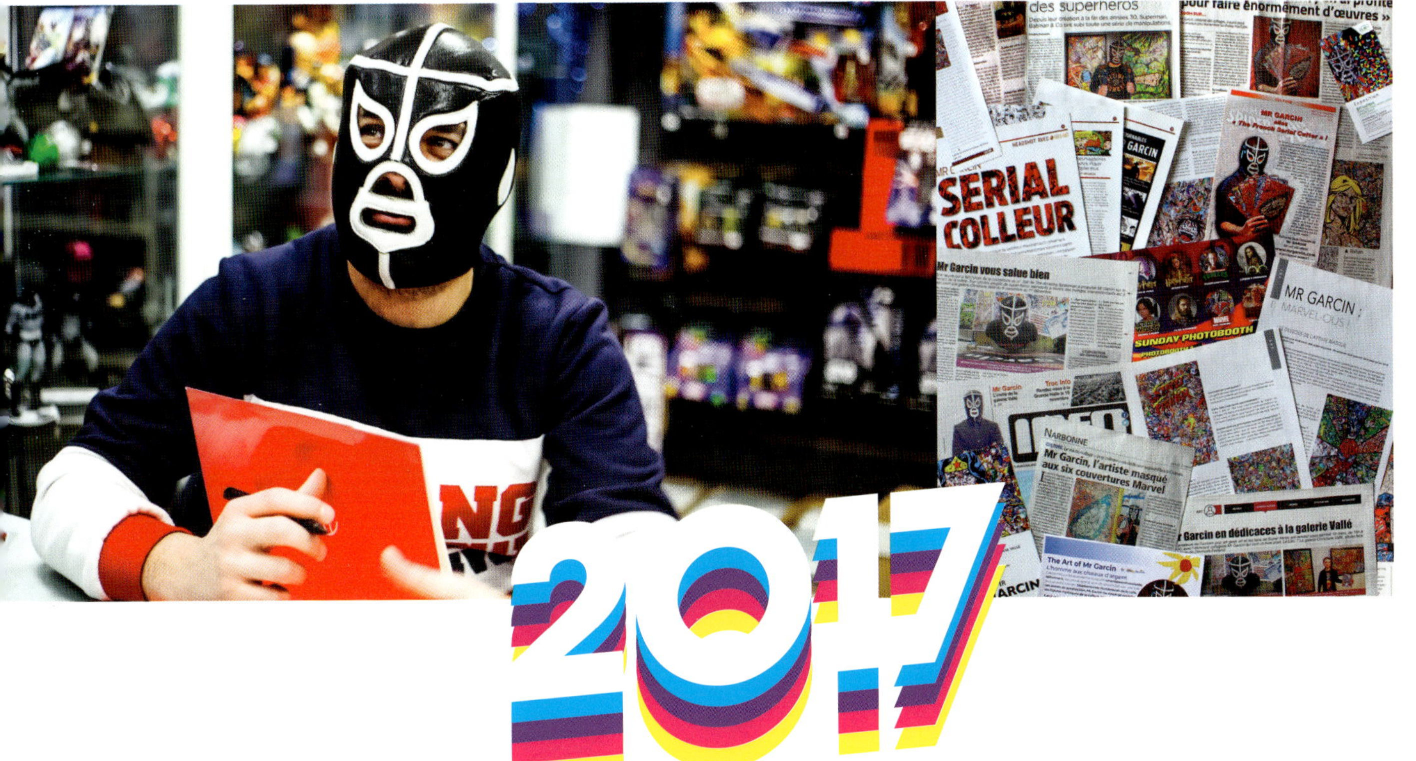

2017

Quand je reviens à Montpellier pour ce nouveau tour de piste, je suis surpris de découvrir une ville qui ne cesse de s'agrandir à la manière d'un Miami du sud de la France, rutilante, écrasée par un soleil de plomb. Même le hangar où l'équipe assurant la sécurité de Mr Garcin m'emmène a été complètement rénové. Il est toujours abandonné, mais ça lui donne un air plus engageant. Nous avions quitté l'artiste masqué à la fin de l'année 2016. Le voilà qui entame l'année 2017 bille en tête avec la promotion du tome 1 de sa biographie.

S'il y a une chose qu'on ne peut pas lui reprocher, c'est d'être économe de son énergie pour défendre son travail. Sur le ring, s'il le faut. Il entame ainsi une tournée vertigineuse, apparaissant sur le plateau de Game One dans l'émission *#Team G1*, tout comme celui de No Life, où il est interviewé par Davy Mourier ; il passe également sur Clique TV (nous y reviendrons ultérieurement). Il participe même à l'émission de Jacky, du Club Dorothée, que les moins de 30 ans ne peuvent pas connaître. L'ancien co-animateur du « Club Do' » a une émission sur une petite chaîne d'AB Productions, Jacky

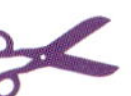

CI-DESSUS, À GAUCHE

En dédicace à Central Comics 2017

CI-DESSUS, À DROITE

Ces dernières années, Mr Garcin fut régullèrement présent dans la presse grâce à son livre et ses diverses expo.

lave plus propre, où il compare différentes marques de lessive. Bien sûr, à cette visite est associée une certaine part de nostalgie – on sait bien que c'est le péché mignon de Mr Garcin – quant à l'époque bénie de son enfance. Et même si l'audience est confidentielle, l'expérience s'avère plaisante pour notre colleur. Mr Garcin prend également son bâton de pèlerin pour faire la tournée des magasins Cultura (à Besançon, Évreux, Narbonne, etc.), des Comic Con et des Japan Expo, entre autres salons. Il doit souvent repousser des hordes de fans déchaînés en leur expliquant que sa ressemblance avec le chanteur de Kiss est uniquement due à son masque.

Il doit souvent repousser des hordes de fans déchaînés en leur expliquant que sa ressemblance avec le chanteur de Kiss est uniquement due à son masque.

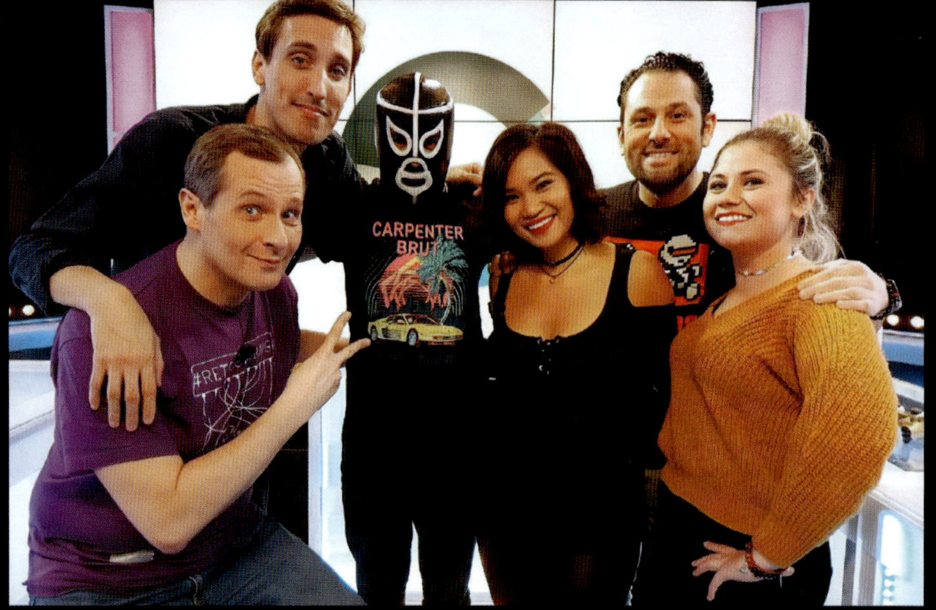

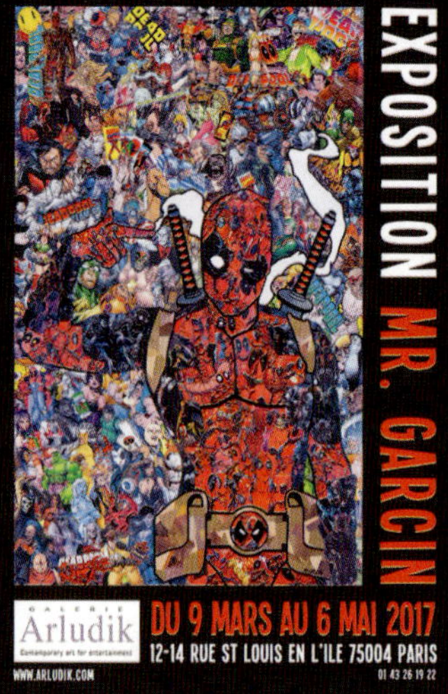

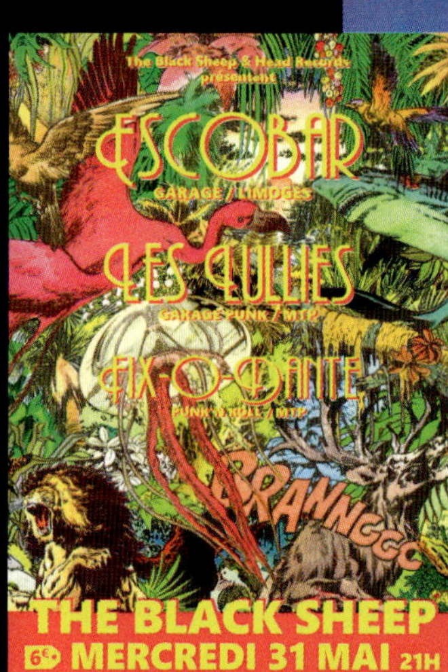

Dans le même temps, il se lance dans un nouveau type d'œuvres prenant pour base des estampes japonaises au sein desquelles il insère des héros nippons issus de la pop culture contemporaine, moyen pour lui de rendre hommage au pays qui l'a vu grandir (de très loin), mais surtout qui a influencé l'essentiel de son développement culturel. On y croise des personnages de l'univers de *Dragon Ball* ou de *Ken le survivant* au sein de paisibles paysages traditionnels, dans une alliance beaucoup plus naturelle qu'on aurait pu l'imaginer. « *C'est aussi un moyen pour moi de diversifier ma production, d'explorer de nouveaux horizons,* me dit l'homme au masque. *Pour ne rien vous cacher, les pièces sont plus rapides à faire. L'important est d'avoir le coup d'œil pour associer les bonnes œuvres. Le succès a été immédiat, et les trois premières que j'ai faites se sont vendues le soir du vernissage de mon exposition.* » Il parle ici de sa deuxième exposition à la galerie Arludik, sur l'île Saint-Louis, qui s'est déroulée du 9 mars au 6 mai 2017.

La galerie n'est pas la seule à être sensible au succès grandissant de notre héros, puisque le festival lyonnais Hallucinations collectives lui commande l'affiche de ses 10 ans. Il se base sur les dix visuels précédents de l'événement, qu'il mélange en y ajoutant les grands films qui y ont été diffusés au fil des ans au sein d'une spirale passablement inquiétante. Une réalisation qui colle parfaitement à la nature de la programmation du festival (films d'horreur et de genre). Mr Garcin prend un air mystérieux pour m'indiquer que ce dernier ne lui était pas complètement étranger, puisqu'il y était venu deux fois en compagnie de François Gaillard, le réalisateur montpelliérain.

« *Pour quelle raison ?* lui demandé-je.

CI-DESSUS, À GAUCHE

En promo pour son livre dans l'émission de Nolife, Team G1 ! Bonne humeur et rigolade au programme !

CI-DESSUS, À DROITE, EN HAUT

Affiche de l'exposition de Mr Garcin à la Galerie Arludik (Paris) en 2017.

CI-DESSUS, À DROITE, PLUS BAS

Affiche de concert réalisée à partir d'un collage existant.

Il se lance dans un nouveau type d'œuvres prenant pour base des estampes japonaises au sein desquelles il insère des héros nippons issus de la pop culture contemporaine.

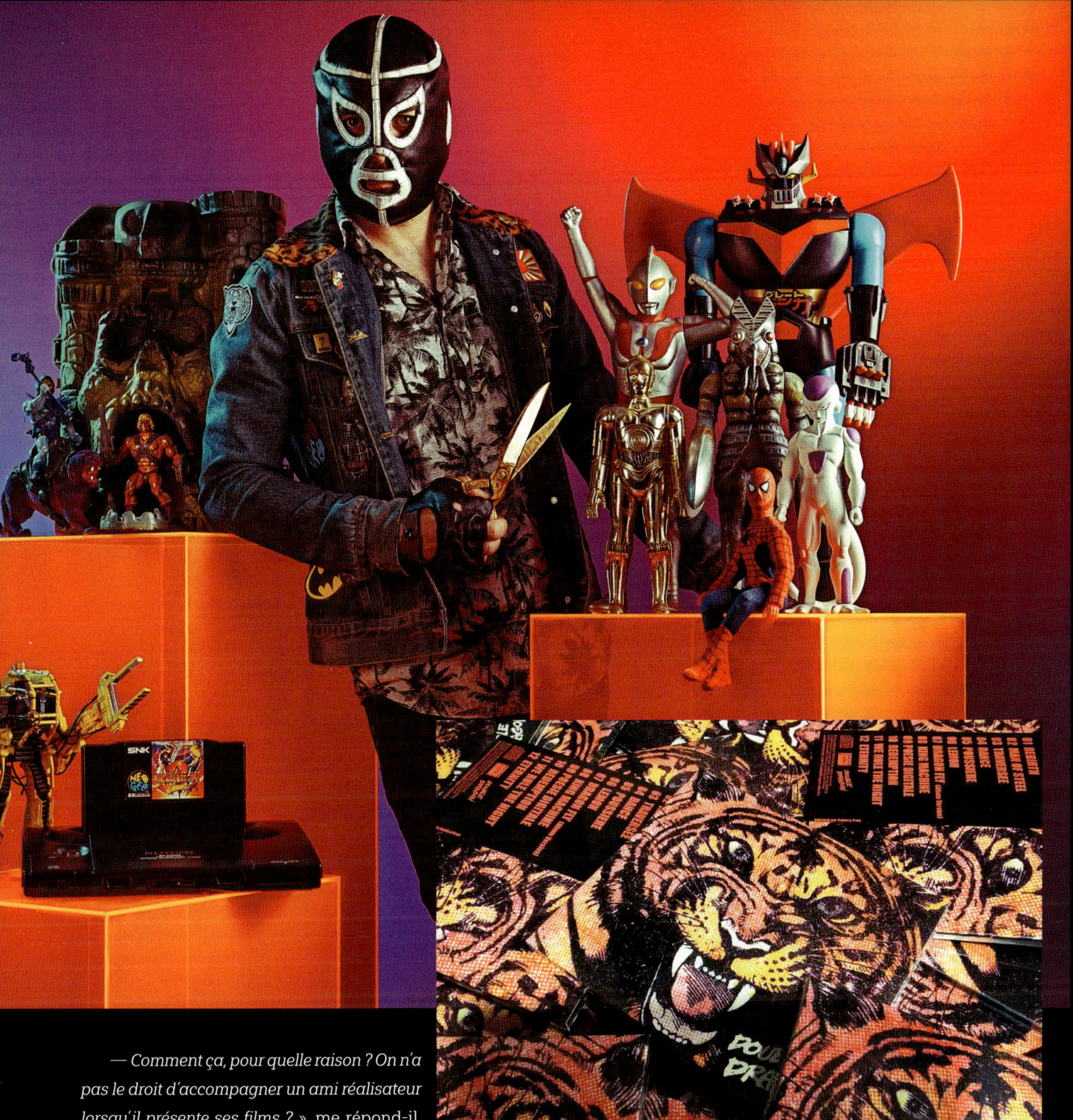

BIOGRAPHIE

— *Comment ça, pour quelle raison ? On n'a pas le droit d'accompagner un ami réalisateur lorsqu'il présente ses films ?* », me répond-il, l'air agacé.

Enfin, peut-être... Ce n'est pas vraiment évident de savoir, avec le masque.

« *Si, si, vous avez le droit. Vous y alliez en tant qu'ami, alors...*

— *Oui. Et peut-être pour d'autres raisons également. Je vous en parlerai plus tard. Ou pas. Je ne sais pas.*

— *OK, c'est vraiment comme vous voulez. Je suis payé pareil à la fin.*

CI-DESSUS, EN HAUT
Mr Garcin reste un grand enfant dans l'âme collectionnant jouets et jeux vidéo depuis de longues années ! Photo par Ludwig Oblin aka Lytnim.

CI-DESSUS, PLUS BAS
Une vague de CD de Double Dragon

— *Bon très bien, si vous insistez, je vais vous le dire tout de suite.*

— *D'accord.* »

Double Dragon (le groupe, pas le jeu)

C'est alors qu'il m'avoue qu'il mène de front non pas une, mais deux carrières artistiques. Oui, vous avez bien lu. Ou entendu,

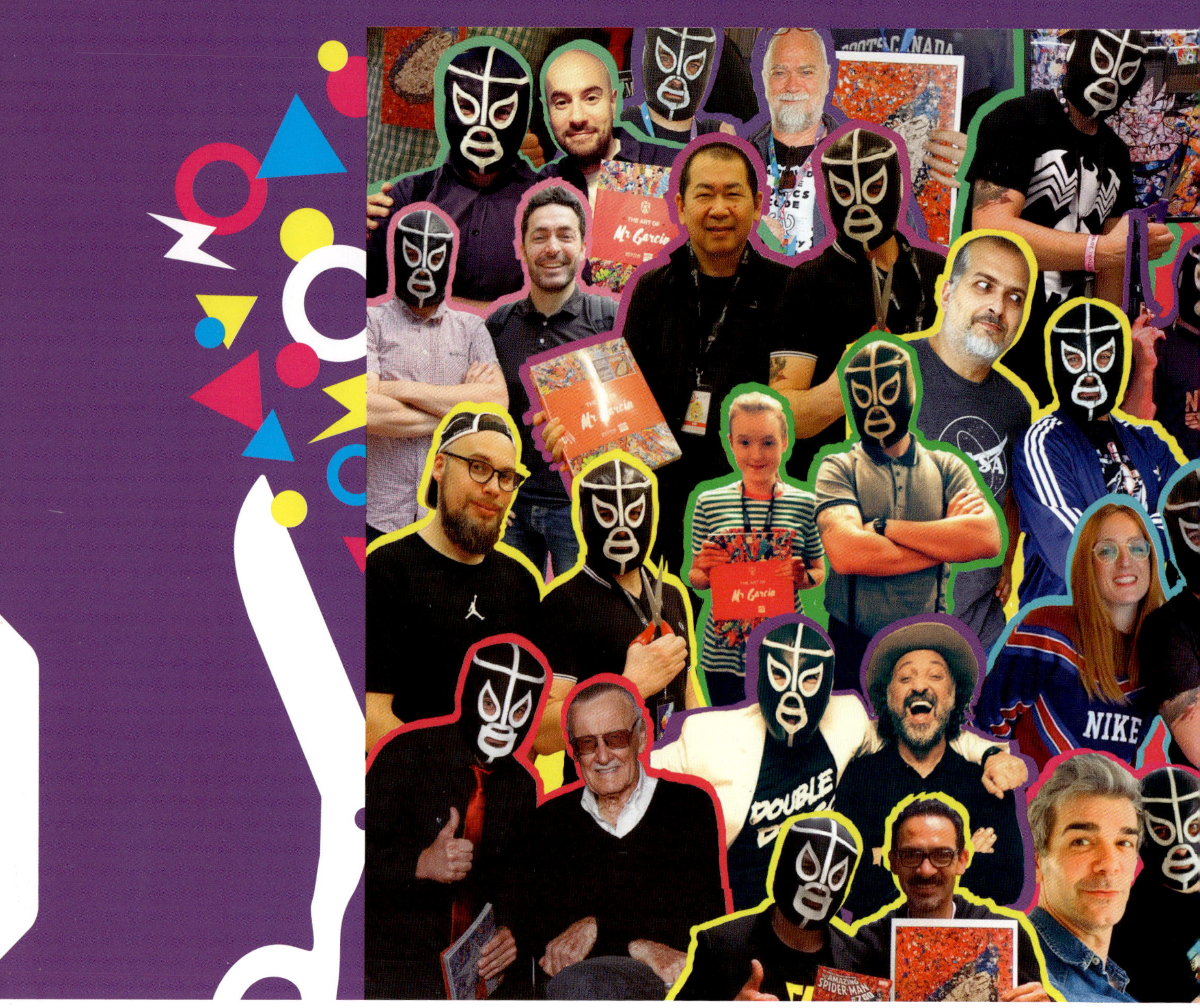

si c'est la version livre audio. Mr Garcin, en plus d'être un plasticien émérite, est également… un musicien confirmé. Son groupe Double Dragon a déjà rencontré quelques succès sur la scène électronique, et est aussi à l'origine des musiques des films Blackaria et Last Caress présentés par François Gaillard au festival Hallucinations collectives – il a également réalisé une importante partie de la BO de son dernier film, 13 notes en rouge (prix du public et prix du jury au Sadique-master festival début 2022), et de sa contribution dans le film à sketchs *Tokyo Grand Guignol* (2015). Notons que *13 notes en rouge* va également être présenté au festival de Sitges 2022, qui honore depuis 54 ans les films d'horreur et fantastiques ; Mr Garcin se rendra sur place pour apporter son soutien masqué à l'œuvre. Toujours au rayon musique de film, Double Dragon a produit les bandes originales de nombreux courts métrages, et d'un autre long métrage, *Junk Love*, de Pierre de Suzzoni, avec lequel il collaborera encore certainement à l'avenir.

Cette activité souterraine est la raison pour laquelle Cyril Despontin, membre de la direction du festival Hallucinations collectives, est familier de Mr Garcin : il s'est plusieurs fois servi des tubes aux bits acérés du multiple dragon pour accompagner les bandes-annonces présentant son

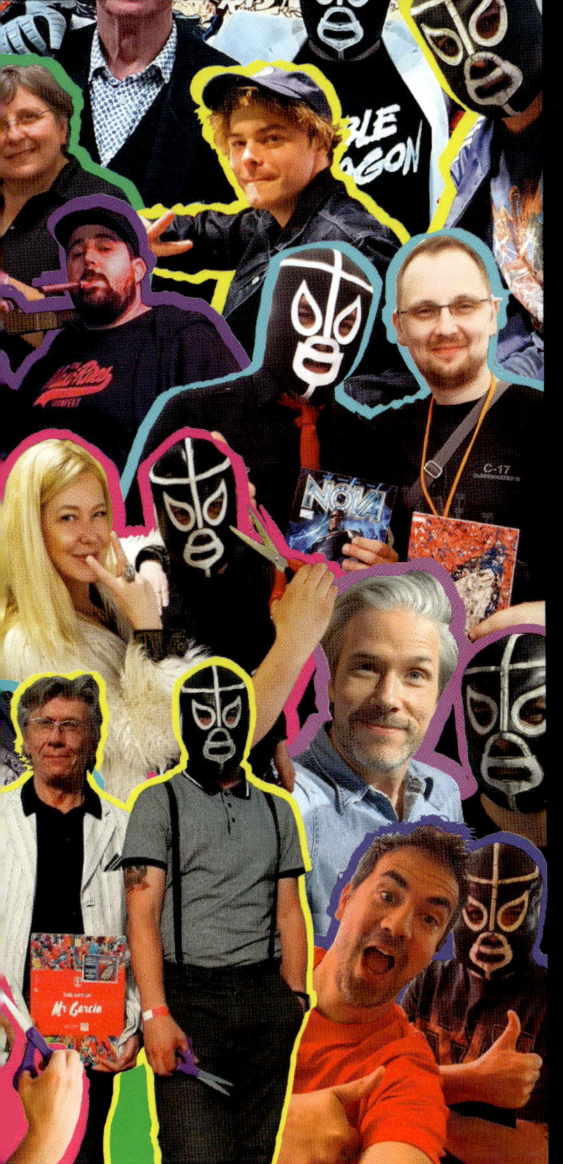

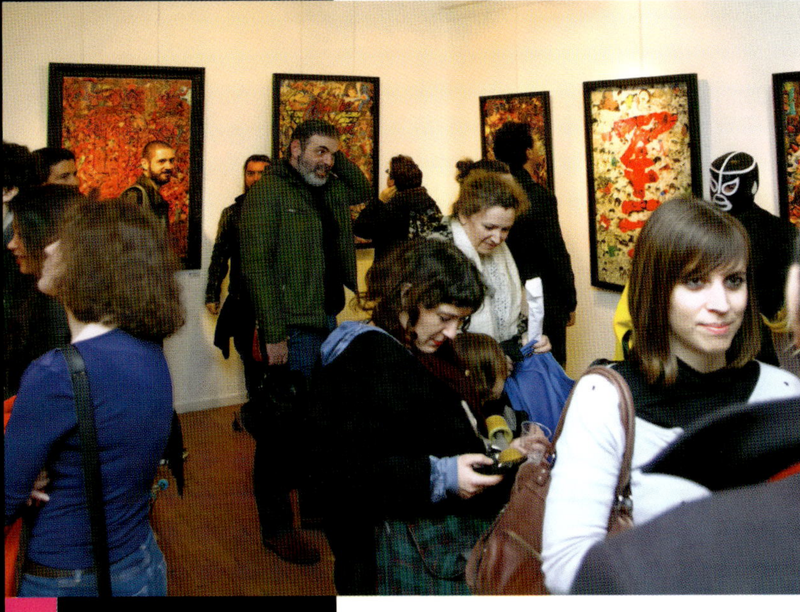

À GAUCHE

Patchwork de rencontres incroyables et surprenantes !

À DROITE

Gros succès pour le vernissage de Mr Garcin à la galerie Arludik (Paris) en 2017.

« Michel Onfray écrit des romans ? – Michel Onfray écrit autre chose que des romans ? »

édition annuelle – ainsi que celles du PIFFF (attention à ne pas vous blesser la langue en essayant de prononcer tous les F ; il s'agit du Paris International Fantastic Film Festival), dont Cyril est le directeur délégué. De fil en aiguille, le festivalier en est venu à créer des liens d'amitié avec le musicien, au point que la collaboration graphique s'est imposée d'elle-même.

« *Pas sympa de cacher des carrières comme ça*, lancé-je à l'artiste.

— *Je m'excuse.*

— *Parce qu'après ça, on peut plus vous faire confiance... Si vous en cachez une, peut-être y en a-t-il dix, comment peut-on savoir ? Si ça se trouve, vous êtes aussi peintre et sculpteur. Et poète. Et écrivain. Si ça se trouve, c'est vous qui écrivez les romans de Michel Onfray en sous-main.*

— *Michel Onfray écrit des romans ?*

— *Michel Onfray écrit autre chose que des romans ?*

— *Écoutez, calmez-vous*, finit-il par me lancer. *Je n'ai pas été honnête avec vous. Je n'aurais pas dû. Après tout, vous êtes mon biographe officiel maintenant.*

— *C'est vrai ?*

— *Oui, si vous êtes dans les deux tomes...* »

Il ne finit pas sa phrase, mais je sais où il veut en venir. Personnage récurrent, c'est un statut enviable. Dans les films d'action, on commence à être protégé. Ou alors on a une belle scène dramatique en cas de mort prématurée.

« *Je suis flatté* », dis-je enfin, pour enterrer la hache de guerre.

Dans un geste d'apaisement, Mr Garcin décide de remonter aux origines de sa pratique musicale. Avant de lancer son groupe Double Dragon, il avait fait ses armes sous

« Nous sommes tous les deux autodidactes, on s'est rencontrés à Narbonne via des relations et notre amitié a commencé par la passion de passer des disques en soirée. »

le nom de guerre de DJ Redsun – là encore, le Japon en ligne de mire – en écumant de 1999 à 2005 toutes les salles « *de Nîmes à Toulouse* » pour développer un art martial discographique ultrasecret qui lui a permis de sortir victorieux de tous les défis underground auxquels il a pu participer.

Fort de cette expérience, il décide avec son ami de toujours Nordine Bekthari de réunir leurs talents au sein d'une même formation du fait d'une passion commune pour la musique électronique. En dehors de cela, leurs personnalités sont diamétralement opposées : alors que Mr Garcin est ravi de nouer le contact, Nordine est un homme de l'ombre, très discret, qui n'apprécie pas spécialement de se livrer aux mondanités – il a refusé toutes les invitations adressées au groupe, à tel point que certains, comme Cyril Despontin, en sont venus à douter de son existence. La seule chose qui intéresse Nordine, c'est de composer de la musique de manière stakhanoviste, laissant à Mr Garcin la charge du relationnel.

Si leurs apports respectifs sont plutôt équilibrés, Mr Garcin reconnaît à son binôme « *un talent extraordinaire en termes de production. Il est capable de trouver des* kicks *qui vous donnent l'impression de taper directement à la porte de votre conscience. Nous sommes tous les deux autodidactes, on s'est rencontrés à Narbonne via des relations et notre amitié a commencé par la passion de passer des disques en soirée. Ça fait maintenant plus de 20 ans qu'on fait de la musique, tous les deux* ».

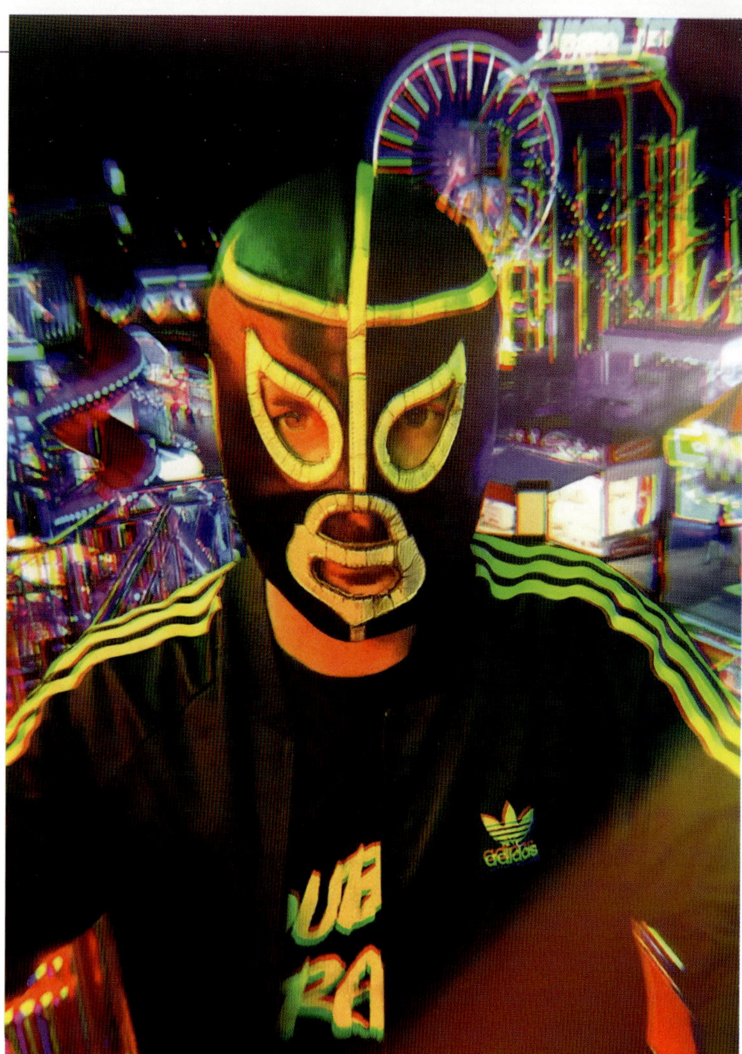

CI-DESSUS
Le grand enfant qu'est Mr Garcin aime forcément les fêtes foraine et leur ambiance unique ! Photo : Caroline Segui

Ensemble, ils produisent un premier album en 2016. En 2017, ils sont contactés par le label parisien MusicFearSatan, qui a découvert leurs œuvres sur YouTube. Ce label produit principalement du rock, de la noise, du métal, mais désire ajouter un groupe d'électro à ses références. Les barrières entre ces différents genres se sont faites de plus en plus poreuses au cours des années, comme l'illustrent Perturbator ou encore Carpenter Brut, incitant les maisons de disques à pratiquer cette diversification. MusicFearSatan propose à Double Dragon de produire son deuxième album. Les deux musiciens signalent au cours de la discussion qui s'ensuit que leur premier album n'est pas sorti en vinyle, et tombent rapidement d'accord avec le label pour combler ce manque, en attendant leur production à venir... dont l'élaboration aura duré cinq ans. Mr Garcin m'explique la raison de cette longue phase de production : « *C'est le problème quand on ne vit pas de la musique : on n'a pas de* deadline *pour sortir l'album. À chaque fois qu'on fait des morceaux, on a l'impression qu'ils sont meilleurs que les précédents, et donc on laisse tomber ces derniers, et ça n'en finit jamais. On en conserve quand même un ou deux chaque année, mais avant d'en avoir assez pour un LP, c'est assez long. Ça nous permet cependant d'avoir des productions dont on est fiers à 100 %.* »

Yaniv Edery, entrepreneur visionnaire

L'année 2017 se poursuit pour Mr Garcin avec la rencontre d'une figure pittoresque du milieu de l'art : Yaniv Edery. Cet homme mystérieux, sorti de nulle part – non, ce n'est pas Monsieur X – contacte Mr Garcin en lui expliquant avoir fait l'acquisition d'une sorte d'imprimante 3D de 2,5 x 1,5 mètre, spécialisée dans la reproduction de peintures. Autrement dit, elle peut permettre de rendre le volume des aplats, des textures, afin de réaliser, par exemple, une copie parfaite d'une œuvre de Van Gogh, jusque dans tous ses détails matériels. Certains musées envisagent alors de s'en servir pour exposer des reproductions à l'identique de tableaux trop fragiles pour continuer d'être présentés au public en permanence.

CI-DESSOUS
Mr Garcin devant une des grandes reproductions en résine de Yanniv Edery.

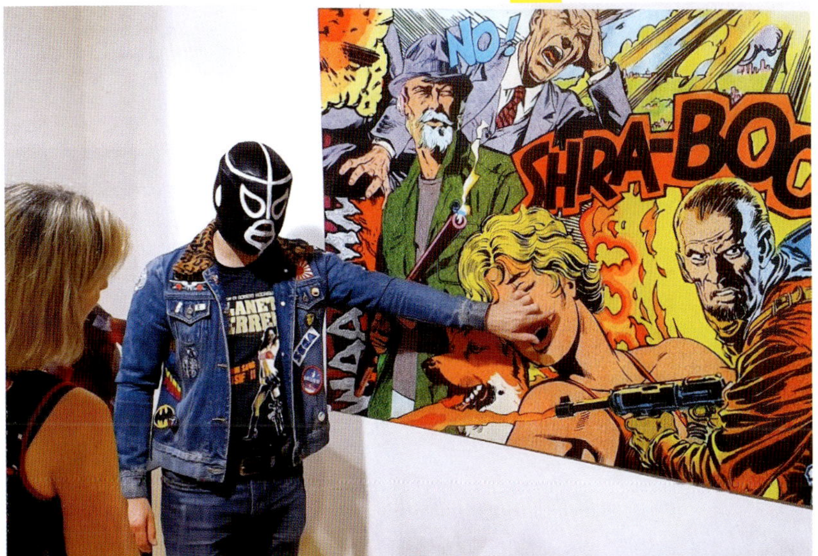

Yaniv Edery utilise les mots « *révolutionnaire* » et « *collaboration* » dans son speech d'introduction pour faire briller les yeux de Mr Garcin. L'homme a fait fortune au préalable en montant une chaîne de magasins vendant des coques pour téléphone, puis une autre proposant des cigarettes électroniques au moment où ces dernières connaissaient un véritable boom. Autrement dit, Yaniv Edery est un entrepreneur qui se tient au fait des tendances susceptibles de s'imposer dans le futur. Désormais lassé de ses activités strictement commerciales, il s'intéresse désormais au domaine artistique et contacte Mr Garcin pour lui proposer de réaliser des impressions géantes – et texturées – de ses œuvres.

L'artiste m'explique que cette collaboration porte en elle un autre enjeu : « *Ma démarche s'est inscrite dès le début dans le fait de travailler la matière, de produire un travail fait main – en évitant au maximum les retouches numériques. Je sais que c'est un élément auquel mon public tient énormément. Avant d'accepter de faire cet essai avec lui, j'étais partagé entre ma curiosité et ma volonté de rester fidèle à mon approche.* » Yaniv Edery revient cependant à la charge, et Mr Garcin décide de mettre ses doutes de côté pour se rendre à Nice et le rencontrer. Yaniv lui a demandé un fichier afin qu'il puisse lui présenter un échantillon. L'homme au masque est séduit aussi bien par la faconde du personnage que par le résultat de cette première impression.

Ils décident ensemble d'effectuer divers tests en utilisant certaines de ses premières productions, des petits formats qui atteignent dès lors 2 x 1,5 mètre, avec du relief, rehaussés à la main par Yaniv avec de gros stylos à peinture et à paillettes. « *Le résultat était assez convaincant,* me confie Mr Garcin, *même si j'avais tendance à lui dire d'y aller mollo sur les paillettes. Vous comprenez, Yaniv est Niçois et s'avère sensible au charme de Monaco, Monte-Carlo, et de la Côte d'Azur, où la norme générale est à l'ostentation. Je n'ai rien contre, mais parfois cette flamboyance me donne légèrement mal à la tête.* »

Yaniv met à profit son caractère entreprenant pour contacter tous azimuts de nombreuses galeries, dont certaines à New York, offrant à Mr Garcin la perspective d'un rayonnement international à courte échéance, et demandant même à celui-ci d'augmenter sa production pour y faire face. Malheureusement, les expositions attendues ne vont pas voir le jour. La raison en reste mystérieuse ; il semblerait que l'imprimeur n'ait jamais réussi à se mettre d'accord avec les lieux approchés sur les marges qu'ils allaient pratiquer, et ce, malgré les contacts qui lui avaient ouvert leurs portes.

Par la suite, Yaniv a commencé à chercher des acheteurs par lui-même, et à exposer ses tableaux dans des hôtels de prestige à Monaco dans l'espoir d'y trouver des clients fortunés. Et s'il continue d'apprécier le travail de Mr Garcin, il diversifie son *pool* d'artistes (Monika Nowak, Jonas Leriche, Joël Tchobanian...), se mettant lui-même à signer des œuvres, pour mieux correspondre à ces clients potentiels : reproductions géantes de cartes de crédit bariolées, portraits d'hommes à têtes d'animaux arborant des marques de luxe ostentatoires et autres productions du même type.

Les liens entre les deux hommes se distendent quelque peu, mais Mr Garcin ne lui en garde pas rancune pour autant : « *Je dois avouer qu'au départ, j'étais un peu déçu, mais Yaniv est resté très bienveillant à mon égard depuis notre rencontre. Je sais que si demain je dois lui demander un service, il me le rendra. D'ailleurs, alors même que nous ne travaillions déjà plus vraiment ensemble, j'ai eu une commande d'un* V pour Vendetta *imprimé en texturé en double exemplaire ; il m'a fait cadeau d'un des deux quand il a su que les tirages étaient pour un ami.* » Peu de temps après la fin de nos entretiens, Mr Garcin me rappellera pour m'informer que l'entrepreneur niçois l'a recontacté pour une nouvelle collaboration, dont nous parlerons dans le tome 3.

À l'affiche

Mr Garcin finit ce tour d'horizon de son année 2017 par l'évocation d'une autre de ses passions (l'homme au masque nourrit une ribambelle de passions qui se transforment en collections venant envahir la surface habitable de son logement, au point qu'il a dû creuser des galeries pour pouvoir y circuler ; heureusement, ces dernières ne prennent pas 50 % à chacun de ses passages) : les affiches de concert. Il me parle de livres passionnants entièrement dédiés à ce format, dont l'existence se justifie notamment par une particularité propre aux États-Unis. « *Là-bas, les groupes ont une affiche globale pour la tournée, mais à chaque fois qu'ils passent dans une ville, ils contactent un artiste local qui va réaliser une affiche spécifique pour celle-ci.* » Leur nombre est, logiquement, rapidement démultiplié.

Ainsi, quand des amis d'amis (de vrais amis d'amis, pas des amis d'amis comme dans la mafia) lui demandent d'imaginer une affiche pour un concert à Montpellier, Mr Garcin saute sur l'occasion, alors même qu'il est dans une intense période de production, débordé de commandes du fait de son succès grandissant. Il a cependant de la chance : il se sert d'un collage qu'il vient de réaliser ayant pour thématique la jungle pour honorer son engagement, et le label Head Records aussi bien que les artistes (Escobar, Les Lullies, Fix-O-Dante) sont ravis du résultat (voir page 012). L'artiste ne peut malheureusement se rendre au concert pour des raisons de planning. Il faut dire que Mr Garcin passe 300 jours par an dans des festivals, conventions et autres manifestations diverses pour satisfaire la passion dévorante de ses fans.

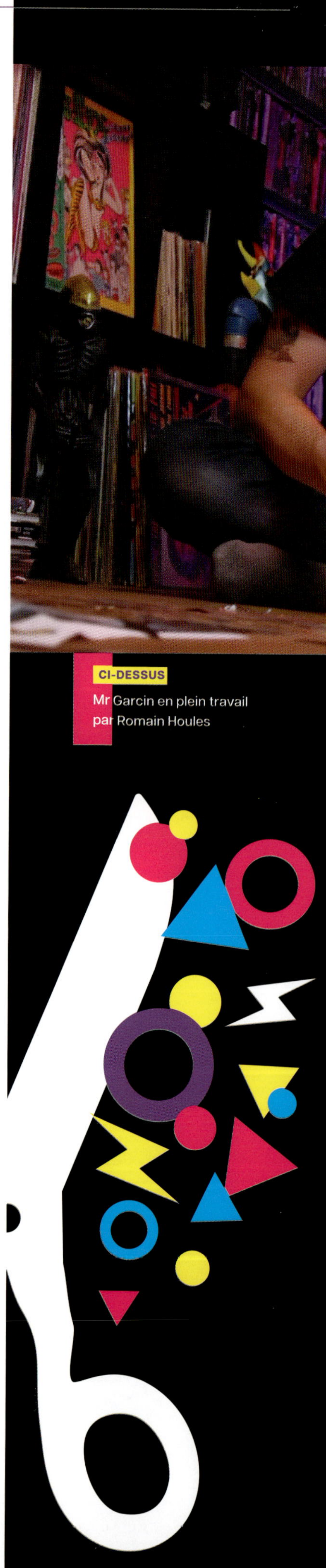

CI-DESSUS
Mr Garcin en plein travail par Romain Houles

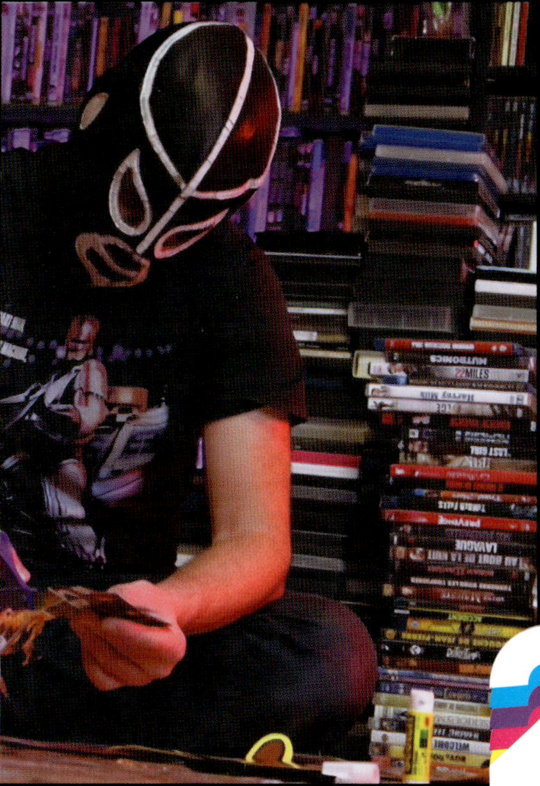

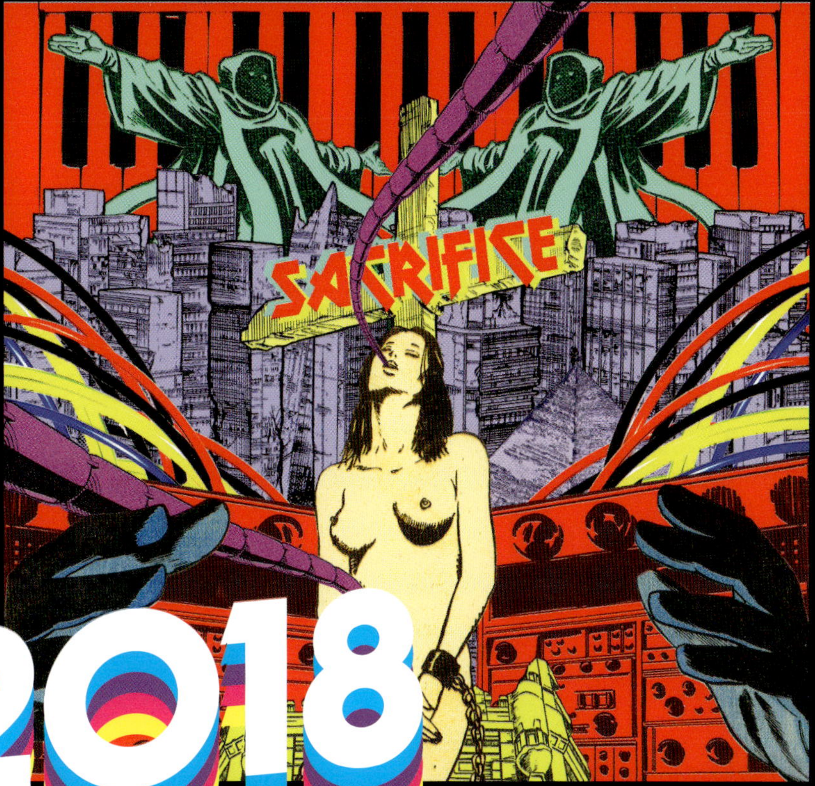

2018

Deuxième de nos entretiens dédiés à ses aventures. Mr Garcin a décidé de m'inviter au sein de son atelier pour me signifier sa confiance. Le rituel est encore plus drastique que d'habitude : cagoule sur la tête, je suis ballotté pendant des heures dans des rondes sans fin jusqu'à atterrir dans un jeu de galeries souterraines intriquées où je suis guidé par la main habile d'un *factotum* qui me demande de m'arrêter devant une dernière porte blindée. Ce dernier tape deux coups avant de rapidement disparaître. C'est l'artiste lui-même qui vient m'ouvrir, vêtu d'un élégant pyjama de soie recouvert d'une cape violette du plus bel effet.

« *Ce n'est pas un pyjama, c'est un survêtement* », me précise-t-il, avant de me faire faire le tour du propriétaire. Sous des néons découpant les formes du décor de façon précise, nous errons entre les piles gigantesques de bandes dessinées plus ou moins déchiquetées, croisant par moments des créatures étranges, mi-humaines mi-ciseleuses, qui nous accueillent de cris haut perchés dont je ne sais s'ils sont de ravissement ou de colère. Mr Garcin m'affirme qu'il n'y a rien à craindre. Il me montre les cadres où il assemble ses collages, le bureau où s'empilent ses notes et ses schémas, l'ordinateur contre lequel il joue aux échecs – en passant, il joue un coup négligemment, et annonce : « *Échec et mat en trois coups.* » Je peux sentir la frustration mêlée de respect qui émane de la machine.

Nous nous installons bientôt dans un salon aménagé à la japonaise. En son centre, le halo bleuté d'un puits de lumière ménagé

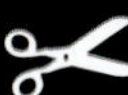

CI-DESSUS

Première version (annulée) de la pochette d'album de The Sacrifice.

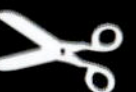

Cagoule sur la tête, je suis ballotté pendant des heures dans des rondes sans fin jusqu'à atterrir dans un jeu de galeries souterraines intriquées.

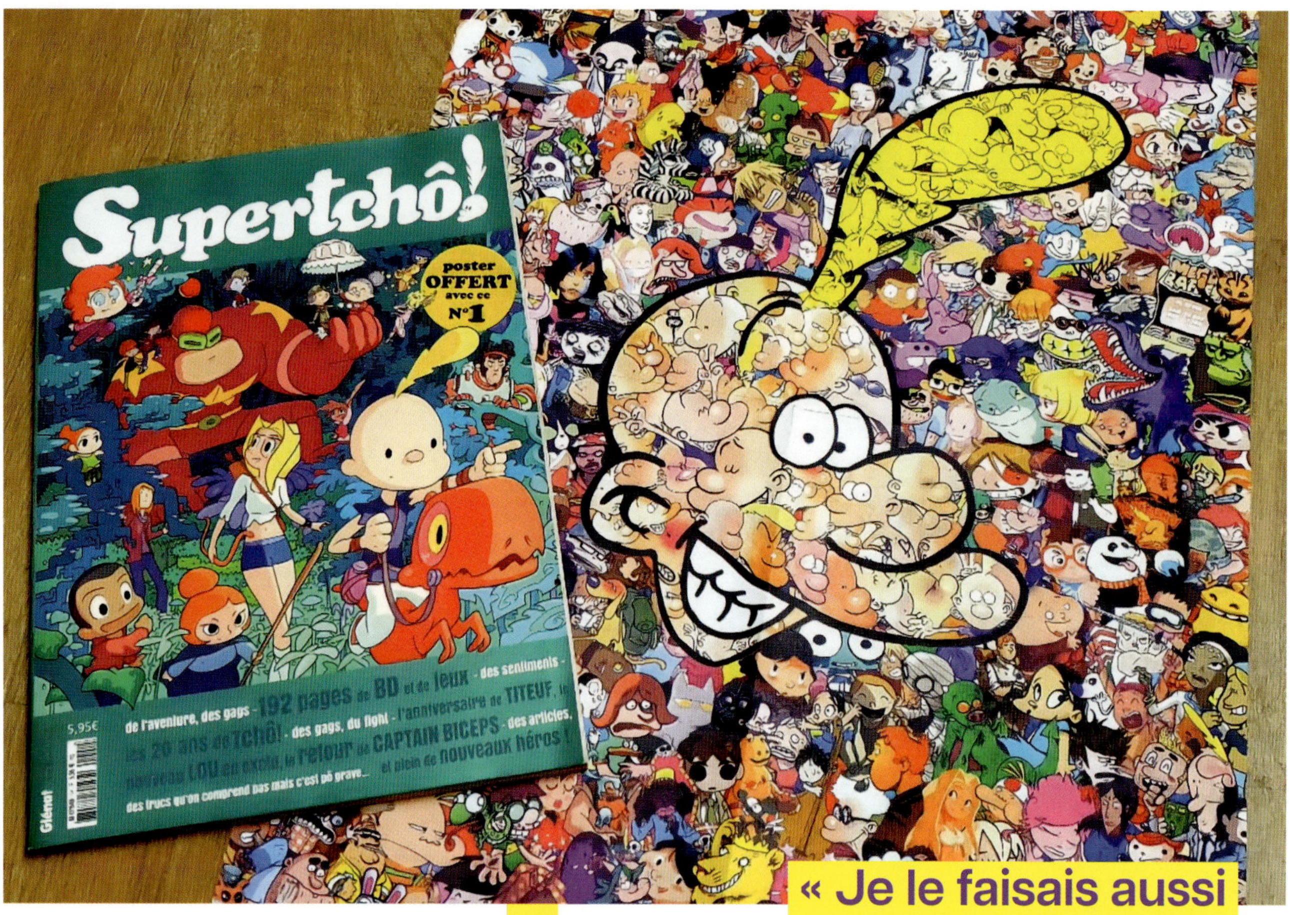

CI-DESSUS
Supertchô! #1 avec son poster réalisé par Mr Garcin

dans le plafond lointain. La décoration se révèle minimaliste : quelques nattes de bambou, une table basse autour de laquelle nous nous installons sur de petits coussins plats, après avoir évidemment retiré nos chaussures. L'artiste tape alors dans ses mains. Immédiatement, un servant portant une veste grise à col Mao vient nous servir le thé avant de se retirer diligemment. Après avoir veillé à ce que je ne manque de rien, l'homme pas en pyjama mais en survêtement reprend son récit, non sans occuper ses mains de menus travaux de découpe.

Glénat et pochettes

Début 2018, Mr Garcin est contacté par Glénat, l'un des plus importants éditeurs de BD français, pour réaliser un poster destiné à la nouvelle version du magazine pour enfants *Tchô !*. Carton d'édition du début des années 2000, *Tchô !* a notamment été porté par le succès de Titeuf et a servi de vitrine à Glénat pour présenter ses autres titres.

« Je le faisais aussi pour mes neveux qui sont encore en âge d'apprécier *SuperTchô !*. »

Il a été arrêté en 2010 par l'éditeur, avant d'être repris durant trois ans par Fleurus, qui cessera de nouveau sa publication. Finalement, Glénat décide de relancer le magazine en 2018 sous le titre *SuperTchô !* (ce qui pourrait donner l'idée à Pix'n Love de nommer le tome 2 de cette biographie SuperMr Garcin !).

Le collage demandé à Mr Garcin doit reprendre tous les personnages apparus dans *Tchô !* pour faire le lien avec le nouveau magazine. Même s'il n'est pas particulièrement enthousiasmé par ce projet portant sur des bandes dessinées qu'il n'a pas vraiment connues, Mr Garcin s'acquitte de sa mission en portant Titeuf au centre de sa composition. « *Je le faisais aussi pour mes neveux qui sont encore en âge d'apprécier* SuperTchô!. *Ils ont été ravis quand je leur ai offert le magazine* », me confie-t-il, avant d'ajouter qu'ils ont peut-être fait preuve de politesse, puisqu'ils n'ont pas tardé à retourner à leurs mangas. Ce collage étant le seul qu'il n'a pas vraiment envie d'exposer et qu'il n'a jamais réussi à vendre par la suite, il cherche encore le fan insaisissable de Titeuf qui s'en portera acquéreur, « *quitte à faire un prix* ».

S'ensuit une commande plus intéressante pour lui : réaliser la pochette du vinyle d'un album à paraître, ce qui le ravit. Il me fait part, à cette occasion, d'une anecdote concernant Double Dragon qu'il a involontairement passée sous silence la veille. Lors de la sortie du premier album du groupe, l'artiste s'est en effet retrouvé chargé de réaliser sa pochette. Est-il soudain frappé par l'envie de déjouer tous les pronostics ? Veut-il cacher à tous la nature double de son identité ? S'il n'est pas clair sur les raisons qui le poussent à agir ainsi, Mr Garcin choisit de ne pas faire un collage. Mieux encore : il n'illustre pas la jaquette avec un dragon, mais avec un... tigre.

« *Et pas n'importe quel tigre,* m'explique-t-il. *J'avais réalisé un collage intégrant un tigre, parmi les différentes pièces. Je m'étais servi de ce tigre comme photo de profil Facebook ! Avec Nordine, nous réfléchissions depuis un moment à ce que pourrait être la pochette quand il me fit remarquer que cette tête de tigre était géniale, et qu'elle pourrait faire l'affaire. Or il se trouve qu'elle est issue d'une BD assez connue aux États-Unis, et un jour, un fan furieux m'a écrit pour souligner qu'on avait pillé le dessin de quelqu'un.* » Il continue en m'expliquant que les tirages de l'album ayant été peu élevés, il a pris la décision de ne pas brûler toutes les copies en dépit de possibles représailles judiciaires.

Mr Garcin en revient ensuite à la pochette qu'il a réalisée en 2018 pour le label Season of Mist, qui a été fondé par Michaël Berberian.

« Ils m'ont demandé de changer quelques détails de ma première version, mais j'ai décidé de ne pas les tuer. »

Comme dans le cas de MusicFearSatan, il s'agit alors pour Berberian de diversifier son catalogue – l'un des plus importants en France en matière de métal – en y incluant un groupe de synthwave. Il en « commande » un à des membres reconnus de la scène métal locale, Patrice Duthoo et Raphaël Glatz, qui ont également fait au préalable une incursion dans l'électro-danse avec la formation Panzer Flower, à l'origine du tube international *We Are Beautiful*.

CI-DESSOUS
Pochette vinyle de The Sacrifice.

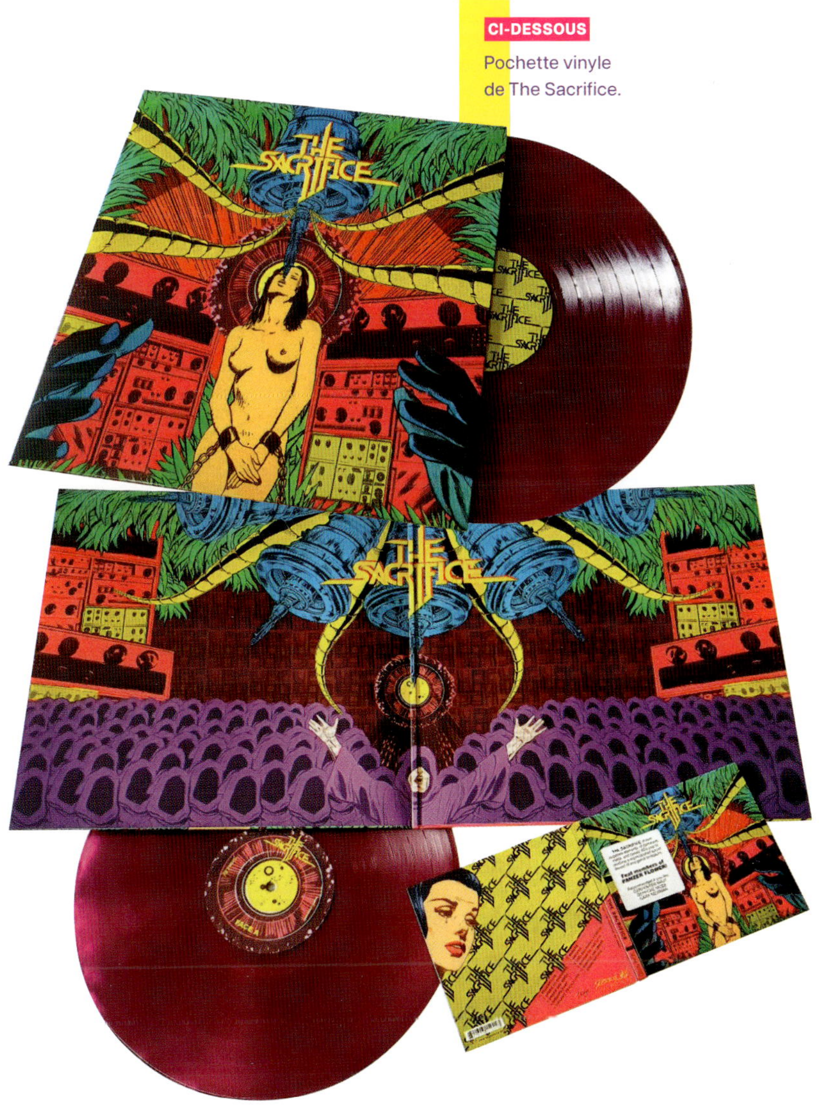

BIOGRAPHIE

Étant fan du travail de Mr Garcin, Michaël Berberian le charge de réaliser la pochette de ce nouveau groupe dénommé The Sacrifice après avoir obtenu l'accord de ses membres. Les trois hommes s'entendent à merveille et la collaboration avance rapidement. « *Ils m'ont demandé de changer quelques détails de ma première version, mais j'ai décidé de ne pas les tuer,* commente l'homme au masque, plaisantant peut-être. *À vrai dire, j'ai fini par préférer la seconde version. Comme les collaborations avec les réalisateurs quand je fais de la musique, c'est le genre d'expérience qui me permet de me remettre en question et d'évoluer dans la perception de mon travail.* » Même s'il adorerait réaliser d'autres pochettes à l'avenir, il me confie qu'il a cependant décidé de ne pas s'attaquer à la pochette du deuxième album à paraître de Double Dragon et de la confier à un talentueux artiste ! Je n'en saurai pas plus...

CI-CONTRE

Avec Jean Pierre Dionnet au Bordeaux Geek Festival 2019.

CI-DESSOUS

Sublime gâteau réalisé par Marry Cherry pour les 40 ans de Mr Garcin (2018). Cracheur de feu, show de Chatte Chatoyante, food truck, babyfoot, borne d'arcade ! La fête fut folle !

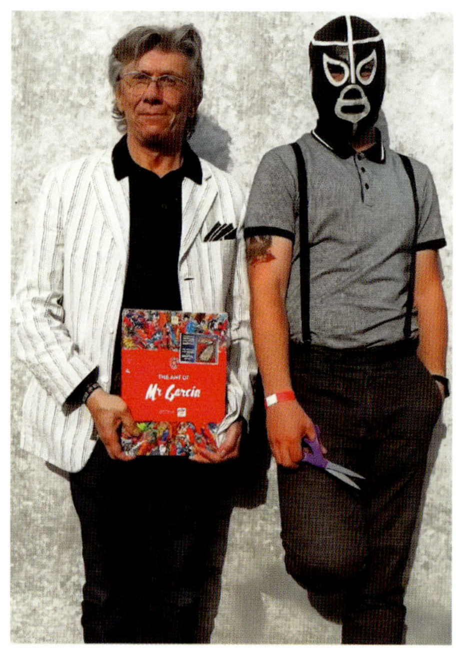

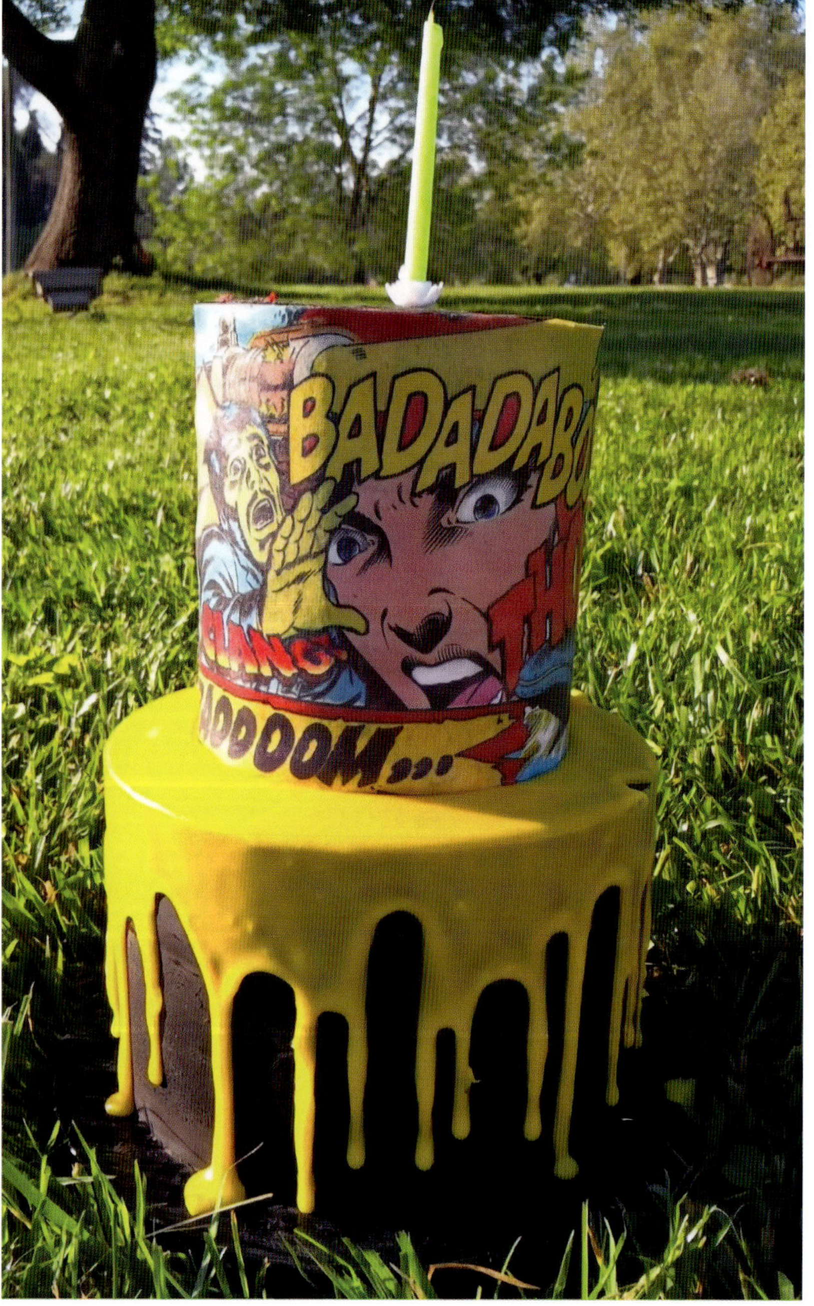

Une année chargée

2018 est pour Mr Garcin une année de labeur. L'éditeur de sa biographie, qui possède des photos compromettantes de lui sans son masque, les utilise pour le forcer à faire la promotion du livre au Comic Con de Paris. Il y donne ainsi une conférence sur l'art et les comics, accompagné d'un camarade artiste qu'il apprécie, Greg Guillemin. Ce dernier a vu sa carrière artistique décoller au même moment que celle de notre héros – et via le même tremplin : le site *Geekart*. « *Forcément, ça crée des liens,* commente Mr Garcin. *Greg Guillemin fournit lui aussi un travail qui tourne autour de la pop culture, assez proche graphiquement de Roy Lichtenstein, avec un twist comique, souvent en revisitant la vie quotidienne des super-héros.* »

Ce n'est pas le seul salon que notre héros vengeur arpente au cours de cette année.

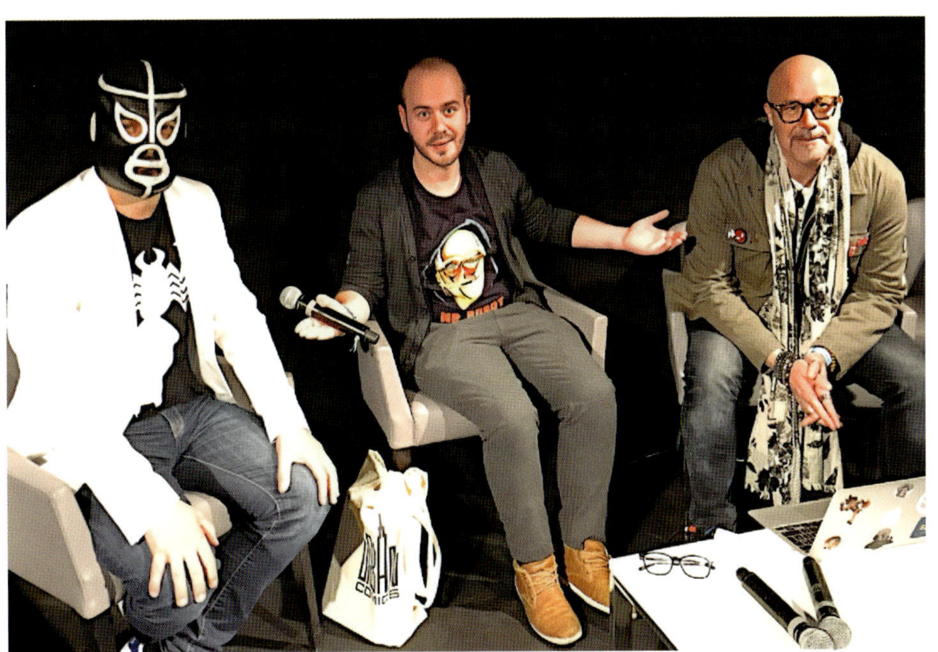

CI-CONTRE, EN HAUT

Conférence sur L'art et les Comics avec Greg Guillemein menée par Enlil de Skript.fr.

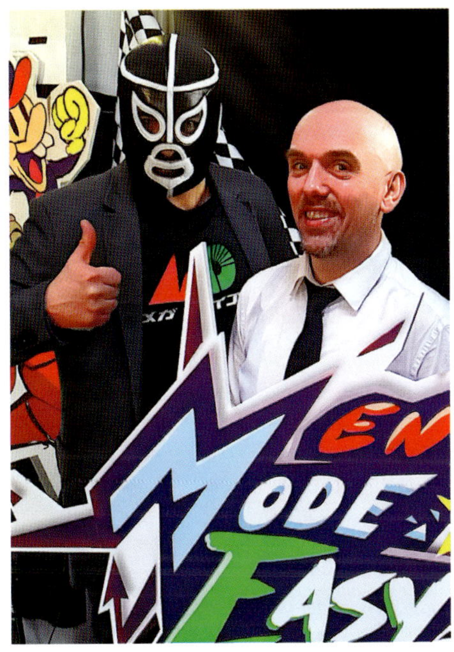

CI-CONTRE, PLUS BAS, À GAUCHE

Mr Garcin avec Davy Mourier juste après qu'il l'ait interviewé dans son émission *En Mode Easy* sur NoLife.

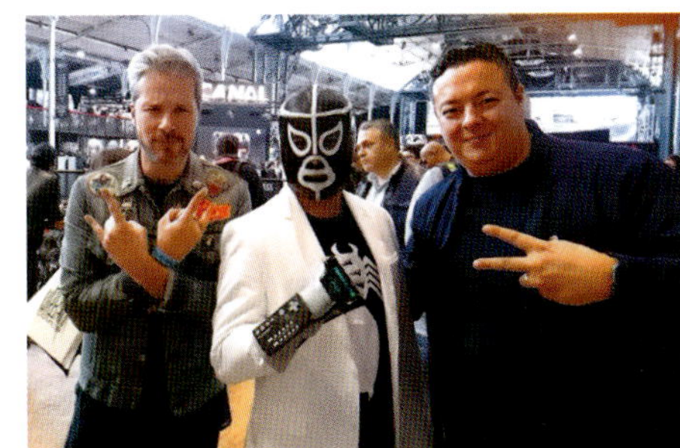

CI-CONTRE, PLUS BAS, À DROITE

Avec Joe Hume et Jac Carvalho au Comic Con' 2018.

C'est bien simple, il les fait tous. Ce qui a pour effet de l'aider à remplir son Rolodex, comme disaient nos grands-parents. « *Plus je fais de salons, plus je rencontre de gens, pas forcément dans le milieu de l'art. Par exemple parmi les youtubeurs ou les gens travaillant à la maison*, me précise-t-il. *J'ai aussi eu l'occasion de croiser le chemin de certaines personnes que je rêvais de rencontrer depuis que j'étais adolescent, comme des journalistes de jeu vidéo. Le fait qu'ils aiment ce que je fais ne gâche rien. Vous allez me dire qu'ils ont pu simplement se montrer polis, qu'ils ne voulaient pas me balancer qu'ils détestaient ce que je faisais, hein ? Mais si c'était le cas, est-ce qu'ils m'auraient demandé des posters pour décorer les chambres de leurs enfants ? Est-ce qu'ils l'auraient fait ?* »

Je dis à Mr Garcin que tout va bien, et que je le crois. « *Excusez-moi*, enchaîne-t-il, prenant une profonde inspiration. *Parfois, la critique est acerbe. On peut même dire qu'elle est vicieuse. Et ce n'est pas facile à encaisser.*

« Plus je fais de salons, plus je rencontre de gens, pas forcément dans le milieu de l'art. Par exemple parmi les youtubeurs ou les gens travaillant à la maison. »

« J'avais apporté le jeu *Space Harrier 2* dans sa version Mega Drive. Yu Suzuki l'a signé, et je me suis aperçu quelque temps après qu'il ne l'avait pas réalisé. »

Les gens ne comprennent pas toujours que, derrière mon masque, il y a un cœur qui bat. » « *Je comprends* », lui dis-je, décidant qu'il y a là quelque chose qu'il faudra creuser plus tard. L'homme au masque entre maintenant dans le détail des rencontres qu'il a pu faire durant les salons. Il cite ainsi Jean-Pierre Dionnet, le cofondateur de *Métal hurlant* et des *Enfants du Rock* et producteur et distributeur de films en compagnie de Studio Canal, qui a fait connaître en France des réalisateurs tels que Takeshi Kitano, Hayao Miyazaki, Johnnie To, Tsui Hark ou Takashi Miike. Mr Garcin m'explique qu'il l'a croisé à Bordeaux, durant la dédicace du livre retraçant l'ensemble de sa carrière au BGF (Bordeaux Geek Festival). « *C'est un grand spécialiste du cinéma asiatique. Il avait aussi sa collection de DVD chez Canal. À l'époque où c'était bien de faire des DVD. Il était très sympa, hyper charmant. On s'est dédicacé nos livres mutuellement.* »

CI-DESSOUS
Mr Garcin rencontrant Yu Suzuki au Magic (Monaco) grâce à Sebastien Abdelhamid (au centre de la photo) par Didier Garcin.

Il y en a d'autres encore. Une des actrices de *Game of Thrones*, « *la petite gamine qui tue un géant dans la dernière saison* », précise Mr Garcin. Des acteurs de *The Walking Dead* – qui tuent certainement des zombies dans différentes saisons. Des réalisateurs de jeux vidéo, dont le fameux Yu Suzuki, créateur visionnaire à l'origine d'*Out Run*, *Space Harrier* ou *Shenmue* (le jeu où vous pouvez enfin devenir manutentionnaire), qu'il croise grâce à Sébastien-Abdelhamid Godelu, qui était engagé pour s'occuper des invités et les présenter sur scène lors du festival Monaco Anime Game International Conferences (MAGIC). Yu Suzuki vient même visiter le stand de notre héros, qui lui offre son livre et une reproduction de sa version de *La Vague* du célèbre Hokusai. « *Comme je savais que j'avais une chance de le rencontrer,* m'explique-t-il, *j'avais apporté des jeux vidéo, dont le jeu* Space Harrier 2 *dans sa version Mega Drive. Il l'a signé, et je me suis aperçu quelque temps après qu'il ne l'avait pas réalisé – il l'avait seulement produit. La politesse légendaire des Japonais a certainement joué pour le pousser à signer malgré tout.* »

Autre célébrité croisée en salon : le Français Frédérick Raynal, le créateur

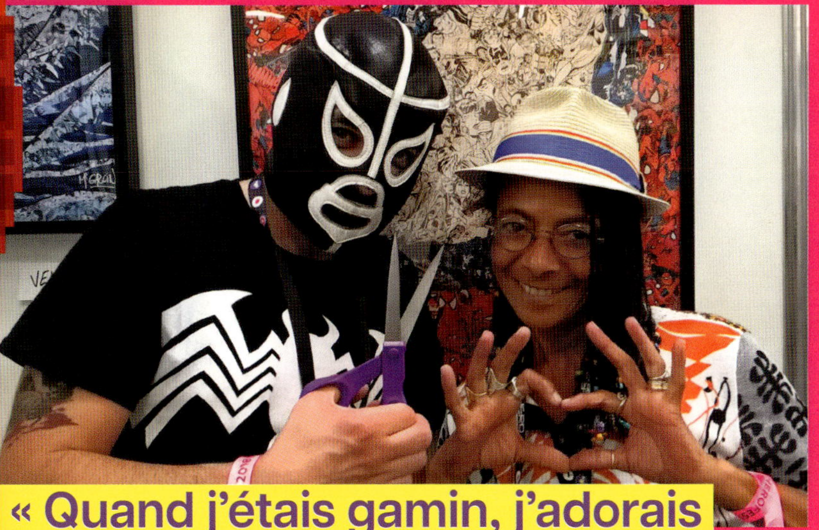

« Quand j'étais gamin, j'adorais les films de Whoopi Goldberg et j'aimais beaucoup sa voix. Un jour, une femme se présente sur mon stand, et au moment où elle a ouvert la bouche, j'ai tout de suite su que c'était elle. »

CI-DESSUS
Rencontre coup de cœur avec Maïk Darah lors du HeroFestival de Saint-Etienne 2019.

d'*Alone in the Dark*, jeu mythique des années 90 qui n'a pas, mais alors du tout du tout, servi d'inspiration à Capcom pour la série *Resident Evil*. Lui aussi s'avère être très sympathique, et le détenteur de truculentes histoires sur sa collaboration avec SEGA du temps de la Dreamcast. De surcroît, Frédérick et toute sa famille se révèlent être des fans du travail de Mr Garcin.

« *J'ai un souvenir incroyable d'un salon, où je suis à table en train de parler avec quelqu'un, et où l'homme assis à côté de moi me demande de lui passer la bouteille de vin. C'est comme si j'avais entendu Bruce Willis lui-même* », confie l'artiste. La raison en est qu'il a été placé à côté du doubleur de la star américaine en France : si vous avez regardé *Piège de cristal* dans les années 1990, vous avez entendu la voix de Patrick Poivey (à ne pas confondre avec celle de Patrick Poivre d'Arvor ; imaginez Bruce Willis avec la voix de PPDA, vous verrez que quelque chose ne colle pas). Mr Garcin a ainsi eu la chance d'échanger avec celui qui a également prêté sa voix à Don Johnson et Kyle MacLachlan avant qu'il disparaisse, en juin 2020.

Ce n'est d'ailleurs pas la seule voix dont il va croiser le chemin. « *Quand j'étais gamin, j'adorais les films de Whoopi Goldberg et j'aimais beaucoup sa voix. Un jour, une femme se présente sur mon stand, et au moment où elle a ouvert la bouche, j'ai tout de suite su que c'était elle.* » Elle, c'est Maïk Darah, également comédienne de doublage pour Queen Latifah, Madonna, Courteney Cox, Pam Grier et Rae Dawn Chong (vous avez peut-être l'impression de ne pas savoir qui c'est, mais en fait vous savez, tapez son nom dans un moteur de recherche, vous verrez). Cette rencontre avec Maïk est un choc émotionnel pour notre héros, ramené aux grandes heures de son enfance. Maïk s'avère par ailleurs une fan de son travail, et lui achète de nombreuses reproductions. « *Elle m'en a pris cinq ou six. Nous avons vraiment sympathisé ; dès qu'on se voit, on mange ensemble. Nous avons un projet de collaboration tous les deux.* » J'essaye de le pousser à m'en dire plus, mais il ne veut rien savoir.

Au fil des mois, Mr Garcin a ainsi noué un nombre impressionnant de nouvelles relations, dont certaines vont lui ouvrir de nouveaux horizons. C'est le cas avec Sébastien-Abdelhamid Godelu. En dehors de jouer le rôle d'hôte dans les salons, ce dernier est surtout un journaliste et animateur de télévision travaillant pour Canal+, et anciennement pour France Télévisions. Raison pour laquelle l'homme au masque a pris langue avec lui dès le départ. Sébastien-Abdelhamid a tout de suite apprécié son travail, le gardant dans un coin de sa tête pour plus tard. Quelques mois après leur première rencontre, il recontacte Mr Garcin pour l'inviter à participer à *Clique*, l'émission de C+ diffusée sur la chaîne YouTube du même nom.

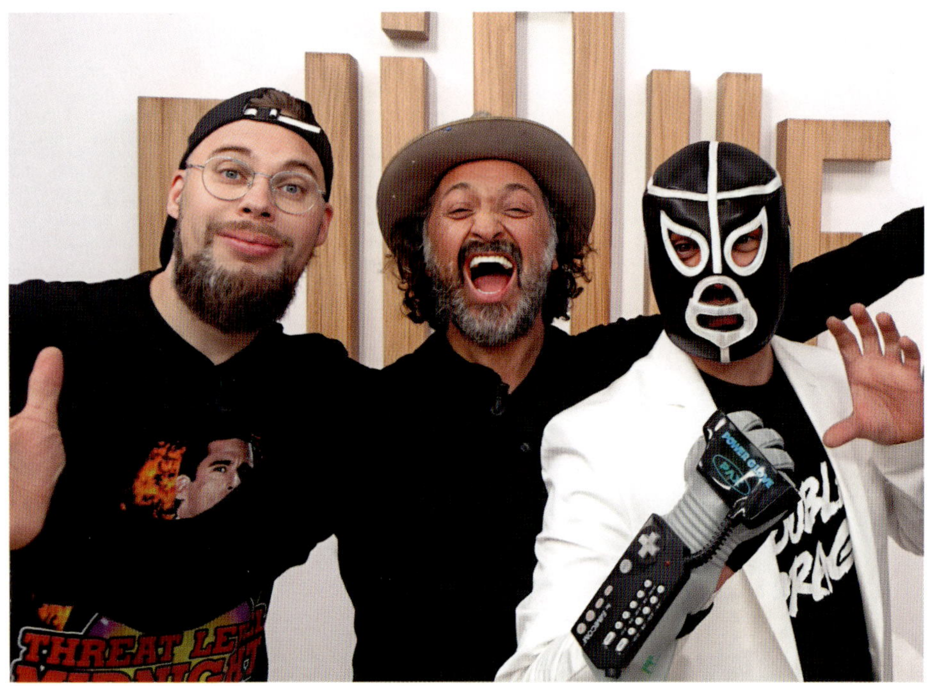

CI-CONTRE

Notre artiste masqué préféré bien accompagné avec l'exentrique Mr Brainwash et Sébastien Abdelamid lors de son passage sur la chaîne Clique.

CI-DESSOUS

Affiche du film *Exit Through the Gift Shop.*

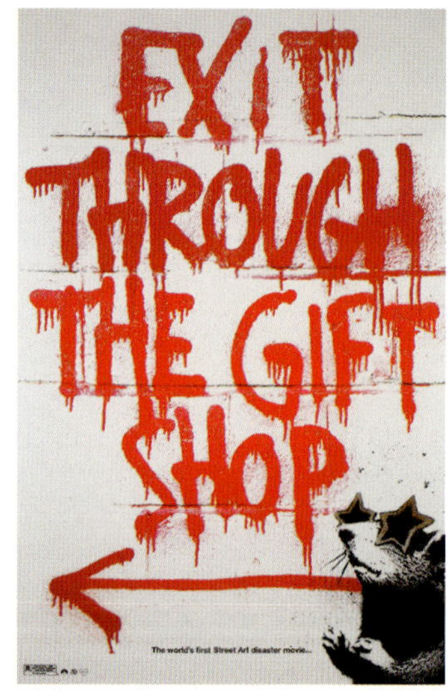

Notre héros fonce sur l'occasion et va être amené à faire la connaissance, sur le plateau de l'émission, d'un personnage haut en couleur : Thierry Guetta, plus connu sous le nom de Mr Brainwash. Tout le monde connaît le documentaire *Exit Through the Gift Shop* (dont le titre a été intelligemment traduit en français par *Faites le mur !* – ne me demandez pas pourquoi), œuvre signée par le célèbre *street artist* Banksy. Pour ceux qui sont passés à côté, le film retrace le parcours de Guetta, un Français qui, après un parcours erratique, se retrouve à Los Angeles et fait la connaissance de divers *street artists*, dont Shepard Fairey (Obey), avant de tourner des milliers d'heures de vidéos, en affirmant qu'il va en faire un documentaire. Pendant ce temps, il voue une obsession à Banksy, qu'il finit par rencontrer grâce à un concours de circonstances. Banksy encourage Guetta à réaliser son film, puis voyant qu'il n'y arrive pas, il reprend le montage à son compte, en même temps qu'il incite le Français à se lancer lui aussi dans le street art – ainsi naît Mr Brainwash, Guetta devenant du jour au lendemain une star de l'art contemporain. Banksy se sert du film comme d'une tribune pour s'étonner de son parcours, moquant la vacuité d'un aspirant cinéaste qui semble souffrir d'un sérieux trouble de l'attention (du moins pour tout ce qui ne relève pas de l'autopromotion), et plus généralement pour souligner l'absurdité du milieu de l'art dans son ensemble. *Exit Through the Gift Shop* a cependant eu, par son succès, l'effet pervers de finir d'asseoir la réputation de Mr Brainwash. Suite à cela, de nombreuses voix se sont fait entendre pour défendre la possibilité que cette histoire ne soit qu'un gigantesque canular orchestré par une équipe de *street artists* malicieux. À ce jour, personne n'a encore pu infirmer cette hypothèse.

Toujours est-il que Mr Brainwash est un artiste de Los Angeles à succès – les polémiques le concernant ne venant que renforcer sa renommée. Le rapprochement qu'a fait Sébastien-Abdelhamid entre lui et Mr Garcin ne vient pas seulement du fait qu'ils sont tous deux des « Mister » ; ils

Tout le monde connaît le documentaire *Exit Through the Gift Shop*, œuvre signée par le célèbre street artist Banksy.

« On continue à discuter après la fin de l'émission. Il me demande comment je travaille, combien je vends mes œuvres... Puis il me dit qu'il faut absolument que j'aille le voir à Los Angeles. »

réinterprètent la culture populaire au sein de leurs productions et il s'avère qu'ils ont rencontré Stan Lee, la légende de Marvel, dans les mois qui ont précédé leur interview commune. Et bien évidemment, l'ami de Stan Lee est aussi mon ami.

Mr Garcin se rend sur le plateau sans a priori – en se renseignant sur son homologue, il est tombé sur une interview d'une heure réalisée par Mouloud Achour qui lui a donné une image plus humaine de Thierry Guetta que celle qui se dégageait du documentaire de Banksy. Et il découvre, au fil de leurs échanges, que Mr Brainwash est quelqu'un d'effectivement très sympathique. « *On s'entend super bien, et on continue à discuter après la fin de l'émission. Il me demande comment je travaille, combien je vends mes œuvres...*, se remémore l'homme au masque. *Puis il me dit qu'il faut absolument que j'aille le voir à Los Angeles.* »

Les deux amoureux d'images décident de continuer à échanger autour d'un verre. Mr Brainwash pose de nombreuses questions, il entre dans les détails de la pratique et de la situation de Mr Garcin. Et puis, il finit par lâcher une bombe : « *Est-ce que tu serais prêt à être salarié ? Combien tu prendrais pour travailler pour quelqu'un ?* » Notre héros se sent flatté par ce qui semble être une proposition sans détour, mais il répond : « *Mon travail est assez marqué, je ne sais pas si je pourrais faire autre chose.* » Il en va ensuite de sa propre suggestion : pourquoi ne pas songer à une collaboration ?

Mr Garcin se prend à rêver de ce qu'il pourrait produire avec la puissance de frappe financière d'un Mr Brainwash. « *Si j'en avais les moyens, je pourrais par exemple refaire l'œil de* Spider-Man *en trois dimensions, avec des jouets pris dans la résine* », me confie-t-il ainsi. Thierry Guetta le convie à venir lui rendre visite dans la cité des anges pour visiter ses ateliers et envisager la forme que pourrait prendre cette collaboration. Ils échangent leurs contacts avant de prendre congé – l'artiste angelin partant avec un exemplaire du tome 1 de la biographie éditée par Pix'n Love dans sa besace.

Mr Garcin garde en tête cette possibilité qui s'offre à lui, mais les événements jouent en sa défaveur. D'abord, il croule sous les commandes et veut les honorer sans imposer des mois de retard à ses clients. Et puis, alors qu'il parvient à voir le bout de ce tunnel de labeur, il est soudain confronté à des problèmes de santé. « *J'ai eu un problème à l'oreille interne*, m'explique-t-il. *Ça me donnait des vertiges violents, au point que je devais m'asseoir et rester sans bouger jusqu'à ce que ça passe. Quand ça m'arrivait, je ne pouvais plus rien faire. J'ai dû effectuer toute une batterie d'examens, trouver un traitement... Au total, ça a bien duré six mois. Dans cet état-là, je ne me voyais pas partir à L.A. Et puis, il y a eu le Covid, et tout s'est arrêté.* »

Le voyage a ainsi été repoussé indéfiniment à plus tard. Il semblerait cependant qu'il soit déjà prévu de le traiter au sein du tome 3 de la biographie (je dis ça parce que son sous-titre est « *High Life in L.A.* »). En réalité, notre héros m'explique qu'il a plusieurs raisons de se rendre aux États-Unis, et qu'il profitera de ce voyage pour faire d'une pierre deux coups, voire d'une pierre un tas de coups (ne ratez pas : *Mr Garcin – Ricochets*). De toute façon, Mr Brainwash lui a dit qu'il lui est déjà arrivé de collaborer avec d'autres artistes après d'importants délais, et qu'il ne faut pas être pressé dans ce domaine, « *les choses se faisant quand elles doivent se faire* ».

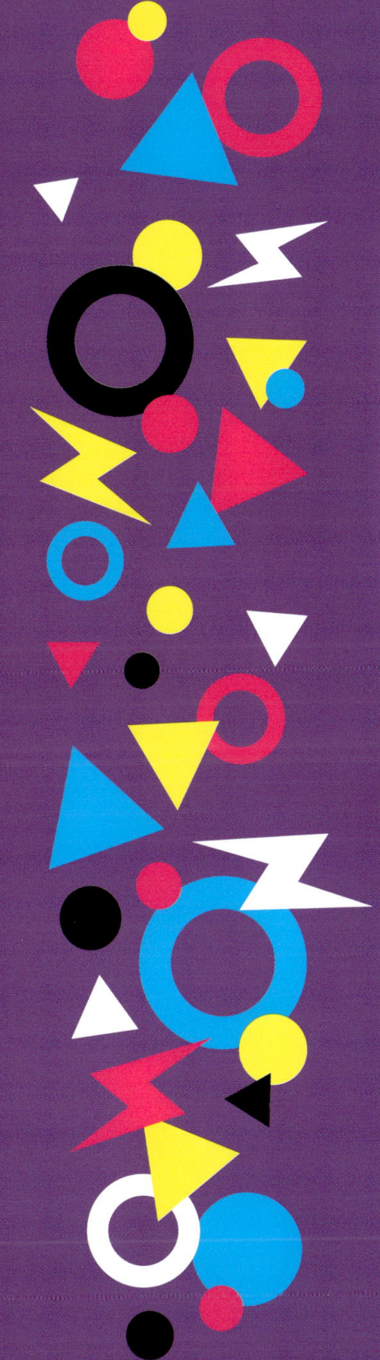

En plein centre

« Il y a une rencontre dont j'ai oublié de vous parler en 2017, me dit ensuite El Garchino, comme on l'appelle au Mexique.

— C'est dommage, parce que j'essaye de classer les événements par ordre chronologique.

— Cela concerne un galeriste à Clermont-Ferrand.

— Ah bon... Ben ça va, alors, c'est pas grave, je mettrai ça n'importe où.

— Qu'est-ce que vous sous-entendez ?

— Moi ? Rien du tout. »

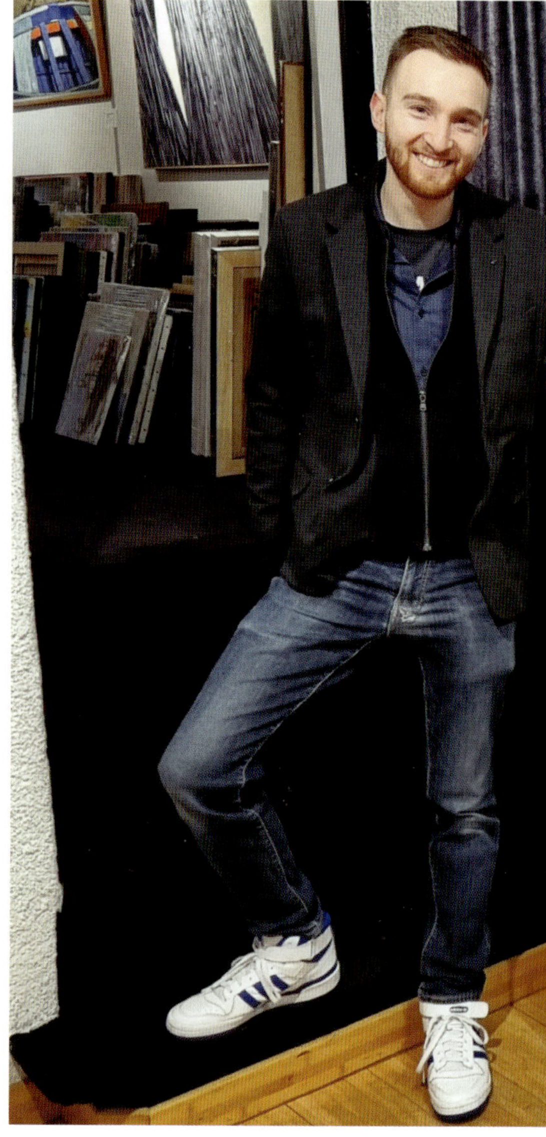

Revenons donc en arrière d'un an, dans la belle ville, proche du centre exact de la France, de Clermont-Ferrand. David Chabannes, la vingtaine à peine passée, vient d'être propulsé à la tête de la galerie Christiane Vallé, fondée 50 ans auparavant par ses grands-parents, ceci en raison d'une circonstance tragique : son père, qui en occupait la direction jusqu'à présent, vient de disparaître, emporté par un cancer. S'il est déjà familier du milieu de l'art par la grâce de cet héritage, David se plie à une formation accélérée pour être à même d'assurer ses fonctions. Il part six mois au Canada pour apprendre à parler couramment anglais, puis au Japon, pour apprendre l'art secret du « *marchand d'art perché sur la branche du cerisier prêtant l'oreille à la brise* ». Et aussi (et surtout) pour connaître les personnes avec qui son grand-père travaille régulièrement depuis des décennies sur l'archipel nippon.

Le jeune homme a des peintres célèbres, comme Bernard Buffet, dans son catalogue, mais il souhaite aussi ouvrir celui-ci à des artistes plus contemporains, avec une inclinaison pour le pop art. Au cours de la recherche qui s'ensuit, il évoque la question avec Frantz, un libraire tenant un comic shop à Clermont : Evil-One Comics. Celui-ci lui parle alors d'un jeune artiste qui monte, vous aurez deviné lequel. David contacte alors Mr Garcin – le hasard faisant bien les choses, celui-ci doit participer à une convention à Clermont dans les semaines

David Chabannes souhaite conserver les tableaux qu'il acquiert en vue de l'exposition, mais ils partent comme des petits pains, forçant Mr Garcin produire toujours plus en vue du grand événement.

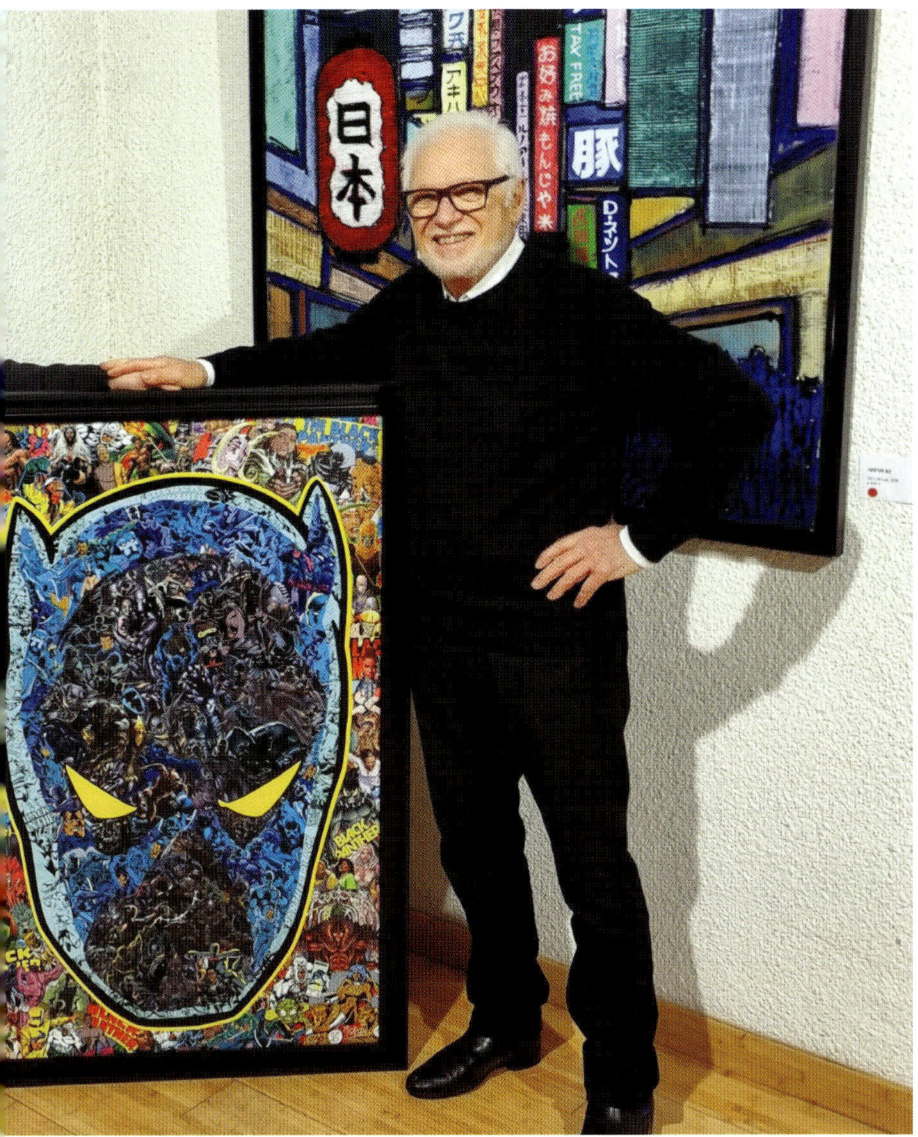

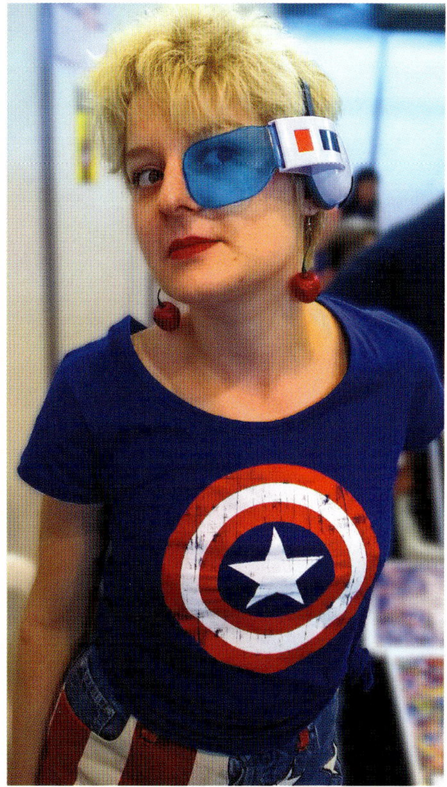

qui suivent. Une rencontre est alors organisée, à laquelle le grand-père, fondateur de la galerie, se rend. « *Il était très sympa, et malgré ses 75 ans passés, il avait une poigne de fer,* précise l'artiste. *Je crois qu'il voulait voir quel genre de personne j'étais. Le petit-fils est venu ensuite dans mon atelier à Montpellier, il désirait voir le rendu de mes tableaux dans le réel. Ils ont exprimé leur intérêt, mais nous n'avons pas signé d'accord tout de suite. Le contact s'est noué naturellement sur un ou deux ans.* »

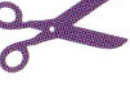

CI-DESSUS, À GAUCHE

René (à droite) et David Chabanne dans leur galerie, accompagnés d'une oeuvre de Mr Garcin (*Black Panther*).

CI-DESSUS, À DROITE

Ericka, assistante de choc !!!

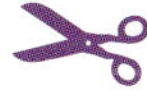

David Chabannes continue dès lors de suivre de près le travail de Mr Garcin. L'intérêt manifesté par ce galeriste jeune et dynamique est partagé par l'artiste, qui se remémore encore les revers subis quand il avait contacté des galeries parisiennes, à ses débuts. « *Je me souviens que l'un d'eux m'avait dit être intéressé, mais ne plus vouloir se lancer, à l'âge qu'il avait, dans la promotion de nouveaux artistes. Il m'avait conseillé de trouver un galeriste qui se lance afin que nous puissions progresser ensemble. C'est exactement ce qui s'est passé avec David.* »

Les deux hommes finissent par tomber d'accord sur une association qui se conclut non seulement par la commande d'une exposition personnelle – synonyme de production d'une vingtaine de tableaux pour remplir la galerie de 200 mètres carrés –, mais également par l'achat de certaines œuvres. « *C'est un signe de soutien, c'est très rare que les galeries fassent ça,* me confie Mr Garcin. *Cela voulait dire qu'il voulait travailler avec moi sur le long terme.* » Il m'explique que la pratique, en général, est de soutenir un artiste tant qu'il est « *bankable* », en partageant les ventes à 50/50, jusqu'au jour où son étoile pâlit. « *Et là, salut !* »

David Chabannes souhaite conserver les tableaux qu'il acquiert en vue de l'exposition, mais ils partent comme des petits pains, forçant Mr Garcin à produire toujours plus en vue du grand événement. David se plaint même que notre artiste masqué ne soit pas suffisamment productif. Ce dernier peut heureusement toujours compter sur son sidekick Erica (que nous avons déjà évoquée dans le premier tome) pour l'aider durant ces périodes où il est submergé de travail. Pour compléter le line-up à venir, David lui demande de réaliser de nouvelles estampes japonaises qu'il a ajoutées à son répertoire en 2017, l'intérêt du public, à leur égard, étant grandissant. Il propose également d'exposer les dernières œuvres non vendues issues de la collaboration avec Yaniv Every. La préparation continue pour le grand événement, prévu en 2019.

Mr Garcin me fait comprendre que l'heure est venue de mettre fin à nos entretiens pour aujourd'hui. Alors que je remballe mon matériel, devant le regard curieusement insistant de son serviteur j'ai l'esprit occupé par une question qui me tenaille. Peut-être cela se traduit-il par une expression de mon visage, quoi qu'il en soit, l'homme au masque, qui ne me quitte pas des yeux, me demande sans ambages :

« *Une question vous tenaille ?*

— *Oui ! C'est marrant, c'est exactement ça. Je veux dire, c'est en ces termes que je me le formulais dans ma tête.* »

Une nouvelle preuve des superpouvoirs d'El Garchino, si vous me demandez.

Il m'adresse un sourire que je ne peux que deviner, en raison du masque, puis d'un geste, il continue :

« *Allez-y, posez-la.*

— *Eh bien, on a déjà passé deux années en revue, et vous n'avez toujours pas abordé…*

— *Marvel ?* me coupe-t-il. *Je vais y venir, ne vous inquiétez pas. Une chose est sûre, c'est qu'au moment que nous évoquons, fin 2018, je suis pleinement conscient que Marvel va fêter ses 80 ans l'année suivante, et je n'ai pas besoin de vous dire que j'ai terriblement envie d'en être. Seulement, et malheureusement, rien n'est alors moins sûr.* »

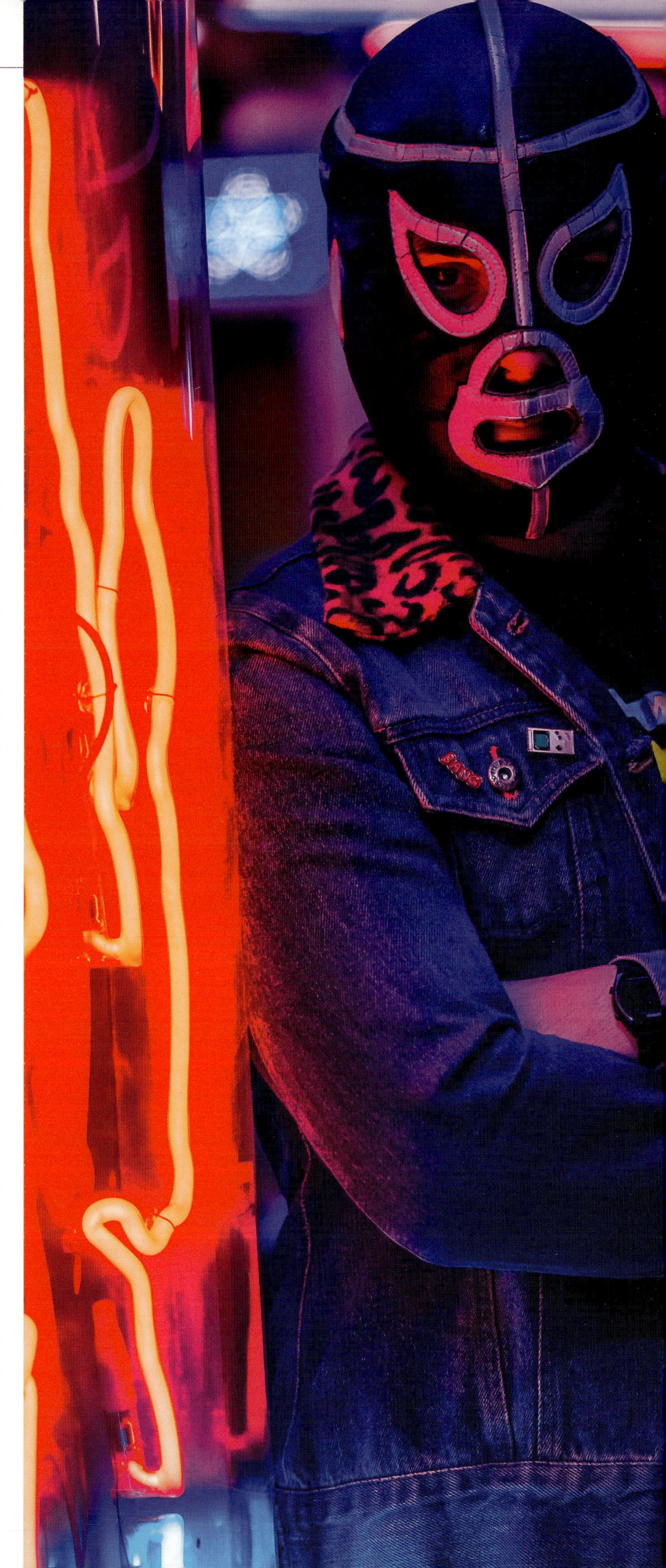

2019

Troisième de nos rencontres qui s'égrènent au fil des années écoulées. Mr Garcin m'a laissé sur un *cliffhanger* digne des plus belles séries télévisées américaines et je meurs d'envie de l'interroger sur ce qu'il a voulu dire à la fin de notre dernière entrevue. Mais lorsqu'il me reçoit dans son salon décoré à l'asiatique, il se lance immédiatement dans un récit qui n'a rien à voir...

À GAUCHE
Mr Garcin par Alex Goss.

Galerie éphémère

« Tous les ans, à Villeneuve-lès-Maguelone, un village de bord de mer à côté de Montpellier, un événement de street art *de plus en plus important est organisé dans une maison abandonnée, dans le cadre de la journée mondiale de protection des zones humides.*

— Parce que cette maison est une zone humide ?

— Non. Elle est proche d'une zone humide.

— Elle est hantée ?

— Non. Laissez-moi parler.

— Pardon.

— La maison contient une quinzaine de pièces, et chaque artiste s'en voit attribuer une pour l'habiller comme il le désire. Ensuite, la maison est ouverte aux visites. D'année en année, la fréquentation augmente, c'est un immense succès, à tel point qu'il y a parfois une heure de queue pour y pénétrer. En 2019, j'ai été contacté pour y participer. »

« Tous les ans, à Villeneuve-lès-Maguelone, un événement de *street art* de plus en plus important est organisé dans une maison abandonnée. »

BIOGRAPHIE

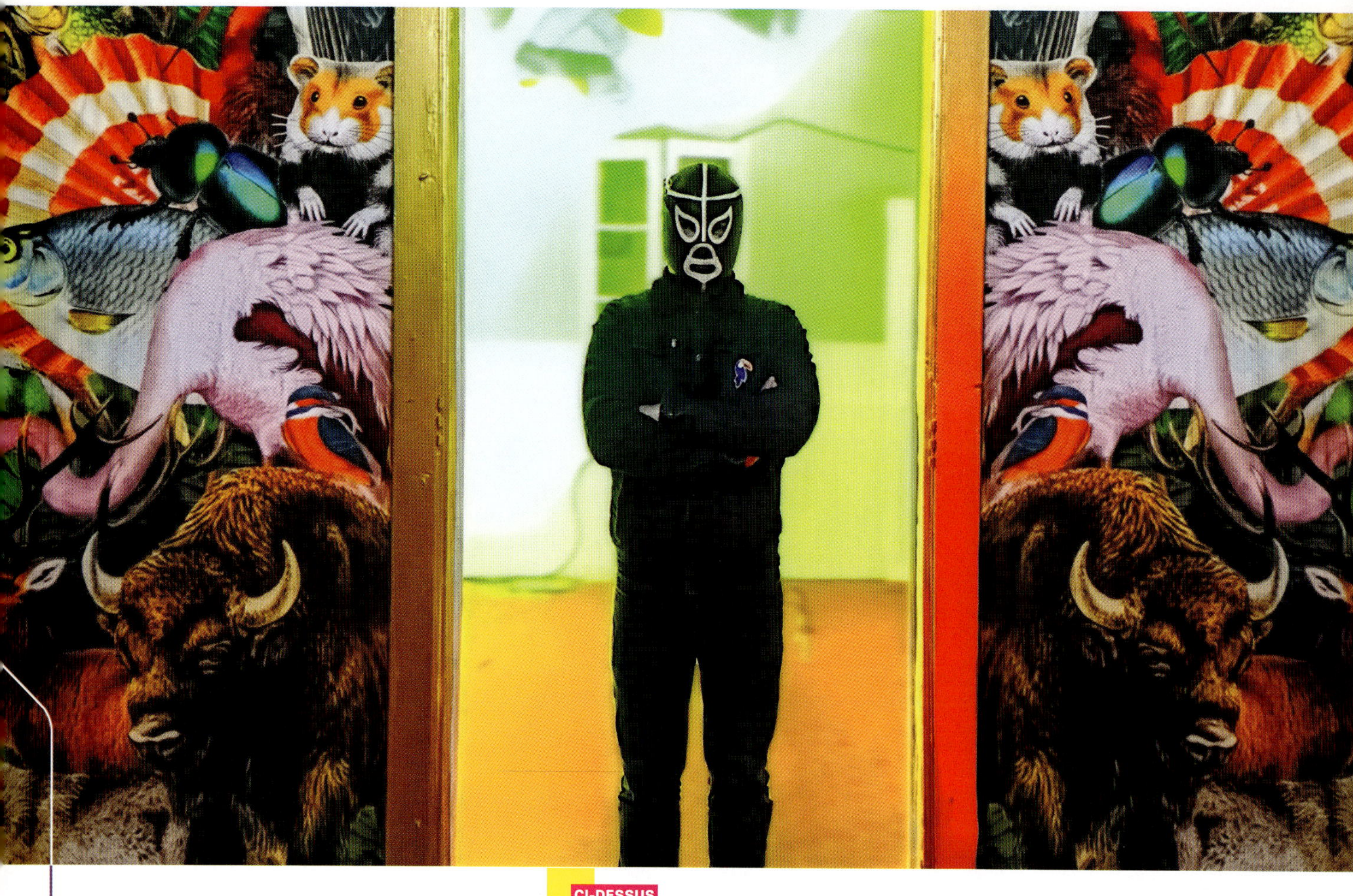

CI-DESSUS
Galerie Ephémère 2019.

Mr Garcin m'explique qu'il a été touché d'être invité, ce qui représentait pour lui une forme de reconnaissance, les artistes contactés venant de toute la France. Une difficulté se pose cependant à lui : s'il s'amuse à tapisser l'intégralité des murs de la pièce qui lui a été attribuée avec ses collages, cela lui prendra vraisemblablement plusieurs années. Il utilise alors un expédient pour parvenir à terminer dans les délais, en faisant agrandir des collages créés pour l'occasion.

« Avec l'électricité coupée pendant plus de cinq heures, les gens étaient obligés de l'éclairer au téléphone portable pour voir ce que j'avais fait. »

« Malheureusement, cette année-là, il y a eu une énorme tempête à Villeneuve, et le poteau électrique qui desservait la zone a été endommagé. Il n'y avait donc plus d'électricité dans la maison. Le ciel était noir de nuages, il pleuvait, il y avait énormément de vent... Les conditions n'étaient pas réunies pour une visite idéale.

— Je vous avais dit que la maison était hantée.

— Non, rien à voir. Le problème, en ce qui me concernait, était que ma pièce n'avait pas de fenêtre. Avec l'électricité coupée pendant plus de cinq heures, les gens étaient obligés de l'éclairer au téléphone portable pour voir ce que j'avais fait. Et puis il a fallu virer tous les éléments mobiles de l'installation à cause du vent qui s'engouffrait dans la maison. Il y avait de la boue partout, que les visiteurs déplaçaient à l'intérieur. »

Mr Garcin précise cependant que les artistes ont fait preuve d'un bel esprit

À DROITE

Collaboratrice de longue date, Claire-Sophie encadre régulièrement des œuvres de Mr Garcin dans l'atelier d'Image de demain !

EN BAS, À GAUCHE

Passage sur la scène du Théâtre Tristan Bernard (Paris) pour La Veillée.

EN BAS, À DROITE

Avec Monsieur Poulpe après leur passage dans La Veillée.

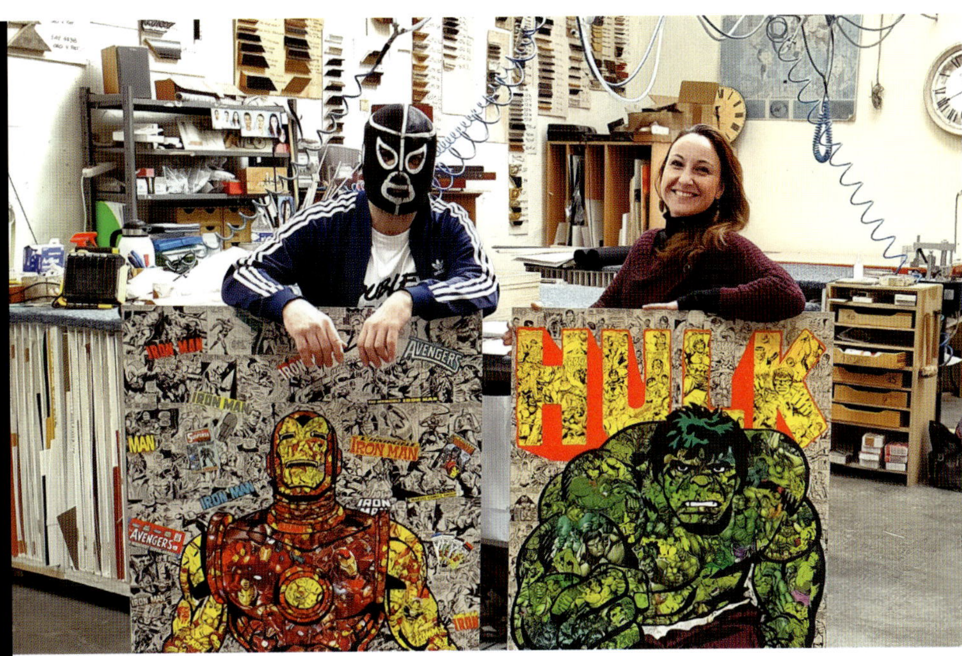

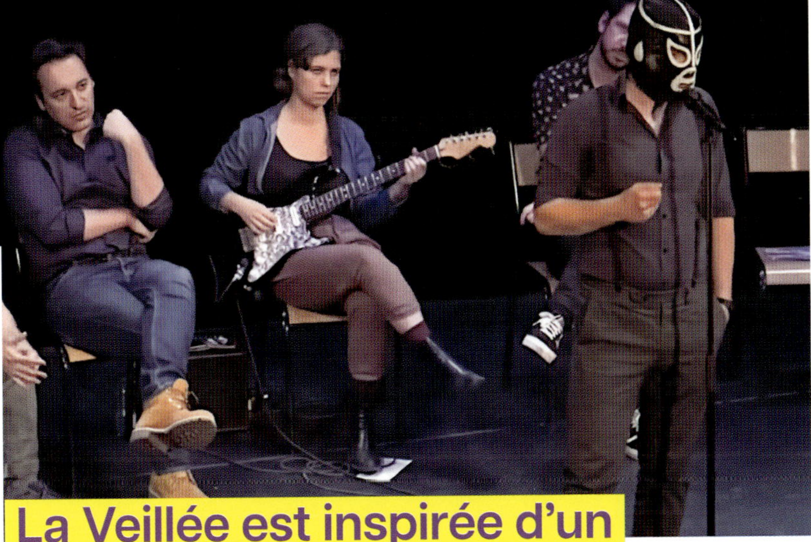

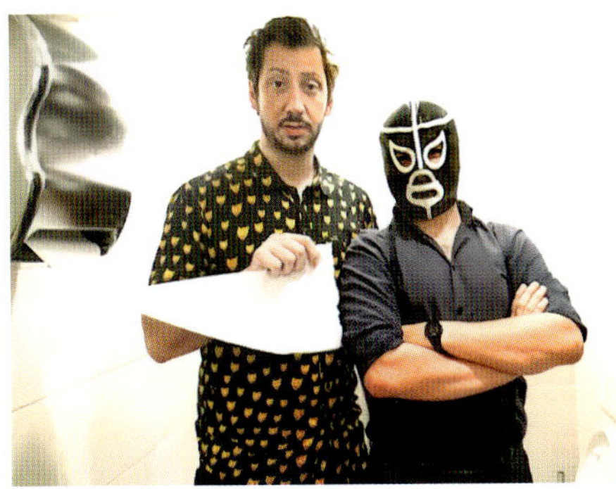

La Veillée est inspirée d'un concept américain, The Moth. Le principe est simple : une scène, un public, et des histoires vraies.

d'entraide pour parvenir à faire face à ces circonstances difficiles. Il fait ainsi la connaissance d'Olivier Bonhomme, un illustrateur qui collabore régulièrement avec *Le Monde*, avec lequel il sympathise. Il retrouve également Lytnim, de son vrai nom Ludwig Oblin, photographe du Hangar '84, qu'il connaît déjà depuis peu grâce à des amis communs et qui est appelé à devenir son portraitiste officiel. Il y croise également Aude B., fameuse artiste locale, et Hien aka Mathieu Lucas, dont il adore le travail articulé autour de maquettes miniatures.

Tout sauf la mettre en veilleuse

Mr Garcin enchaîne en évoquant la Veillée. Au début, je crois qu'il me parle de la soirée de Noël, et je suis prêt à protester parce qu'il est en train de finir 2019 sans m'avoir expliqué ce qui s'était passé avec Marvel, mais il me détrompe rapidement. « *Il s'agit d'un événement organisé à Paris par Patrick Baud et Damien Maric, où des personnes plus ou moins célèbres sont invitées pour raconter leurs histoires, que ce soient des événements exceptionnels ou des parcours hors du commun.* » Renseignements pris, la Veillée est inspirée, selon son site YouTube,

« Je dois avouer que juste avant de monter sur scène, j'avais des doutes quant à la pertinence de ma présence. Finalement, j'étais super content d'avoir dépassé mon appréhension. »

« d'un concept américain, The Moth, créé par le poète et romancier Georges Dawes Green en 1997. Le principe est simple : une scène, un public, et des histoires vraies ».

Mr Garcin me précise que l'événement prend place au sein du théâtre Tristan Bernard, bourré à craquer de spectateurs, et que chaque intervenant a dix minutes pour raconter son histoire. *« Il y a un chronomètre visible au pied de l'orateur, ça met la pression. »* Il participe à une session où sont également invités Monsieur Poulpe et Mathias Malzieu, membre de Dionysos. *« Certains, que je ne citerai pas, ont dépassé le temps qui leur a été alloué, ce qui a rajouté de la pression sur les autres. »* De ce que je comprends, le théâtre est loué par les organisateurs pour un prix abordable parce que la Veillée a lieu avant la représentation normalement programmée. De ce fait, la condition est de terminer dans les temps. Mr Garcin est ainsi légèrement déçu par sa performance, puisqu'il se voit pressé d'en finir, et qu'il doit sacrifier des éléments de son récit pour en voir le bout.

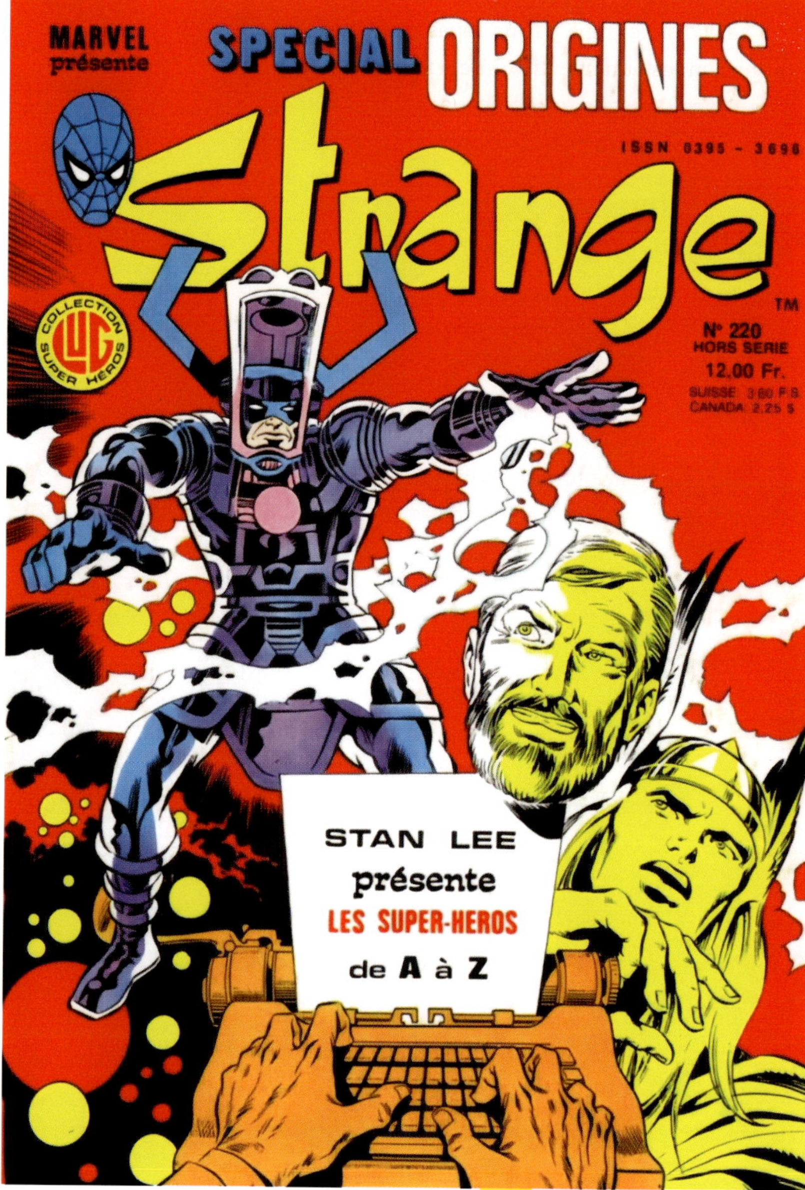

CI-DESSUS
Couverture de *Strange Spécial Origines* n°220.

L'histoire qu'il raconte est centrée autour de sa passion pour Spider-Man : tout petit déjà, il a appris à lire au fil de ses aventures. *« Sur certaines BD de l'époque, qui s'appelaient les* Strange Spécial Origines, *il y avait la tête de Stan Lee en couverture. Il y avait aussi une machine à écrire ; c'est ainsi que j'ai compris que c'était lui qui écrivait les histoires. »* Mr Garcin, à partir de là, fait le récit de sa rencontre avec son idole d'enfance, dont le collage a fini en couverture du *Spider-Man #700*. *« Je dois avouer que juste avant de monter sur scène, j'avais des doutes quant à la pertinence de ma présence. Finalement, j'étais super content d'avoir dépassé mon appréhension. »*

La Veillée se termine par un repas partagé dans un restaurant où Mr Garcin fait la connaissance de Monsieur Poulpe (à qui il cède ensuite une immense reproduction de La Vague d'Hokusai). « *Je connaissais déjà Davy Mourier et ça m'a fait plaisir de rencontrer le deuxième membre du duo qu'ils formaient depuis des années.* » Il y croise aussi Kyan Khojandi (*Bref*), ou encore Bernard Werber, le parrain de l'événement, qui a des histoires exceptionnelles à raconter (mais pas dans ses livres). Mr Garcin me précise enfin que les organisateurs ont sorti un livre compilant les meilleures histoires racontées, au rang desquelles il a eu le plaisir de retrouver la sienne. Cerise sur le gâteau, les bénéfices de cette vente sont reversés à une association caritative. Peut-être qu'elle vient en aide aux insomniaques. Vérification faite, il s'agit du Secours populaire.

Marvel (enfin)

Cinq ans. C'est le temps qu'a duré le silence de Marvel. Cinq années sans aucune nouvelle après la lune de miel des premiers temps. La moitié d'une décennie à envoyer des e-mails dans le vide, à continuer les collages de super-héros, la larme à l'œil, en espérant avoir un retour. Une attente d'autant plus douloureuse qu'aux yeux de beaucoup de ceux qu'il croise, dans les salons ou ailleurs, il est « *l'artiste Marvel* », qui ne vit que par et pour les super-héros de la compagnie – les multiples allusions à ce statut unidimensionnel ne font que retourner le couteau dans la plaie. Et puis, un jour, le mail tant attendu fait son apparition. Il émane de Tom Brevoort, *Executive Editor* (responsable des publications) chez le géant des *comics*.

Je demande à Mr Garcin s'il connaît les raisons de ce silence. Il me répond que non. La seule chose qu'il sait, c'est que Stephen Wacker, son contact dans la structure, a changé de poste. « *Je l'ai appris quand je lui ai envoyé une couverture qu'il m'avait commandée. Il m'a répondu qu'il avait été transféré dans Marvel Animation, quittant New York pour Los Angeles, et qu'il allait transmettre la couverture à celui qui le remplaçait.* » C'est là que les problèmes se font jour. Le remplaçant semble tomber des nues – pire encore, il a l'air défiant, peu intéressé. Ses réponses se font évasives, de plus en plus espacées. Puis c'est le silence. Mr Garcin essaye alors les autres adresses e-mails dont il dispose au sein du groupe, sans plus de succès. « *Dans les spams, personne ne vous entend crier* », me dit-il, visiblement chagriné.

CI-CONTRE, EN HAUT
Tom Breevort, responsable de publications chez Marvel Comics.

CI-CONTRE, PLUS BAS
Jean Louis Mast et Mr Garcin toujours prêts à l'action !!!

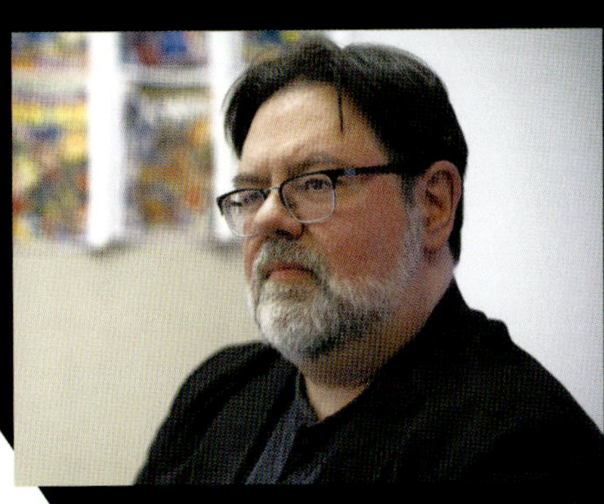

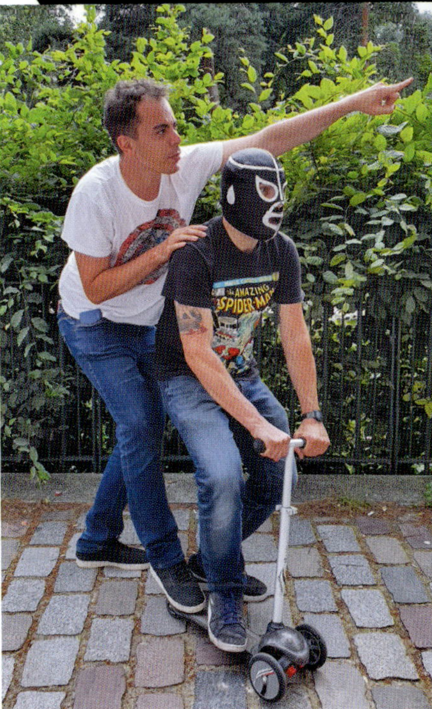

Cinq ans. C'est le temps qu'a duré le silence de Marvel. Cinq années sans aucune nouvelle après la lune de miel des premiers temps.

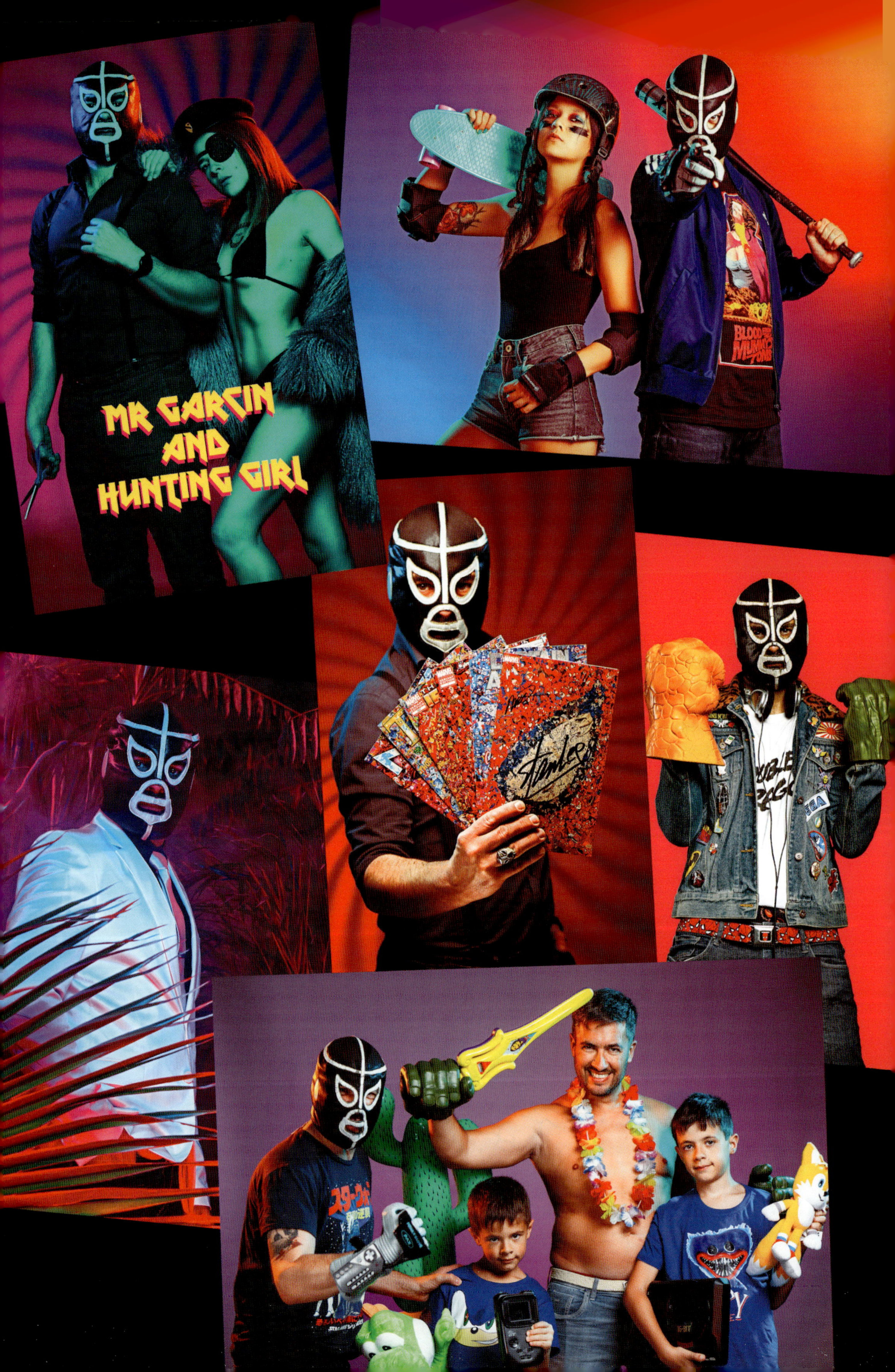
MR GARCIN
AND
HUNTING GIRL

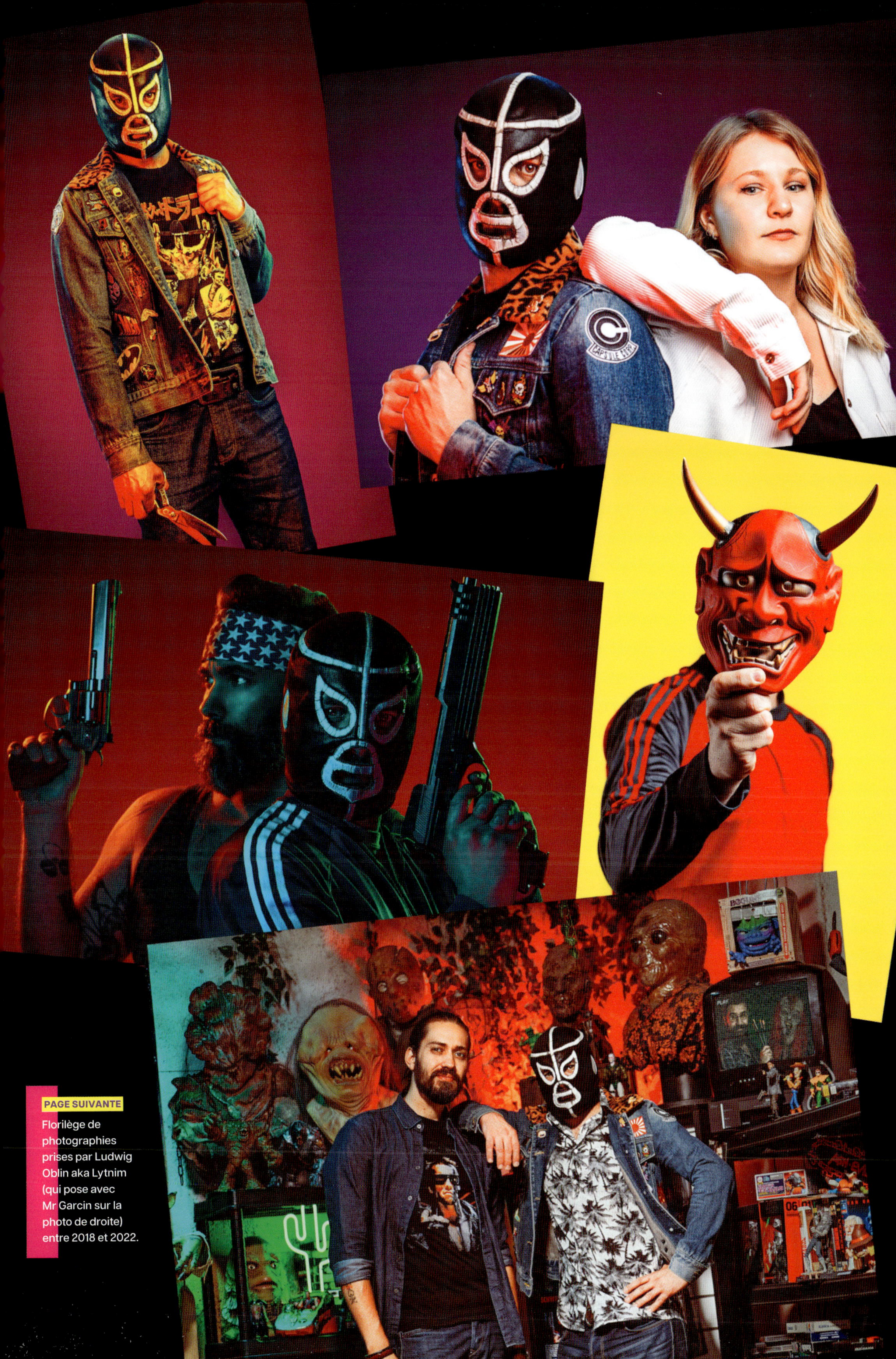

PAGE SUIVANTE
Florilège de photographies prises par Ludwig Oblin aka Lytnim (qui pose avec Mr Garcin sur la photo de droite) entre 2018 et 2022.

Six mois passent. Et puis soudain, le miracle se produit. Un mail qui lui demande s'il serait intéressé à l'idée de réaliser une couverture... pour les 80 ans de Marvel.

Heureusement, l'œuvre orpheline, un Hulk d'un mètre soixante sur un mètre, trouve rapidement preneur. Et puis notre héros masqué, connu pour sa ténacité, ne baisse pas les bras. Régulièrement, il envoie de nouveaux messages, comme autant de bouteilles à la mer. Il profite de l'un d'eux pour souhaiter à Marvel la bonne année, en envoyant 50 copies dédicacées d'un collage du drapeau américain réalisé avec toutes les bandes dessinées de l'éditeur (une copie par État). Peine perdue : il ne reçoit aucune réponse.

L'échéance des 80 ans se rapproche. Mr Garcin range son orgueil dans sa poche, recoud les accrocs dans sa cape de courage et se lance dans un plaidoyer aussi sincère que fougueux pour offrir ses services dans le cadre de cette célébration. Rien n'y fait : toujours pas de réponse. Il tente même d'adresser un mail à C. B. Cebulski, éditeur en chef de Marvel Comics, dont il obtient l'adresse par l'intermédiaire d'un bon ami, Jean-Louis Mast, qui collabore avec Marvel comme *storyboarder*. Là encore, c'est un coup d'épée dans l'eau. Il voyait cette tentative comme une dernière chance. Il commence à se faire l'idée que c'en est fini de cette collaboration, tout comme du soutien de la firme.

Six mois passent. Et puis soudain, le miracle se produit. Un mail signé Tom Brevoort, qui lui demande s'il serait intéressé à l'idée de réaliser une couverture... pour les 80 ans de Marvel. « *J'ai eu l'impression qu'il n'avait pas eu mon dernier mail. Ni celui-ci ni tous ceux d'avant. Le pire, c'est que je n'ai pas la moindre idée de la raison pour laquelle il m'a recontacté.* » Mr Garcin ajoute que ça n'a pas tant d'importance pour lui : tout ce qui compte à ce moment-là, c'est le soulagement qu'il ressent à enregistrer cette nouvelle commande.

X-Factor

Soulagé qu'on ait réglé ce problème, je demande alors à Mr Garcin de m'excuser : je dois répondre à un besoin pressant. Je m'engage dans le long couloir menant aux toilettes, l'impression d'avoir quelqu'un sur mes talons. Mais ce n'est qu'en arrivant dans l'immense hall où s'alignent les rangées de lavabos que je me retourne brusquement pour tomber face à face avec l'homme qui nous servait le thé. Il me fixe intensément.

« *Vous ne me remettez pas ?* » me demande-t-il.

Je le détaille à mon tour, essayant de mobiliser ma mémoire rongée par les excès. Mais sa silhouette plutôt quelconque ne me dit vraiment rien.

« *Non, je ne vois pas, désolé.*

— *C'est moi, Monsieur X* », s'exclame-t-il en produisant tout un tas d'expressions étranges avec son visage, comme si cela allait m'aider à l'identifier.

(Pour ceux qui n'ont pas lu le tome 1, Monsieur X était une source anonyme qui me fournissait des renseignements plus ou moins crédibles sur Mr Garcin durant mon enquête.)

« *Ah d'accord*, réponds-je.

— *Je suis étonné que vous ne vous souveniez pas de moi.*

— *Mais, Monsieur X, on ne s'est jamais rencontrés en chair et en os !*

— *Oui, ça fait sens. En même temps, il faut sortir, un peu.* »

Plus aucun doute, désormais : c'est bien lui.

« *Alors c'est comme ça que vous obtenez vos informations ? En travaillant pour Mr Garcin ?*

— Non, les informations, je les obtiens sur Internet, comme tout le monde. Je travaille pour Mr Garcin par passion.

— Ça explique beaucoup de choses. »

Je le préviens alors que je dois retourner dans le salon japonais avant que Mr Garcin ne se doute de quelque chose.

« *Attendez*, me dit-il alors avec un air d'urgence. *Vous ne savez pas tout.*

— Ah bon ?

— Non. Je peux vous dire pourquoi Mr Garcin n'a pas été rappelé pendant cinq ans. C'est à cause du Marvel profond.

— Le Marvel... profond ?

— Oui, vous savez. De la même façon qu'il y a l'État profond. »

Je marque une pause avant de répondre.

« *Je suis le premier surpris de dire cela, mais je suis content de vous voir. Jusqu'ici, c'est moi qui ai dû écrire les blagues du tome 2, mais je sais que vous allez me remplacer haut la main.*

— Les blagues ? Quelles blagues ?

— Ha ha, ce Monsieur X... Toujours le même ! »

Finalement, il me fait promettre d'écouter ce qu'il a à me dire, et nous prenons rendez-vous pour le soir même, dans un bar à proximité de mon hôtel.

Marvel (en surface)

À mon retour, Mr Garcin enchaîne immédiatement sur l'histoire de son retour en grâce. La couverture que Tom Brevoort lui a demandée n'est pas n'importe laquelle : elle va être l'une de celles utilisées pour le numéro spécial des 80 ans, intitulé Marvel 1000. Ce genre de numéro anniversaire est la garantie de ventes importantes et l'éditeur a décidé de commander un grand nombre de *variant covers*.

Mr Garcin sait qu'il doit faire un collage hors norme – et ne pas tomber dans le piège de ne représenter que des super-héros. « *Avant, chez Marvel, il y avait plein de comics différents, des histoires d'horreur, de guerre, humoristique, des romances... Il fallait que je tienne compte de tout ça. Je devais penser aussi à rendre hommage à tous les plus grands dessinateurs, aux moments ou aux cases culte, et j'en passe. J'ai dû mener un gros travail en amont pour pouvoir opérer ma sélection.* »

Et ce travail, malheureusement, ne va pas totalement suffire : peut-être du fait de la pression qui s'exerce sur lui avec ce retour en grâce, peut-être en raison du volume de travail induit, Mr Garcin commet une erreur. Pourtant, tous les signaux sont d'abord au vert : il envoie son collage à Tom Brevoort, qui lui promet un retour sous une semaine, le temps pour les services internes de vérifier le collage. La semaine se termine, Brevoort envoie un mail de confirmation : tout va bien, la couverture est validée.

Deux mois passent. Mr Garcin est en train de travailler tranquillement chez lui, il est deux heures du matin. Soudain, il reçoit un e-mail d'un inconnu, en anglais, lui indiquant qu'il y a une erreur dans son collage : un personnage DC Comics y apparaîtrait. L'homme au masque (oui, il le porte même pour travailler tout seul chez lui) sent un frisson glacé le parcourir. Il se connecte aux réseaux et découvre que Marvel vient d'annoncer sa couverture sur Twitter. Parmi les commentaires, il en trouve certains qui font part du même constat – heureusement, comme Internet est un endroit majoritairement civilisé, ils adoptent tous un ton poli et un langage châtié, demandant simplement la mise à mort de l'artiste au cours d'une cérémonie païenne. D'autres se font plus

« Je devais penser aussi à rendre hommage à tous les plus grands dessinateurs, aux moments ou aux cases culte, et j'en passe. »

« Normalement je tiens à ce que mes collages soient faits avec des comics découpés, pour que la matière première soit la plus noble possible, mais il arrive que je ne trouve pas les sources dont j'ai besoin à temps. »

parodiques, exposant toute une panoplie de personnages DC surmontés d'un bandeau « Marvel 1000 ».

Dans la cave secrète où il parfait son art, Mr Garcin blanchit comme un capitaine de frégate à l'approche d'une torpille. L'enjeu de cette erreur, si elle se confirme, lui apparaît clairement : cela pourrait signifier la fin immédiate de sa nouvelle chance. Il contacte Tom Brevoort, mais celui-ci ne semble pas partager sa panique. Il demande simplement à l'artiste s'il est possible de modifier la partie fautive. Mr Garcin répond que cela ne pose aucune difficulté. Ouf de soulagement.

Dans la foulée, il est contacté par des sites d'information américains spécialisés dans les *comics*. Il décide alors d'assumer son erreur, qu'il a commise en toute bonne foi. « *Marvel avait édité le premier mariage gay dans un comics entre deux super-héros, et je me disais que c'était important de le mettre dans le collage. Marvel et DC Comics ne se copient jamais, mais DC Comics avait fait exactement la même chose peu de temps après. Normalement je tiens à ce que mes collages soient faits avec des comics découpés, pour que la matière première soit la plus noble possible, mais il arrive que je ne trouve pas les sources dont j'ai besoin à temps. C'est ce qui s'est passé avec cette image, que j'ai récupérée sur Internet. Malheureusement, mes recherches étaient erronées : j'ai récupéré celle de DC Comics, qui lui ressemble trait pour trait.* »

Heureusement pour notre héros, le *comics* avec la couverture fautive n'est alors pas encore tout à fait publié. Il a simplement été posté sur Internet et ajouté à un catalogue de vente destiné aux revendeurs (*previews*) – sur une double page, ce qui est assez rare pour être signalé. Les copies arborant l'erreur sont donc rares – avis aux collectionneurs qui voudraient récupérer la version comportant l'erreur pour la revendre 18 millions d'euros quand Mr Garcin sera élu président des États-Unis (par exemple). On peut en tout cas saluer le courage dont

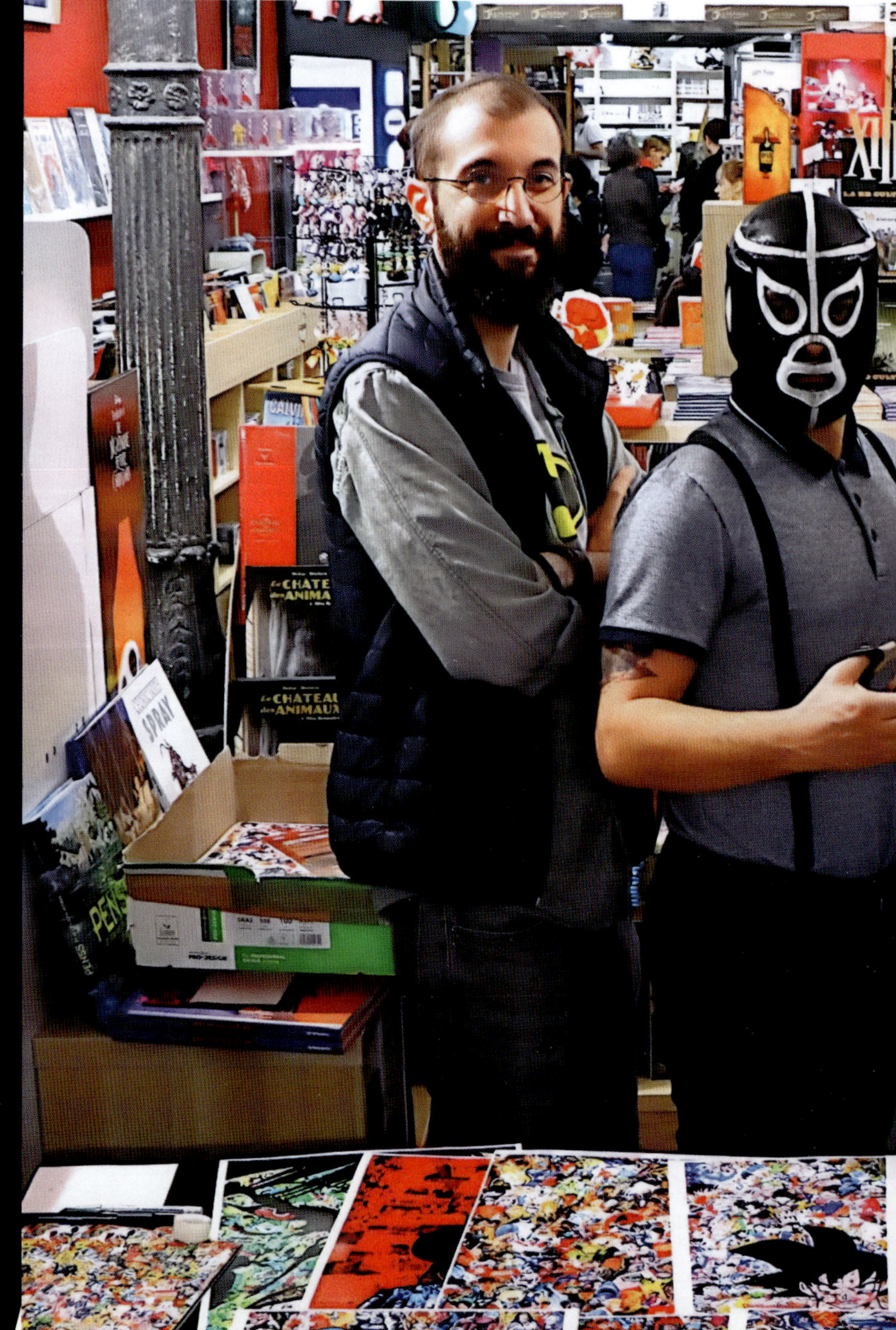

l'artiste a fait preuve en admettant son erreur (contrairement à l'immense majorité de la population, qui aurait certainement inventé une excuse lamentable pour se sortir d'affaire. Par exemple : c'est le lobby gay qui veut m'abattre).

Il s'avère que Tom Brevoort a demandé plusieurs autres corrections à Mr Garcin, liées à des questions de droits (par exemple concernant Conan le Barbare). Notre héros s'étonne d'ailleurs que les services internes de Marvel n'aient pas vu toutes ces modifications à effectuer lors de leur premier passage. Quoi qu'il en soit, cette erreur a, au final, un effet positif inattendu pour Mr Garcin : du fait de la polémique engendrée, son travail est celui, parmi les plus de 20 autres *variant covers*, qui retient le plus l'attention du public, au point qu'il est celui qui sort en premier dans les résultats associés des moteurs de recherche (Marvel a même fini par en faire un poster). « *Bad buzz is still buzz* », comme disent les Américains.

CI-DESSOUS
Mr Garcin en dédicace dans la librairie Planètes Interdites (Montpellier) pour la sortie du *comics Marvel 1000*. Il est entouré de Mathieu Vincent-Juri à gauche et Laurent Rusques.

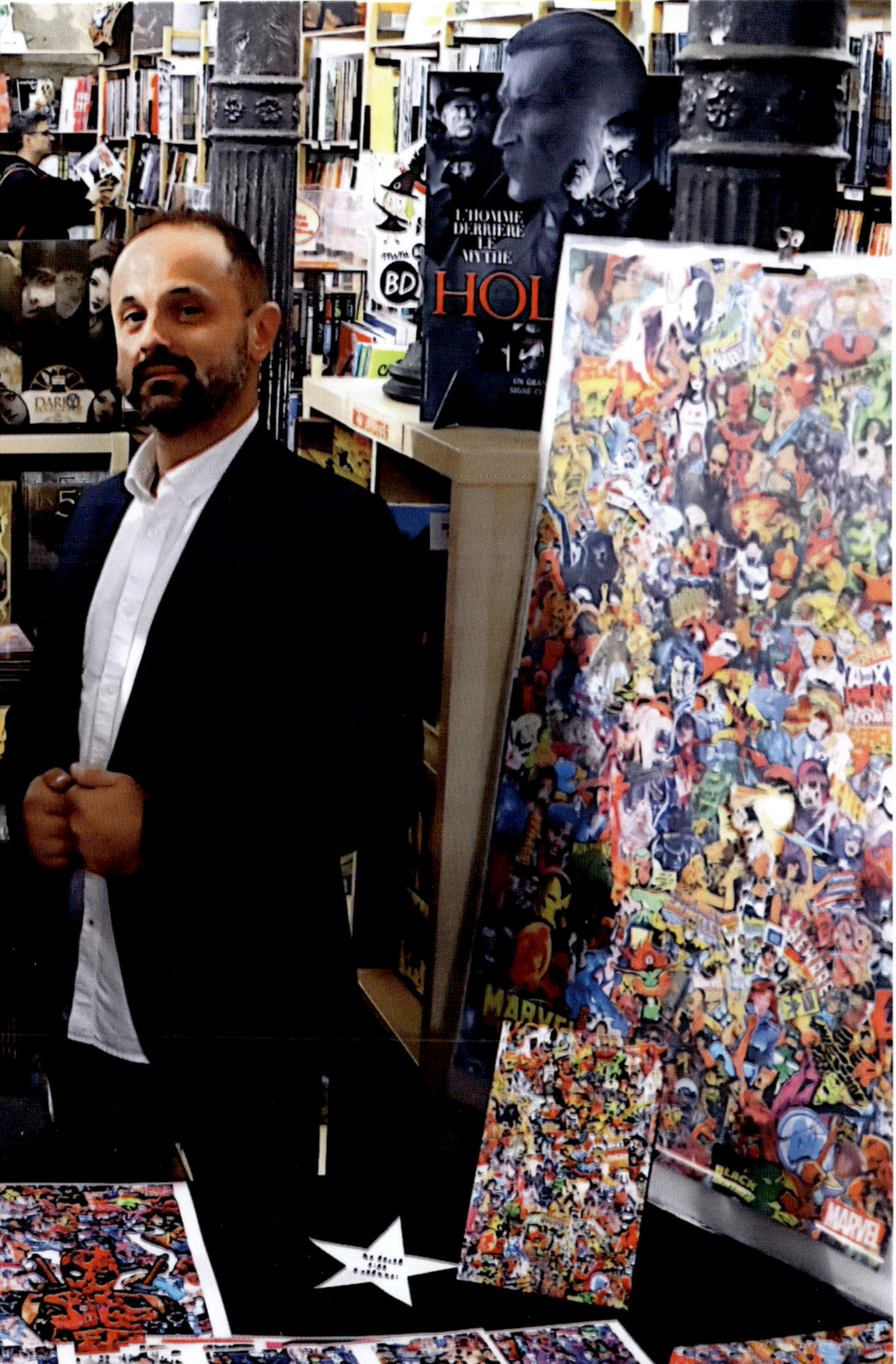

Rapidement, l'homme au masque peut oublier son inquiétude quant à l'avenir de sa collaboration avec Marvel : la preuve lui en est donnée lorsqu'ils le contactent pour utiliser le collage de Thanos qu'il leur avait envoyé en bonus en même temps que celui du numéro 1000. « *Incidemment, lorsque Tom Brevoort m'avait recontacté, je venais de le finir. Il se trouve que ce collage a servi pour le* Marvel 1001. »

Marvel (profond)

Il est temps pour moi de prendre congé pour la soirée. Je laisse Mr Garcin plongé dans une transe profonde, méditant peut-être sur les aléas de la vie d'artiste. Après avoir été ramené à proximité de mon hôtel par le service de sécurité, et dès que leur van disparaît hors de vue, j'opère un demi-tour, direction le bar irlandais où nous avons pris rendez-vous avec Monsieur X. Alors que je pénètre dans le lieu de boisson, je sens une main se poser sur mon épaule. « *Vous êtes sûr qu'on ne vous a pas suivi ?* » me murmure une voix à l'oreille.

Je me tourne et découvre un Monsieur X équipé d'un monocle, d'une fausse barbichette et d'un costume à rayures. L'ensemble le vieillit d'au moins dix ans.

« *Pourquoi m'aurait-on suivi ?* réponds-je en souriant à son intention.

— *Chut ! Taisez-vous !* », chuchote mon interlocuteur avec rage, en m'entraînant vers le fond de la salle.

Nous nous installons sur une double banquette qui nous cache au regard de la majorité des autres clients, ce qui n'empêche pas Monsieur X de jeter des coups

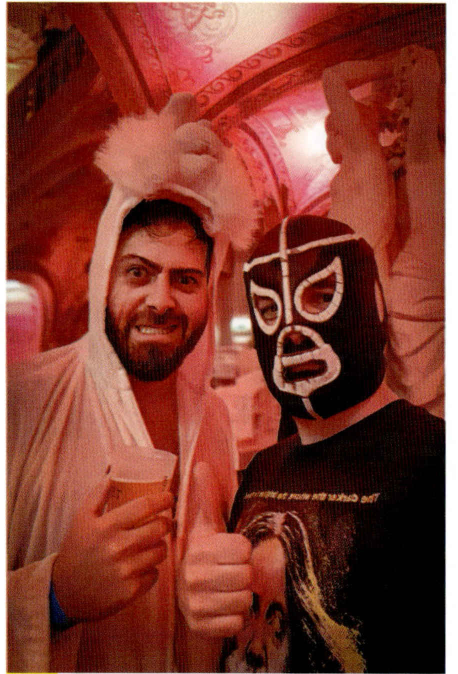

CI-DESSUS
Avec l'artiste Nils Bertho lors d'une des nombreuses folles soirées organisées au sein de son manoir!

« – Ne soyez pas naïf. Dans ses dernières années, Stan Lee n'était qu'un pion, un droïde animé par ces tristes personnages. C'est une conspiration qui va très loin ! »

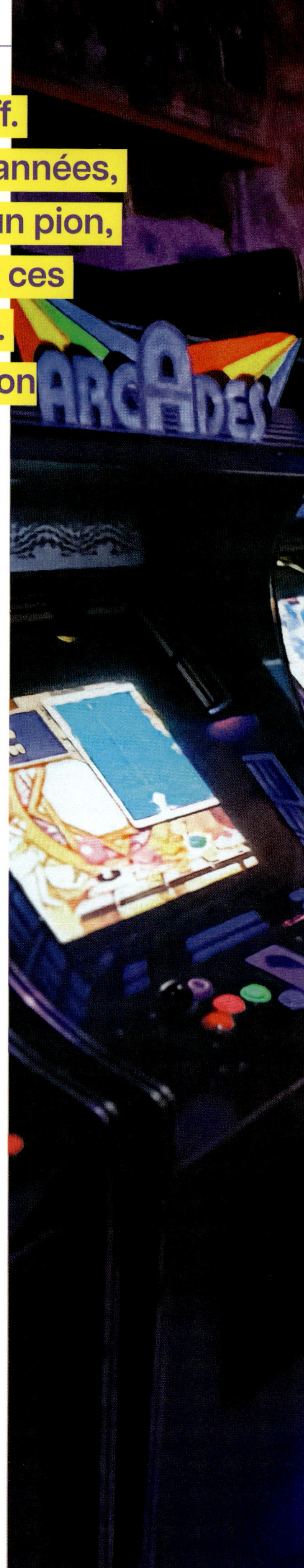

d'œil inquiets à la ronde toutes les vingt secondes – en s'arrêtant de parler à chaque fois.

« *C'est un peu pénible, votre cinéma,* finis-je par lui dire.

— *Taisez-vous ! Vous ne savez rien !*

— *Eh bien éclairez ma lanterne, alors. C'est quoi cette histoire de Marvel profond ?* »

Monsieur X remue d'un air gêné dans son déguisement de Colonel Sanders.

« *Très bien, je vais tout vous dire. Mais il ne faudra pas vous plaindre. Après cela, vous vous trouverez de l'autre côté du miroir. Vous ne pourrez plus revenir en arrière. Votre vie sera constamment en danger. Un jour, vous vous réveillerez, et un tueur prêt à vous étouffer avec votre propre oreiller vous...*

— *Je pense avoir à peu près compris.* »

Il a l'air de se calmer un peu.

« *Puisque vous avez l'air sûr de vous... je vais vous raconter. Lorsque Marvel a été créé, en 1938, la compagnie a tout de suite été noyautée par des sympathisants nazis qui voulaient utiliser les* comics *pour faire de la contre-propagande.* »

Ça part fort.

« *On pourrait croire que cette cellule secrète n'a pas survécu à la fin de la Seconde Guerre mondiale, mais il n'en est rien. Elle a perduré, et poursuit désormais ses propres buts secrets... certainement maléfiques. On trouve trace de ses actions néfastes au fil de l'histoire de Marvel. Ce sont ses membres qui ont créé War Machine, ainsi que Hawkeye.*

— *Ah bon ? Mais je croyais que Hawkeye, c'était Stan Lee.*

— *Ne soyez pas naïf. Dans ses dernières années, Stan Lee n'était qu'un pion, un droïde animé par ces tristes personnages. C'est une conspiration qui va très loin.*

— *Mais quel est leur but, si ce n'est de faire de la propagande d'extrême droite ?*

— *Ce but a mis longtemps à apparaître, croyez-moi. En fait, il n'a été connu qu'au moment de l'opération Kryptonite.*

— *Attendez une seconde... La Kryptonite, c'est la boisson énergétique de Superman, non ? C'est DC, ça.*

— *Vous êtes perspicace. Effectivement, on ne devrait pas parler de Kryptonite chez Marvel. Et pourtant. L'opération du même nom a bien failli forcer Marvel à mettre la clé sous la porte. Vous vous souvenez quand tout un tas d'auteurs ont quitté l'entreprise pour fonder Image Comics ? Ils étaient menés par Todd McFarlane.*

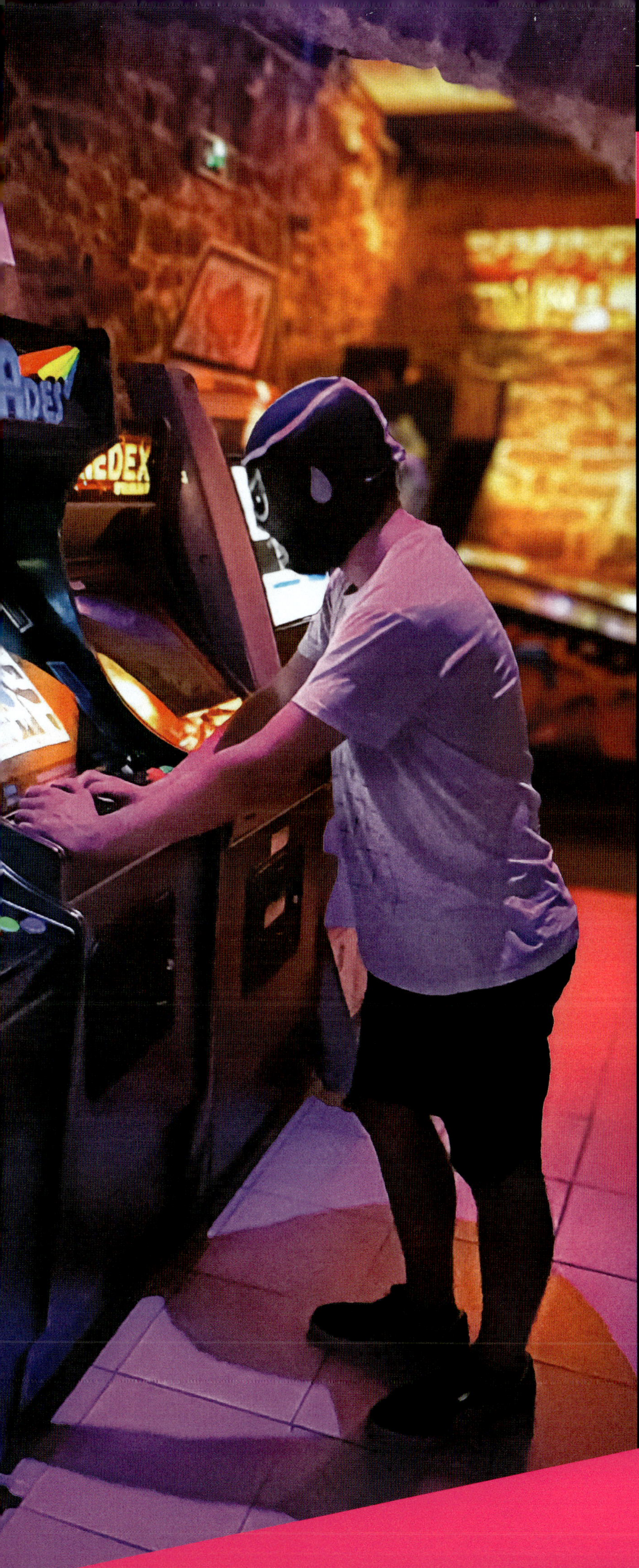

CI-CONTRE
La salle d'arcade de son manoir est sa pièce préférée.

— Oui, mais quel est le rapport avec la Kryptonite ?

— Vous ne devinez pas ? C'était une machination orchestrée en sous-main par DC Comics. »

Je n'ose pas lui dire que ça me paraît gros. Voire absurde. De toute façon, il continue.

« Les membres de la cellule ont vendu leur compagnie à un concurrent qu'ils informent de tout ce qu'il s'y passe afin de la miner de l'intérieur.

— Je dois vous dire que je vais être obligé d'utiliser un disclaimer encore plus disclaimant que d'habitude si je parle de ça dans le livre.

— Faites ce que vous voulez, mais j'ai des preuves.

— Ah bon ?

— Oui. Il y a des tas de gens qui pensent comme moi sur 4chan. Qui disent que c'est la seule façon de trouver du sens au Marvel Cinematic Universe.

— Le fait que vous soyez tous d'accord n'équivaut pas à avoir des preuves.

— Vous dites n'importe quoi. Sinon, comment Donald Trump aurait-il pu prouver que les élections étaient truquées ? Enfin bon, l'important, c'est qu'on en arrive maintenant à la raison pour laquelle Mr Garcin a été privé de Marvel pendant cinq ans. »

Alors que je m'apprête à protester devant ce déluge d'absurdités, je me fige. Je me dois d'entendre ce qu'il a à dire. Par intégrité journalistique, bien sûr.

« Mais d'abord, il faut que vous sachiez une chose : DC Comics a toujours refusé de travailler avec Mr Garcin. La raison en est simple : ils n'ont aucun goût. Sinon, ils n'auraient pas confié la Justice League *à Zack Snyder. Ou*

au moins, ils l'auraient empêché de faire une version longue. Vous savez qu'Urban Comics a proposé à Mr Garcin de travailler pour eux et a dû revenir sur son offre parce que DC, aux États-Unis, a dit non ? Et il est arrivé la même chose avec une chaîne de distribution de comics qui voulait utiliser son collage du Joker. Le fait est qu'avec la jalousie qui règne entre les deux groupes, il ne leur était pas possible d'accepter que Mr Garcin ait du succès avec Marvel. Alors ils ont fait jouer leur cellule. Ils ont tout mis en place pour qu'il disparaisse aux yeux du groupe. »

Monsieur X marque une pause. Nous buvons silencieusement nos bières pendant quelques secondes. J'aimerais lui demander qui il est et pourquoi il fait tout ça, mais j'ai peur des réponses que je pourrais obtenir. Finalement, je lui pose une question factuelle.

« *Alors, comment se fait-il que Mr Garcin ait pu revenir sur le devant de la scène ?*

— *Parce qu'il existe une contre-cellule.*

— *Une contre-cellule ?*

— *Oui, depuis l'opération Kryptonite, certains à l'intérieur de Marvel se sont rendu compte de ce qui se passait et ont décidé d'agir. Espionnage et contre-espionnage – une guerre larvée qui s'est menée à tous les échelons de l'entreprise. Ils ont commencé à présenter des informations fausses aux membres du Marvel profond. Ils ont même réussi à infiltrer des sources à l'intérieur de DC pour lutter à armes égales. C'est comme ça qu'ils ont eu l'info sur le DC Comics 1000. Ils ont alors décidé de mener une grande contre-offensive. Tom Brevoort fait partie de cette armée de l'ombre qui chaque jour œuvre pour sauver Marvel et qui a réussi à ramener Mr Garcin de derrière les lignes ennemies.* »

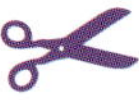

CI-DESSOUS, EN HAUT
Une des grandes satisfactions de Mr Garcin, avoir sa propre carte Panini !

CI-DESSOUS, PLUS BAS
La team Pix'N Love au grand complet lors de la Japan Expo 2019 entourant Mr Garcin.

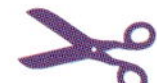

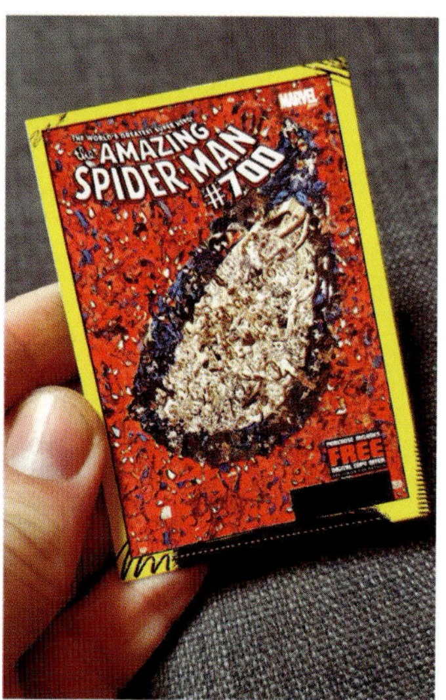

Monsieur X a la main sur le cœur en prononçant ces derniers mots, et je peux voir ses yeux s'emplir de larmes.

« *Je vois* », me contenté-je de dire, avant de prendre une grande gorgée de bière.

Au moment de nous séparer, Monsieur X me demande si je vais avoir le courage de dire la vérité.

« *Les gens doivent savoir.*

— *Je vais voir ce que je peux faire.*

— *Faites attention à vous* », me lance-t-il avant de me prendre dans ses bras de manière totalement inattendue.

En rentrant à l'hôtel, je m'écroule d'un seul coup, épuisé par toutes ces histoires.

Pas de vacances pour les catcheurs masqués

Le lendemain matin, lorsque Mr Garcin me reçoit, je suis tenté d'évoquer le sujet avec lui. Un regard de Monsieur X, revenu

« Moi qui suis fan de la Neo-Geo, Pix'n Love avait fait venir des développeurs de chez SNK qui ont travaillé sur des jeux mythiques. »

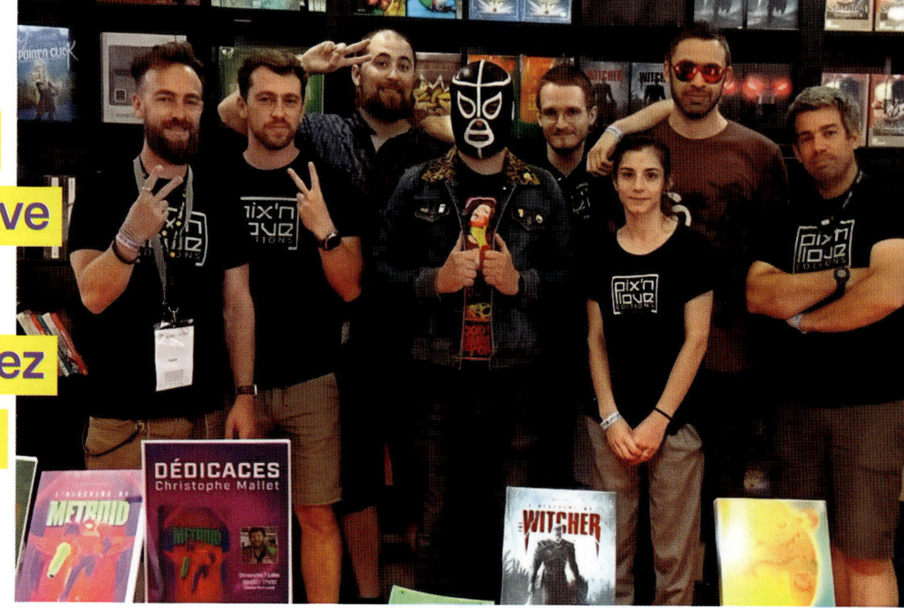

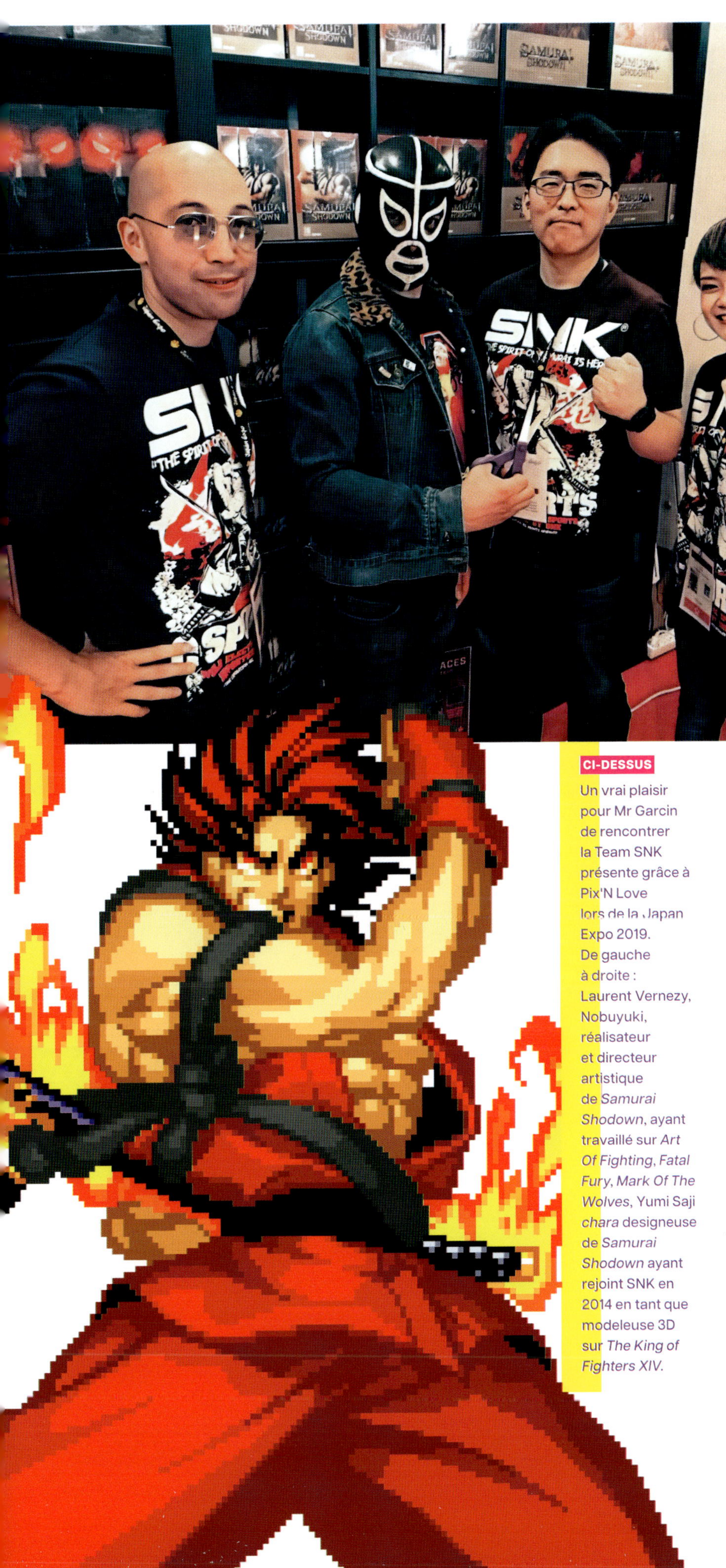

CI-DESSUS
Un vrai plaisir pour Mr Garcin de rencontrer la Team SNK présente grâce à Pix'N Love lors de la Japan Expo 2019. De gauche à droite : Laurent Vernezy, Nobuyuki, réalisateur et directeur artistique de *Samurai Shodown*, ayant travaillé sur *Art Of Fighting*, *Fatal Fury*, *Mark Of The Wolves*, Yumi Saji *chara* designeuse de *Samurai Shodown* ayant rejoint SNK en 2014 en tant que modeleuse 3D sur *The King of Fighters XIV*.

à sa fonction de serveur, m'en dissuade. Ce n'est pas tant qu'il a l'air menaçant – à vrai dire, c'est plutôt de la pitié que j'éprouve pour lui. Je décide simplement que ce n'est pas mon rôle de répéter ce qu'il m'a dit à son employeur.

L'année de Mr Garcin continue avec le cycle infini des salons. Cette fois-ci est évoquée sa présence sur le stand Pix'n Love, au moment de la Japan Expo. « *Ils avaient vu les choses en grand. Moi qui suis fan de la Neo-Geo, ils avaient fait venir des développeurs de chez SNK qui ont travaillé sur des jeux mythiques tels que* Samurai Shodown. *Et j'étais sur le stand, avec eux.* » Il m'indique que la perspective de cette rencontre lui avait donné envie de réaliser un collage sur cette console mythique, contemporaine de la Super Nintendo et de la Mega Drive – qui se différenciait de ses concurrentes par son prix exorbitant, compensé par ses graphismes hors norme.

Un problème se présente cependant au moment de dévoiler cette nouvelle œuvre : Mr Garcin a utilisé pour la réaliser divers visuels de jeux Neo-Geo sans piocher uniquement dans les productions SNK. En effet, même si SNK a bien été à l'origine de la création de la console, d'autres éditeurs ont produit des jeux sur cette dernière. Les personnes chargées du protocole craignent que cette absence de distinction soit une source de discorde potentielle et souhaitent que le collage ne soit pas présenté.

Entre-temps, Mr Garcin s'est rendu compte que la Neo-Geo allait fêter ses trente ans l'année suivante. Aussi, quand il apprend la mauvaise nouvelle, il n'est que modérément déçu. Même s'il aurait aimé présenter son œuvre aux développeurs invités, il se dit qu'il peut toujours la conserver pour cette occasion. « *Au final, ce revers se transformera en une formidable opportunité par la suite* », me lance-t-il, en spécialiste du *teaser* qu'il est.

Il me précise ensuite que cette Japan Expo a également été l'occasion pour lui de tisser des liens avec MO5.COM, association de préservation du patrimoine vidéoludique (on les voit souvent intervenir pour protester contre l'usage des filets de pêche dans les magasins Micromania : « *Ils prennent tout, ils raclent les fonds des bacs, et quand ils tombent sur des jeux dont personne ne veut, ils ne les rejettent même pas.* »). C'est David Soumet, le vice-président de l'association, qui entre en contact avec Mr Garcin, et à la suite de leurs premiers échanges, celui-ci se voit invité régulièrement sur les salons auxquels MO5 participe, ainsi que dans des émissions qu'ils réalisent autour du jeu vidéo — par exemple lors d'un événement spécial organisé dans un cinéma de Paris pour les 30 ans de SNK. C'est ainsi que lui sont ouvertes les portes du milieu du rétrogaming en France.

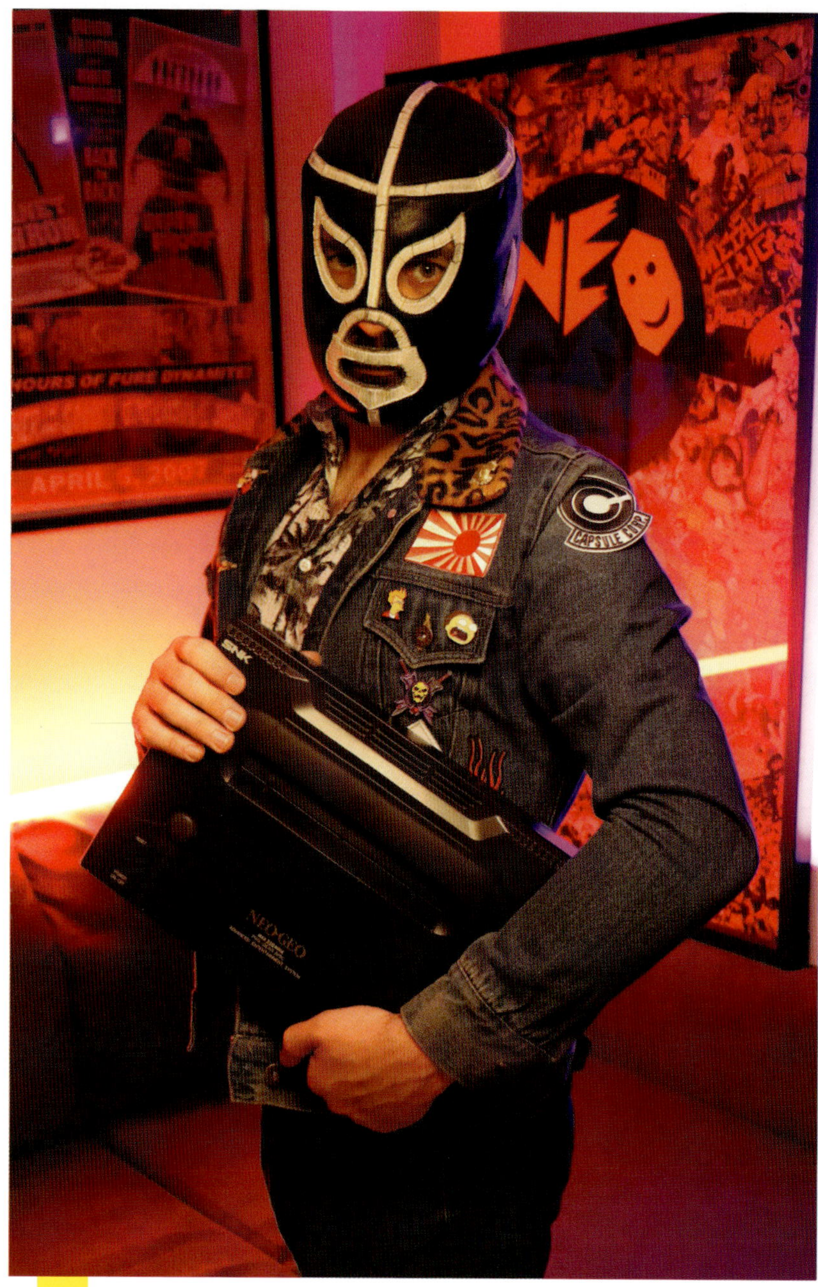

CI-DESSUS
Mr Garcin posant avec la mythique NEO GEO. Photo de Didier Garcin.

« Les Japonais étaient amusants aussi, on leur a fait goûter des olives, du camembert, et on sentait bien qu'ils n'étaient pas convaincus. »

« *Le temps de présence à la Japan Expo était difficile, parce qu'il faisait une chaleur terrible, et je dégoulinais littéralement sous mon masque, se rappelle notre héros. Mais en dehors de ça, tout était super. Pix'n Love avait loué une maison que nous partagions tous ensemble, on faisait des barbecues tous les soirs. On est ressortis de là encore plus proches qu'auparavant. Les Japonais étaient amusants aussi, on leur a fait goûter des olives, du camembert, et on sentait bien qu'ils n'étaient pas convaincus. Ils sont rentrés assez tôt à l'hôtel.* »

Première exposition solo à la galerie Christiane Vallé

Le moment est venu : l'exposition dans la galerie de Clermont-Ferrand est enfin prête, ses 200 mètres carrés remplis de collages, dont ceux réalisés avec Yaniv Every, qui sont en quelque sorte les « *money shots* » susceptibles d'attirer de nombreux spectateurs (l'un d'eux, une Wonder Woman de plus de deux mètres de haut, est d'ailleurs installé en vitrine pour obtenir un effet maximum). Notre héros tient à remercier les deux découpeuses qui l'ont aidé à tenir les délais pour rendre cette exposition possible – Marion s'étant ajoutée à Erika. « *Sans elles, je n'y serais jamais arrivé* », me confie l'homme au masque.

On compte parmi les œuvres l'original du *Marvel 1000*, auquel Mr Garcin fixe un prix de vente élevé (pour la petite histoire, il est présenté avec l'erreur originale) ; également celui représentant Thanos et sélectionné pour le *Marvel 1001*. L'un des tableaux qui remportent le plus large succès est celui réalisé en l'honneur de Miyazaki, représentant un gros Totoro (également mascotte du

CI-DESSOUS, À GAUCHE
Mr Garcin à la galerie Christiane Vallé pour le vernissage de son show solo. Photo du journal *La Montagne*.

CI-DESSOUS, À DROITE
Grand succès pour le vernissage de sa premiäre expo solo à la galerie Christiane Vallée.

L'un des tableaux qui remportent le plus large succès est celui réalisé en l'honneur de Miyazaki, représentant un gros Totoro.

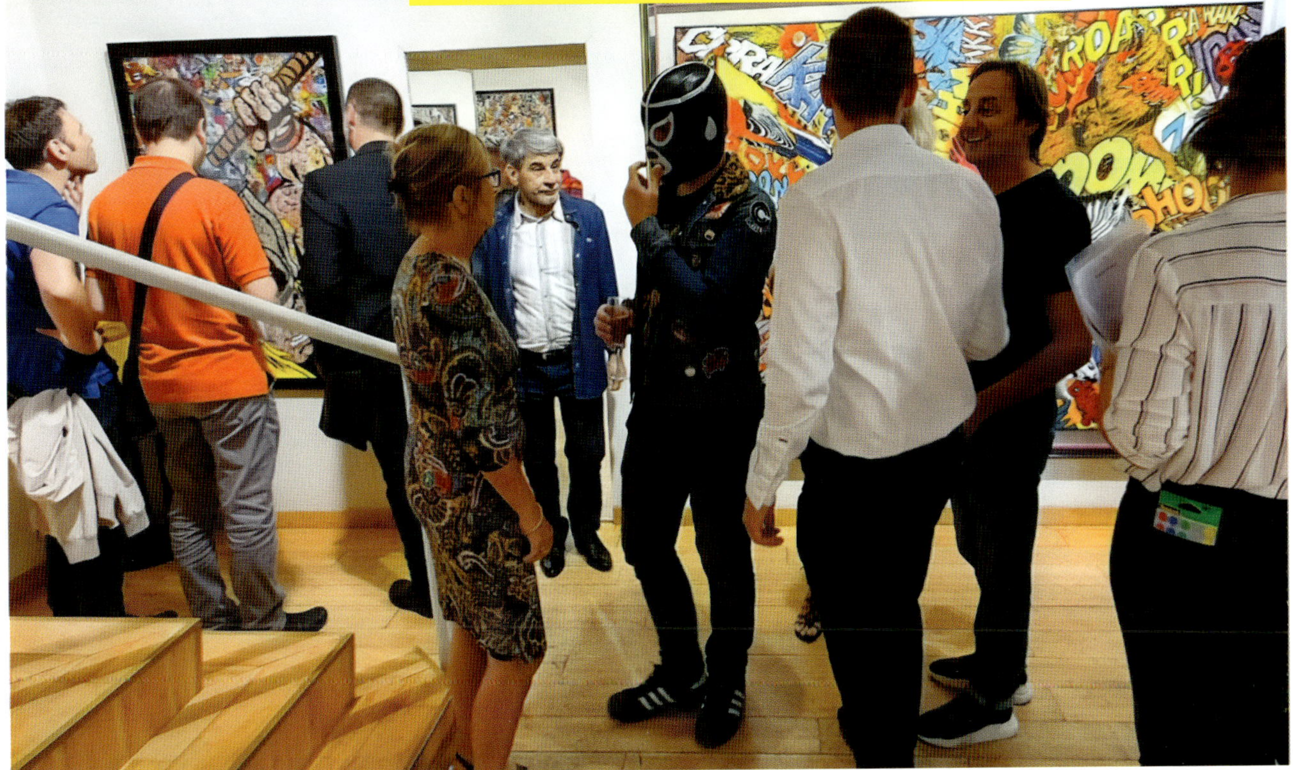

« Zone interdite… Zone interdite… tidididadum… Zone interdite… Zone interdite… Ce jeune artiste français découvre que la majorité de ses œuvres sont reprises pour tout et n'importe quoi. Tidididadum. »

studio Ghibli), et reprenant tous les dessins animés que le génie japonais a créés au sein du studio.

Le galeriste David Chabannes a également insisté pour présenter des œuvres à des prix plus abordables. C'est la raison pour laquelle il a demandé à Mr Garcin d'inclure des estampes, ainsi que des sérigraphies numérotées dans son offre. L'artiste réalise une œuvre portant sur *Star Wars*, dont il retravaille les couleurs numériquement. « *En sérigraphie, il est possible de tirer des couleurs fluo*, m'explique-t-il. *Alors que ça ne l'est pas en impression standard. J'ai décidé d'en profiter.* » Le sérigraphe lui confie lors de la réalisation de l'œuvre que c'est la première fois de sa vie qu'il utilise autant de couleurs (16 au total).

Mr Garcin est content de pouvoir exposer des collages comme des formats aussi divers. Le vernissage est un succès, la moitié des œuvres partant dès les premiers jours, et les autres s'écoulant progressivement par la suite (les tableaux continuent d'être exposés au sein de la galerie), à l'exception du Marvel 1000. « Il a le potentiel de devenir culte, alors je l'ai mis en vente deux fois plus cher que les autres », se justifie l'intéressé. Autre raison de se réjouir pour lui : sa mère a fait le déplacement (et pour ceux qui se posent la question : non, elle ne porte pas de masque… ça aurait pu, mais non) ; elle sympathise d'ailleurs avec la mère de David Chabannes. « Elle était comme un poisson dans l'eau, enfin, plutôt, dans le champagne, et elle disait à qui voulait l'entendre que j'étais son fils », se remémore l'artiste en riant.

L'année 2019 se termine en fanfare, avec de nouvelles commandes de la part de Marvel, dont une couverture pour Thor (qui était d'ailleurs présentée durant l'exposition) et une autre pour le numéro 1 de la reprise de Spider-Woman.

« Mr Garssin »

Si ce sous-titre vous reste obscur, c'est que vous ne connaissez pas des marques comme Nikke, ou Pulma, ou bien encore les Adidas à 4 bandes. Eh oui, comme tout ce qui est produit sur Terre, les œuvres de Mr Garcin sont elles aussi sujettes à la contrefaçon. « *Mes fans m'envoient régulièrement des liens renvoyant à certaines de mes œuvres, en me demandant si ce sont bien des sources officielles.* »

« *Zone interdite… Zone interdite… tidididadum… Zone interdite… Zone interdite… Ce jeune artiste français découvre que la majorité de ses œuvres sont reprises pour tout et n'importe quoi. Tidididadum.* » L'émission n'existe pas, mais ça serait chouette de voir Mr Garcin mener l'enquête et ouvrir lui-même au pied-de-biche des containers en provenance de pays exotiques pour exposer des faux. Mais à l'origine de leur existence, il y a une explication.

« *J'ai eu le malheur de mettre certaines œuvres sur Tumblr. Le site permet de présenter des images de bonne qualité, par rapport à Instagram. Je pense que des gens malintentionnés les ont récupérées et ont commencé à faire des posters, et puis des maillots de bain, des chemises, beaucoup de coques de téléphones portables, des housses de laptops, des puzzles… Et quand ils n'avaient pas de fichiers de bonne qualité, ça ne les arrêtait pas : j'ai trouvé un tee-shirt avec le collage de Stan Lee en version pixelisée. Ils en ont même fait une housse de couette… Je ne veux pas savoir à quoi elle ressemble.* »

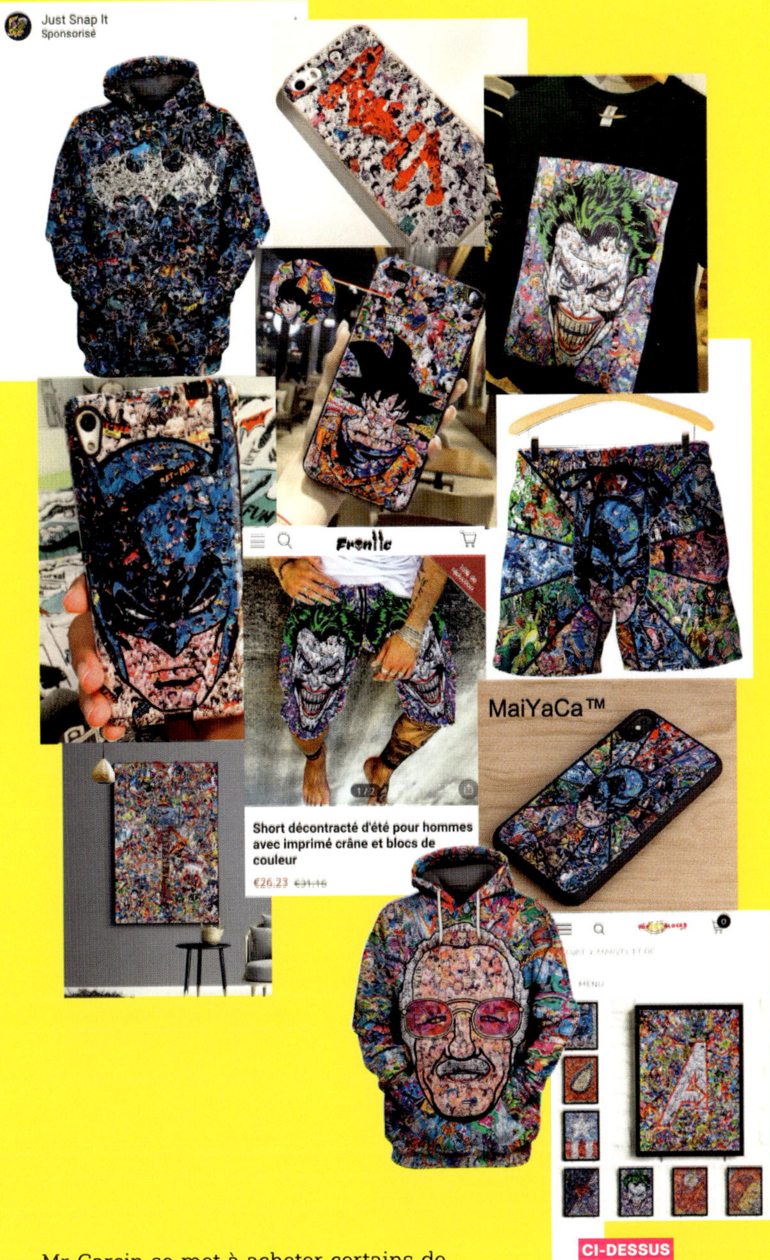

CI-DESSUS
Nombreuses copies illégales trouvées sur le net. Et encore, là, vous ne voyez que le haut de l'Iceberg !

Mr Garcin se met à acheter certains de ces faux, pour aider le petit commerce. Non, en réalité, il veut dans un premier temps se rendre compte de la qualité de ces faux. Et puis une idée lui vient. « *Je me suis dit que j'allais les inclure dans une exposition future. Une sorte de musée des horreurs. J'imagine que ça se trouvera dans un espace à part, comme une section interdite aux moins de 18 ans, avec un rideau à pousser pour entrer. Certains faux sont vraiment dégueulasses. Ils font des retouches, ils utilisent des filtres, ils ne recadrent pas les fichiers pour les mettre au bon format... C'est une catastrophe.* »

L'homme au masque fait preuve de son sens de l'humour en choisissant une telle approche, mais ce phénomène représente un fléau dans le milieu de l'art. « *J'ai été contacté par un site internet spécialisé dans les* comics *; un de leurs journalistes a fait une grande enquête sur ces pratiques.* » Le journaliste en question, qui travaille pour *Bleeding Cool*, un webzine américain, lui explique que des sites comme Teechip.com permettent de créer des commandes directement liées à des usines en Asie. À partir d'un visuel donné, il est possible de fabriquer toute une panoplie d'objets divers, ce qui facilite la tâche des faussaires de tout poil. Le site Teechip.com ne se limite pas aux œuvres d'art, puisque la police de Cleveland signale à l'époque qu'elle va demander le retrait de *sweatshirts* arborant son logo sans autorisation.

Malheureusement, il est impossible de bloquer ces pages internet au regard de la législation internationale. Il existe cependant un moyen d'agir : faire fermer les pages Facebook que les faussaires utilisent pour promouvoir leurs multiples copies. Mr Garcin a obtenu quelques succès en la matière, mais... « *Au bout d'un moment, tu consacres trop de temps et d'énergie à faire ça. Et puis en définitive, il y a un côté flatteur à être choisi par ces faussaires* ».

Mr Garcin ajoute avec humilité qu'il ne se sent pas vraiment légitime à se lancer en guerre contre la copie, alors qu'il utilise lui-même un matériau de base qui ne lui appartient pas. D'où son choix de se mettre à les acheter. La seule chose qu'il regrette : « *C'est quand même assez cher, vu la qualité.* » Pour conclure sur ce sujet, il me montre sa dernière découverte, qu'un fan lui a apportée sur son stand lors d'un salon : un pochon d'herbe décoré pour fidéliser la clientèle avec le visuel... du Joker qu'il avait produit. Hélas, le pochon est vide.

« En définitive, il y a un côté flatteur à être choisi par ces faussaires ».

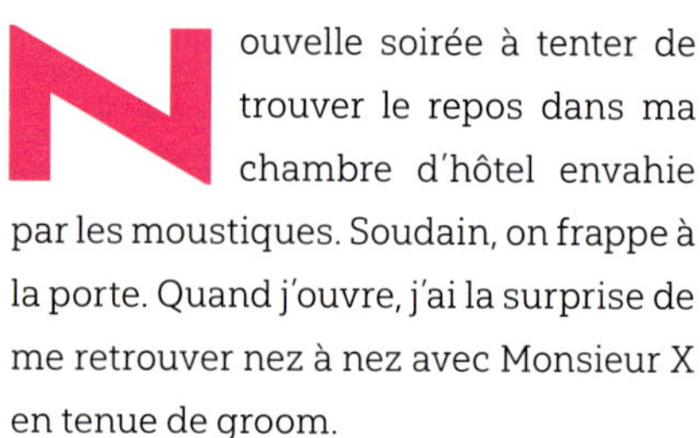

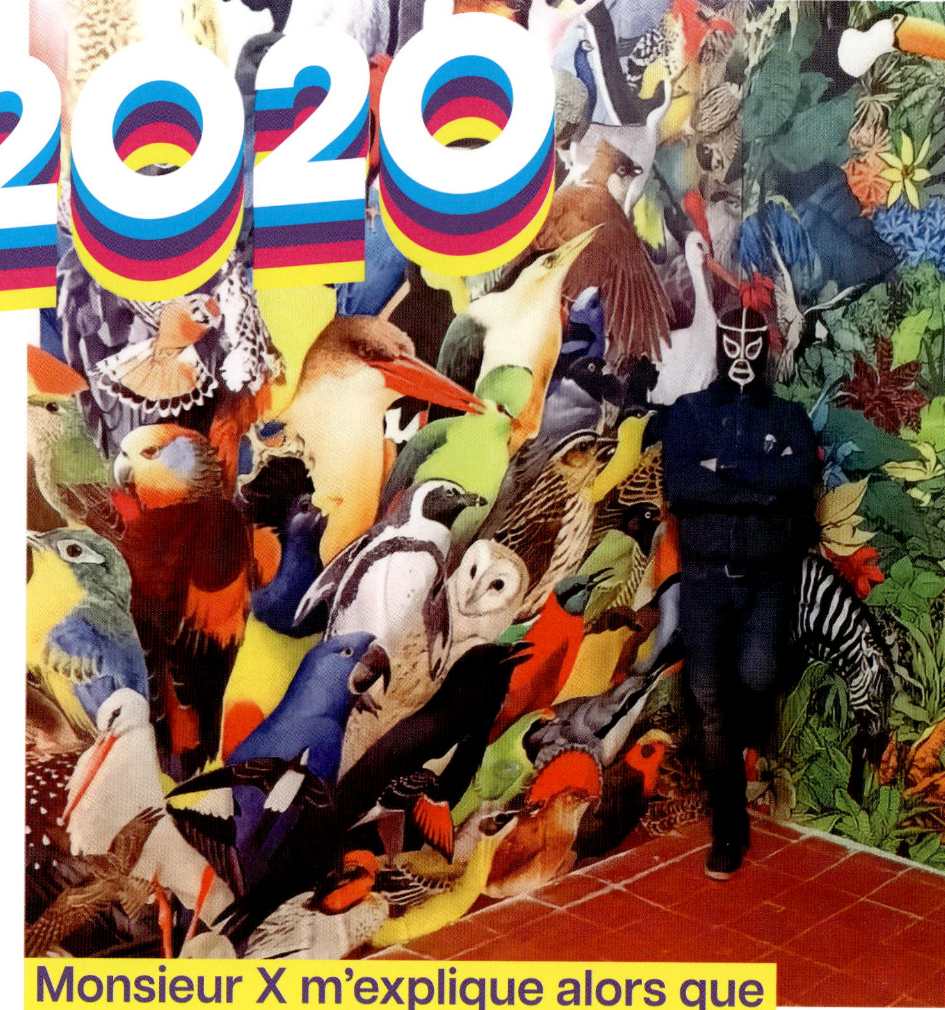

Monsieur X m'explique alors que la cellule secrète au sein de Marvel, sous l'influence de DC Comics, cherche à accroître l'influence du culte démoniaque qui a imposé son joug secret sur la planète.

Nouvelle soirée à tenter de trouver le repos dans ma chambre d'hôtel envahie par les moustiques. Soudain, on frappe à la porte. Quand j'ouvre, j'ai la surprise de me retrouver nez à nez avec Monsieur X en tenue de groom.

« Quoi, vous travaillez aussi au Formule 1 ?

— Vous pensez que je gagne suffisamment en travaillant pour Mr Garcin ? Mais vous n'y êtes pas ! C'est une secte qu'il dirige. Tout le monde est ravi de lui offrir son temps gratuitement, pour le simple plaisir de pouvoir être en sa présence.

— Je croyais que Mr Garcin était la victime de forces obscures... En fait il est méchant, lui aussi ?

— C'est plus compliqué que ça. »

Je finis par faire entrer Monsieur X pour lui donner l'occasion de développer son propos. Il m'explique alors que la cellule secrète au sein de Marvel, sous l'influence de DC Comics, cherche à accroître l'influence du culte démoniaque qui a imposé son joug secret sur la planète.

« Mais quel serait son but ? je demande naïvement.

— Faire de nous des pantins décérébrés, uniquement occupés à consommer.

— En même temps, ça, ils ont déjà réussi.

— Ils veulent plus réussir encore. »

Il continue. Longtemps. D'après lui, les artistes sont obligés de collaborer, autrement, la cellule les fait disparaître.

« Elle les fait disparaître ? Comment ?

— Elle est associée aux GAFAM – elle peut modifier les algorithmes pour qu'il n'y ait plus un seul résultat de recherche qui ramène à vous.

— Incroyable. Littéralement.

— Je sais, ça peut paraître fou, mais je peux vous garantir qu'ils sont organisés et impitoyables. Et ce n'est pas tout !

— Il y a encore autre chose ? m'enquiers-je avec inquiétude.

— Évidemment. Il faut sortir de chez vous.

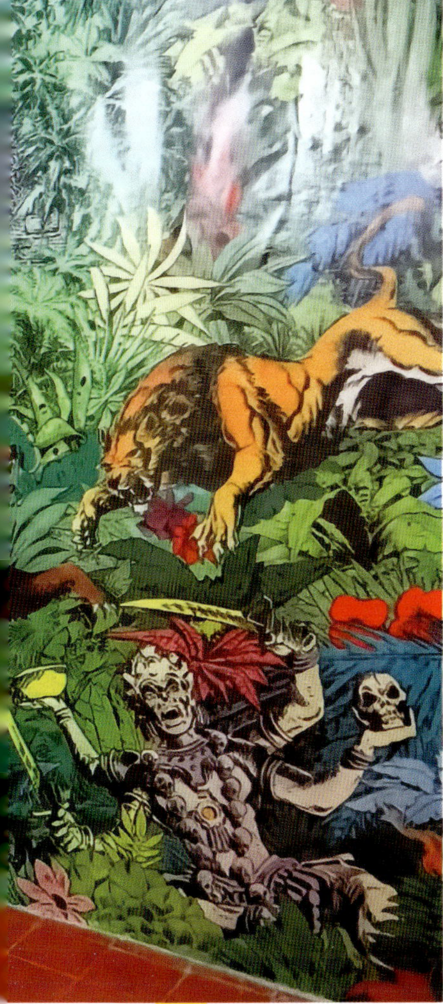

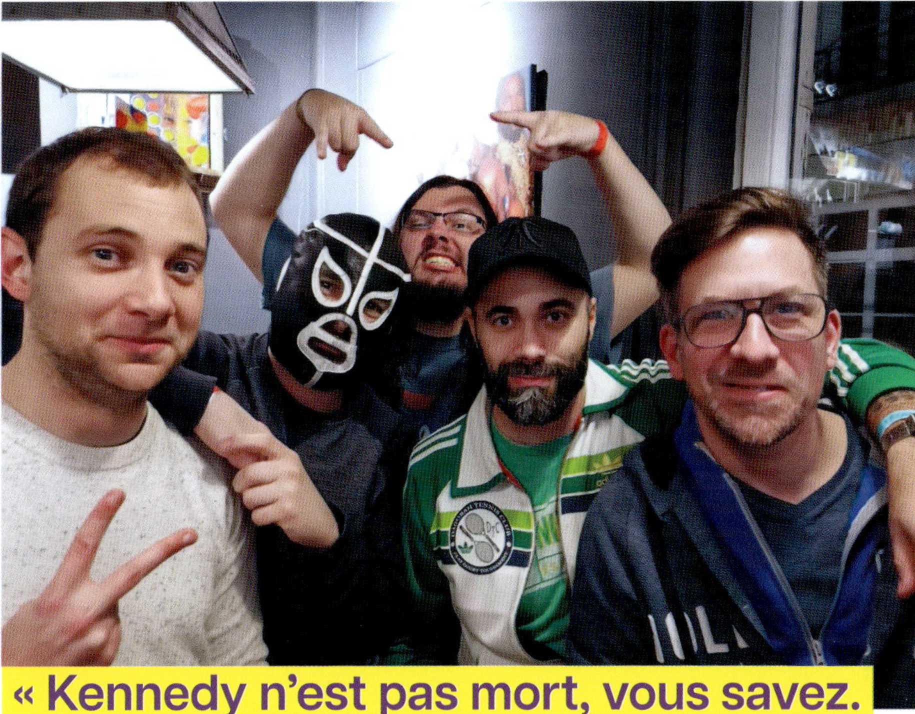

« Kennedy n'est pas mort, vous savez.
– Mais de quel Kennedy vous parlez ?
– Il y en a plusieurs ? »

CI-DESSUS, À GAUCHE
Galerie Éphémère 2019.

CI-DESSUS, À DROITE
Super ambiance au Geek Life Festival du Mans ! Avec, de gauche à droite Edward, Mr Garcin, Le metaleux Geek, Fred Zolf et Jean-Christophe K.

Vous vous doutez bien que Mr Garcin, patriote s'il en est, ne va pas s'en tenir là et accepter de plier l'échine sans sourciller.

— Vous voulez dire qu'il fait semblant ?

— Exactement. Jusqu'à maintenant, il s'est contenté d'observer son ennemi, en endormant sa méfiance, mais dès que Kennedy sera revenu...

— Pardon ?

— Oui, Kennedy. Il n'est pas mort, vous savez.

— Mais de quel Kennedy vous parlez ?

— Il y en a plusieurs ? »

En définitive, je décide de garder pour moi le reste de ses révélations pour le moment, dans l'attente qu'un élément de preuve voie le jour. Je sais, ce n'est pas une bonne manière de faire mon travail de journaliste, mais tant pis, je choisis de m'appuyer sur les faits. Lorsqu'il accepte enfin de me laisser pour reprendre son service, près d'une heure plus tard, je lui glisse discrètement que je peux l'aider à trouver quelqu'un à qui parler.

« Mais j'ai trouvé quelqu'un à qui parler : c'est vous.

— Je veux parler d'un professionnel.

— Vous n'êtes pas un professionnel ? »

Le soupir que je pousse alors doit s'entendre jusqu'à la réception.

Covid astral

Mr Garcin, en dépit de la pandémie, s'en sort plutôt bien en cette période confinée : il enregistre de plus en plus de commandes... accumulant logiquement de plus en plus de retard. L'enfermement forcé va lui permettre de le résorber. « *J'ai eu la chance de ne pas avoir de commandes annulées* », me confie-t-il.

Cet intérêt pour Mr Garcin provient aussi de nouvelles sources, notamment via la galerie Christiane Vallé (ça y est, j'ai réussi à m'enlever de la tête que ça faisait nom de salon de coiffure) : en effet, grâce au travail de David Chabannes, le marché japonais

BIOGRAPHIE

s'intéresse désormais au travail de notre héros masqué. Seule contrainte : il lui faudra produire des œuvres plus petites. « *Le format est différent de celui que l'on connaît : apparemment, il n'y a pas vraiment de galeries au Japon, et tout passe par des marchands d'art, qui ouvrent des lieux pour des temps limités, un peu comme des pop-up stores* », m'explique l'artiste.

Revenons au confinement. S'il force la plupart des Français à remplir des attestations de déplacement, Mr Garcin le met à profit non seulement pour travailler, mais également pour mener une tâche trop longtemps repoussée : « *Ça faisait bien quatre ans, à l'époque, que je devais ranger mon appartement. J'ai des* comics *accumulés partout. Je dois laisser des petits cailloux pour retrouver mon chemin.* » L'homme vit ainsi dans un lieu avec une pièce condamnée, et une autre dont la taille diminue chaque jour. La raison en est aussi que ses amis comme ses admirateurs, les libraires qu'il rencontre, tous veulent lui faire cadeau de leurs surplus pour avoir la chance de pouvoir dire : « *Tu vois le petit personnage bleu tout en haut à gauche du collage ? Il était dans une BD que je lui ai donnée.* »

Le confinement est le moment parfait pour l'opération grand ménage. « *Le problème était que je devais trier les comics – il ne s'agissait pas simplement de les mettre à la poubelle. Je devais les éplucher un par un pour vérifier si je ne pouvais pas récupérer de la matière à l'intérieur.* » Et cette matière, il en profite pour la classer : les *Batman* avec les *Batman*, les *Spider-Man* avec les *Spider-Man*... Pour éviter les disputes entre super-héros. Et, accessoirement, pouvoir les retrouver plus facilement. Il lui faudra finalement trois semaines (!) pour venir à bout de cette tâche herculéenne.

Mr Garcin est également relancé par le label MusicFearSatan, qui lui demande des nouvelles du deuxième album de Double Dragon. « *Le deuxième album va bien, il est en route* », répond l'artiste. En réalité, sa production s'avère compliquée : il ne peut travailler avec son alter ego Nordine, du fait de la distanciation physique à laquelle ils sont tenus. Pire encore, l'un de leurs ordinateurs tombe en panne, et va le rester pendant toute la durée du confinement, mettant un coup d'arrêt technique à leur progression.

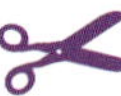

CI-DESSUS
Mr Garcin bien entouré au Savoie Retro Game. De gauche à droite : Florent Gorges, Alexis Tallone, Marcus, Amandine Tallone et le vénérable AHL.

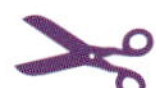

Le YouTube game

L'enfermement forcé a également la vertu de faire découvrir à Mr Garcin les *lives* sur YouTube, qui sont en train d'exploser du fait que les gens n'ont rien d'autre à faire que de les regarder. À cette époque, il dispose bien de sa propre chaîne, mais n'y a pas posté grand-chose : quelques vidéos sur son travail, sur les salons auxquels il a pu participer, rien de plus. L'effervescence dont il est témoin lui donne envie de faire une vidéo pour présenter l'œuvre qu'il a réalisée pour les 30 ans de la Neo-Geo, alors que

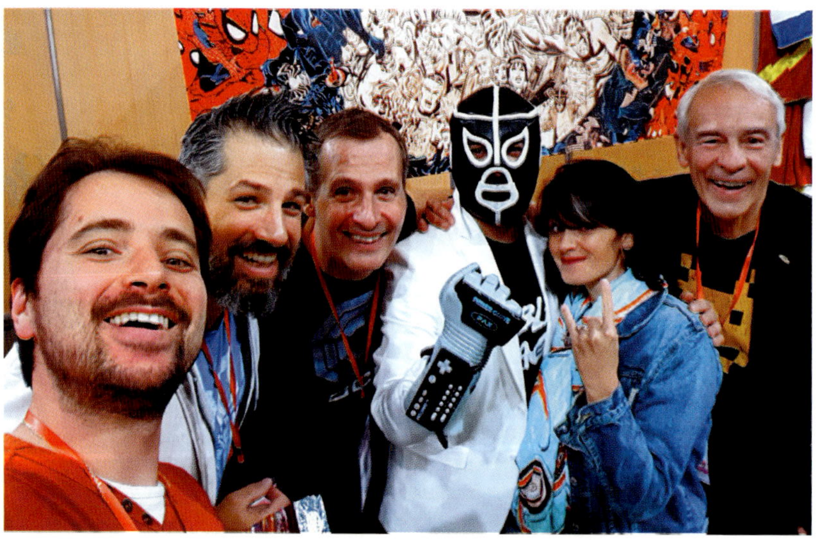

« Ça faisait bien quatre ans, à l'époque, que je devais ranger mon appartement. J'ai des *comics* accumulés partout. Je dois laisser des petits cailloux pour retrouver mon chemin. »

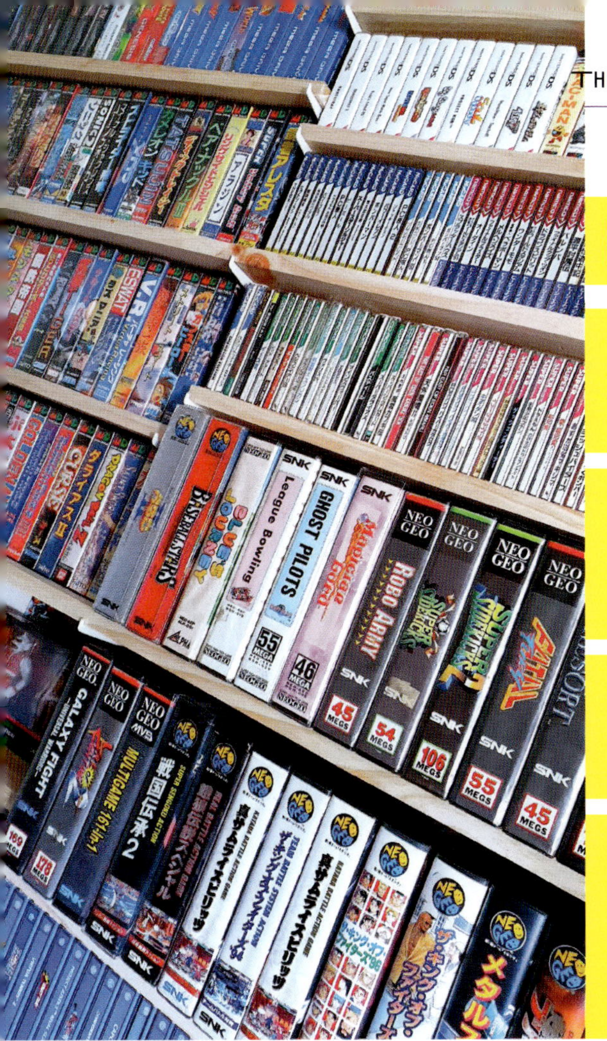

DE HAUT EN BAS, ET DE GAUCHE À DROITE

Un bout de la collection de jeux vidéo de Mr Garcin commencée véritablement en 1994.

Les salons s'enchaînent pour Mr Garcin sans jamais qu'il ne s'en lasse ! Rencontrer ses fans et s'amuser avec ses potes, quoi de mieux ?

Avec Khamel de *Bigkam Gaming* avec qui Mr Garcin collabore régulièrement sur Youtube !

Mr Garcin animant sa série de vidéos consacrées à la Neo Geo (pour ses 30 ans). Ces vidéos lui ont permis de rencontrer un grand nombres de personnes issus du milieu du retro gaming.

la date anniversaire se rapproche à grands pas.

En préparant cette vidéo, Mr Garcin réalise soudain qu'il s'est fait énormément de contacts, au fil du temps, dans le domaine du jeu vidéo. Créateurs, développeurs, journalistes… « *Je me suis dit qu'il fallait profiter du fait que tout le monde était enfermé pour les contacter et les faire participer à la vidéo* », me confie l'homme au masque. Cette initiative va être couronnée de succès : sur les 15 personnes qu'il contacte, 14 acceptent. Et soudain, c'est le drame : il avait tablé sur quatre ou cinq réponses positives, le voilà complètement débordé. « *J'étais parti sur une vidéo d'une demi-heure. En définitive, on a terminé avec quatre vidéos de 40 minutes.* »

Pour autant, Mr Garcin a soigneusement préparé ces films, engrangeant des anecdotes sur la console et adoptant le rôle de présentateur masqué pour permettre à ses intervenants de parler en toute décontraction. Il demande à son cousin, Didier Garcin, qui est également son voisin, de venir le filmer dans son appartement. Ce dernier s'occupe des lumières et de la scénographie,

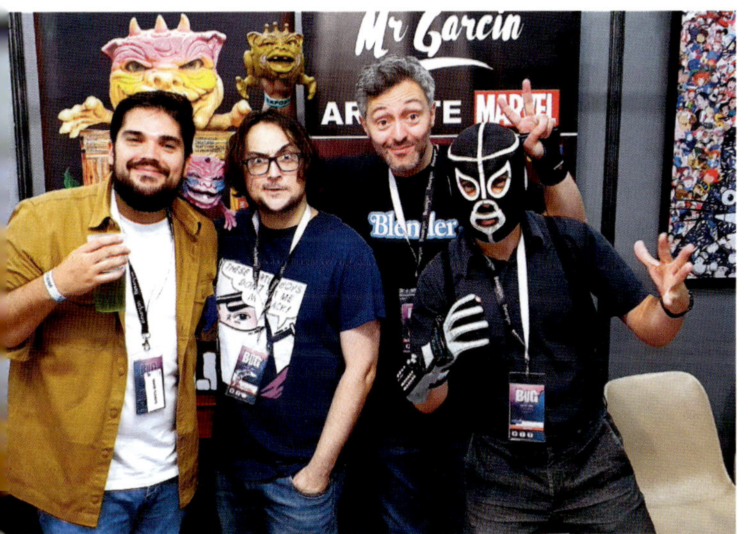

L'enfermement forcé a également la vertu de faire découvrir à Mr Garcin les *lives* sur YouTube.

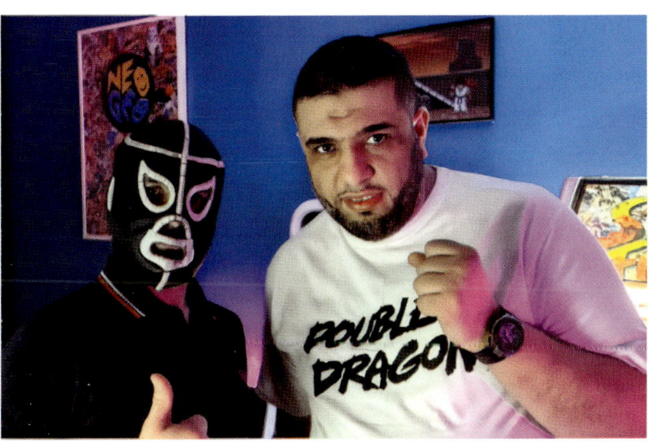

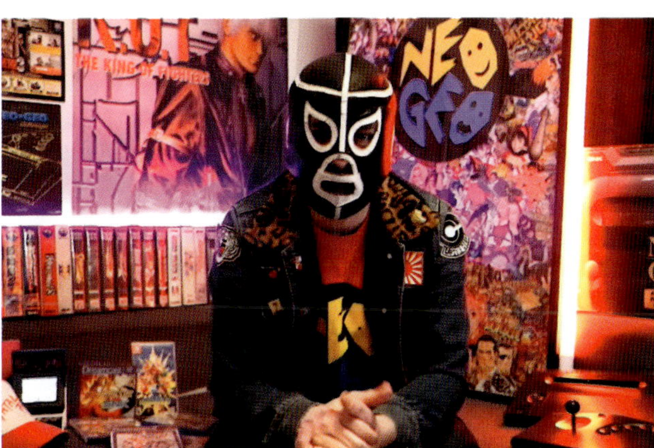

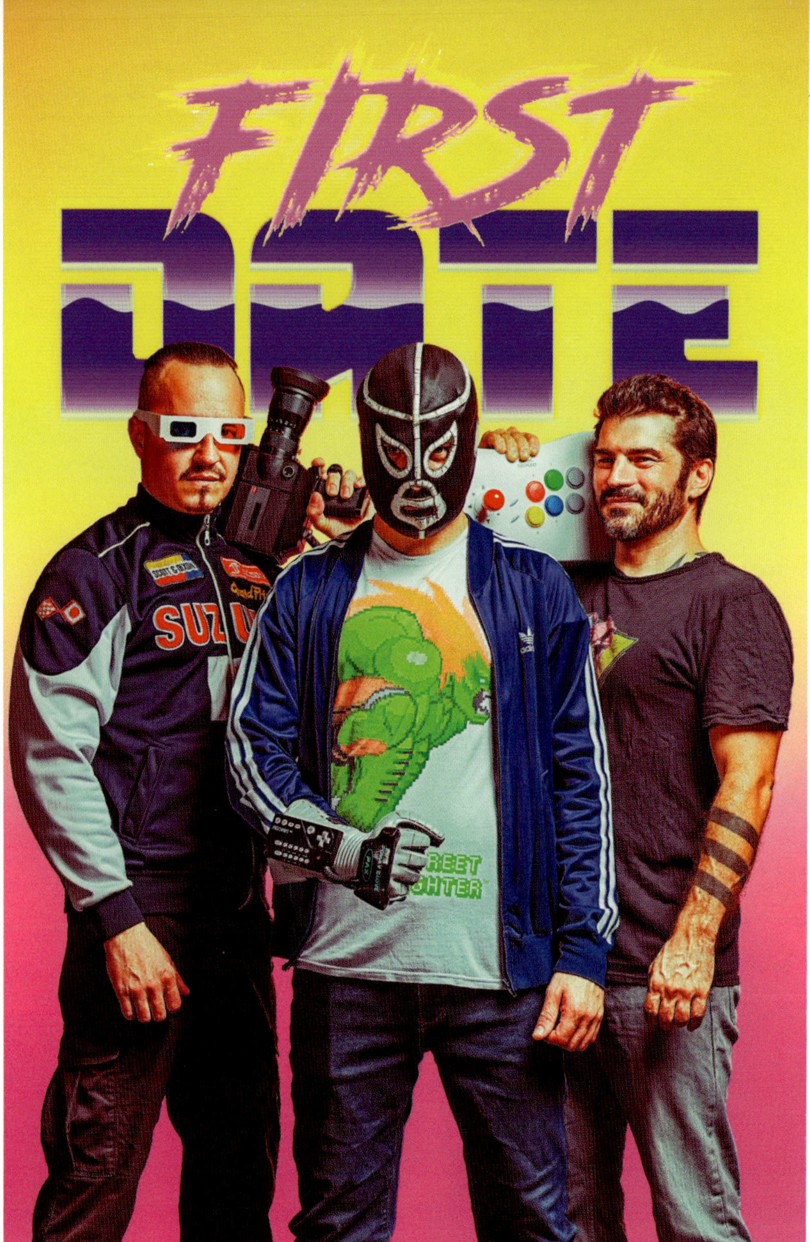

Mr Garcin réalise soudain qu'il s'est fait énormément de contacts, au fil du temps, dans le domaine du jeu vidéo.

CI-DESSUS
Mr Garcin entouré de son cousin Didier Garcin et de Sylvain Dumas alias Zdrek pour la promo de la saison 2 de *First Date* (Youtube).
Photo de Ludwig Oblin aka Lytnim

avec le fameux collage mis en évidence dans le décor. Mr Garcin continue de piocher dans ses relations. Un de ses meilleurs amis, Sylvain, est monteur, et s'occupera de donner forme au film, qui nécessitera « *plus de 100 heures de travail* », selon Mr Garcin (Monsieur X aurait-il raison ?). En effet, le vidéaste amateur a souhaité que chaque référence faite à un jeu soit accompagnée d'un extrait de celui-ci, et que l'ensemble soit habillé de musiques originales de Double Dragon.

Les émissions obtiennent un important succès, au point que Mr Garcin est contacté par le chef des programmes de Game One, qui lui propose de passer les vidéos sur la chaîne (ce qui ne se fera pas, finalement). Il est également approché par de nombreux autres youtubeurs qui l'ont remarqué et lui proposent de participer à d'autres vidéos, à l'avenir. C'est l'occasion pour Mr Garcin de se créer un nouveau réseau, de nouveaux contacts, parmi lesquels BigKam. « *C'est un youtubeur spécialiste du rétrogaming, on s'est très vite bien entendu. Il m'a fait rencontrer plein de gens et m'a permis de faire beaucoup de lives, ce qui m'a donné une nouvelle visibilité.* » L'artiste me signale d'ailleurs qu'il lui arrive souvent maintenant d'être reconnu sur les salons pour cette activité plutôt que pour ses collages.

Mr Garcin continue de faire régulièrement des vidéos, désormais, chez d'autres ou pour sa propre chaîne, comme une nouvelle série qu'il anime en compagnie de son monteur, Sylvain, dit « Zdrek » (qui n'a apparemment pas mis à profit les cinq heures d'atelier créatif auquel il a participé, intitulé « Choisissez un pseudonyme populaire »). L'émission s'appelle *First Date* et leur offre l'occasion de découvrir un jeu différent (sélectionné dans la ludothèque des jeux d'arcade) à chaque épisode, non sans faire preuve d'un humour débridé.

Fin de soirée

Il est l'heure de nous quitter pour la soirée. « *Je vous inviterais bien à rester pour prendre un verre, me dit Mr Garcin, mais je ne bois pas.* »

Je décide aujourd'hui de sortir de ma chambre d'hôtel pour découvrir la ville. Je m'arrête bientôt à la terrasse d'un bar proche du centre pour noyer ma fatigue dans la contemplation des passants encombrant les rues de la ville septentrionale. Lorsque je me tourne vers le serveur, je contiens à grand-peine un sursaut.

« *Qu'est-ce que vous désirez boire ?* me demande Monsieur X, vêtu d'un tablier blanc.

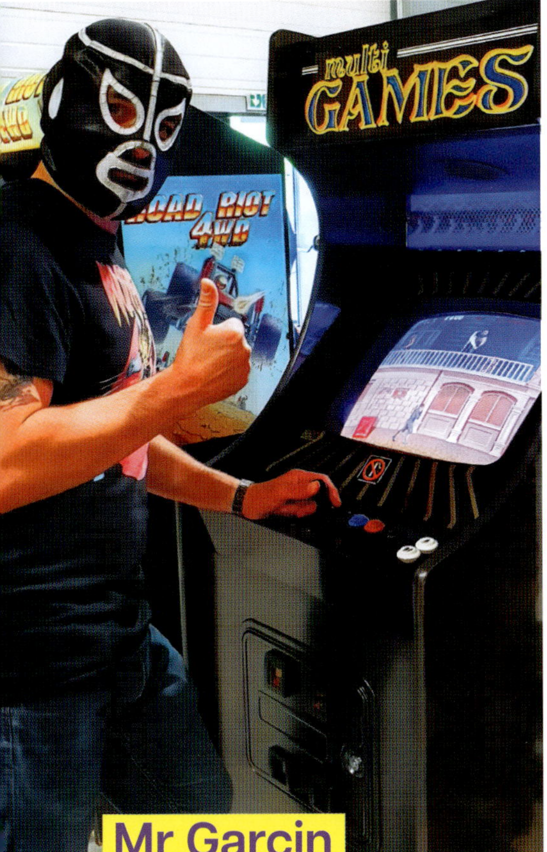

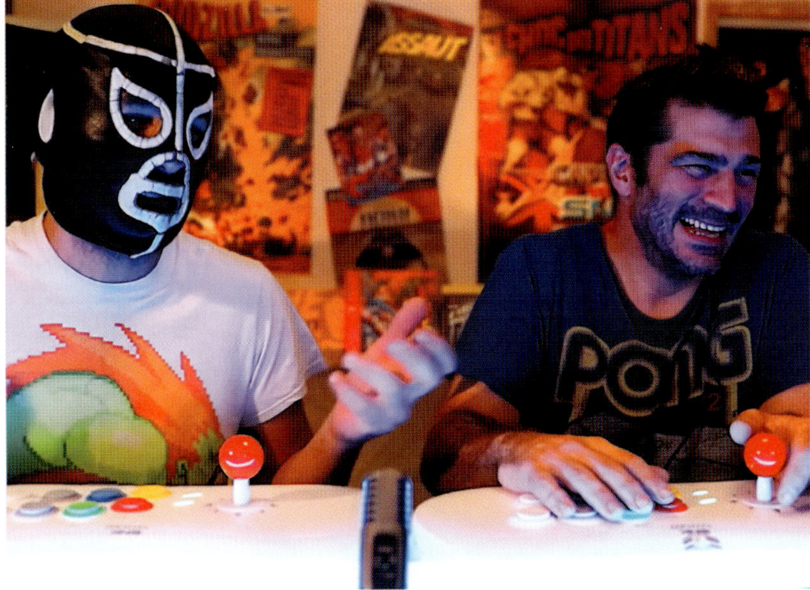

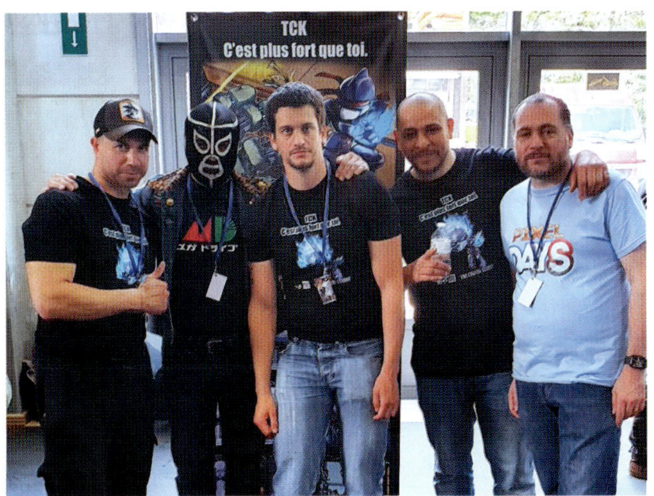

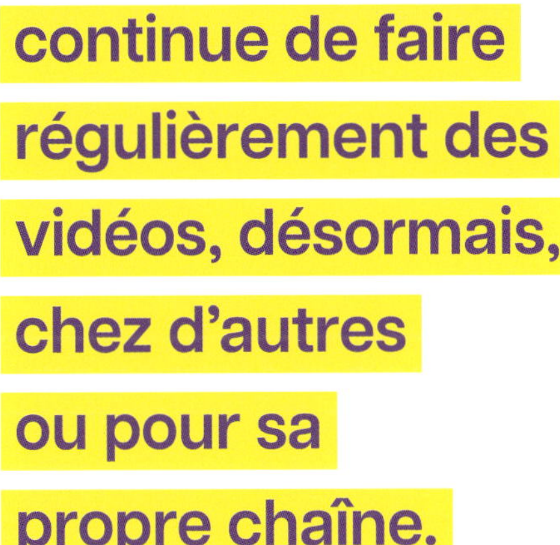

Mr Garcin continue de faire régulièrement des vidéos, désormais, chez d'autres ou pour sa propre chaîne.

— *Qu'est-ce que vous faites là ?*

— *Vous croyez que je gagne suffisamment en travaillant pour Mr Garcin et à l'hôtel Formule 1 ? Vous avez entendu parler de l'inflation ? Il faut sortir de chez vous.*

— *Franchement, je commence à avoir l'impression que vous me suivez. Ça devient flippant.*

— *Ce n'est pas ça qui est flippant. C'est le complot cross-over A.V.I.S.2.D.C.*

— *Si, si, je vous jure que c'est flippant… et… vous avez dit quoi ?*

— *A.V.I.S.2.D.C. L'acronyme d'"Aquaman Venom Iron Man Suicide Squad D.C. Comics". C'est la liste de ceux qui préparent l'avènement final de l'ordre du mal sur Terre.*

— *Je ne vous écoute plus.*

— *Il est dit que seul un collage les unissant tous pourra dévoiler leurs intentions maléfiques et les arrêter.*

— *Je m'en vais.*

— *Vous devez prévenir Mr Garcin !*

— *Mais vous travaillez pour lui ! Vous pouvez le faire vous-même !*

— *Il ne me croira pas. Vous êtes le seul à pouvoir agir !* »

En m'éloignant à grands pas de la terrasse, je me retourne et vois Monsieur X me fixer d'un regard accusateur. Je me demande dans quelle mesure il peut s'avérer dangereux.

CI-DESSUS, À GAUCHE
Mr Garcin jouant à Shinobi, un des jeux marquant de son enfance.

CI-DESSUS, À DROITE
Zdrek et Mr Garcin en plein tournage de l'émission *First Date* saison 1.

CI-DESSUS, À DROITE, PLUS BAS
Mr Garcin entouré par la talentueuse équipe du jeu Mega Drive *TCK* (leur premier !).

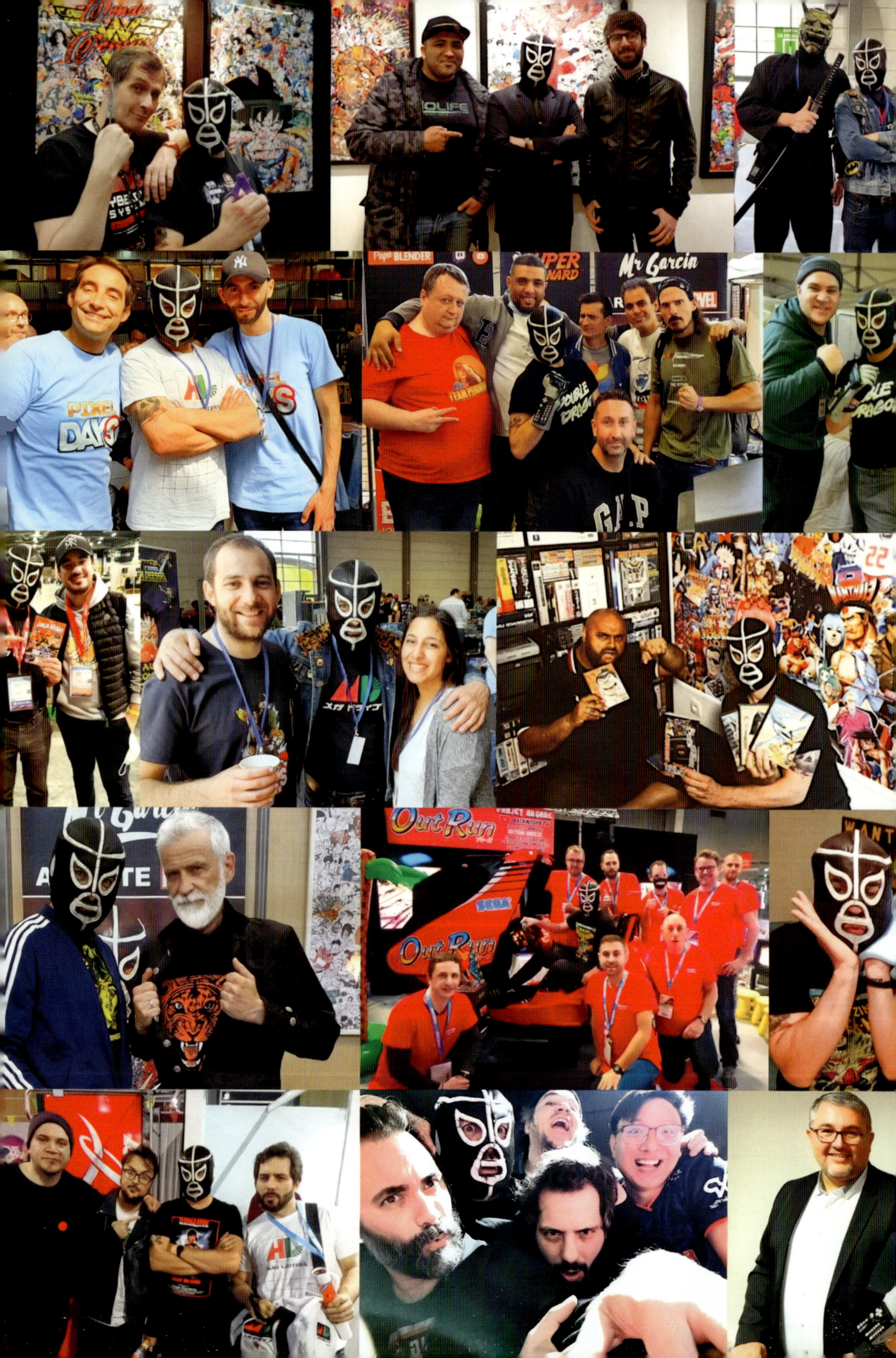
Papa BLENDER
Mr Garcia
GAP
OutRun
SEGA
OutRun

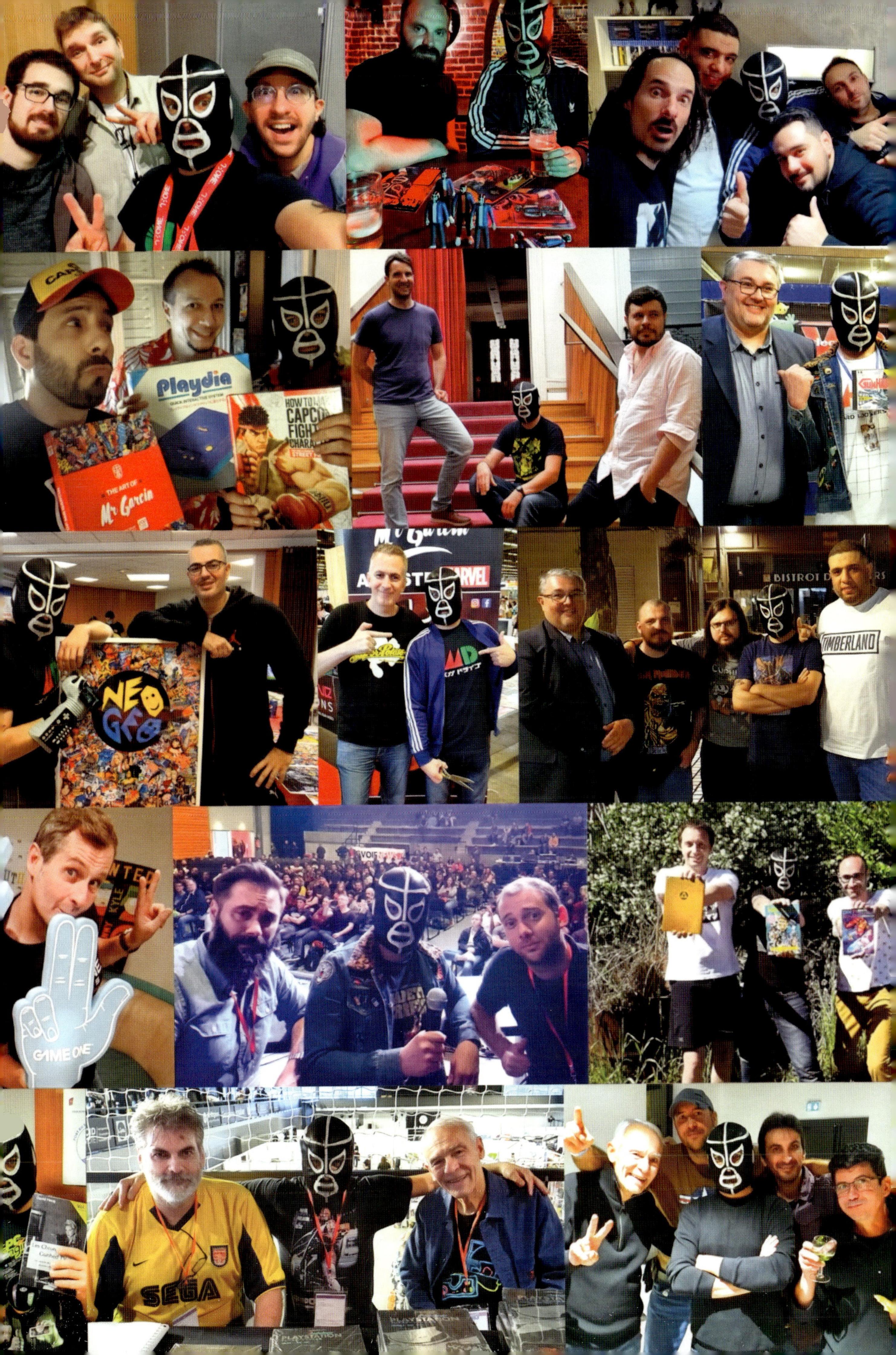
Playdia
THE ART OF
Mr Garcia
NEO GEO
MARVEL
TIMBERLAND
GAME ONE
SEGA

2021

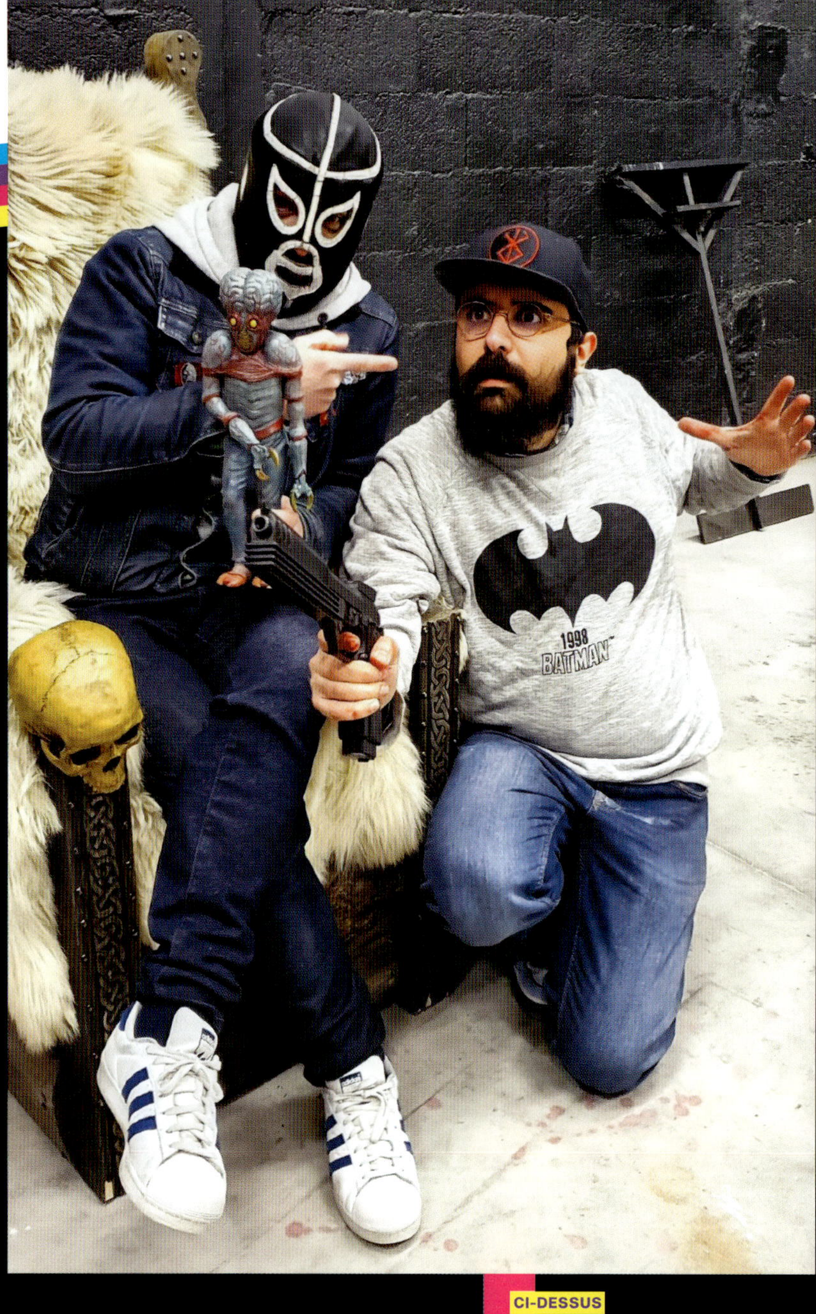

CI-DESSUS

Avec Romain Houles (artiste aux multiples facettes) autre membre fondateur du Hangar 84 (avec Ludwig Oblin aka Lytnim).

Un carnet bien rempli

Le récit de 2021 commence par une bonne nouvelle venue de l'étranger : sur les cinq œuvres que Mr Garcin a envoyées au Japon, quatre ont été vendues. Les contacts de la galerie Christiane Vallé sur place ont donc décidé d'en demander une nouvelle fournée. Cette commande s'ajoute à toutes celles qui viennent saturer ce début d'année, que ce soient les requêtes privées ou celles venant d'éditeurs, comme un collage qu'il doit réaliser pour l'édition collector de l'ouvrage *L'Œuvre de Quentin Tarantino : du cinéphile au cinéaste*, chez Third Éditions.

À côté de ce planning déjà bien rempli, il reçoit une double commande de la part de Marvel : une couverture pour *Conan*, une autre pour *Wolverine* – avec une particularité : elles devront chacune être conçues pour s'étaler sur une double page (de manière à obtenir l'image intégrale en assemblant les deux couvertures ainsi générées, chacune utilisée pour un numéro différent ; un peu comme le médaillon des *Cités d'or*). *« Durant cette période intense de travail, j'ai eu la chance de rencontrer une jeune illustratrice très douée, qui s'est avérée être une découpeuse hors pair. Elle est d'un grand soutien, il s'agit d'une certaine Carreaux... »*, me précise l'artiste.

Ice Cream Man

Poursuivant son récit, Mr Garcin revient sur un phénomène qui ne cesse de se développer, notamment aux États-Unis : des producteurs indépendants commissionnant des éditions spéciales de *comics*. L'un d'eux lui a par exemple demandé d'utiliser son collage du Joker qui a finalement été refusé par DC Comics (ma *poker face* de gala me permet de ne pas laisser paraître que je connais déjà cette information). Ces éditions spéciales s'ajoutent à celles réalisées par l'éditeur lui-même, ce qui mène à une profusion coûteuse pour les collectionneurs acharnés.

Notre héros est donc contacté par Sonny's Comics & Collectibles pour réaliser une variant cover d'*Ice Cream Man*, publié par

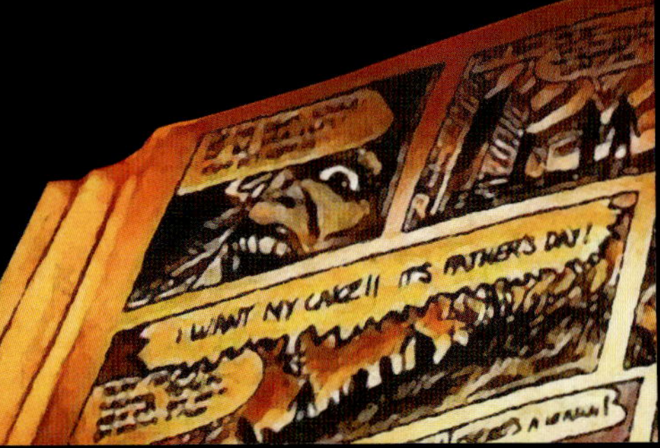

Image Comics (la compagnie de McFarlane – je repense encore une fois à Monsieur X, mais je conserve mon sang-froid). Mr Garcin est content d'avoir l'occasion de pouvoir travailler indirectement pour un autre éditeur que Marvel, signe que sa cote continue de progresser. Et il l'apprécie d'autant plus que ce comics reprend le principe des *Contes de la crypte* pour développer de courtes histoires horrifiques racontées par le marchand de glace.

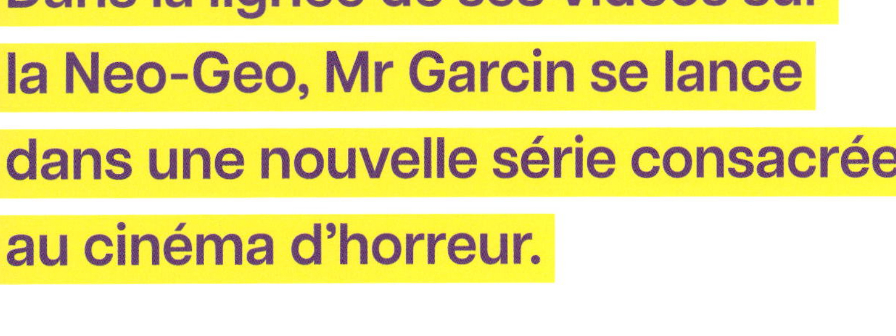
Dans la lignée de ses vidéos sur la Neo-Geo, Mr Garcin se lance dans une nouvelle série consacrée au cinéma d'horreur.

La Maison d'ailleurs

Les bonnes nouvelles ne s'arrêtent pas là : Mr Garcin est également contacté par le musée suisse La Maison d'ailleurs afin de participer à une grande exposition sur l'évolution des *comics*. Tout commence quand Marc Attalah, le directeur du musée, est invité comme commissaire pour diriger l'exposition *Je suis ton père* consacrée à Star Wars, à l'espace Pierresvives de Montpellier. À cette occasion, lors d'une interview, un journaliste lui révèle que l'artiste au masque, qu'il connaît déjà, vit dans cette même ville.

Ni une ni deux, Marc Attalah décide de le contacter et les deux hommes parviennent à organiser une entrevue au cours de laquelle ils tombent d'accord : Mr Garcin va participer à cet événement majeur. Le directeur suisse désire exposer 17 originaux de l'artiste. Commence alors un travail qu'il mène de concert avec David Chabannes pour retrouver les propriétaires de ces œuvres afin de leur demander de les prêter pour l'exposition. Le seul problème est que celle-ci est prévue sur un an (de février 2022 à janvier 2023), ce qui représente une assez longue durée, tout le monde n'appréciant pas outre mesure d'admirer, chez soi, un cadre vide.

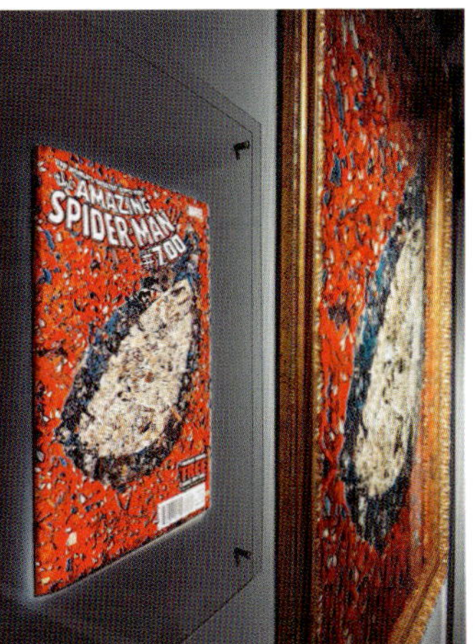

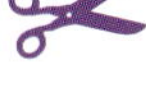

CI-DESSUS
Le Spider Eye (rarement exposé) fut présent toute l'année 2022 lors de l'exposition *Transformations* au musée La Maison D'ailleurs.

CI-DESSOUS
Détail de l'affiche du film *Creepshow*.

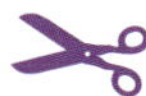

En définitive, ils parviennent à obtenir dix originaux (dont l'Œil de Spider-Man), qu'ils complètent avec une dizaine de reproductions. « *Comme j'étais celui qui avait le plus d'œuvres exposées, Marc Attalah m'a confié l'affiche de l'exposition* (voir Page 280), *m'apprend Mr Garcin. C'était assez fou de me retrouver ainsi dans un musée.* »

Cinéma d'horreur et YouTube

Dans la lignée de ses vidéos sur la Neo-Geo, Mr Garcin se lance dans une nouvelle série consacrée au cinéma d'horreur (sa principale passion avec les jeux vidéo). Il adopte pour cela un principe qui a fait ses preuves : inviter des spécialistes, des journalistes, des youtubeurs pour qu'ils parlent de leurs films d'horreur préférés. Il décide également de réaliser un collage qui sera mis à l'honneur durant les émissions, en réunissant tous les films d'horreur emblématiques du genre au sein d'une même toile.

CI-CONTRE
Commandée 6 ans auparavant par Marvel, sa couverture de *Hulk* sort enfin en 2021 !

Pour cette première série – qui va comporter cinq vidéos –, il décide de se focaliser uniquement sur les films à sketchs (qui comportent plusieurs histoires sans nécessairement de liens entre elles), comme *Creepshow* ou, plus récemment, *V/H/S*. Il passe en revue tous ceux qui ont été réalisés depuis les années 1940 jusqu'à nos jours. Mr Garcin continue également de faire de nombreux lives sur la chaîne de BigKam : il s'agit souvent de longues vidéos (entre 3 et 4 heures) durant lesquelles, en compagnie d'autres invités, ils essaient de retracer toute l'histoire d'un éditeur. Ils font également une grande soirée en l'honneur de Marcus, journaliste historique du secteur toujours en activité, qui est un des premiers entertainers à s'être filmé pendant qu'il pratiquait des jeux vidéo. « *Nous avons fait également un* live *durant lequel nous avons invité les spectateurs à voter pour leurs jeux préférés,* me raconte l'artiste. *J'avais choisi dix jeux PC Engine et mon adversaire, Colik Fantastik, avait sélectionné autant de jeux Mega Drive. Tout au long de la soirée, on faisait des duels un contre un, en argumentant chacun à notre tour, avant que le public nous serve d'arbitre. Au final, nous avons terminé à égalité, avec deux matchs nuls, alors même qu'il y avait plus de 100 votants. C'était vraiment marrant.* »

Marvel (again)

Toujours en ce début d'année, Mr Garcin a la surprise d'être contacté par un autre salarié de Marvel qui lui demande s'il pourrait réaliser un collage de Hulk. L'homme au

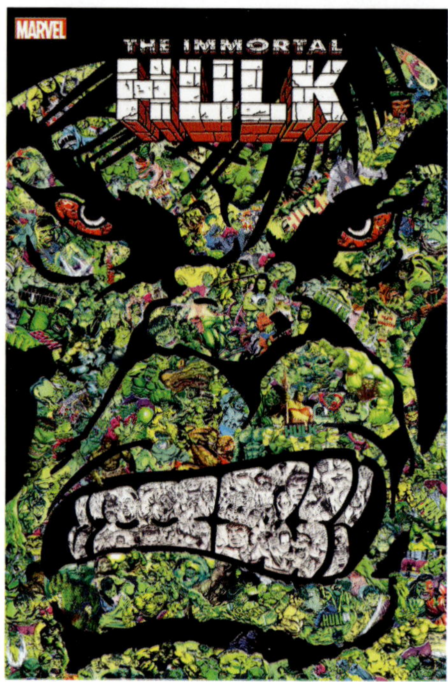

masque l'informe poliment qu'il a justement fait ce collage à la suite d'une commande antérieure, six ans auparavant – c'était le dernier que Steven Walker lui avait commandé avant d'être muté. Son interlocuteur s'excuse platement et fait le nécessaire pour qu'il soit payé immédiatement. « *C'était une satisfaction de voir enfin cette œuvre publiée officiellement par Marvel. Je l'avais conçue spécialement pour une couverture de* comics*, en mettant en scène un Hulk particulièrement comprimé à l'intérieur de la page, et j'étais frustré qu'elle n'ait pas servi.* »

Mr Garcin n'est pas au bout de ses (bonnes) surprises. Il est contacté par une enseigne de *comic shops* qui, au même titre que les producteurs indépendants, réalise des couvertures alternatives pour attirer le public. Il s'agit cette fois d'en faire une consacrée à Venom. Mr Garcin leur répond qu'il est ravi de cette offre. Seulement, il y met une condition : étant donné qu'il vient juste de renouer les liens avec Marvel, il veut vérifier auprès de l'éditeur s'il ne voit pas d'opposition à ce que ce collage soit utilisé. Il envoie alors celui-ci à Tom Brevoort, qui lui répond par retour de mail que Marvel aimerait l'utiliser (ce sera finalement une variant cover du numéro 200 de la série).

« J'avais conçue cette œuvre spécialement pour une couverture de *comics*, en mettant en scène un Hulk particulièrement comprimé à l'intérieur de la page, et j'étais frustré qu'elle n'ait pas servi. »

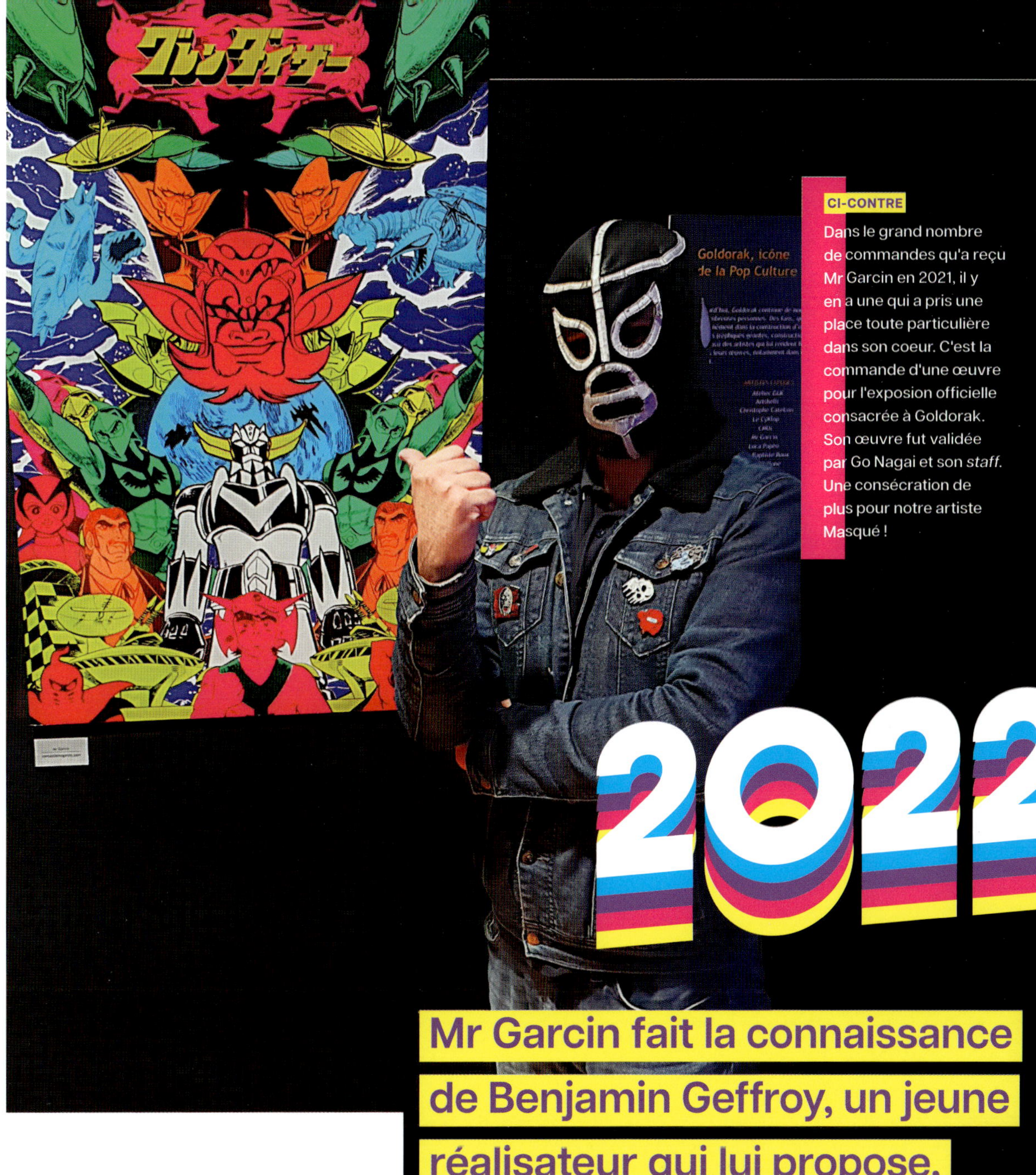

CI-CONTRE
Dans le grand nombre de commandes qu'a reçu Mr Garcin en 2021, il y en a une qui a pris une place toute particulière dans son coeur. C'est la commande d'une œuvre pour l'exposion officielle consacrée à Goldorak. Son œuvre fut validée par Go Nagai et son *staff*. Une consécration de plus pour notre artiste Masqué !

2022

Mr Garcin fait la connaissance de Benjamin Geffroy, un jeune réalisateur qui lui propose, en ce début 2022, de réaliser un documentaire à son sujet.

« What's up, doc ? »

Par l'intermédiaire de Cyril Despontin (directeur d'Hallucinations collectives et membre du PIFFF ; voir plus haut), Mr Garcin a fait la connaissance de Benjamin Geffroy, un jeune réalisateur qui lui propose, en ce début 2022, de réaliser un documentaire à son sujet par l'intermédiaire de sa société de production, Candiru Prod. Lorsque l'homme au masque donne son accord, le tournage commence immédiatement, et ce sera sous la forme d'un *road movie* puisque les deux hommes se rendent ensemble en Suisse, plus précisément à Yverdon-les-Bains, pour le vernissage de l'exposition Transformations à la Maison d'ailleurs.

Le courant passe bien entre les deux hommes, même si le voyage connaît quelques complications. « *On est partis en retard, il y avait de la neige sur la route et pour couronner le tout, j'ai loupé un embranchement parce que j'étais pris dans notre discussion. Juste après, on a croisé un renard à dix mètres de la voiture.* » Ils se présentent finalement avec 1 h 30 de retard, assumant ainsi le statut de Mr Garcin qui se devait de se faire attendre, en tant que star centrale de l'événement.

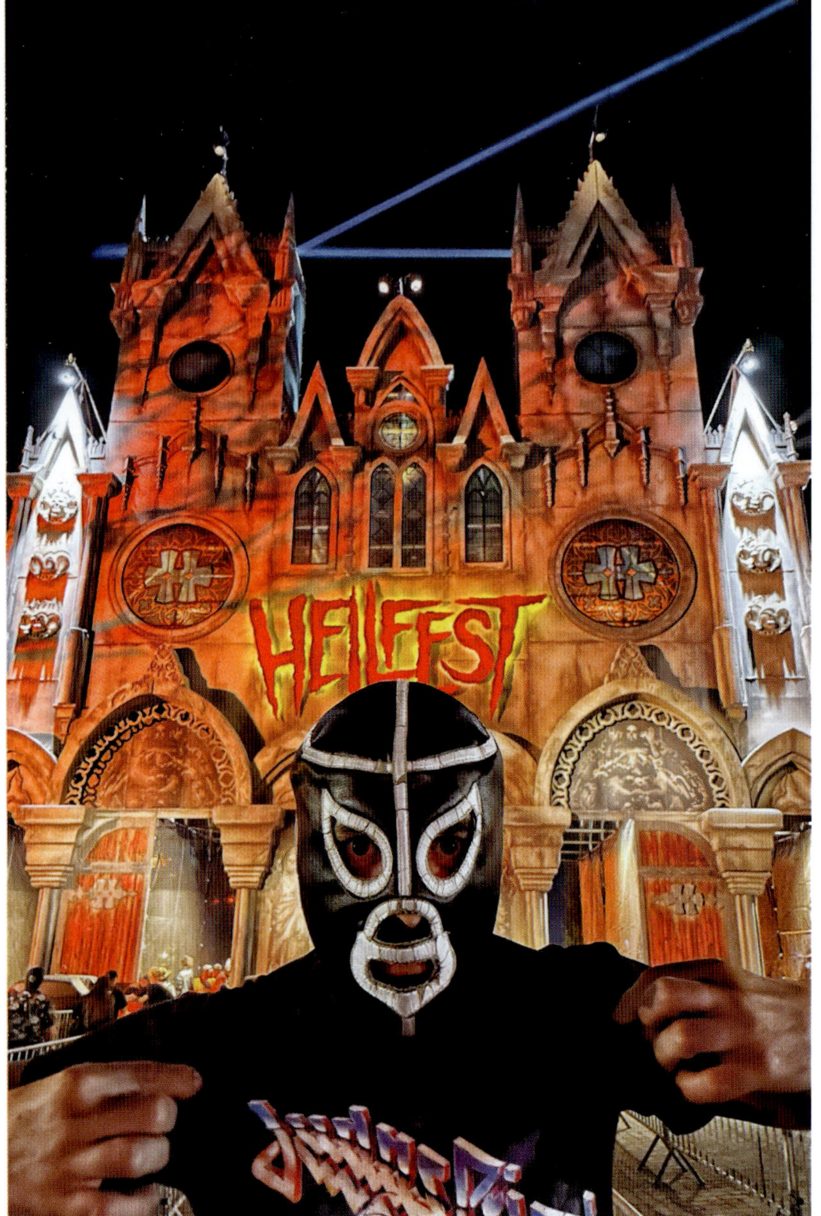

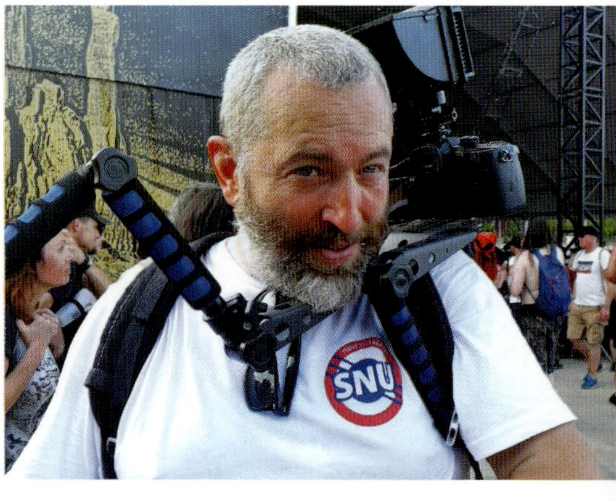

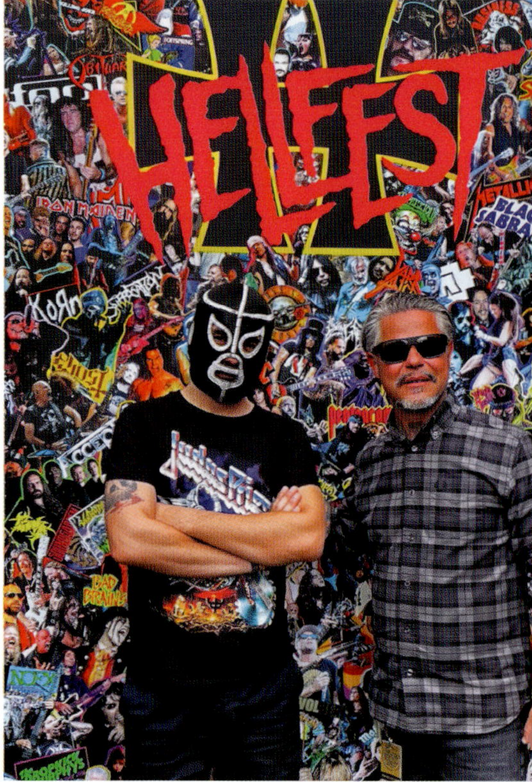

CI-DESSUS, À GAUCHE
Toute première fois au Hellfest pour Mr Garcin en 2022. Photo de Benjamin Geffroy.

CI-DESSUS, À DROITE
Benjamin Geffroy, en plein tournage dans la mouateur du Hellfest 2022.

CI-DESSUS, À DROITE, PLUS BAS
Mr Garcin et Ben Barbot devant une reproduction géante de son œuvre consacrée à l'événement.

Benjamin Geffroy commence à hanter la vie de l'homme au masque, accourant dès qu'un événement se profile pour l'accompagner et capturer le quotidien de notre héros. « *Notre but est de présenter une bande-annonce avec les heures d'images que nous avons déjà faites, pour essayer de trouver une production* », m'explique l'artiste. « *J'ai des contacts* », ajoute-t-il mystérieusement. Le contraire m'aurait étonné, vu le nombre de réseaux qu'il a intégrés durant ces dernières années.

À partir de cet instant, Mr Garcin commence à organiser sa vie comme un instagrameur, en prévoyant l'impact de tout ce qu'il va faire pour produire des images intéressantes. L'épisode du musée en suisse entre ainsi dans la liste des événements qu'il veut documenter, d'autant qu'il a payé un renard pour apparaître comme par hasard devant la caméra. Mais l'homme au masque voit également plus loin.

Highway to Hellfest

Mr Garcin souhaite faire un collage sur le festival de l'enfer depuis longtemps déjà, et la perspective du film lui donne l'impulsion de proposer à ses organisateurs de l'effectuer dans un cadre officiel. « *Mon idée était, s'ils acceptaient, de leur demander de venir au Hellfest pour que je puisse continuer le documentaire là-bas.* » L'artiste profite du fait que certains de ses amis ont le contact de Benjamin Barbaud, le créateur du festival, pour mettre son plan à exécution.

Mr Garcin souhaite faire un collage sur le festival de l'enfer depuis longtemps déjà, et la perspective du film lui donne l'impulsion de proposer à ses organisateurs de l'effectuer dans un cadre officiel.

Dès réception de son e-mail, Ben Barbaud lui répond qu'il est tout à fait partant pour cette collaboration. Mr Garcin demande alors s'il serait possible de faire une exposition au Hellfest, et de venir poursuivre le film. Ben Barbaud donne également son accord. « *Finalement, l'exposition ne s'est pas faite parce que je l'ai contacté trop tard. Mais il a pu réaliser une immense reproduction de mon collage, qui s'est retrouvée dans les loges qu'avait fait construire Metallica pour l'occasion.* »

En effet, le groupe mythique a accepté d'honorer le festival de sa présence sous réserve d'obtenir des loges de 200 mètres carrés, avec un jacuzzi au centre, et des tigres de combat. Bon, peut-être n'y avait-il pas de tigres, mais en tout cas, c'étaient de sacrées loges. Les organisateurs ont décidé de ne pas les condamner après la venue du groupe, mais plutôt de les mettre à disposition de leurs autres artistes de premier plan – le fait que son collage se retrouve là est bien entendu une consécration pour Mr Garcin.

Une petite déconvenue l'attend cependant : « *L'équipe locale de France 3 a interviewé le chanteur de Scorpion devant mon œuvre, et le reporter lui a demandé s'il était sur le collage. Le chanteur était déçu parce qu'il ne trouvait pas une pochette d'album du groupe, alors que j'en avais bien fait figurer une. Seulement, je ne pouvais rien faire devant mon écran de télé pour lui montrer où elle était.* »

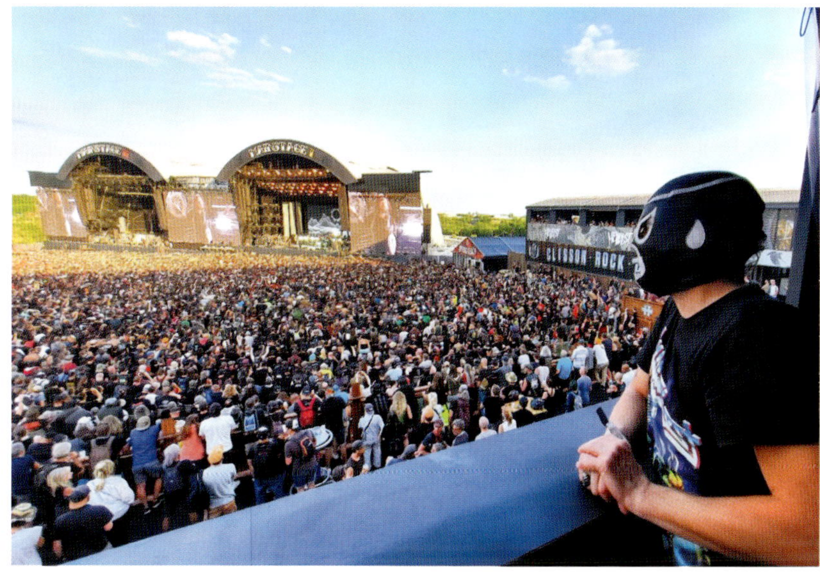

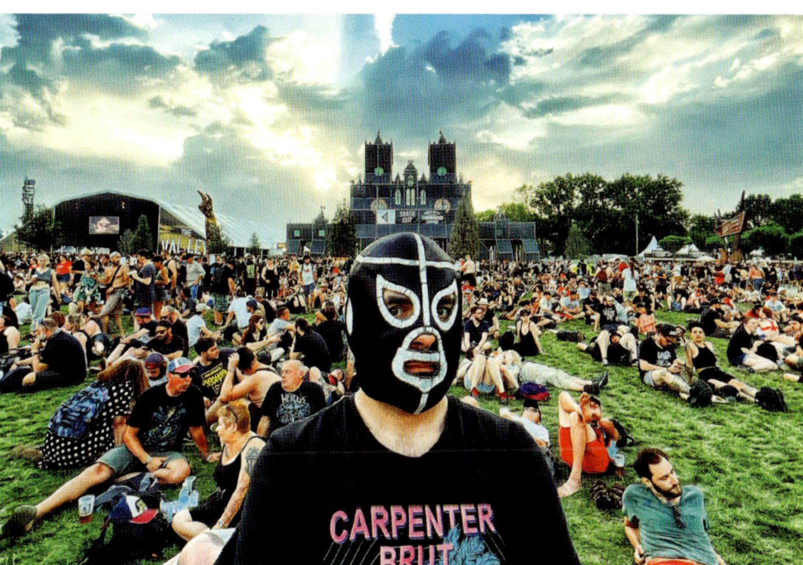

CI-DESSOUS, EN HAUT

Un des grands moment de l'année 2022 pour l'homme masqué, le Hellfest !!!
Photo : Benjamin Geffroy

CI-DESSOUS, PLUS BAS

Le soleil s'apprête à se coucher sur le Hellfest. Une ambiance unique. Photo : Benjamin Geffroy

BIOGRAPHIE

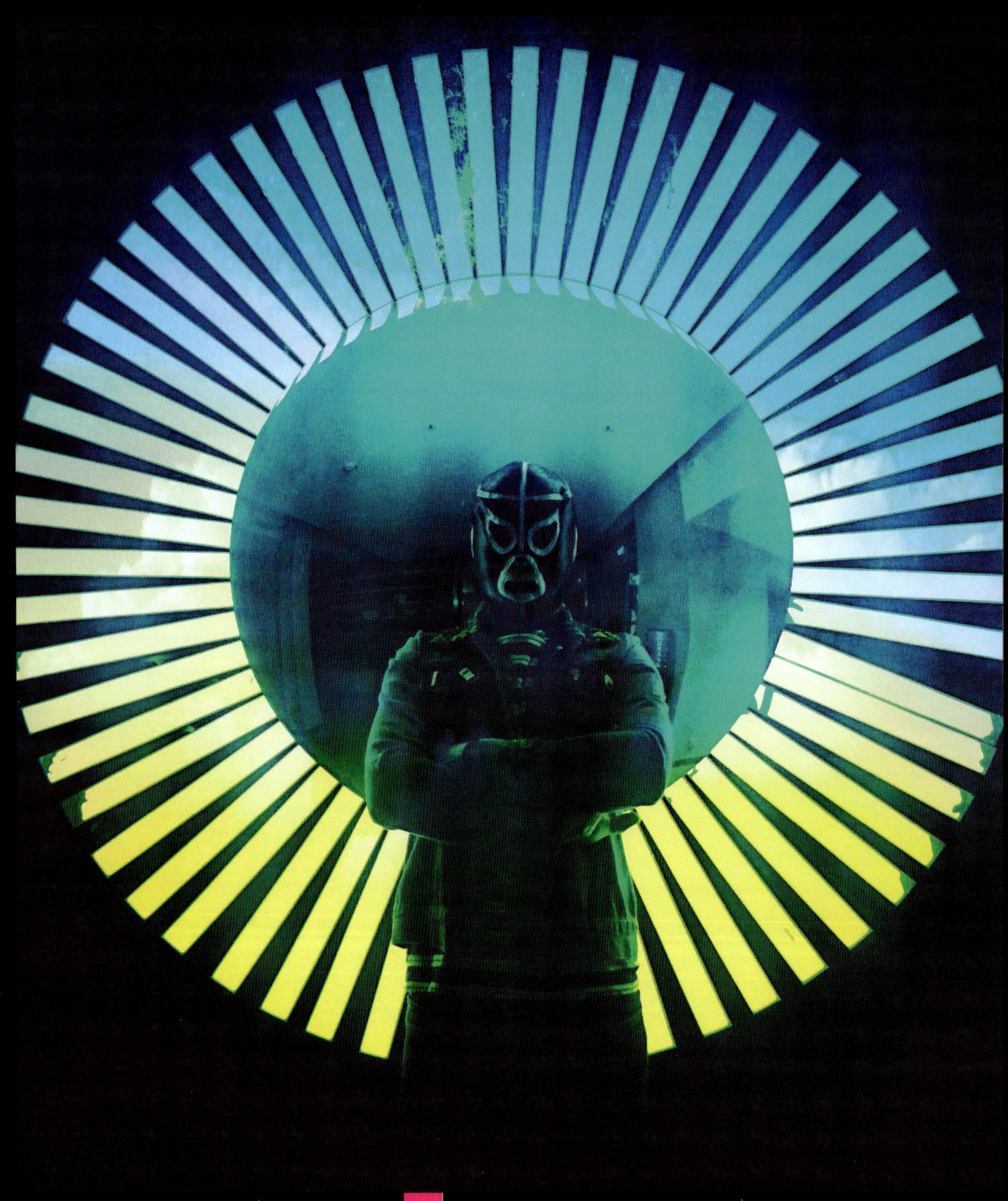

CI-DESSUS
Dark Garcin.
Photo : Thomas Lebascle

Mr Garcin m'apprend ensuite qu'il avait un autre but secret en tête en se lançant dans cette aventure : depuis quelques années, après une découverte tardive, il s'est pris de passion pour le groupe Judas Priest, qui se produit justement cette année au Hellfest, certainement pour une de ses dernières tournées (le groupe a été fondé en 1969). « *Les places du Hellfest se vendent en une journée dès qu'elles sont mises en vente, avec pas mal de spéculation dans le lot* », m'informe-t-il. Grâce à son collage, toutefois, Mr Garcin peut voir le groupe en *live* et accomplir ainsi un de ses rêves.

Tout semble aller pour le mieux pour notre héros. Malheureusement pour lui, de sombres nuages s'amoncellent au-dessus de sa tête sans qu'il en soit conscient. Pourtant, le collage qu'il a réalisé pour le festival, réunissant l'ensemble des groupes qui ont pu s'y produire, a été livré sans encombre. Ben Barbaud a donné son assentiment après l'avoir consulté et les reproductions sont parties à l'impression par le biais de French Paper Art Club, avec lequel Mr Garcin travaille régulièrement.

Dès que les ventes sont lancées, c'est l'hallali : les trolls d'Internet sont lâchés et tout le monde lui tombe sur le râble. La raison ? Il a représenté sur son collage le groupe AC/DC, qui n'est jamais venu au festival (même si la rumeur a couru plusieurs fois de sa participation future). Certains sont simplement moqueurs, détaillant leurs souvenirs fictifs de ce concert, d'autres sont plus agressifs, dénonçant son incompétence (quand les juges seront choisis sur Internet, les fautes d'orthographe seront passibles de la peine capitale). « *Mon seul espoir*, lance un Mr Garcin dépité, *c'est qu'AC/DC vienne enfin jouer au Hellfest. C'est tout à fait possible, puisque Metallica est finalement venu cette année. J'ai un petit autel à la maison devant lequel je fais des incantations sataniques tous les soirs pour être exaucé.* »

À la suite de cette erreur, Mr Garcin est anéanti. Il décide de se retirer pendant six mois dans un monastère dont les occupants ont fait vœu de silence, loin de ses ciseaux. C'est là qu'il apprend une autre mauvaise nouvelle, quand il est contacté par un photographe, Bertrand Alary, spécialisé dans les groupes de hard rock et de métal. « *Pour réaliser mon collage, j'avais acheté pas mal de livres sur le sujet, dont le fameux* Métal : 40 ans de musique puissante. *Je n'avais pas réalisé que les 666 photos du livre avaient été faites par le même photographe.* » Bilan des courses : Bertrand Alary n'est pas content et réclame une compensation financière. Heureusement, un arrangement est rapidement trouvé grâce à French Paper Art Club.

Mr Garcin revient également sur une autre expérience décevante survenue lors du Hellfest : « *J'espérais pouvoir rencontrer les membres de Judas Priest, et avoir une trace de ce moment dans le documentaire. Ben Barbaud m'avait dit qu'il ferait ce qu'il pourrait pour que je puisse les voir, mais qu'il ne pouvait pas m'offrir de garantie. J'ai fait un collage en leur honneur en moins d'une semaine, je n'ai quasiment pas dormi, mais j'en étais super content. Ensuite, j'ai fait réaliser de beaux tirages pour les leur offrir. Malheureusement, ils sont arrivés très tard avant de jouer sur scène, et on n'a pu rencontrer que leur manager. Quand je lui ai donné les posters pour le groupe, il n'avait pas l'air tellement intéressé, mais il m'a retenu au moment où j'allais m'en aller pour me demander s'il pouvait avoir une copie pour lui. Je lui ai donné celle que j'avais faite pour moi. Je n'ai jamais eu de nouvelles depuis. Je ne sais même pas si les membres du groupe ont bien eu les leurs.* »

Malgré ces déconvenues, Mr Garcin « *s'éclate comme un beau diable* » dans ce festival de la démesure (spectacle pyrotechnique, feu d'artifice de clôture, sculptures métalliques géantes, grande roue, etc.) et passe trois jours exceptionnels entouré de quelques amis venus pour l'occasion. Ben Barbaud les accueille avec les honneurs

« Mon seul espoir, c'est qu'AC/DC vienne enfin jouer au Hellfest. C'est tout à fait possible, puisque Metallica est finalement venu cette année. »

en leur remettant un passe VIP. Grâce au sésame, pas besoin de faire la queue pour commander un repas, une bière, ou encore aller aux toilettes. Flippers, bornes d'arcade, chaises longues et même une mini piscine sont également en accès libre (pratique, en ces temps de canicule).

« *C'était vraiment le rêve... Ben nous a même offert un accès aux loges le dernier jour, avec vue directe sur la scène principale ! Il nous a aussi proposé une visite guidée des immenses* backstages *du festival. On a été traités comme des rois. Et puis, j'ai pu voir des concerts fantastiques.* » En plus de celle de Judas Priest, l'artiste se remémore les performances d'Airbourne, du groupe japonais Maximum the Hormone, de Killing Joke... Autant de moments qui « *resteront à jamais gravés dans* [sa] *mémoire.* »

« Putain, 20 ans... »

Heureusement, Mr Garcin peut compter sur la musique pour se remettre de toutes ces émotions contradictoires. Le bouclage du deuxième album de Double Dragon est en vue, après cinq ans de préparation, avec

« On espère que l'album sera disponible en 2023. L'idéal serait que le livre, l'album et le documentaire soient prêts en même temps. »

l'addition des guitares en cours, celle des chants à venir et la pochette en route. « *On espère que l'album sera disponible en 2023,* me confie Mr Garcin. *L'idéal serait que le livre, l'album et le documentaire soient prêts en même temps.* »

Mr Garcin me rappelle qu'au tout début, quand il avait quitté son CDI pour se lancer dans une carrière artistique, sa première intention était de gagner sa vie avec la musique. « *C'est encore quelque chose qui me tient à cœur. Double Dragon a 20 ans, et j'ai toujours été à fond, même si sa trajectoire est plus discrète que celle de Mr Garcin. J'aimerais qu'au moins un de nos morceaux explose un jour, ne serait-ce que pour obtenir*

CI-DESSOUS
Double Dragon, composé de Nordine Bekhtari et Mr Garcin.

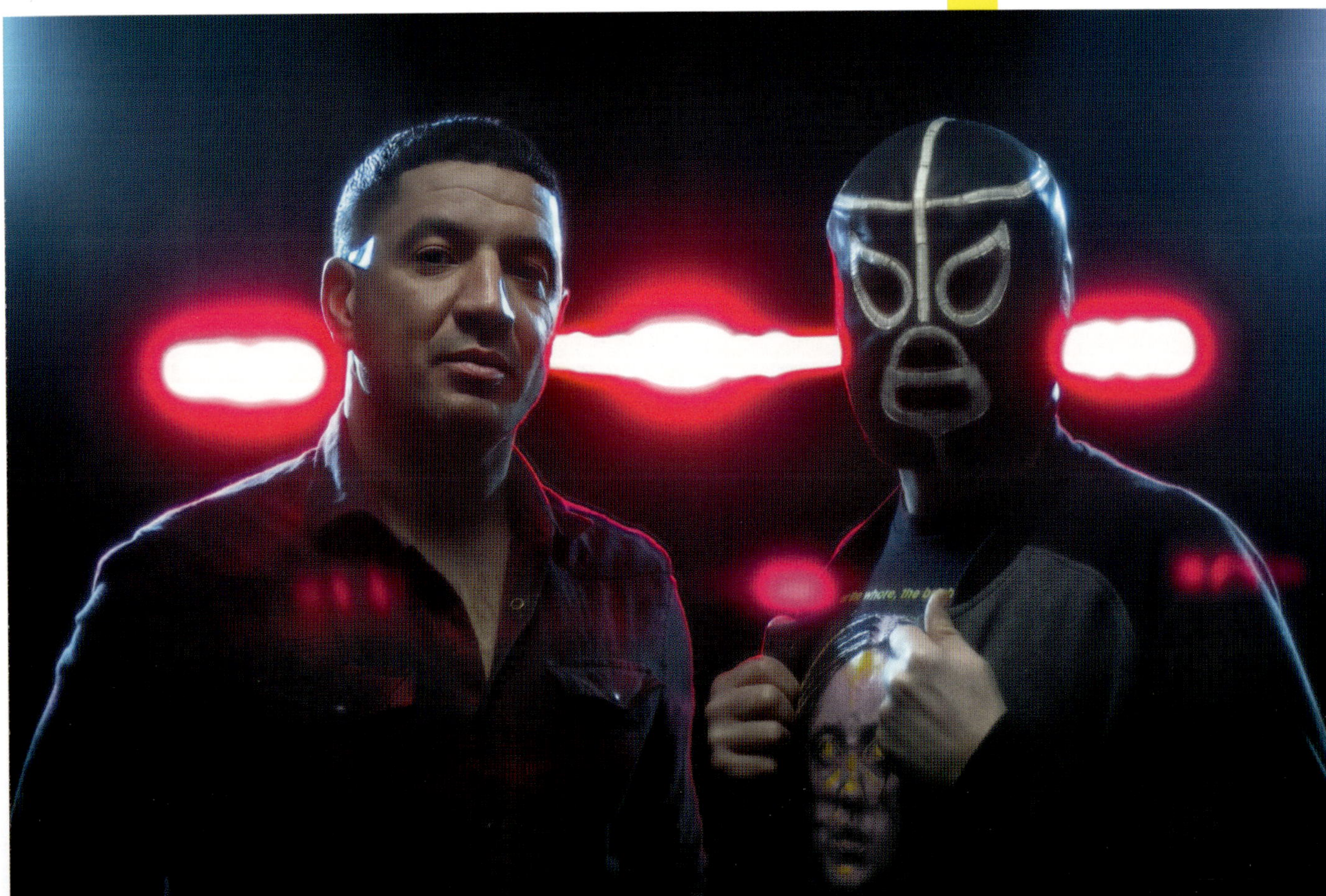

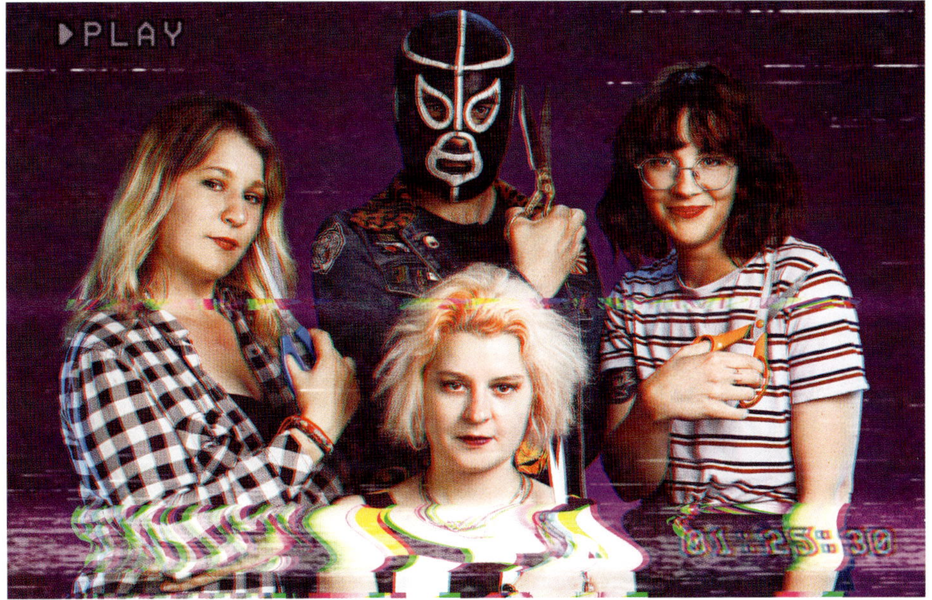

la reconnaissance qui nous est due. On n'a jamais vraiment eu notre chance, on a eu plein de passages, plein de musiques dans des films qui ont eu leurs petits succès, mais qui restent de niche. On est restés dans l'ombre de Kavinsky ou de Power Glove, mais je ne perds pas espoir. »

En surchauffe

Parallèlement à toutes ces péripéties, le carnet de commandes de Mr Garcin ne désemplit pas. Et cela commence par une incroyable coïncidence : « *Alors que je préparais le collage pour le Hellfest, j'ai été contacté par* Geek, le magazine. » L'homme au masque a déjà réalisé une couverture en 2016 pour un de leurs hors-séries revenant sur 50 ans de pop culture. Depuis, le magazine l'a contacté plusieurs fois pour une nouvelle collaboration, qui n'a jamais pu se faire, souvent par manque de temps. Cette fois-ci, *Geek* lui demande s'il souhaite réaliser une couverture pour le hors-série à paraître traitant des liens entre la pop culture et le métal (réalisé en partenariat avec... le Hellfest). Mr Garcin n'a pas d'autre choix que d'accepter, au prix d'une surcharge de travail qui le force à fortement écourter ses nuits pendant plusieurs semaines. Heureusement que ses trois « drôles de dames » sont là pour le soutenir et lui permettre de tenir ses délais.

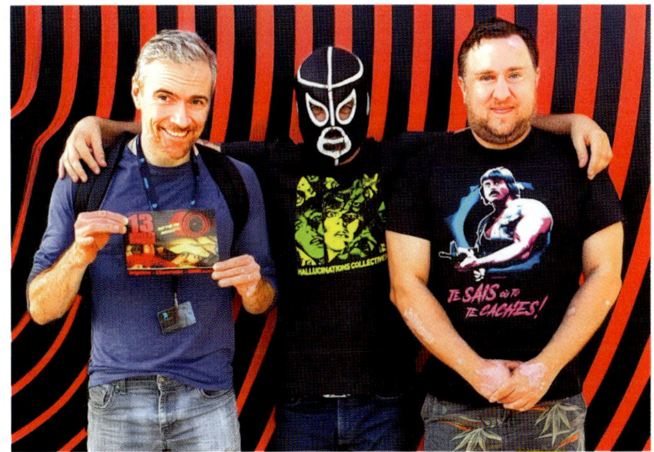

Quand je lui demande s'il écoutait du métal durant cette période pour se mettre dans l'ambiance, il me répond : « *Oui, j'en écoutais, d'autant que je savais que j'allais me rendre au Hellfest, et j'avais des lacunes à combler dans le domaine, étant plus un fan de rock et de hard rock au départ. Pour les collages, je me suis rendu compte qu'il ne servait à rien de se plonger dans une atmosphère particulière, même s'il m'est arrivé de regarder des épisodes de* Dragon Ball *pendant que je faisais un collage qui lui était consacré.* »

CI-DESSUS, À GAUCHE
Mr Garcin et ses découpeuses comme il aime les appeler. De gauche à droite : Caroline Segui, Ericka Carlier et Marion Michel. Photo de Ludwig Oblin aka Lytnim.

CI-DESSUS, À DROITE
Mr Garcin entouré de ses amis François Gaillard et Cyril Despontin lors du Festival du film fantastique de Sitges 2022.

Mr Garcin n'a pas d'autre choix que d'accepter, au prix d'une surcharge de travail.

BIOGRAPHIE

Mr Garcin reçoit également d'autres requêtes urgentes, d'abord de la part de Marvel, qui souhaite un collage de Black Panther, et un autre pour le *cross-over* de l'été. Cette année, il s'agit de *Eve of Judgment*, qui met en scène le groupe A.X.E. (Avengers, X-Men, Eternals – à ne pas confondre avec un certain déodorant). Il s'avère que le collage de Black Panther sera utilisé simplement pour illustrer un podcast. Détail amusant : l'auteur de la commande n'est autre que Steven Walker, celui-là même qui a fait entrer Mr Garcin dans l'univers de Marvel. Steven lui confie d'ailleurs à l'occasion qu'il s'agit de la dernière commande qu'il fait avant de quitter l'entreprise – les destins des deux hommes sont décidément connectés.

Mr Garcin a également été contacté par un éditeur avec lequel il n'a jamais travaillé : Dynamite. Il m'explique : « *En 2013, lorsque j'avais réalisé l'Œil de Spiderman, j'avais reçu un e-mail de leur part, qui me demandait si j'étais prêt à travailler pour eux. J'avais répondu oui, et je n'avais plus jamais eu de nouvelles. Presque dix ans après, je reçois un nouveau message qui me propose de réaliser une couverture de* Red Sonja. » Pour les néophytes, il s'agit d'un personnage affilié à Conan. Conan le Barbare, pas Conan le détective.

Enfin, pour finir cet état des lieux de sa situation en ce préambule au tome 3 de sa biographie, Mr Garcin me confie que les commandes privées ne cessent également de s'empiler. Ainsi de la dernière, reçue au moment même où nous menons ces ultimes échanges : trois tableaux, un Hulk, une Wonder Woman, et un Iron Man, à la demande de son notaire, pour lui et ses associés. « *Nous avons sympathisé quand il s'est occupé d'enregistrer l'achat de mon manoir avec batcave intégrée.* »

Impossible de dire, face à son masque impénétrable, s'il en est en train de se jouer de moi ou s'il a vraiment acquis un manoir. Je le quitte pour la dernière fois avec un brin de mélancolie. J'ai eu l'impression, par procuration, d'avoir connu la vie faste, les multiples couches de réseaux d'un chevalier solitaire, dans un monde dangereux. Un héros des temps modernes, dernier recours des innocents, des sans espoir, victimes d'un monde cruel et impitoyable.

Un héros des temps modernes, dernier recours des innocents, des sans espoir, victimes d'un monde cruel et impitoyable.

PAGE SUIVANTE

Mr Garcin vu par Méchanceté Graphik (Retouche couleurs par Ludwig Oblin aka Lytnim).

Au revoir, Monsieur X...

Fin du périple. Le taxi me dépose à l'aéroport sous une pluie battante. Je m'installe dans la grande salle de transit en attendant que la porte d'embarquement de mon vol soit annoncée. Un employé de l'aéroport se rapproche de moi, arborant son gilet orange caractéristique. Lorsque je distingue finalement ses traits, je ne suis pas vraiment surpris.

« *Je ne veux pas savoir, lui dis-je*, en l'arrêtant d'un geste de la main.

— *Vous ne lui avez rien dit*, me lance Monsieur X d'un ton de reproche.

— *Non, et pour une bonne raison : je n'avais pas envie de passer pour un con.*

— *Vous vous moquez de moi, mais vous n'avez pas idée du danger que la planète est en train de courir.*

— *Écoutez, j'ai fait tout ce que je pouvais pour vous aider. Si vous ne voulez pas vous soigner, je n'y peux rien. Je vais vous demander de me laisser tranquille, maintenant.* »

Il semble désespéré.

« *Vous comprendrez ce que je vous dis quand les légions arriveront pour nous soumettre.*

— *OK, on s'occupera de ça dans le tome 3.* »

Rendez-vous est pris. 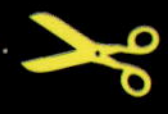

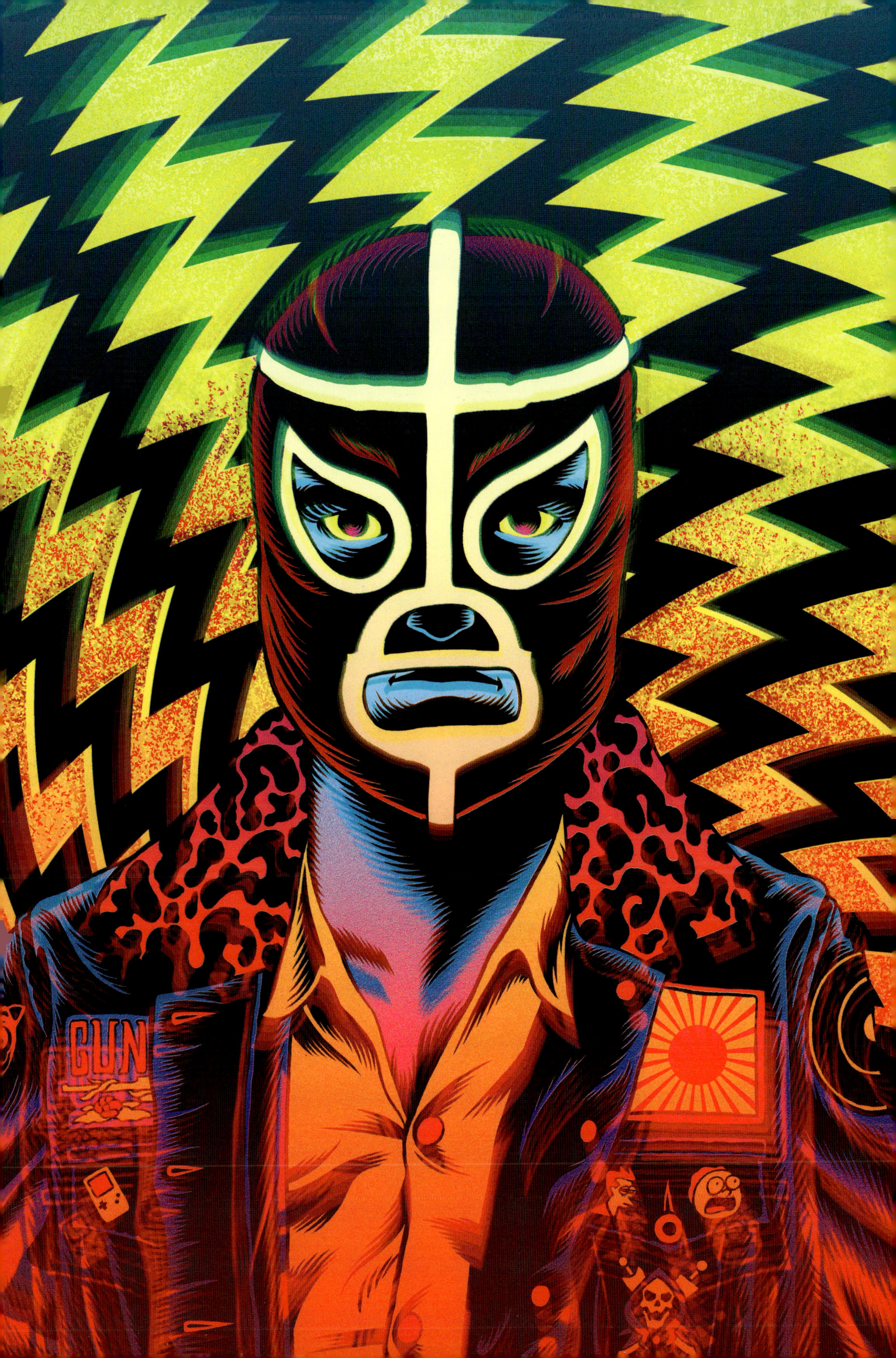
GUN

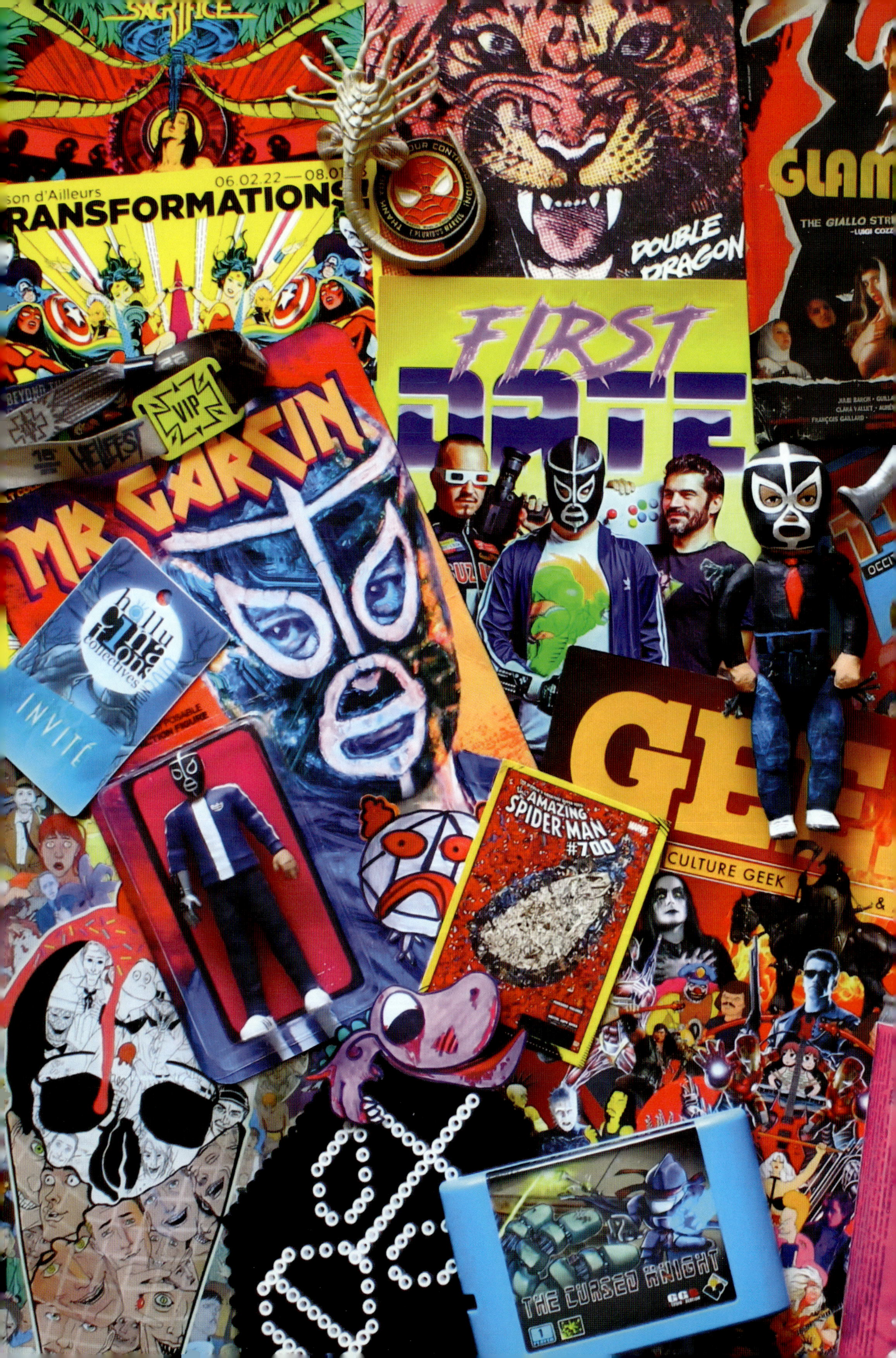

06.02.22 — 08.01
RANSFORMATIONS
DOUBLE DRAGON
GLAM
FIRST
MR GARCIN
VIP
HELLFEST
INVITÉ
AMAZING SPIDER-MAN #700
CULTURE GEEK
THE CURSED KNIGHT

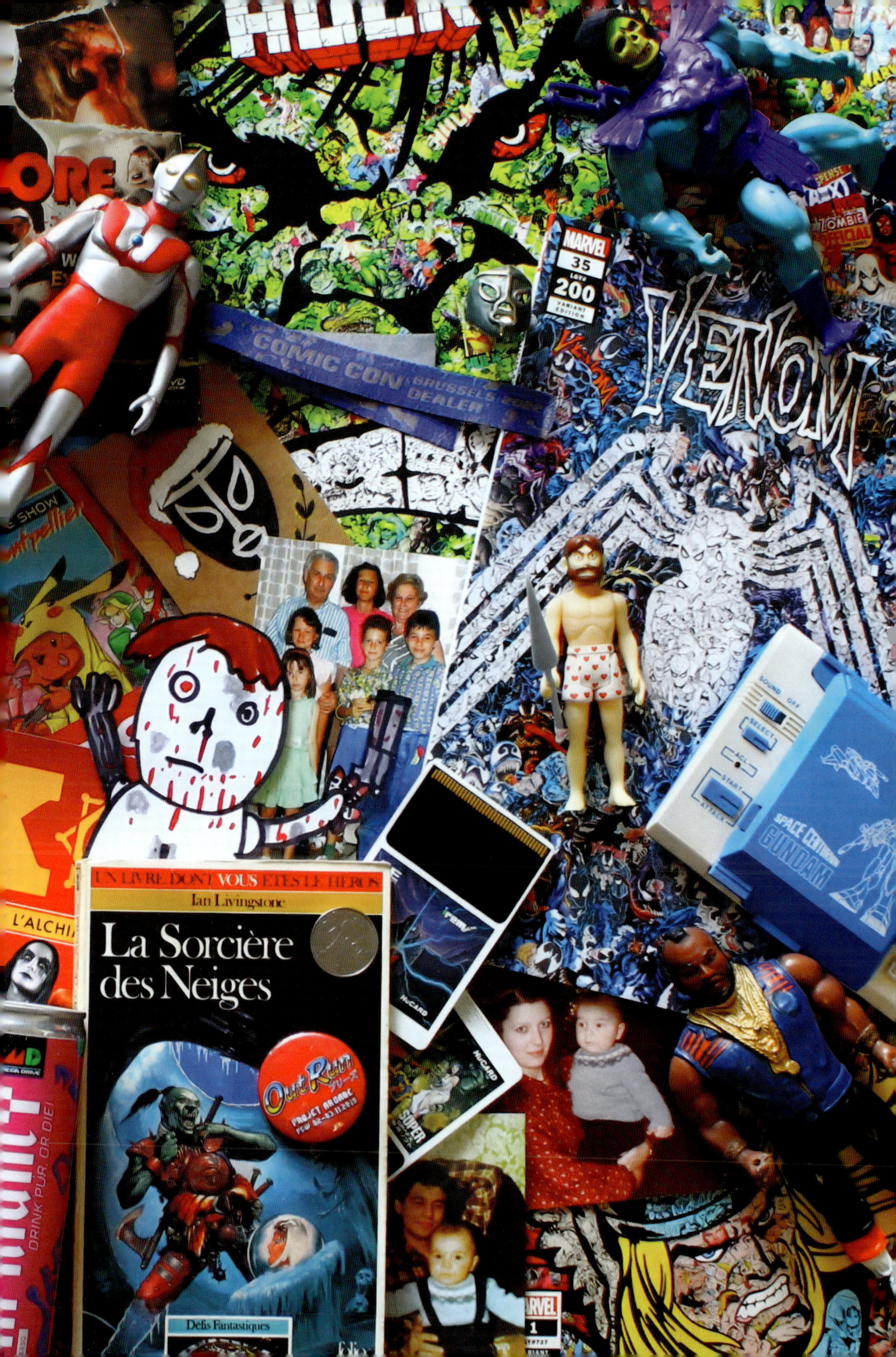
MARVEL
35
200
VENOM
COMIC CON
DEALER
SOUND OFF
SELECT
START
ATTACK
GUNDAM
UN LIVRE DONT VOUS ÊTES LE HÉROS
Ian Livingstone
La Sorcière des Neiges
OutRun
PROJECT ARCADE
Défis Fantastiques
DRINK PURE OR DIE!

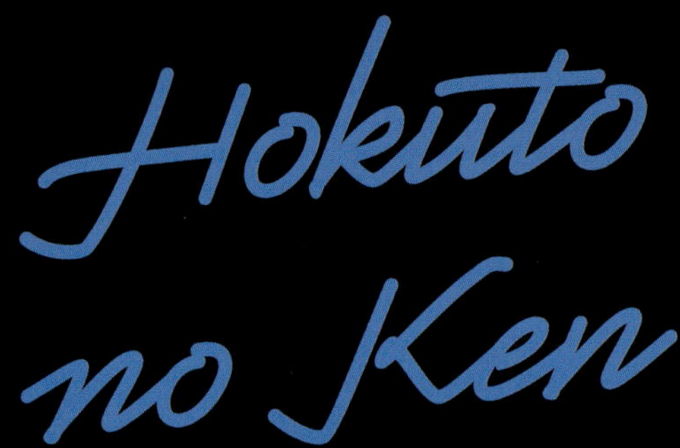

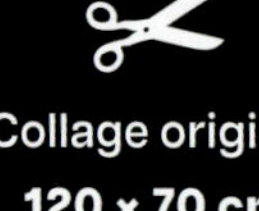

Collage original
120 × 70 cm

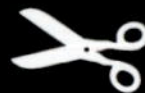

« Œuvre de 2014 malencontreusement oubliée dans mon premier livre. Grand fan du dessin animé *Ken le survivant*, puis plus tard du manga, il était évident pour moi de rendre hommage à ce personnage si charismatique de la pop culture japonaise. Ayant pris connaissance, il y a peu, qu'une version colorisée du manga existait, je pense sérieusement réaliser prochainement une nouvelle œuvre, pour lui rendre hommage en couleur, cette fois. »

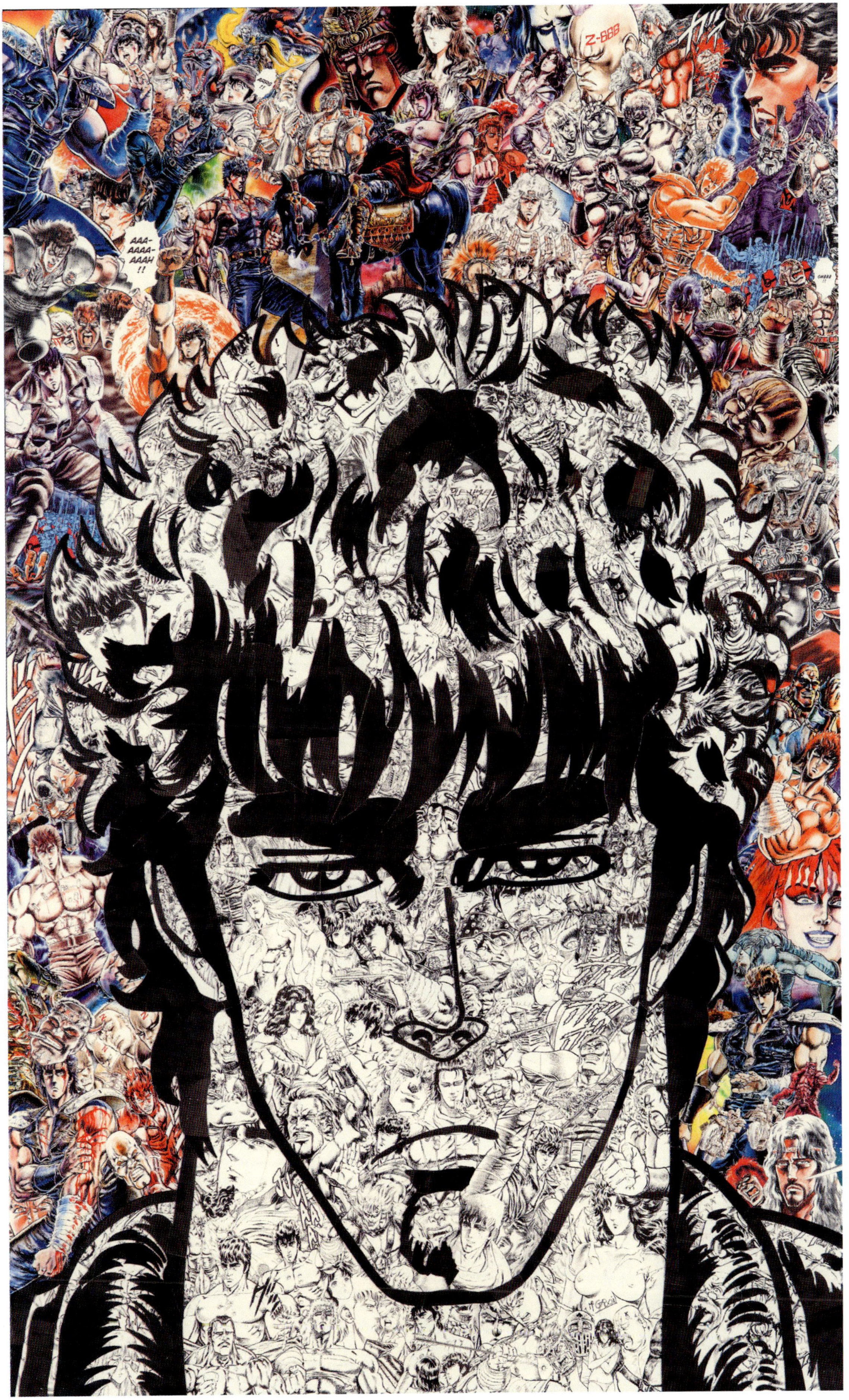
Z-888
AAA-AAAA-AAAH !!

Estampe Dragon Ball

Collage original

33 × 22 cm

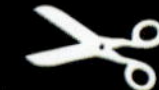

« Première œuvre d'une longue série consacrée à un nouveau concept : mélanger deux dessins japonais réalisés à plus d'un siècle d'écart. Concrètement, j'intègre un personnage de manga au sein d'une estampe traditionnelle le plus harmonieusement possible. Le but étant que l'ensemble s'unisse au point de ne plus pouvoir les distinguer. »

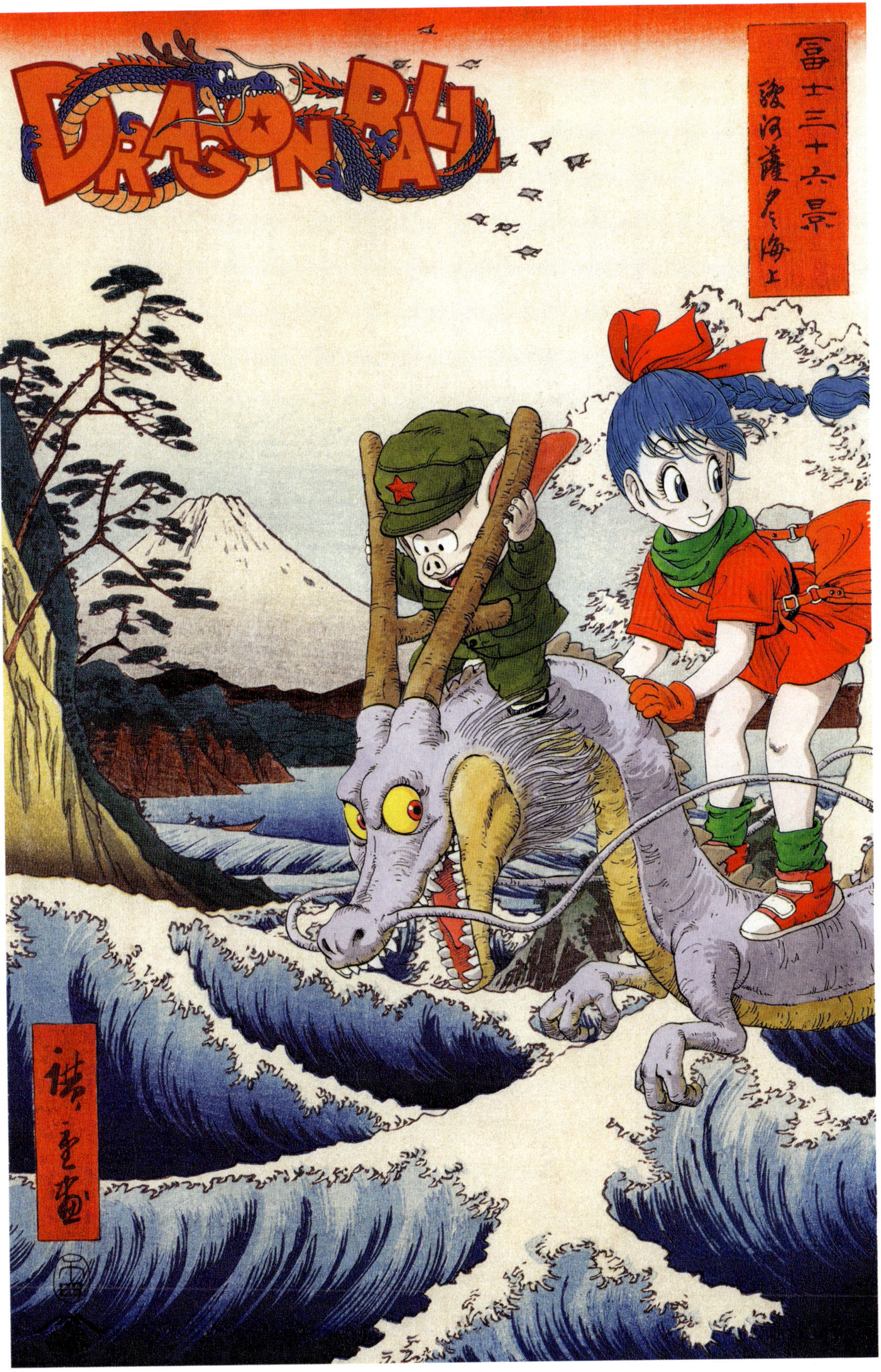
DRAGON BALL
冨士三十六景
駿河薩タ海上

Estampe Dragon Ball 2

Collage original
33 × 22 cm

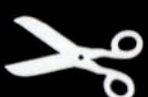

« Estampe réalisée dans la foulée de l'œuvre précédente, à tel point que je les considère presque comme un diptyque. »

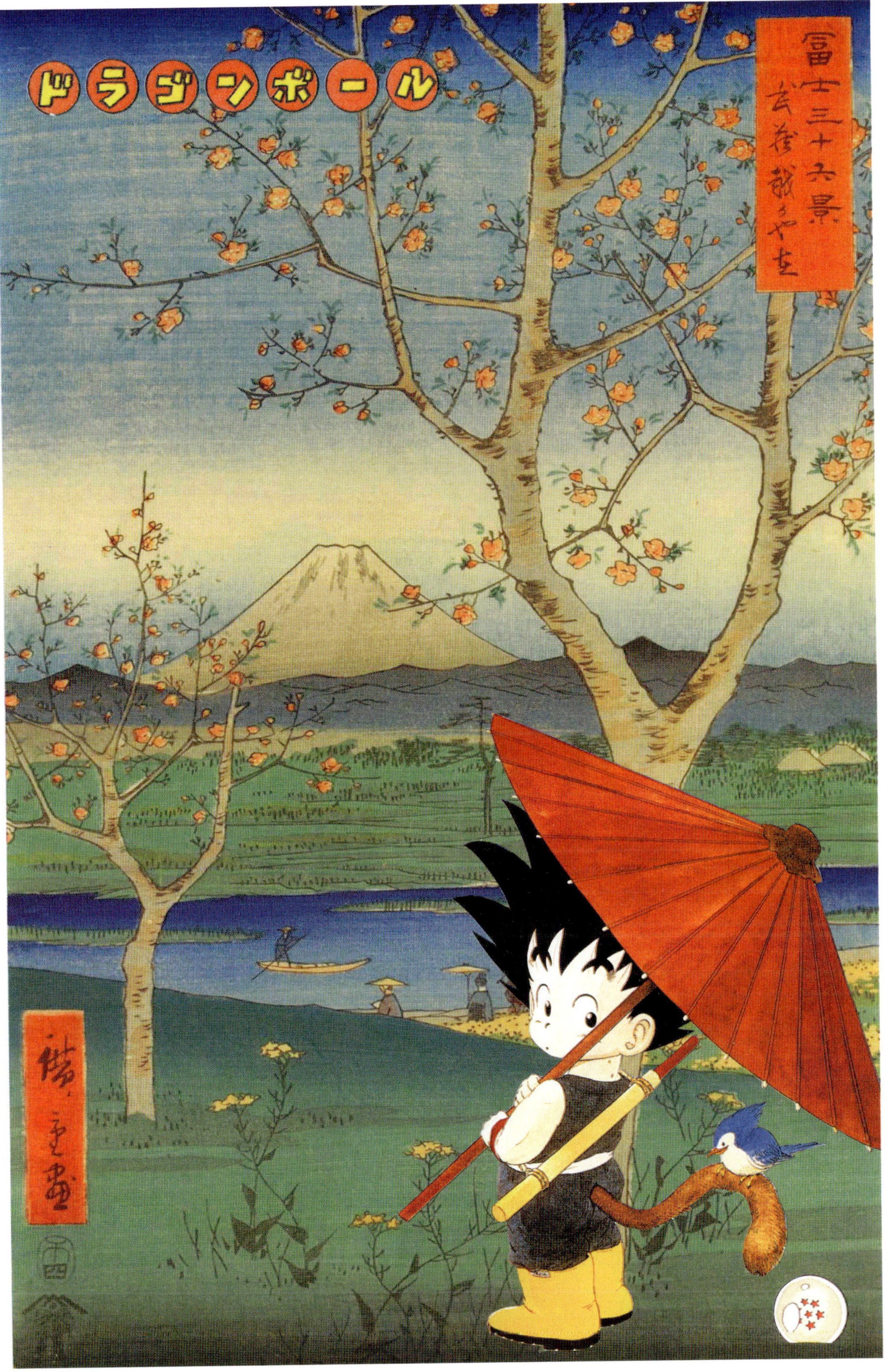
ドラゴンボール
冨士三十六景
武蔵越かや在
廣重画

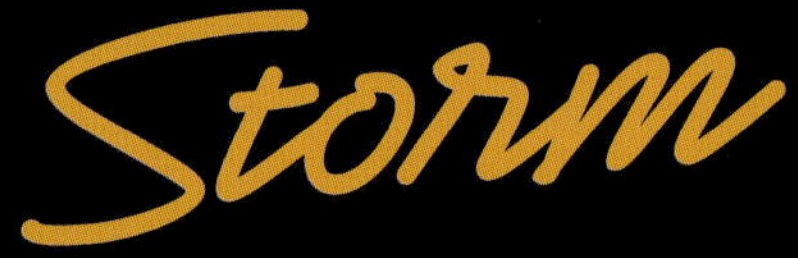

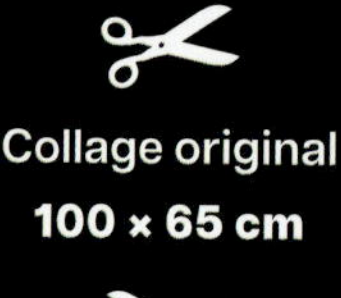

Collage original
100 × 65 cm

« Storm est un personnage de comics membre de la célèbre équipe des X-Men (Marvel). Elle a arboré, plusieurs fois dans son histoire, une sublime crête. C'est cette coupe de cheveux qui m'a donné envie de la représenter en collage. En effet, j'adore le côté « graphique » de cette coupe vue de profil ! Ne trouvant pas dans les comics le modèle que j'imaginais, j'ai utilisé l'illustration de mon ami Fernando Dagnino (un dessinateur de BD) comme patron. Encore merci à lui ! »

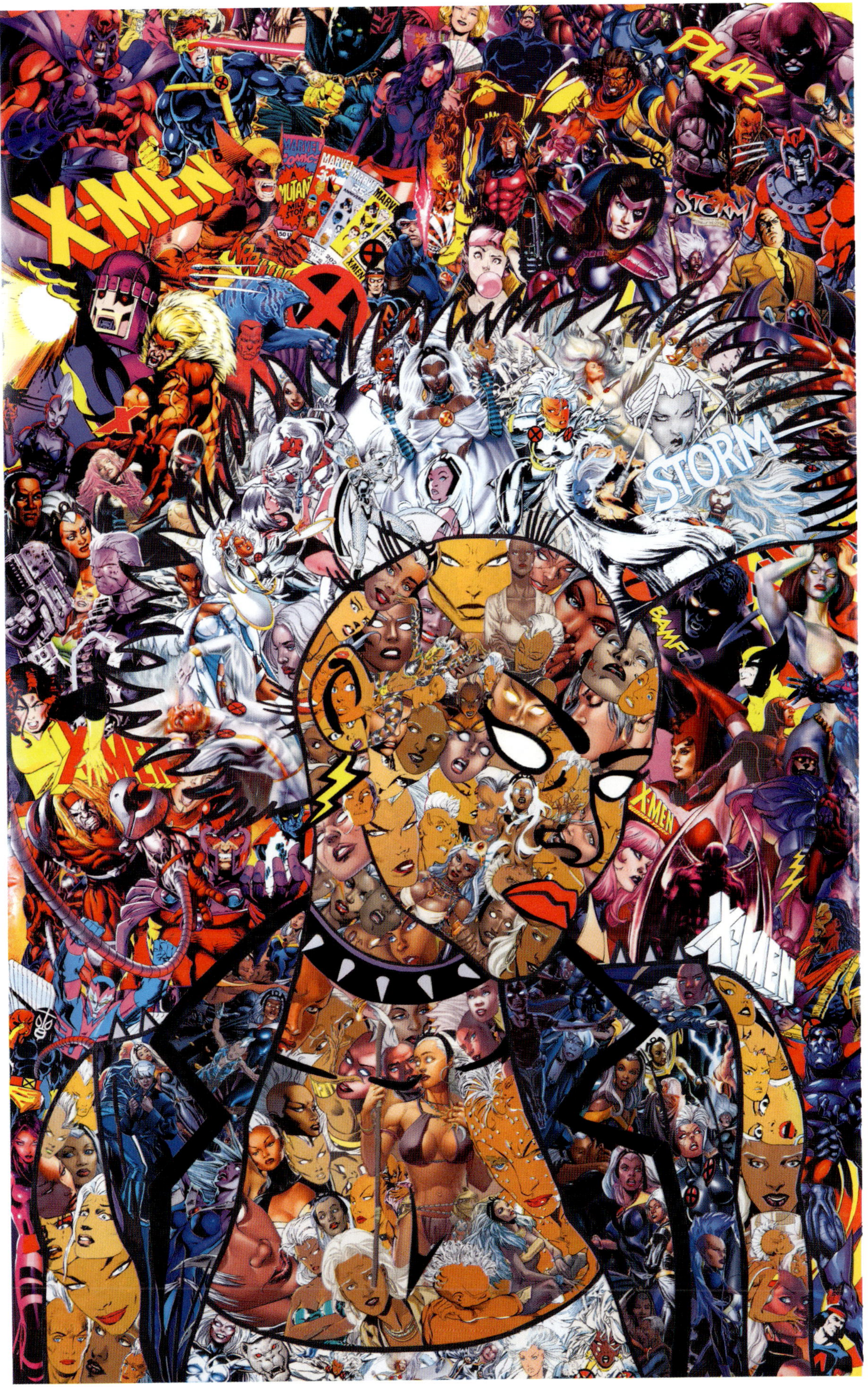
X-MEN
PLAK!
STORM
STORM
BAMF
X-MEN
X-MEN

Deadpool

Collage original
120 × 75 cm

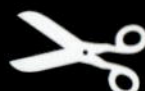

« Un an après la sortie du premier film consacré au super-héros le plus fou de l'univers Marvel, la fièvre Deadpool ne redescendait pas. C'est donc sous la pression populaire que j'ai réalisé cette œuvre. De toute façon, l'univers complètement barré de ce personnage m'a toujours séduit, et avec l'imminence de ma nouvelle expo à la galerie Arludik, je trouvais ça judicieux. »

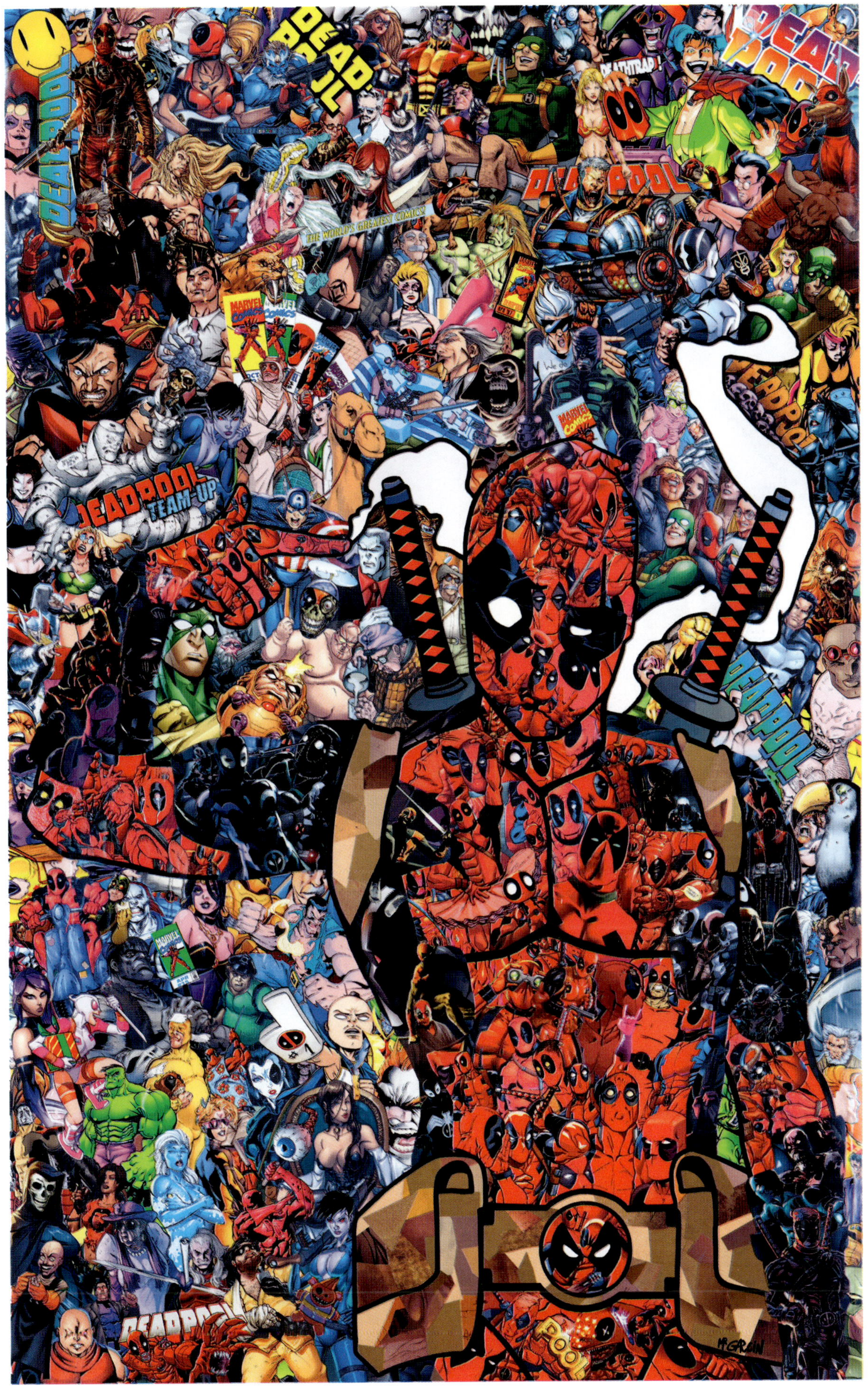
DEADPOOL TEAM-UP
THE WORLD'S GREATEST COMICS
DEATHTRAP!
MR GARCIN

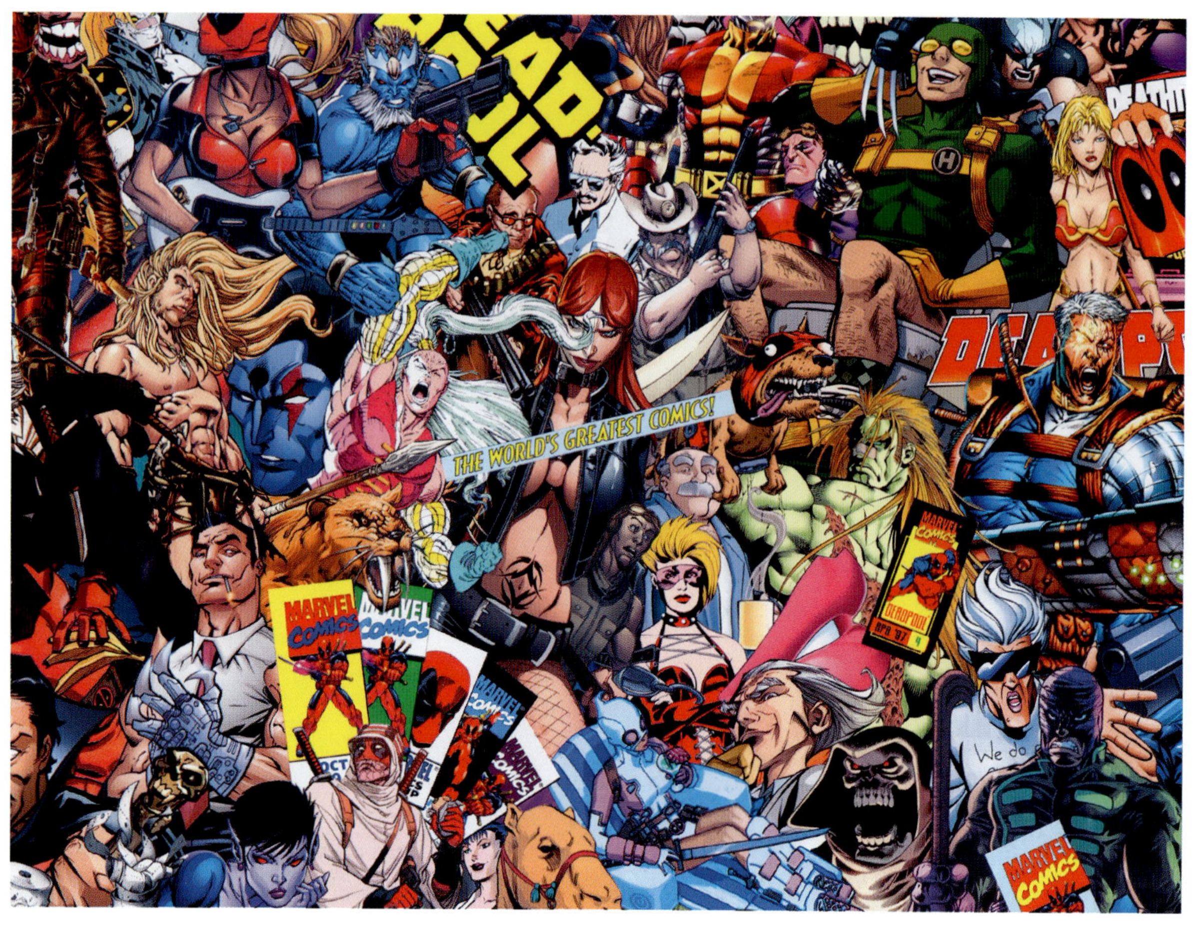
THE WORLD'S GREATEST COMICS!
MARVEL COMICS
MARVEL COMICS
MARVEL COMICS
MARVEL COMICS

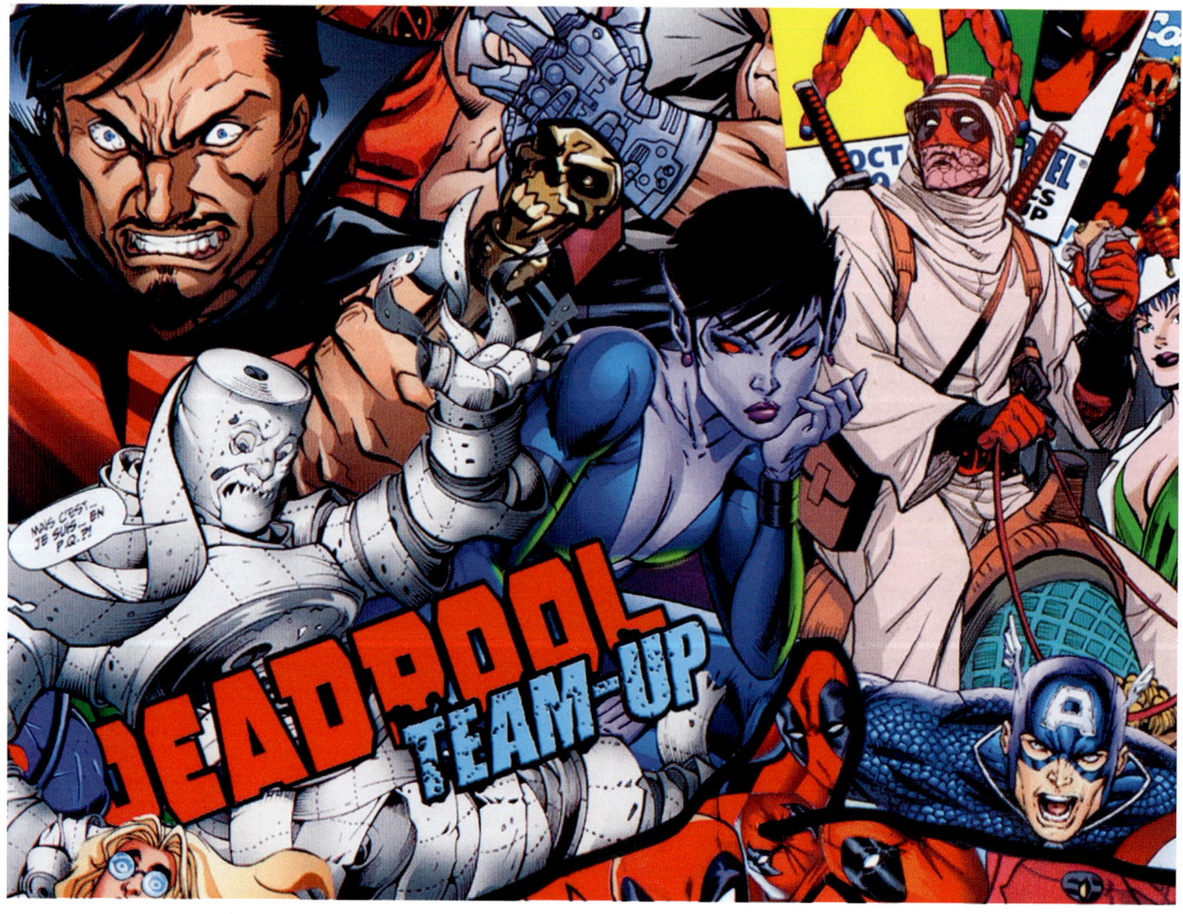
MAIS C'EST... JE SUIS... EN P.Q. ?!
DEADPOOL TEAM-UP

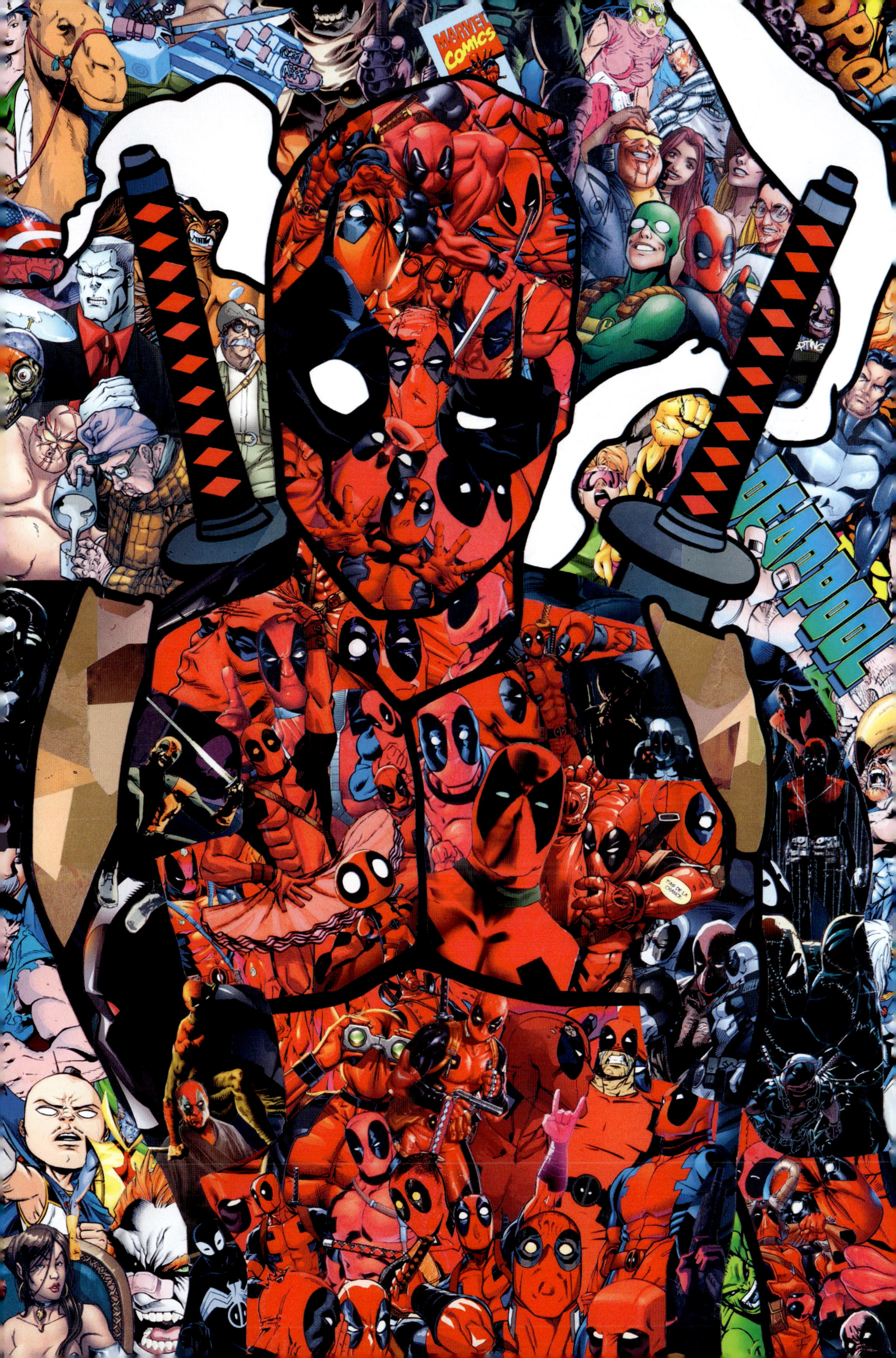
MARVEL COMICS
DEADPOOL

Estampe Hokuto no Ken

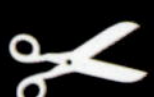

Collage original
33 × 22 cm

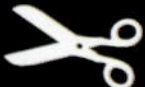

« Étant très content du résultat de mes deux premières œuvres de ce type, j'ai voulu en présenter une nouvelle lors de mon expo à venir à la galerie Arludik. Je suis vraiment très content d'avoir pu ainsi mettre en avant Kenshiro, ce personnage que j'adore tout particulièrement. »

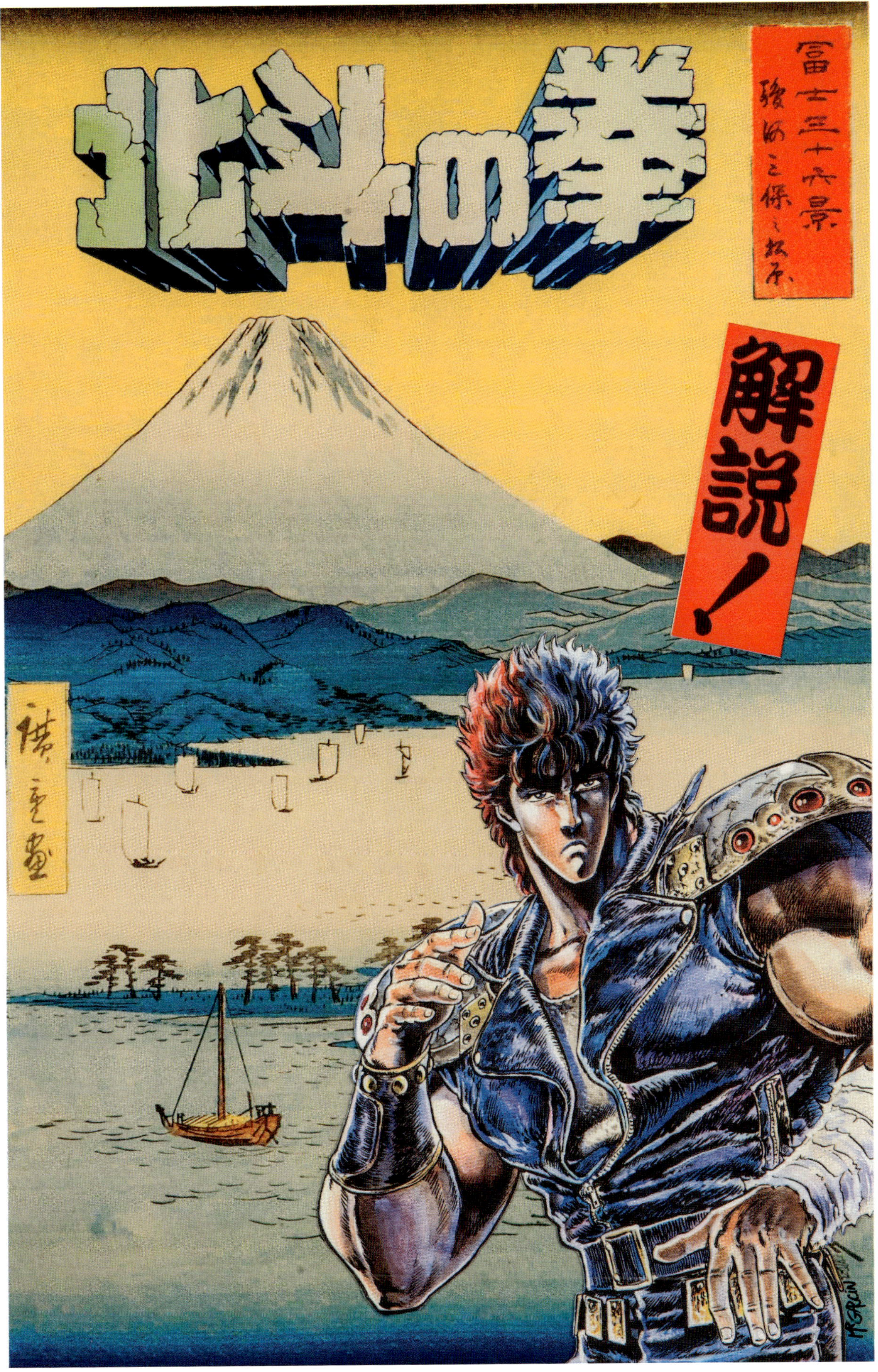
北斗の拳
富士三十六景
駿河三保之松原
解説！
廣重畫
MRGARCIN

Grendizer

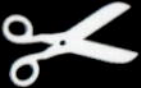

Collage original
70 × 50 cm

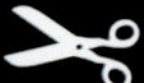

« En 2014, j'avais réalisé un collage sur l'univers de *Goldorak* à partir du manga. Mais pour moi et mes souvenirs d'enfance, *Goldorak*, c'est surtout les couleurs *flashy* du dessin animé. J'ai donc réalisé une œuvre à partir d'images tirées directement de la série animée afin de retrouver ces visuels chers à mon cœur ! »

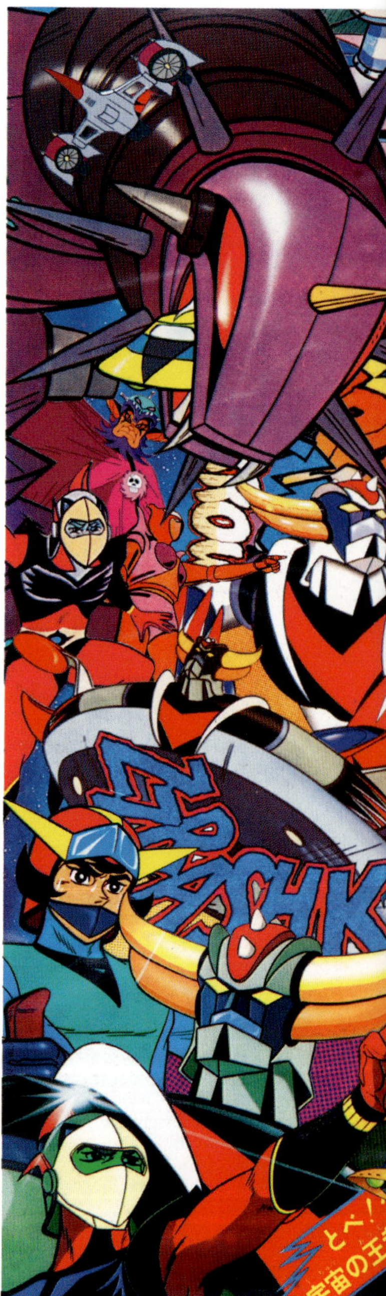

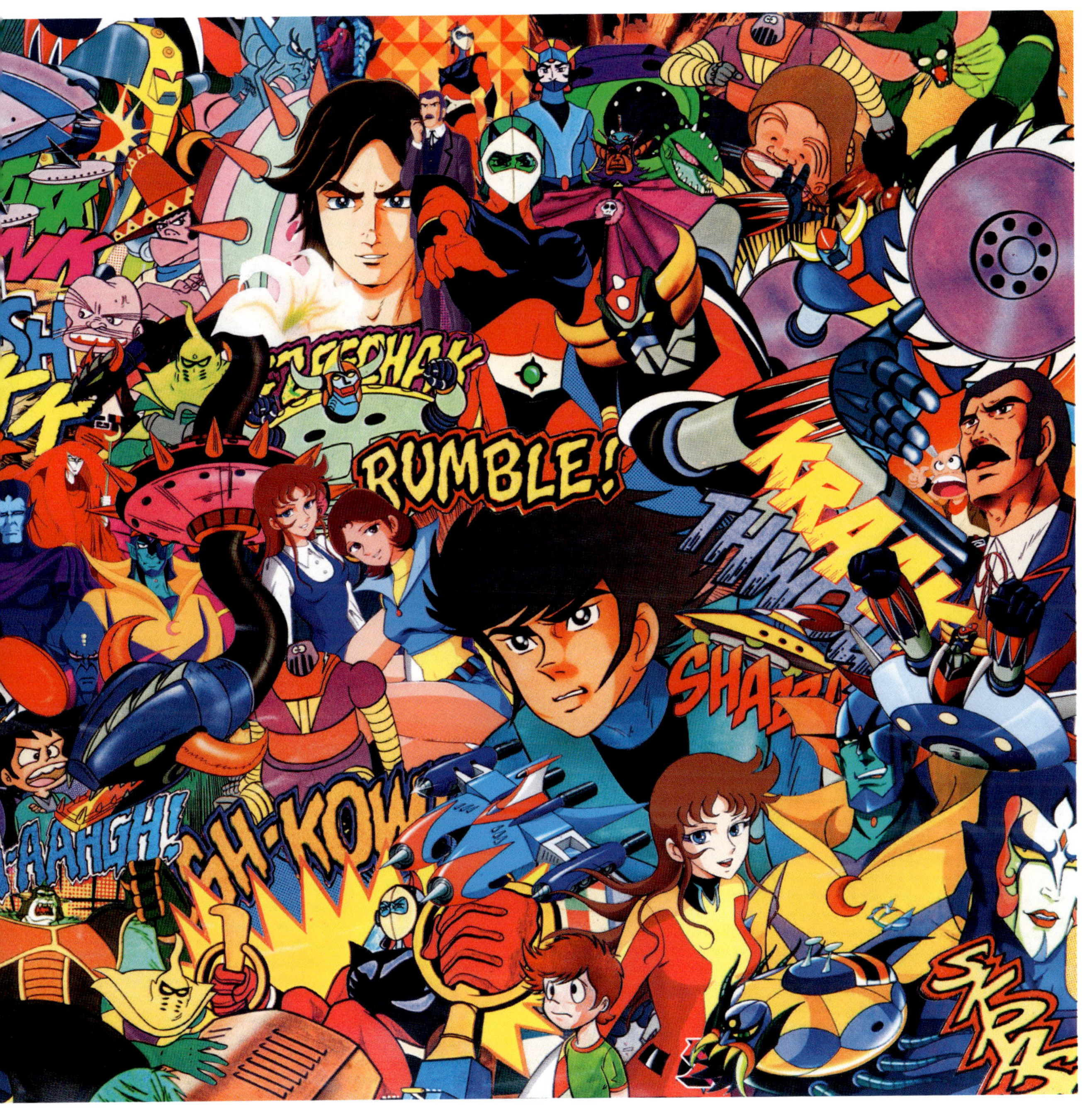
RUMBLE!
AAHGH!
SH-KOW

Memories of Zelda

Collage original
130 × 80 cm

« Les jeux vidéo sont une de mes plus grandes passions, malheureusement, il est souvent difficile de trouver suffisamment de visuels à découper pour mes œuvres. Heureusement, certains bénéficient de sublimes *artbooks*. J'ai dû attendre un bon moment, mais Nintendo a fini par sortir un magnifique livre contenant des illustrations de tous ses jeux *Zelda*. Du pain bénit pour moi et mon travail ! »

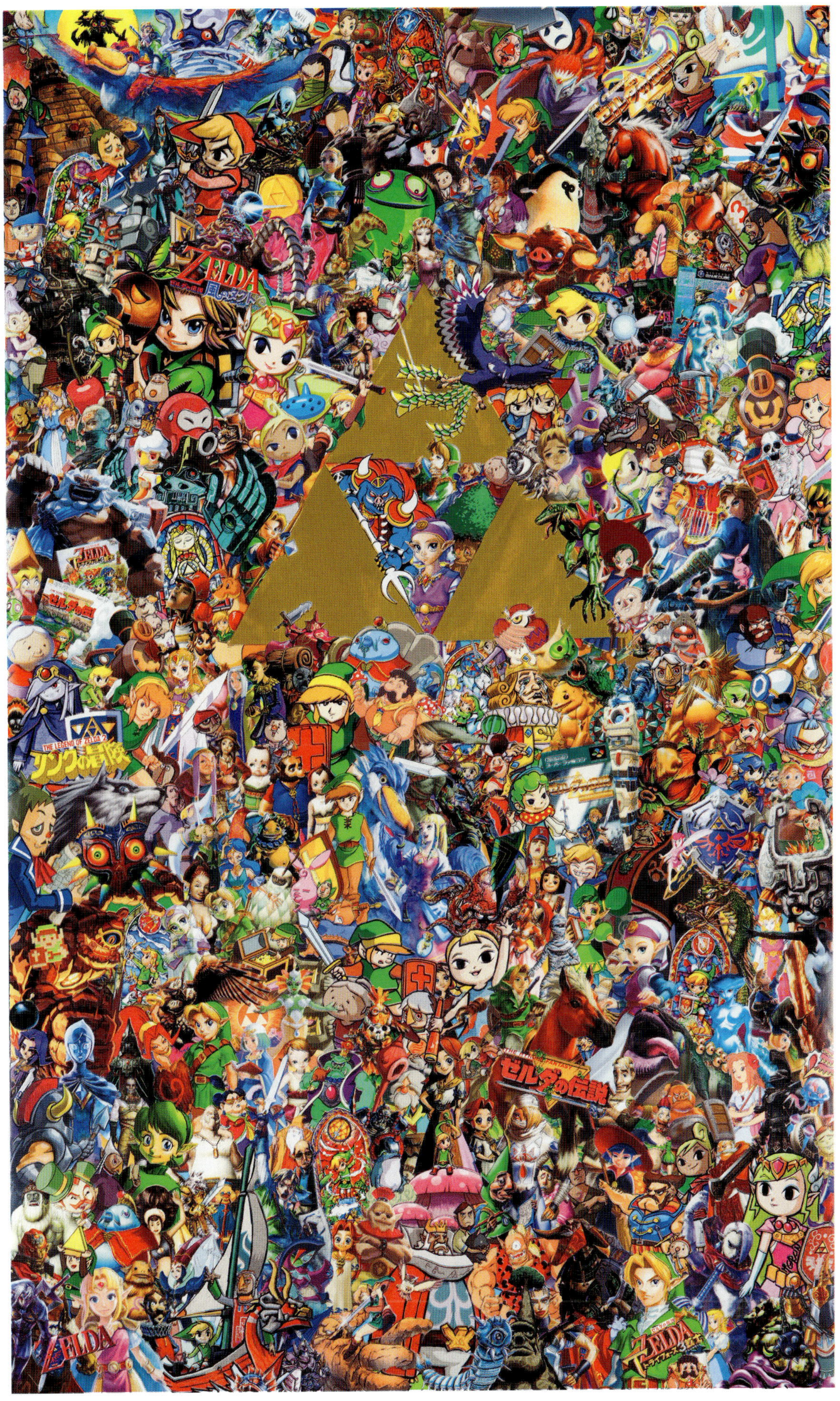

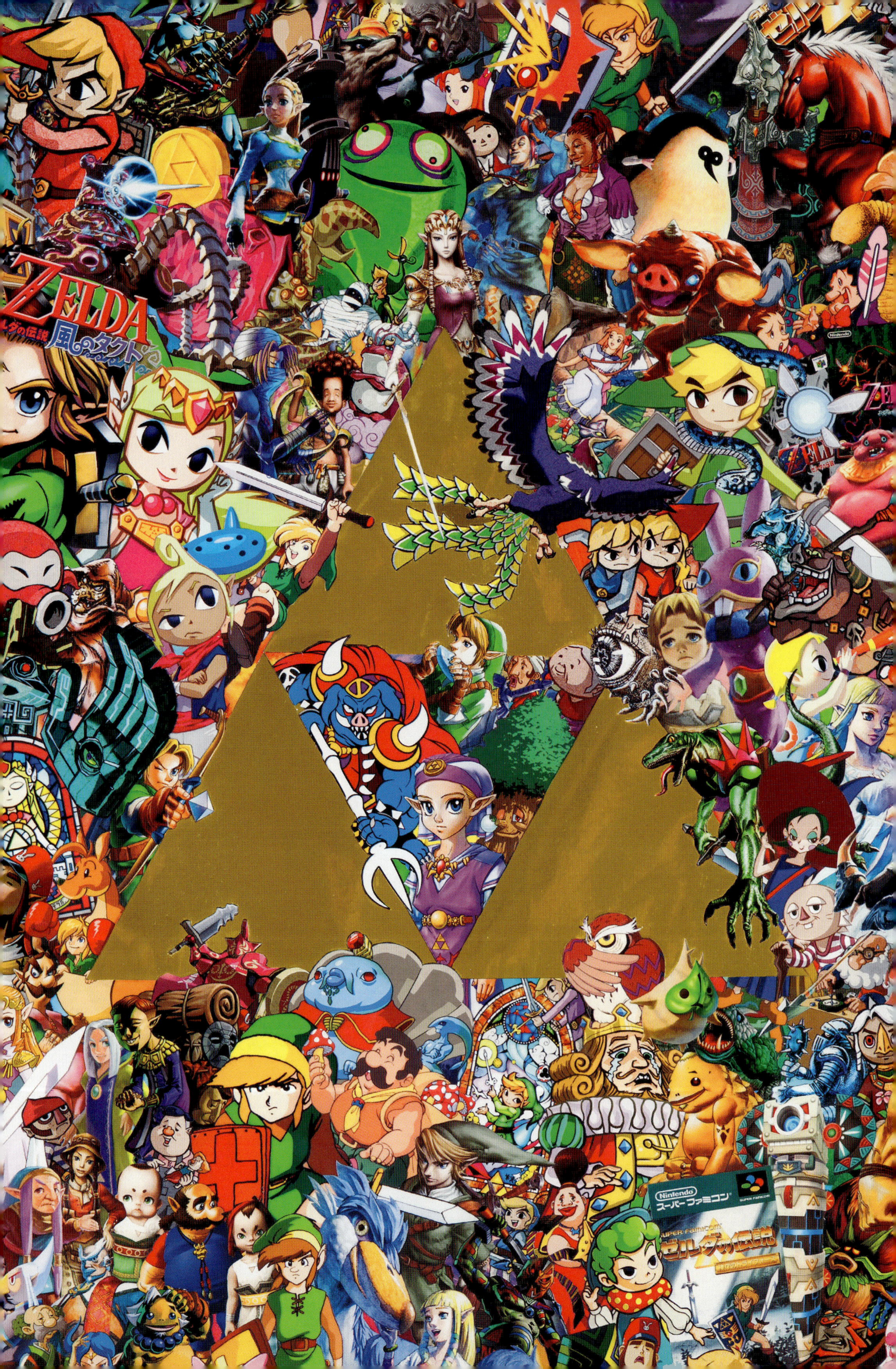
ZELDA
風のタクト
Nintendo
スーパーファミコン
ゼルダの伝説

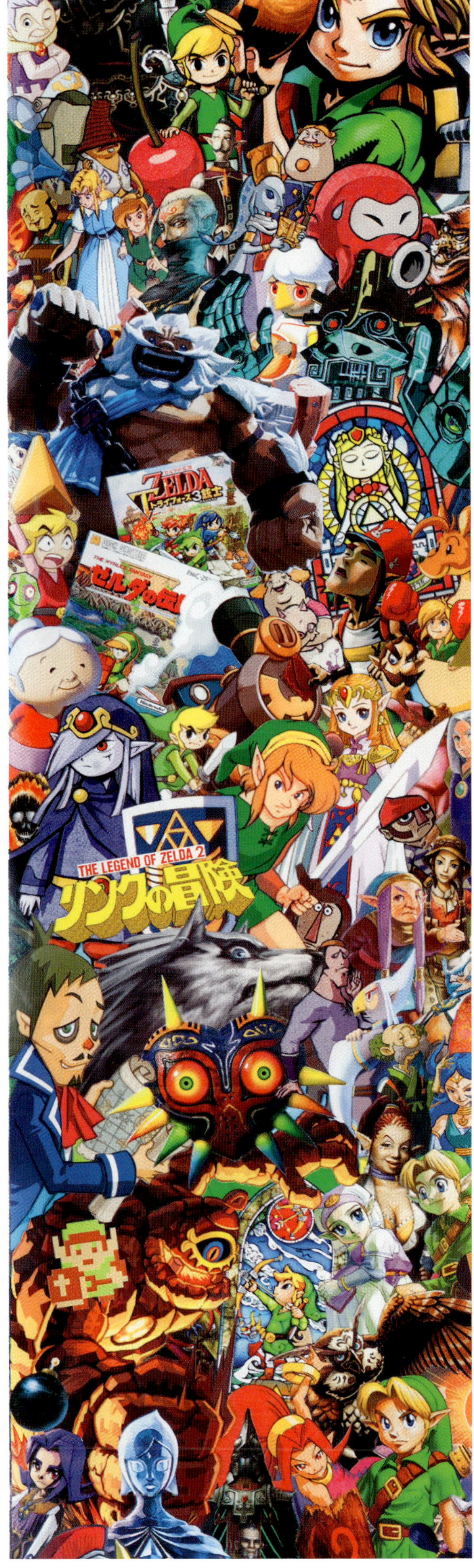
ZELDA
THE LEGEND OF ZELDA 2
リンクの冒険

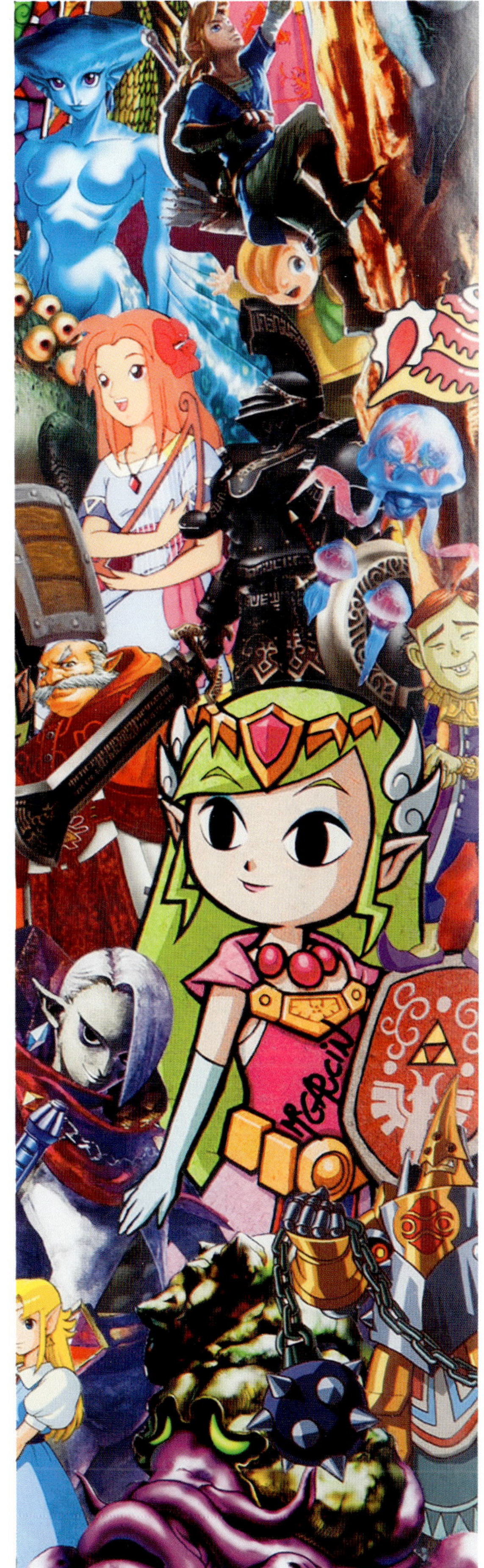

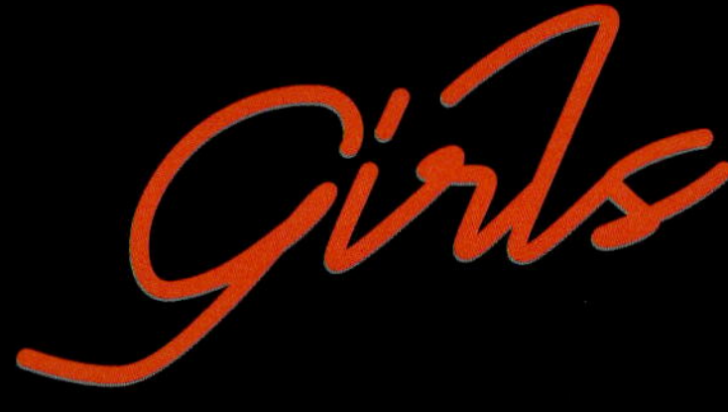

Collage original
21 × 30 cm

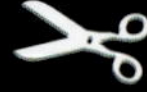

« Petit collage réalisé dans la précipitation pour les 90 ans de ma grand-mère paternelle. En pleine préparation de ma nouvelle expo à la galerie Arludik, je n'ai pas pu réaliser un collage aussi grand que je le voulais. Elle fut toutefois ravie, et moi, soulagé. »

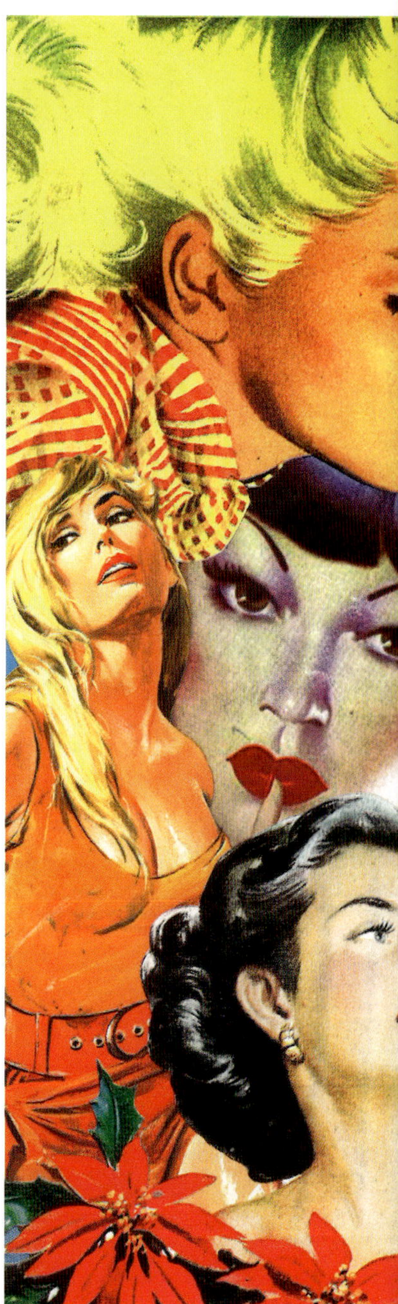

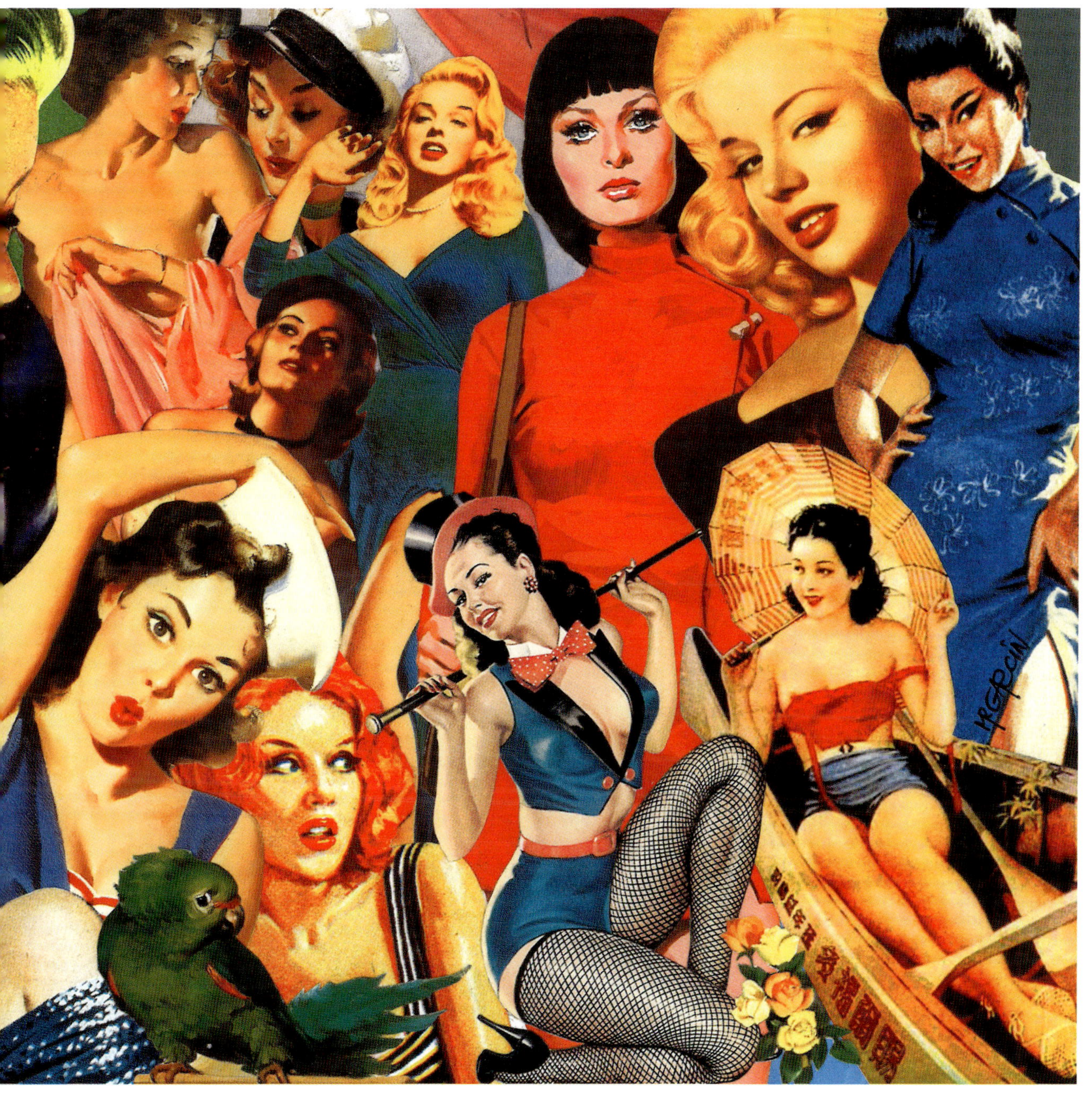

City of Girls

Collage original

29 × 39 cm

« Comme pour l'œuvre précédente, ce collage (destiné à mon père pour ses 60 ans) fut réalisé dans la précipitation. Je l'aurais aimé plus grand, mais mon expo à la galerie Arludik approchant, je n'ai pu y passer le temps voulu. Heureusement, c'était un cadeau complémentaire. »

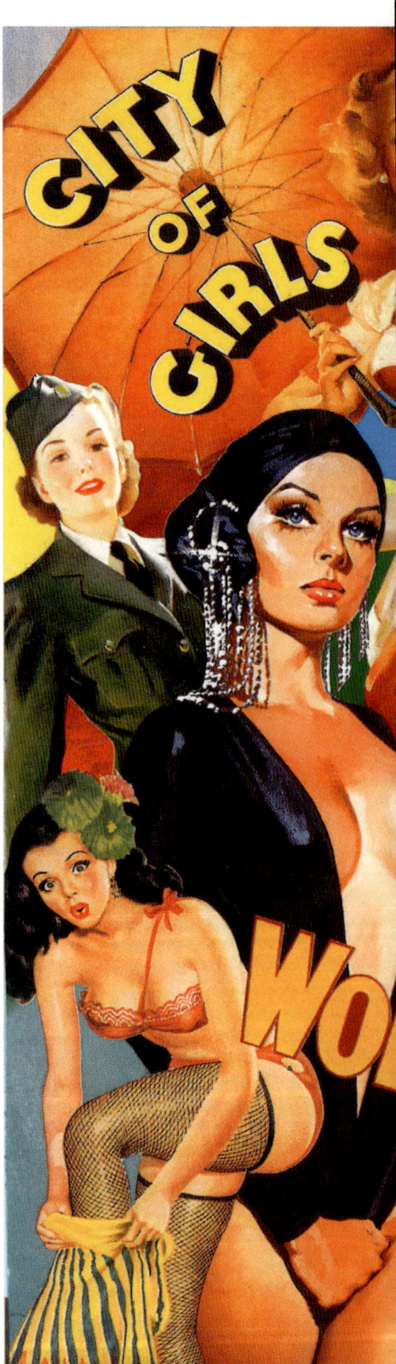

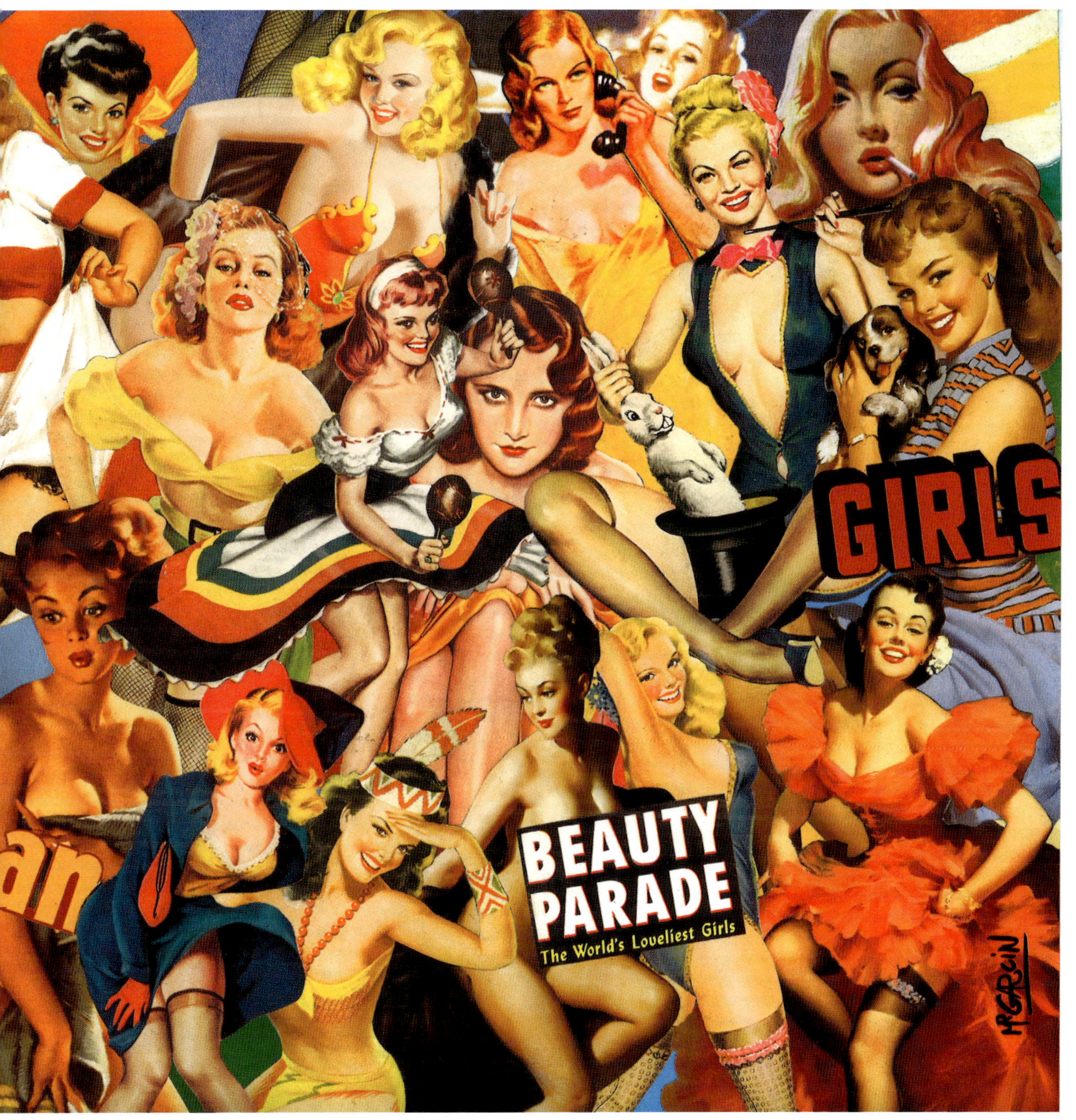
GIRLS
BEAUTY PARADE
The World's Loveliest Girls
an
MrGARCIN

114

Young & Wild

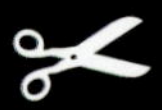

Collage original
50 × 50 cm

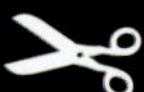

« Œuvre réalisée sur commande d'une connaissance. Pour la première fois de ma carrière, la personne a été déçue et ne l'a donc pas pris ! Avec du recul, je me dis que j'aurais dû échanger davantage avec cette dernière, et m'enquérir de ses attentes. Du coup, je ne l'ai jamais vendue. Récemment, je me suis dit que je pouvais peut-être l'améliorer en l'agrandissant à la manière de mon œuvre « Homage to Maruo » (voir mon premier livre). Je garde l'idée dans un coin de ma tête... »

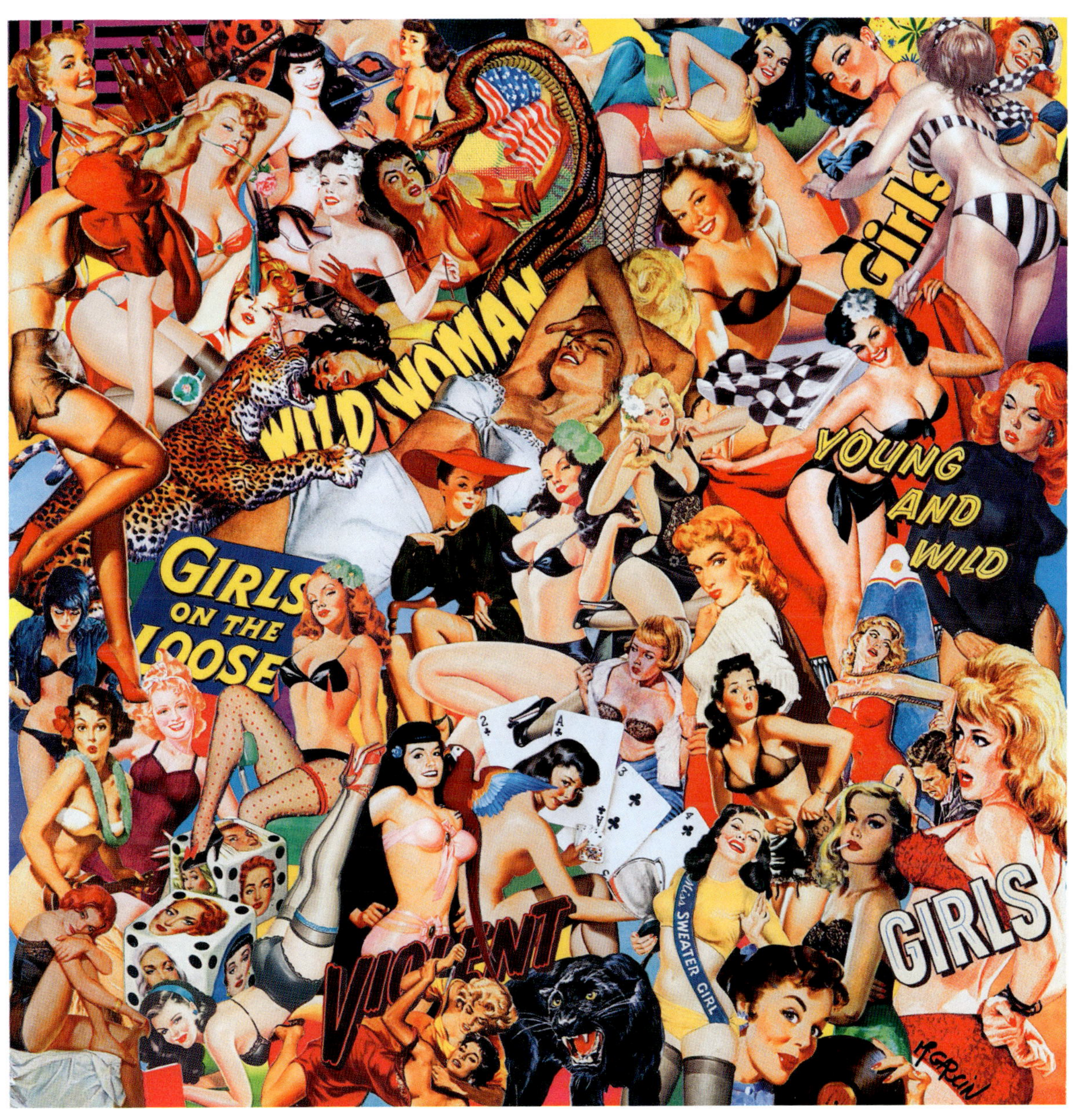
WILD WOMAN
Girls
YOUNG AND WILD
GIRLS ON THE LOOSE
Miss SWEATER GIRL
GIRLS
M GARCIN

115

Spider-Man's Villains

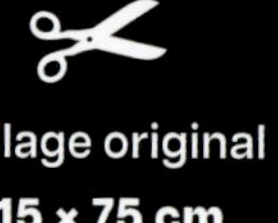

Collage original
115 × 75 cm

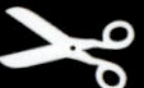

« En 2016, j'avais réalisé un collage comprenant les principaux ennemis de Batman entourant son portrait. Très content du résultat, j'ai voulu renouveler ce concept, mais cette fois-ci avec Spider-Man et ses ennemis les plus charismatiques. »

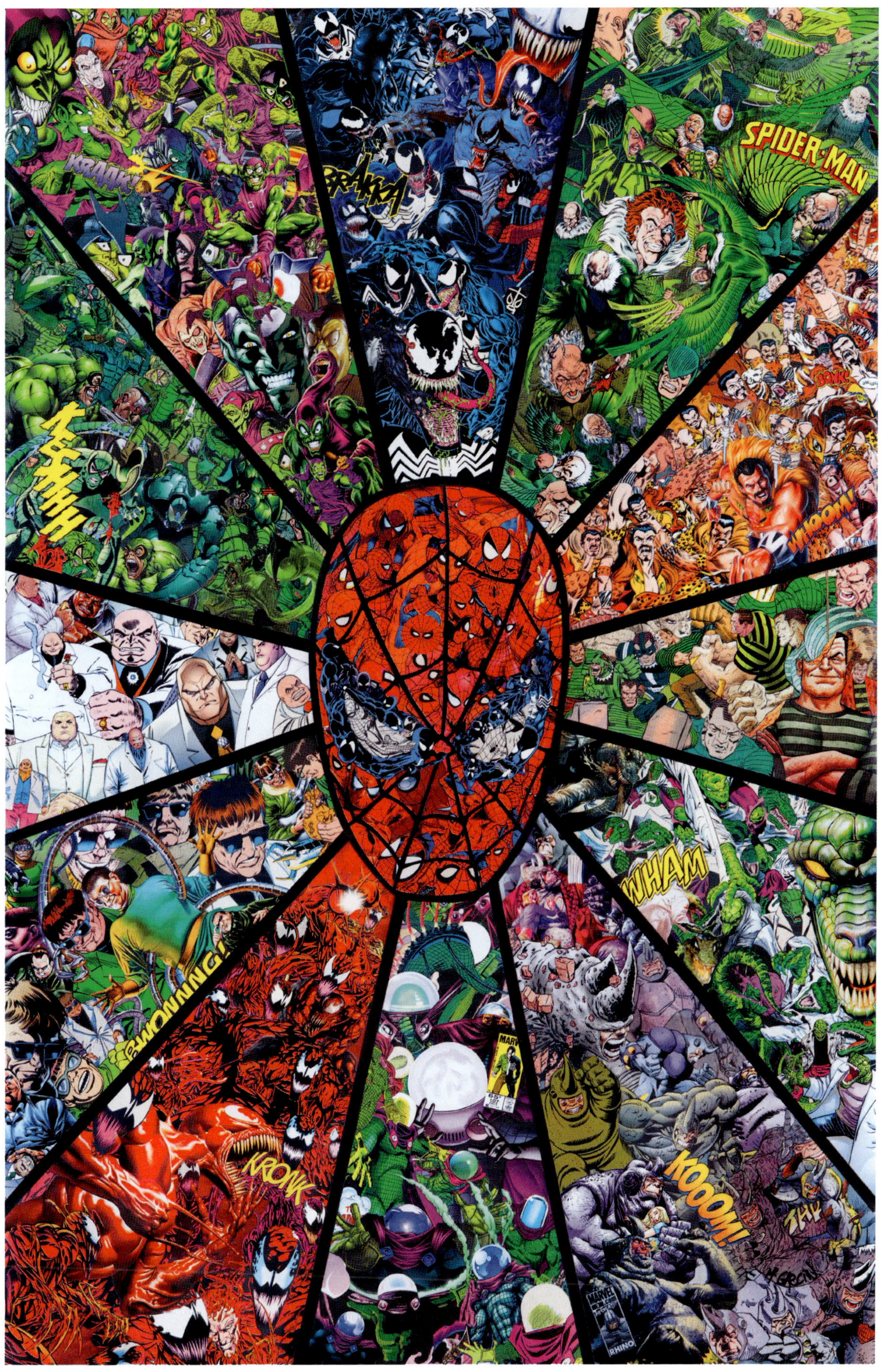
SPIDER-MAN
WHAM
KRONK
KOOOM!

116

Hallucinations collectives

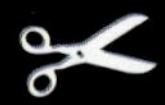

Collage original

80 × 60 cm

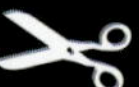

« *Hallucinations collectives* est un excellent festival lyonnais de cinéma de genre (horreur, fantastique, thriller, etc.). J'ai eu la chance d'y aller deux fois en tant qu'invité grâce à mon ami François Gaillard, qui y a présenté deux films (*Blackaria* en 2009 et *Last Caress* en 2011) pour lesquels j'ai fait la bande originale, avec mon groupe Double Dragon. J'y suis retourné plusieurs fois ensuite pour la qualité de la programmation et pour la bonne ambiance générale. Je fus donc ravi que ce festival me commande une œuvre pour célébrer ses dix ans ! J'ai décidé de réaliser une spirale (pour le côté « hallucinations ») composée de toutes les affiches ainsi que des meilleurs films programmés. Ce fut un véritable honneur de la voir sur l'écran géant du cinéma avant chaque séance. »

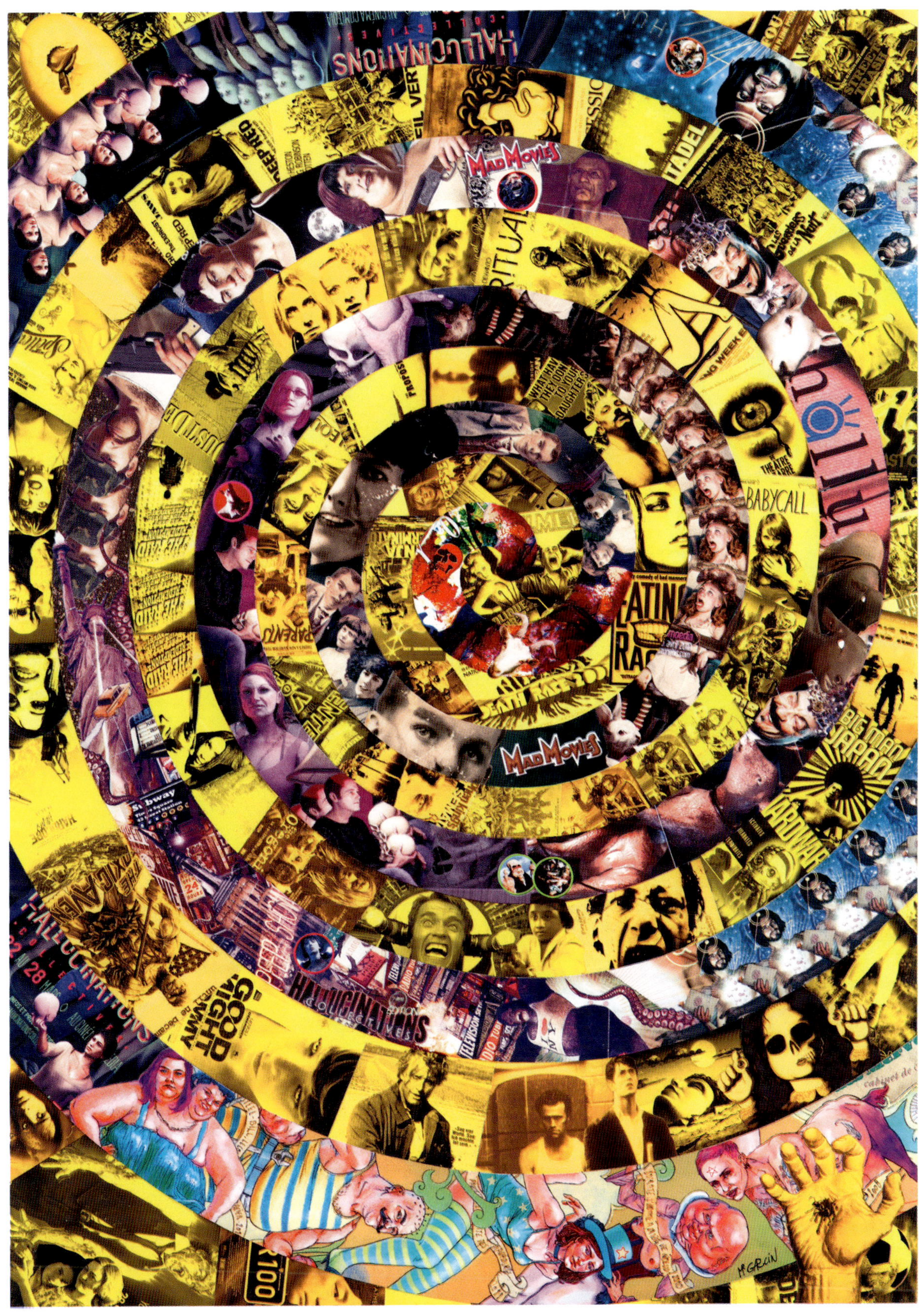
HALLUCINATIONS
MAD MOVIES
RITUAL
BABYCALL
MAD MOVIES
Subway
BIG MAN JAPAN
MR GARCIN

Welcome to my Jungle

Collage original

22 × 22 cm

« Œuvre réalisée pour l'anniversaire d'Amandine, une de mes meilleures amies. Cela faisait un moment que je souhaitais réaliser une œuvre avec pour thèmes la nature et les animaux. C'est en cours de création que j'ai décidé d'intégrer des animaux qui n'avaient rien à faire dans une forêt (méduse, flamant rose, requin…) afin de donner un côté onirique et fantastique à ce collage… qui devint, par la suite, une affiche de concert. »

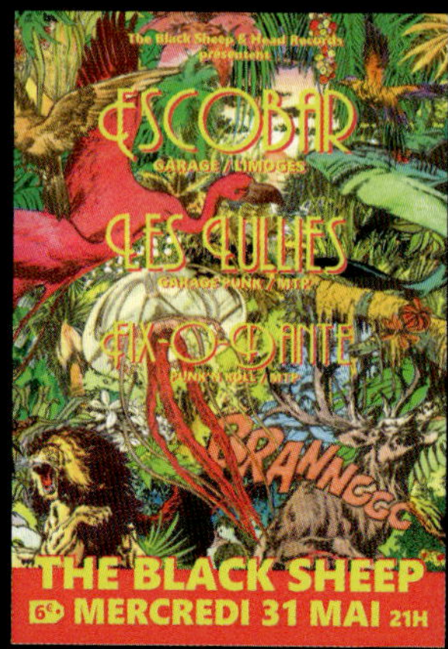

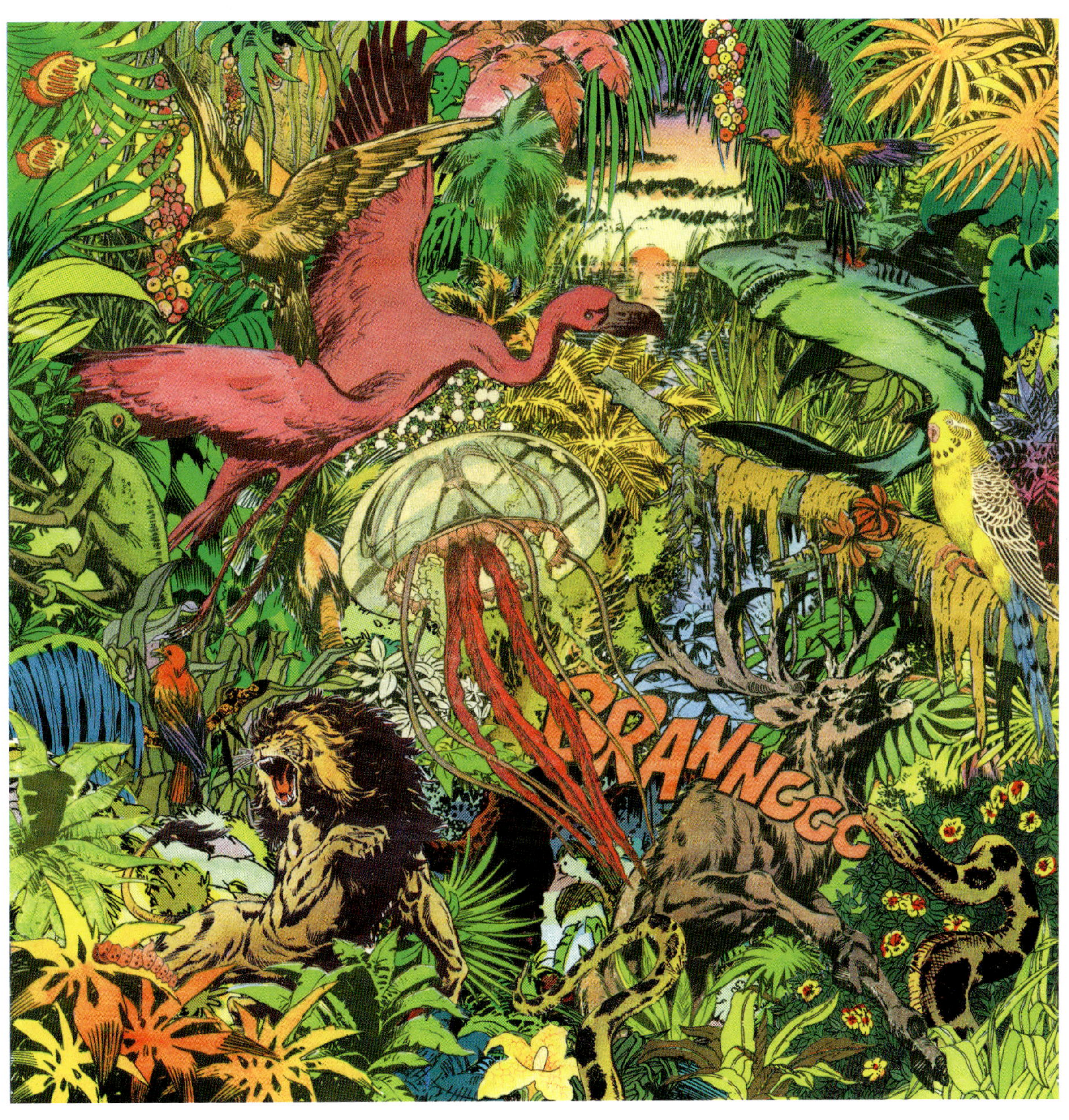
BRANNGGG

Midnight Shock

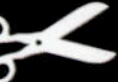

Collage original
24 × 13 cm

Une reproduction en résine
par Yaniv Edery
160 × 80 cm

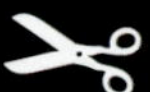

« Œuvre rappelant mes premiers collages (voir mon premier livre), destinée à être reproduite en très grand format résine par Yaniv Edery et sa fameuse machine ! »

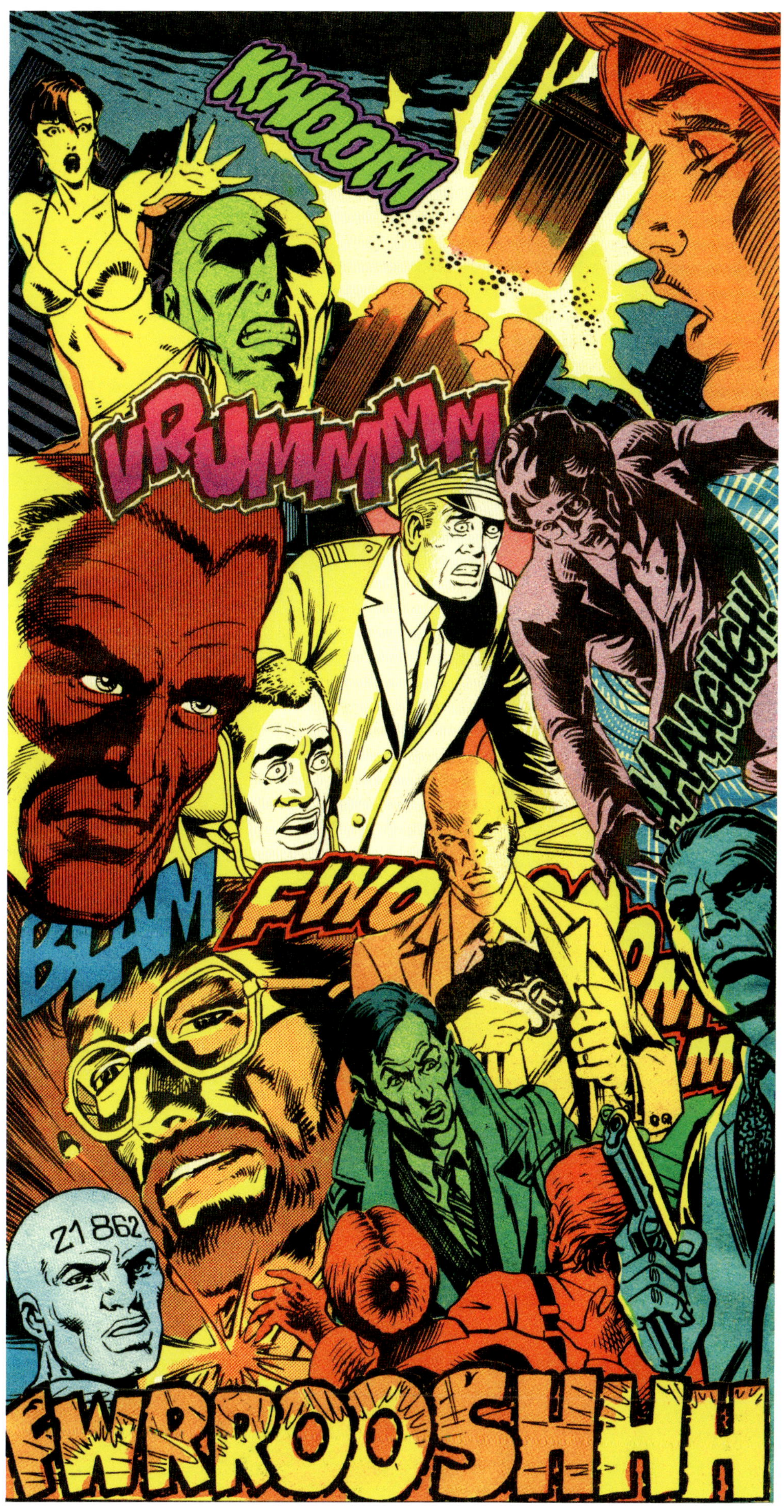
KWOOM
VRUMMMMM
BLAM
FWO
21 862
WRROOSHHH

The Weapons of Anger

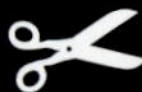

Collage original
25 × 13 cm
+
Une reproduction en résine
par Yaniv Edery
210 × 60 cm

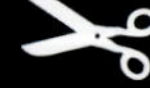

« Comme la précédente, cette œuvre fut conçue dans le but d'être reproduite en très grand format résine par Yaniv Edery. Elle est composée de pièces tirées d'anciens comics afin que l'agrandissement fasse ressortir la trame et les petits défauts d'impression courants dans les comics d'époque. »

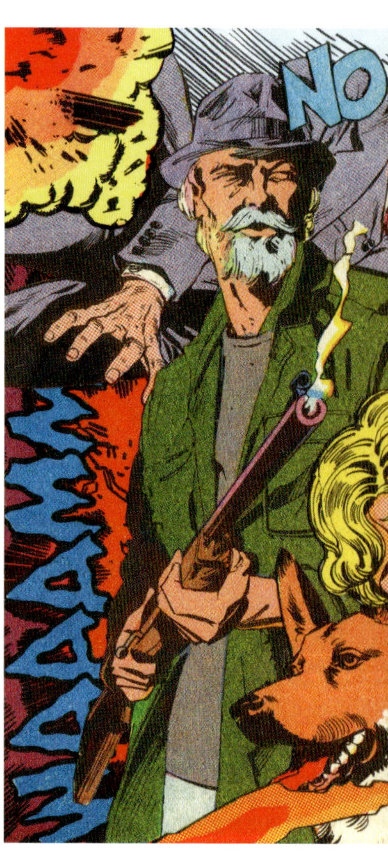

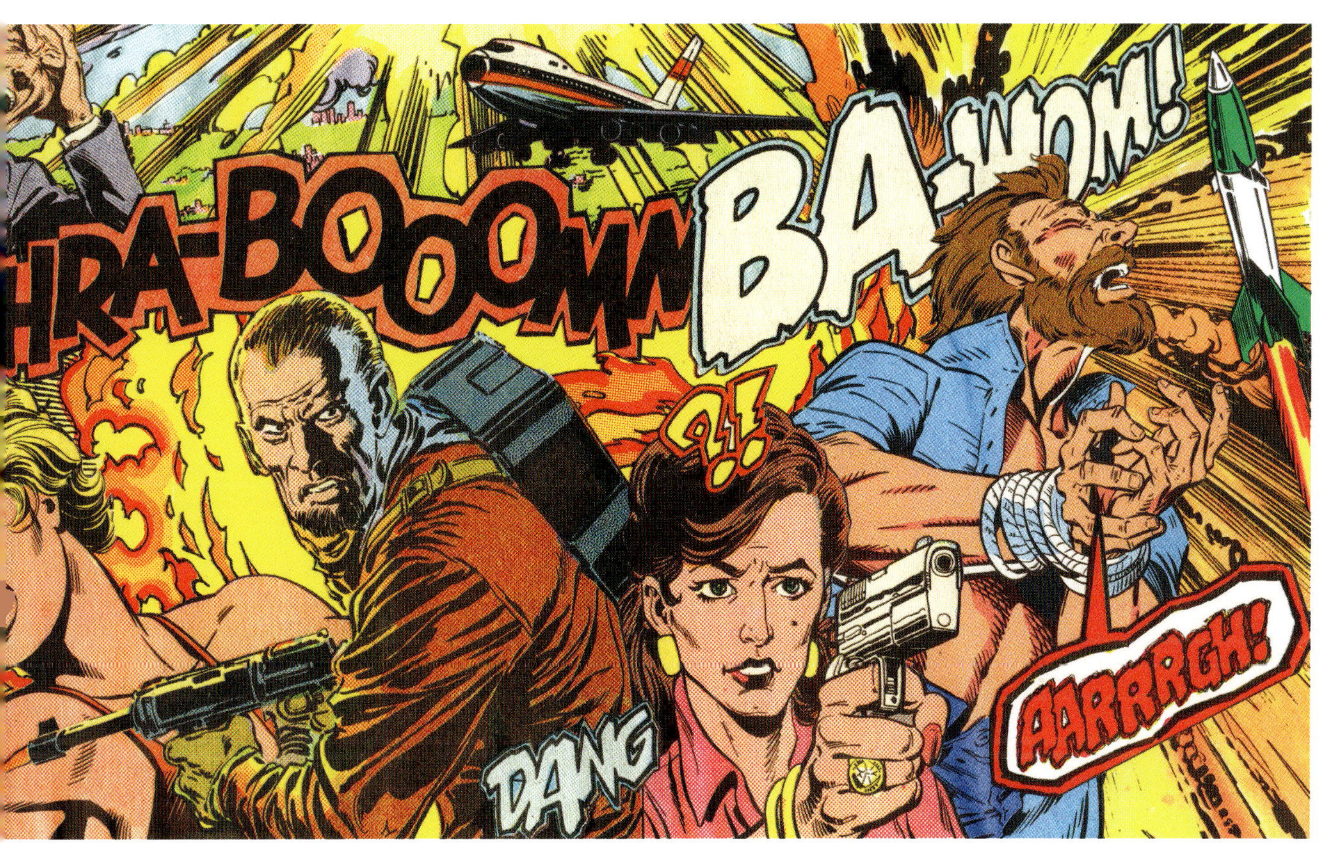
RA-BOOOMM
BA-WOM!
?!!
DANG
AARRRGH!

Noise & Fury

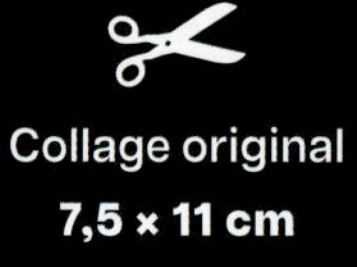

Collage original
7,5 × 11 cm

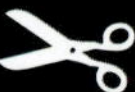

« Collage réalisé à la base pour être reproduit en grand par Yaniv Edery, avec l'ambition d'avoir plusieurs plaques qui se superposent afin de proposer un effet de relief prononcé. Le projet n'aboutira pas. L'original reste à ce jour mon plus petit collage ! »

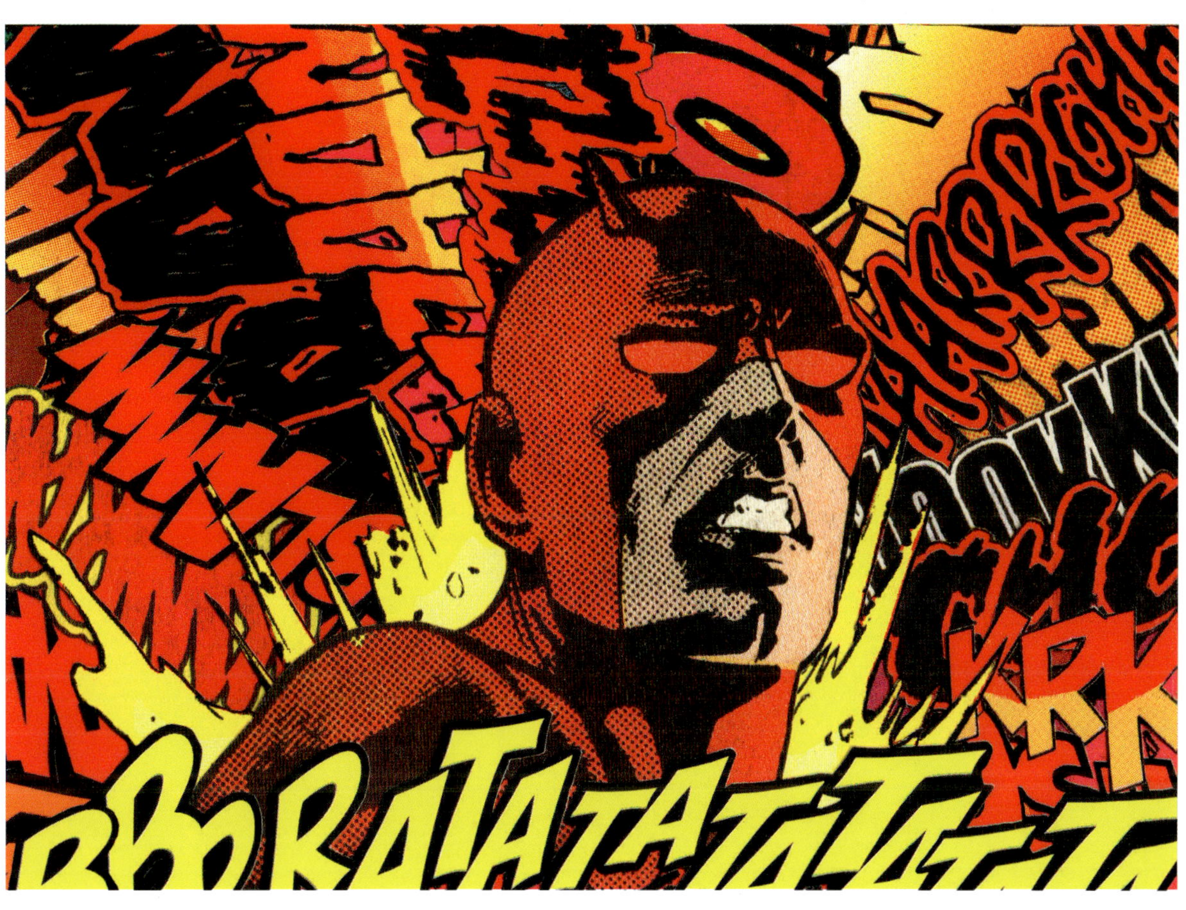

121

Iron Man

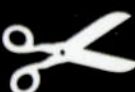

Collage original
21 × 30 cm

Une reproduction
par Yaniv Edery
210 × 60 cm

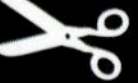

« Cela faisait un bon moment que je n'avais pas réalisé un collage de ce type (un personnage entouré d'un grand nombre d'onomatopées). Je me suis régalé à mettre en avant cet Iron Man (un de mes super-héros préférés) dans ce déluge de couleurs ! »

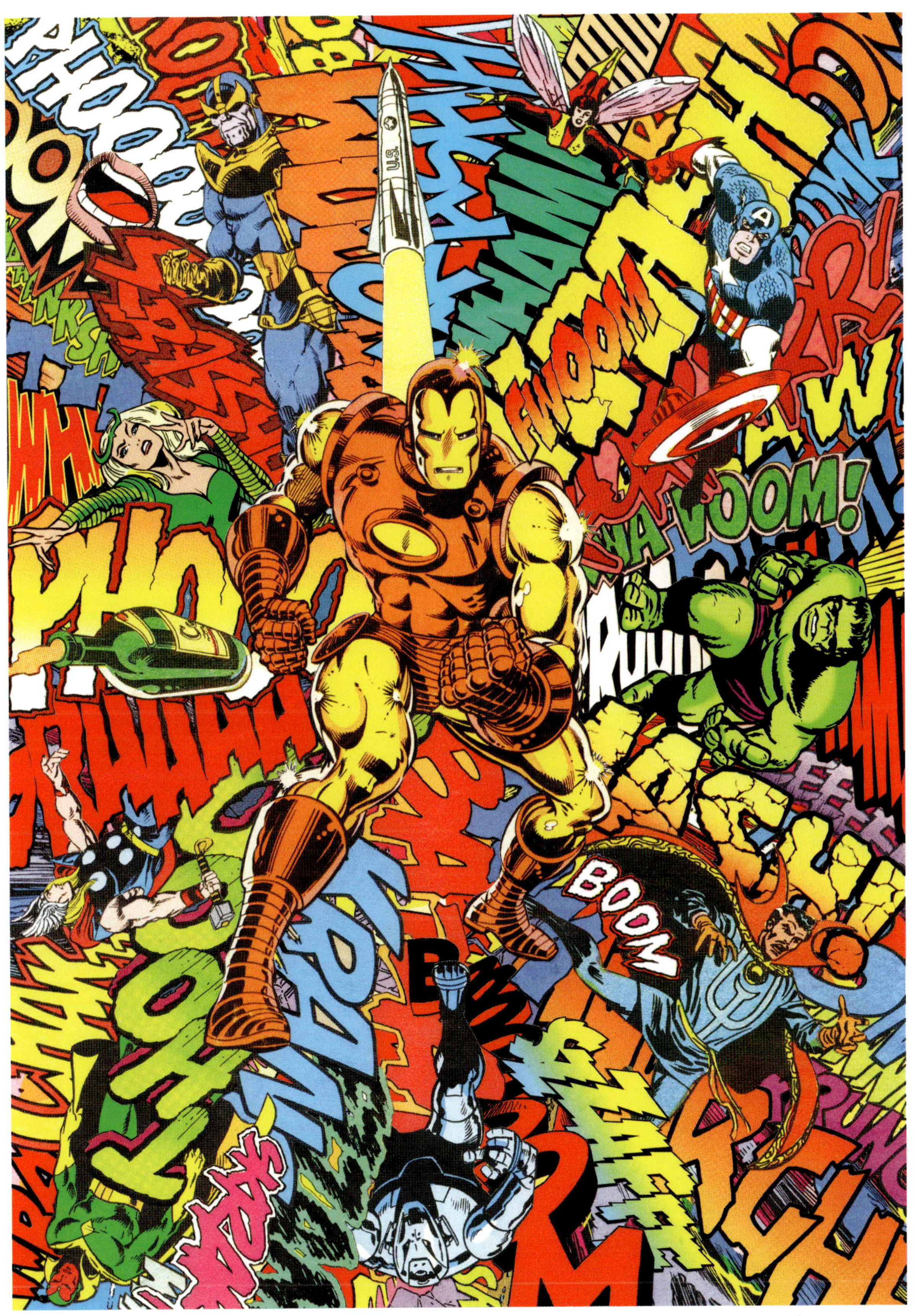
FWOOM
VOOM!
BOOM

Family Reunion

Collage original
120 × 80 cm

« En 2013, j'avais réalisé un collage représentant une onomatopée (un des symboles du comics) entourée d'une bonne centaine de personnages Marvel. J'ai eu envie de m'y remettre en me donnant comme objectif de le faire encore plus grand. Le fait de coller uniquement des personnages Marvel de tous horizons m'a donné l'idée du titre. »

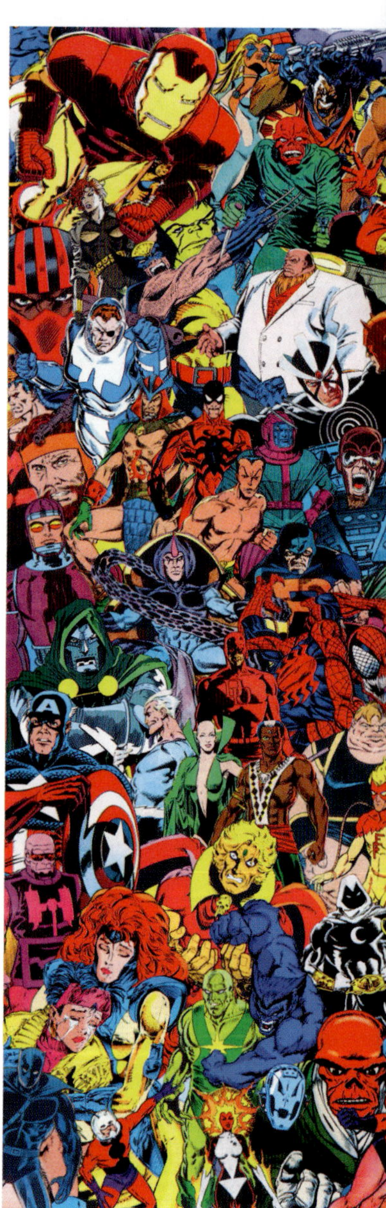

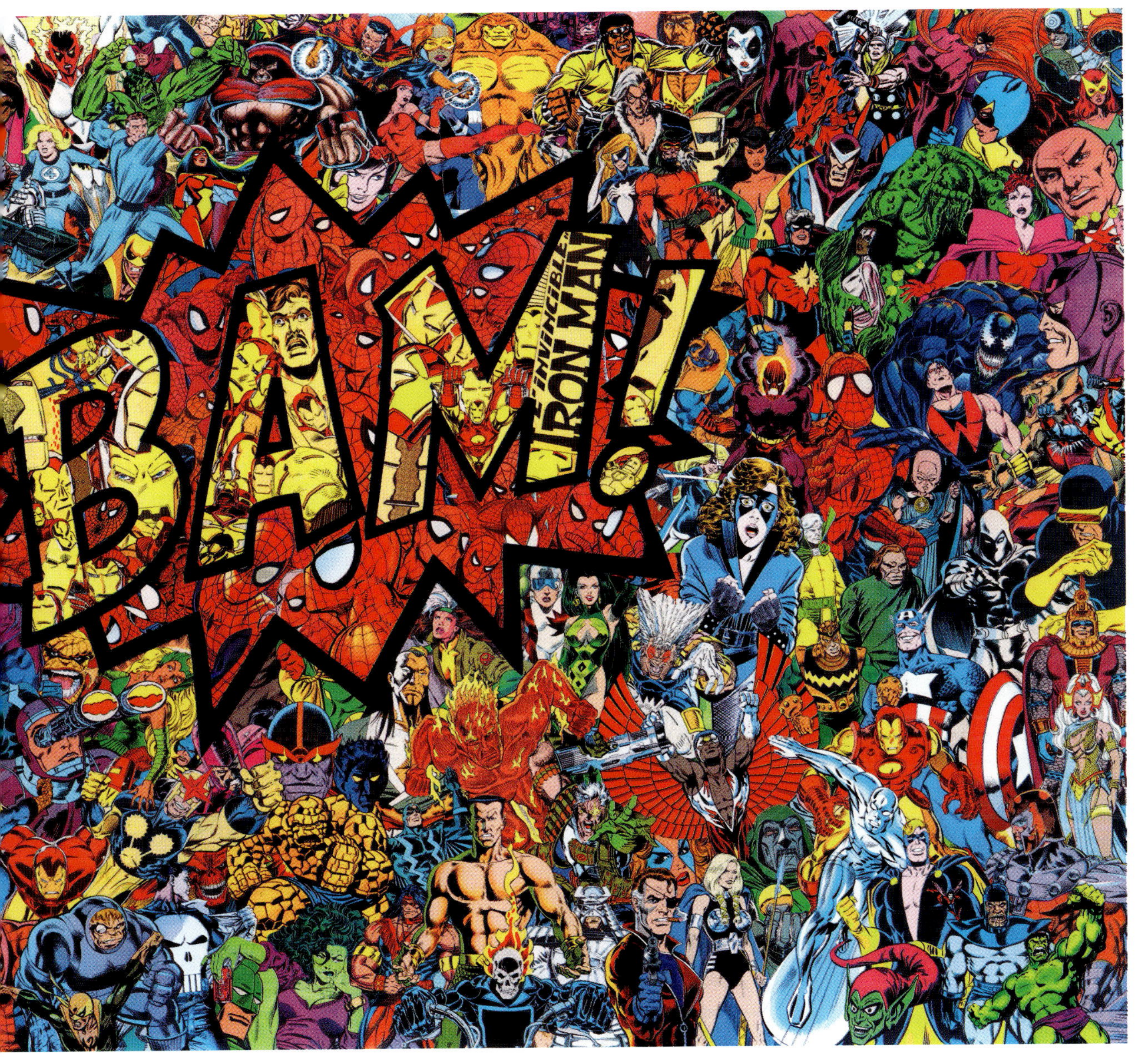
BAM!
INVINCIBLE
IRON MAN

Superman & Loïs

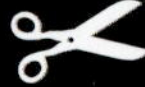

Collage original
21 × 30 cm
+
Une reproduction
par Yaniv Edery

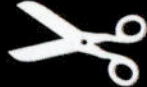

« Yaniv ayant beaucoup aimé le collage d'Iron Man entouré de toutes les onomatopées, il m'a demandé de réaliser un nouveau collage de ce type pour ses fameuses reproductions géantes en résine. Voilà le résultat ! »

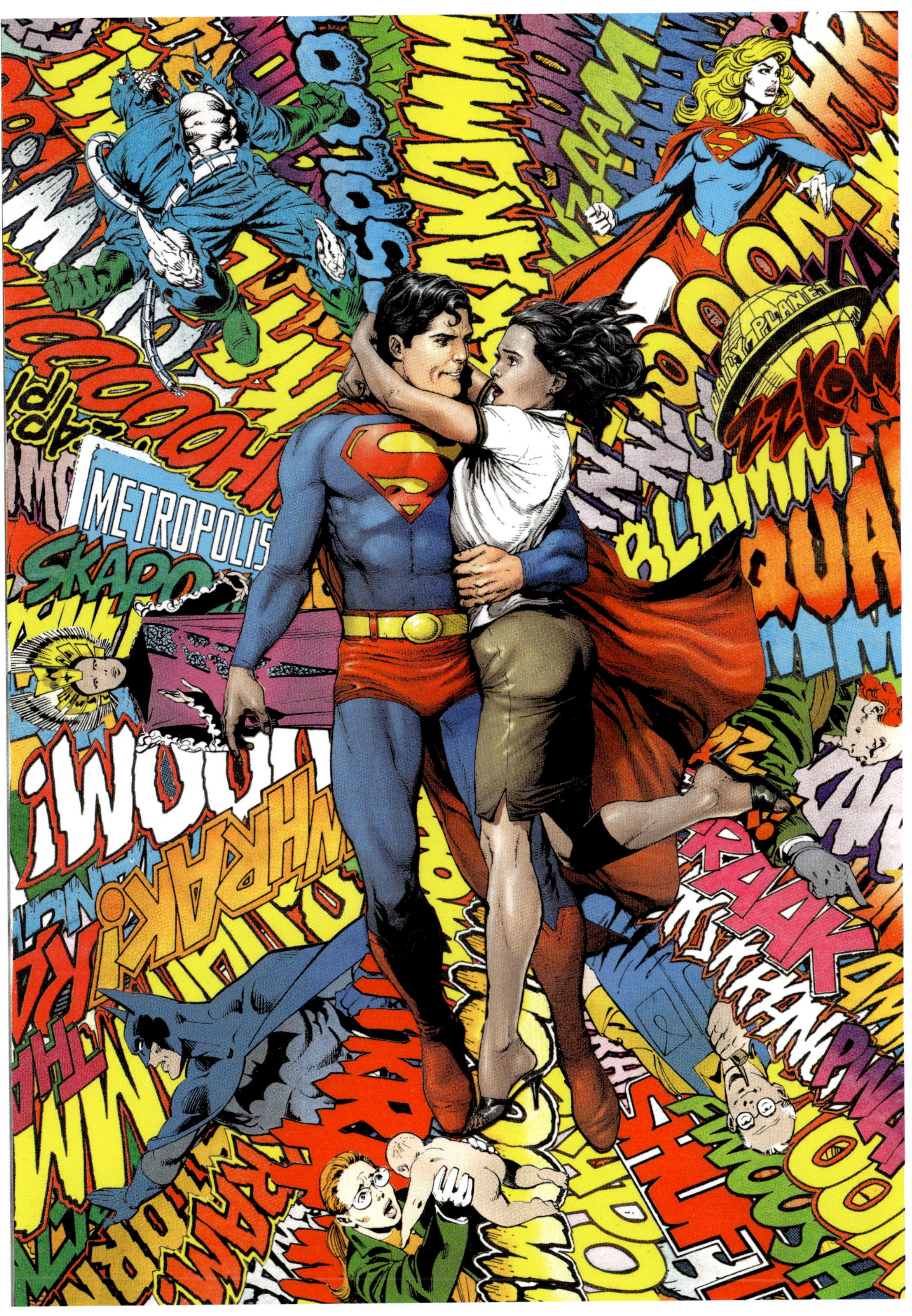
METROPOLIS
SKAPO

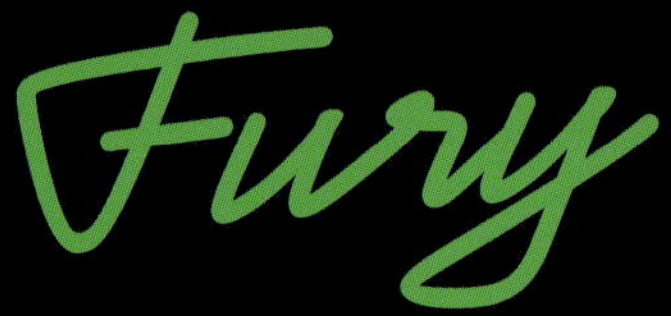

Collage original
19 × 12 cm
+
Une reproduction
par Yaniv Edery

« C'est l'image de ce tank trouvée dans un vieux comics qui m'a donné l'idée de cette composition. Les onomatopées représentent bien le bruit et la fureur de la guerre (du moins dans mon imaginaire) auxquels fait face le tank. »

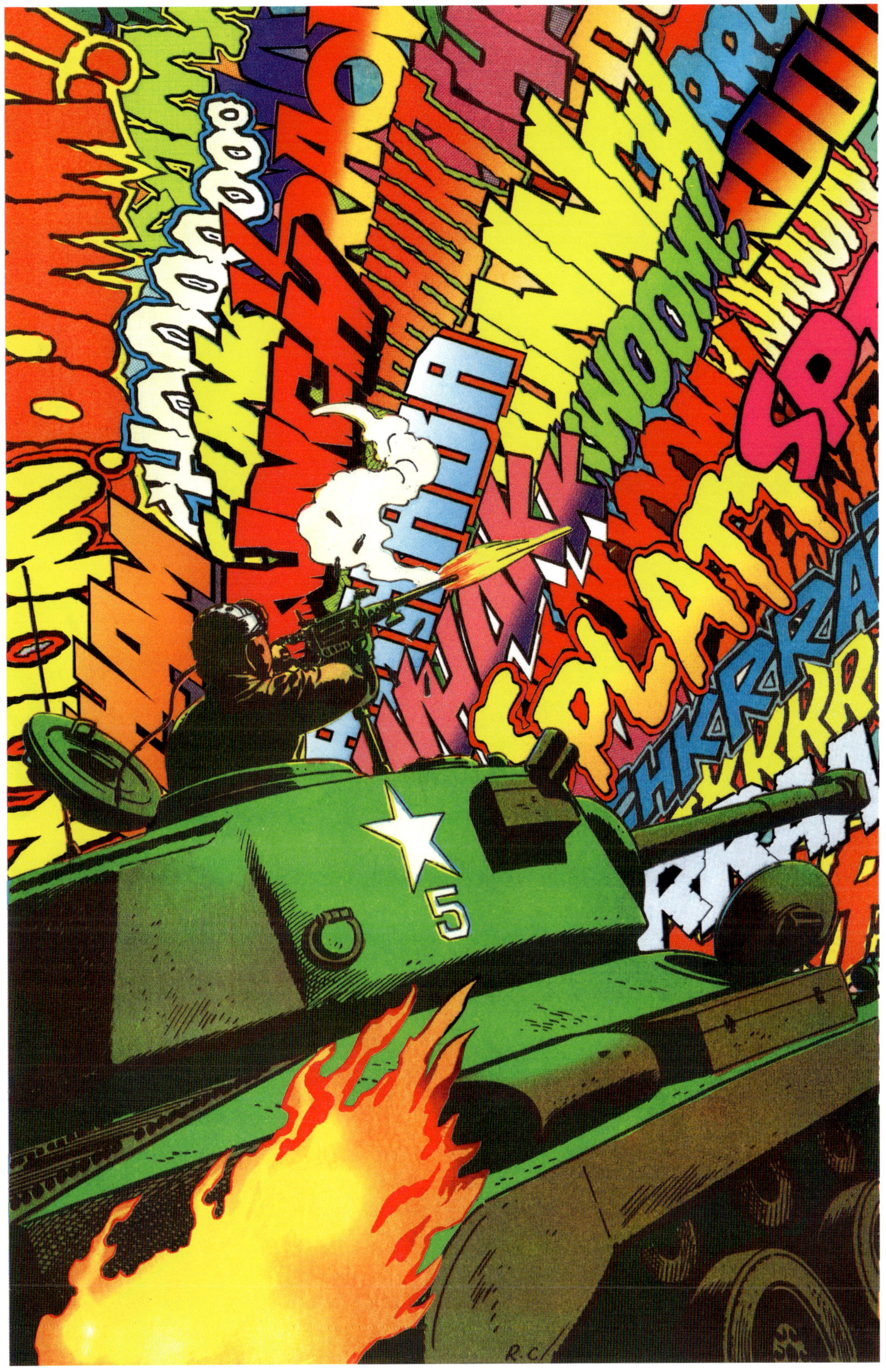

125

Justice League

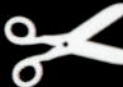

Collage original
61 × 91 cm

« Commande venant d'un particulier voulant offrir à son fils une œuvre sur la fameuse équipe « Justice League » (DC Comics). J'ai choisi cette composition afin que chaque super-héros soit mis en valeur. »

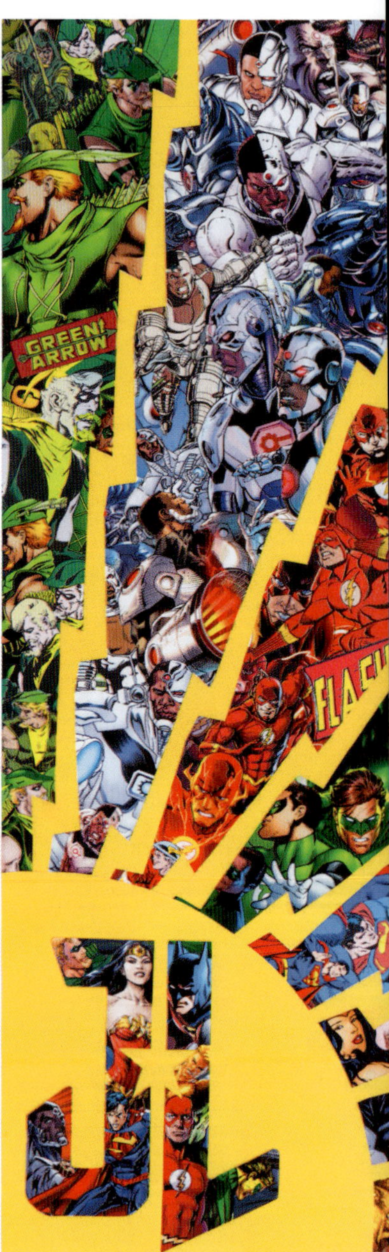

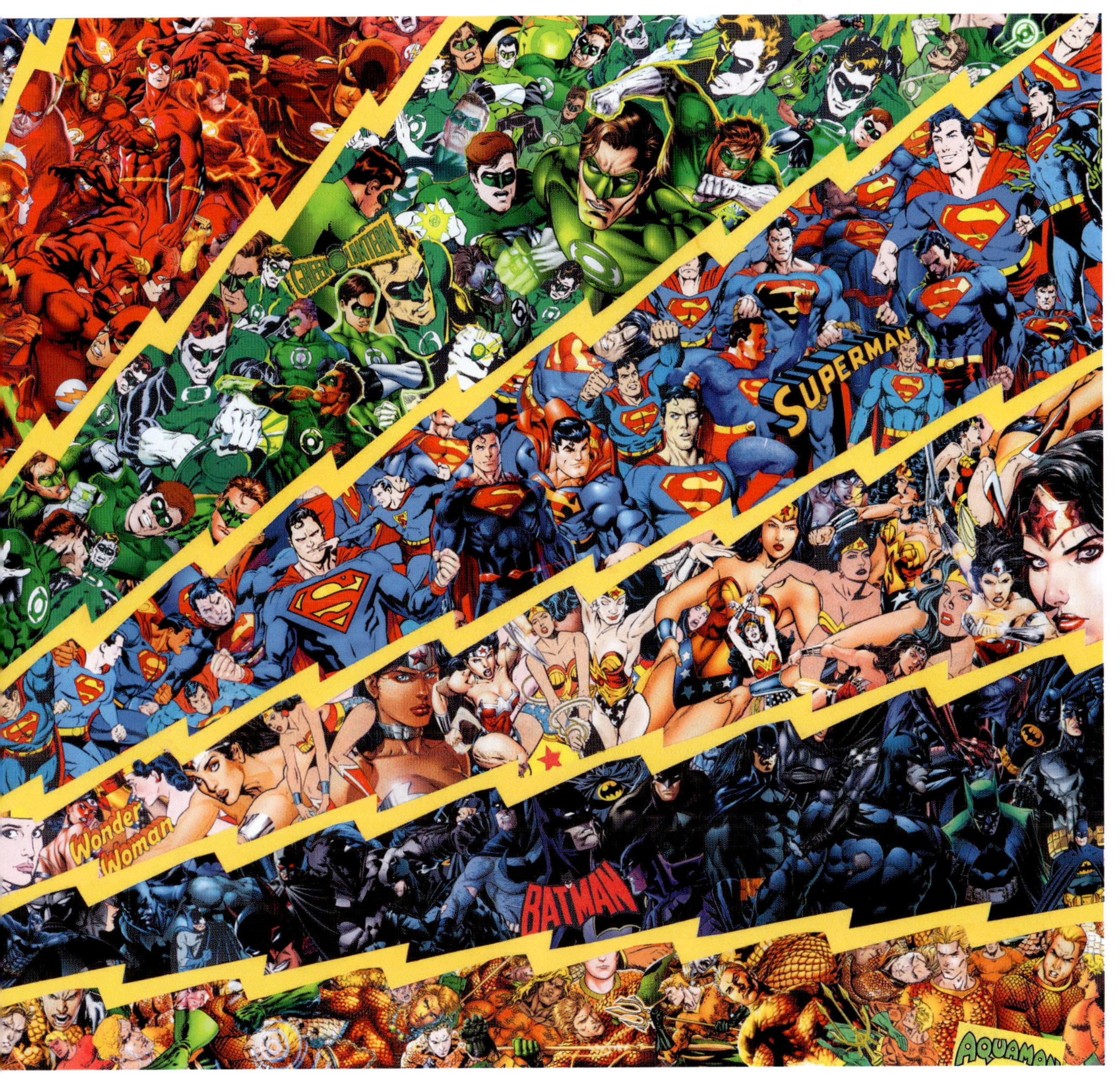
GREEN LANTERN
SUPERMAN
Wonder Woman
BATMAN

2018

James Bond

Collage original
120 x 80cm

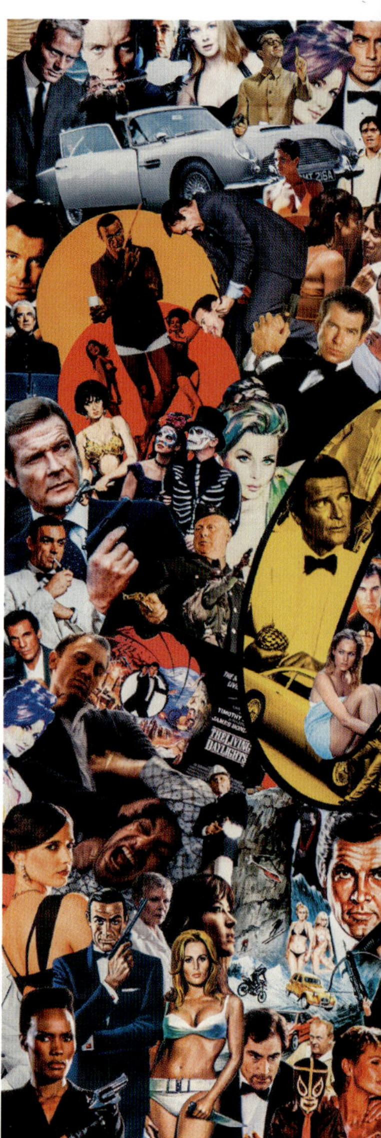

« Œuvre commandée par mon ami Laurent (de la librairie Planètes interdites, à Montpellier). Énorme fan de la licence *James Bond* et plus particulièrement des films avec Roger Moore, cela faisait des années qu'il me parlait de son envie de posséder une œuvre sur le sujet réalisée par mes soins. C'est donc début 2018 que je me suis lancé dans la création de ce collage grâce aux nombreux livres disponibles sur cette saga. Laurent fut doublement comblé car, au final, c'est son meilleur ami, Franck, qui lui a offert ce collage pour son anniversaire ! »

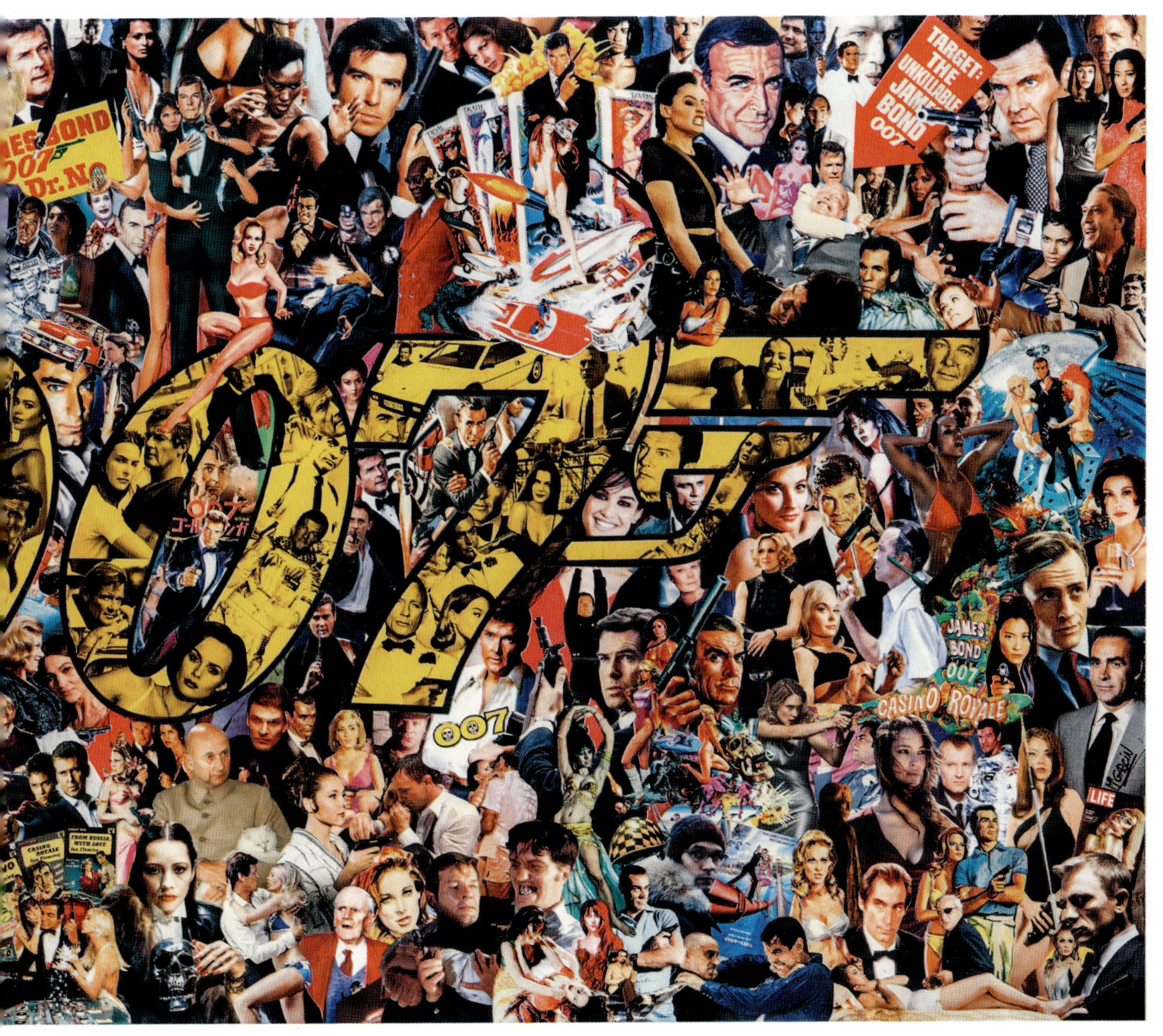
MES BOND
007
Dr. No
TARGET:
THE
UNKILLABLE
BOND
007
JAMES
BOND
007
CASINO ROYALE
LIFE
007

V pour Vendetta

Mix collage papier et numérique
150 × 100 cm

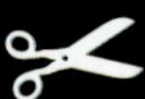

« Œuvres commandées par mon ami Jean Mach (producteur, entre autres, de la série Points de repères). Grand fan du roman graphique *V pour Vendetta*, il voulait une œuvre de très grande taille dupliquée (afin d'offrir la seconde à son associé) incorporant le personnage principal dans notre monde. J'ai donc réalisé le portrait de « V » portant son fameux masque (représentant Guy Fawkes) avec ces itérations venant du comics, puis j'ai mis en fond plein d'articles concernant des personnes, des entreprises ou encore des organisations que « V » aurait certainement méprisées et combattues s'il était parmi nous. Pour la conception finale de ces deux œuvres, j'ai contacté Yaniv Edery afin qu'il puisse réaliser deux créations de grande taille en résine. Le masque est fluorescent, les roses pailletées, et j'ai fait changer la couleur du fond de la deuxième afin que chaque œuvre soit unique. À la demande du commanditaire, j'ai caché sous la cape du personnage le logo de son film 8th Wonderland, qu'il a co-réalisé. Un long-métrage visionnaire et engagé sorti au cinéma en 2008. »

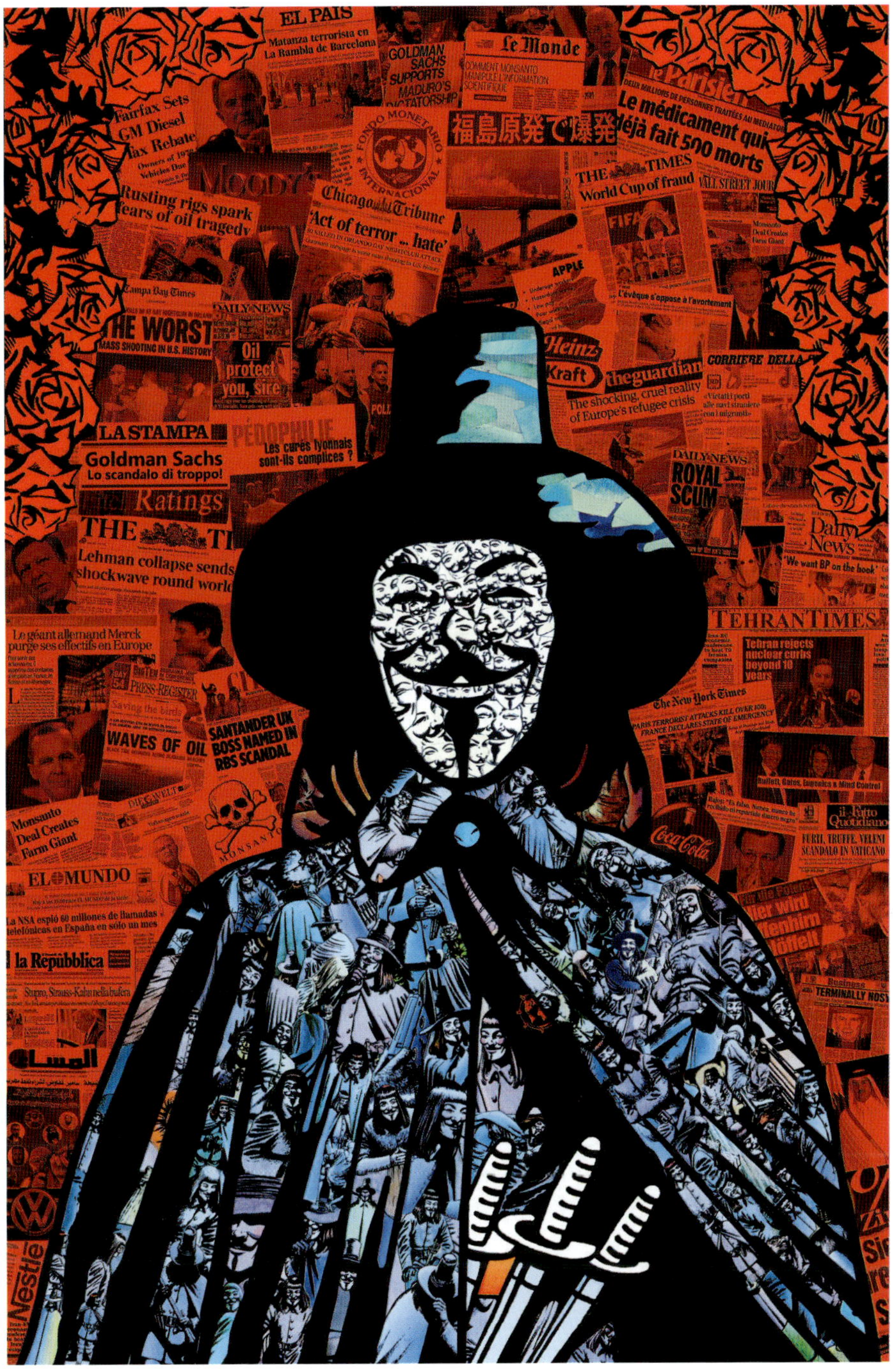

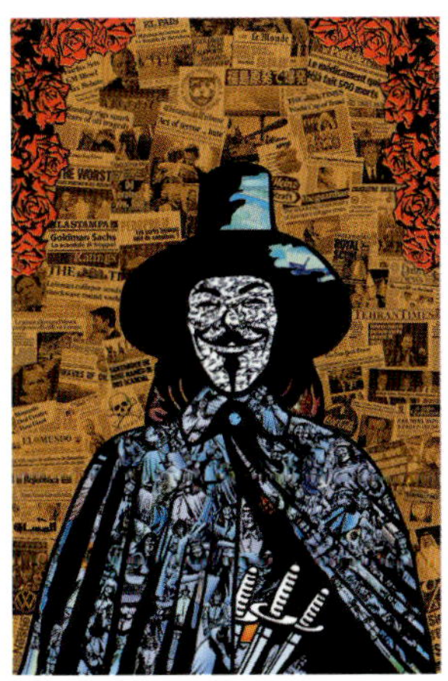

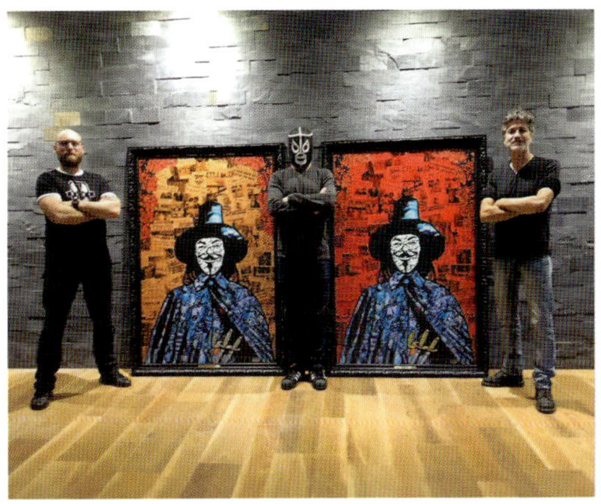

Supertchô !

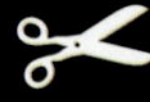

Collage original
60 × 42 cm

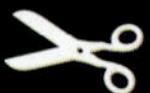

« Œuvre commandée par Glénat pour le retour du magazine pour enfant *Tchô !* (après des années d'absence), qui s'appellera dorénavant *Supertchô !*. Le but étant pour eux d'avoir dans le numéro 1 un poster qui fasse le lien avec l'ancien magazine. Glénat m'a donc fourni un maximum d'anciens numéros afin que je puisse imaginer une œuvre comportant tous les personnages ayant fait les beaux jours de la première version du magazine. La difficulté, ici, est venue de la petite taille des personnages à découper. Vraiment petits... »

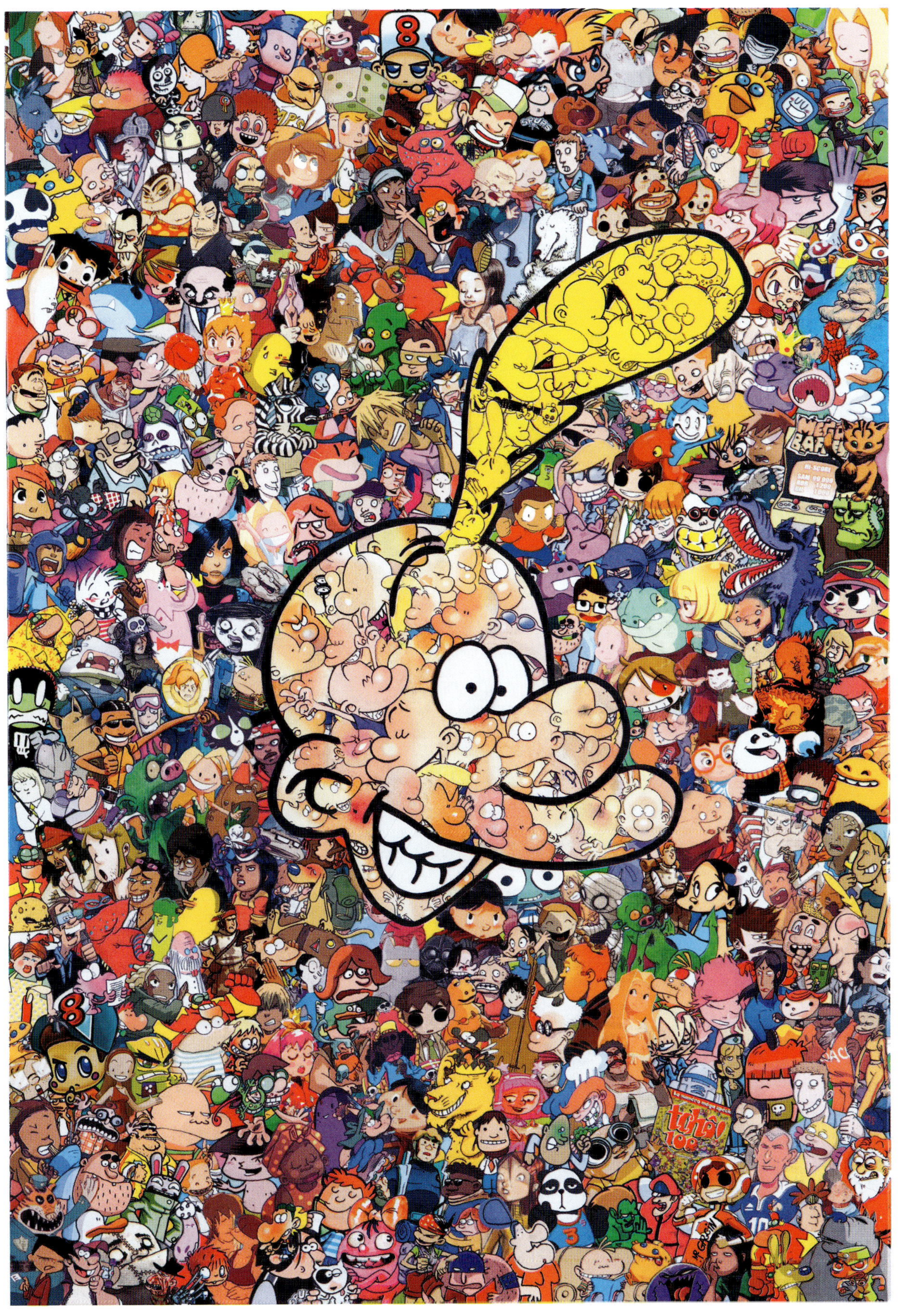

Psychedelic Skull

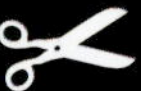

Œuvre numérique en tirage limité
(35 exemplaires)
chez French Paper Art Club

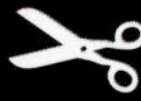

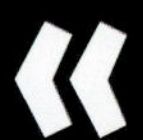

Œuvre numérique née de l'envie de créer un nouveau visuel pour mon groupe Double Dragon et de proposer, par la même occasion, un nouveau

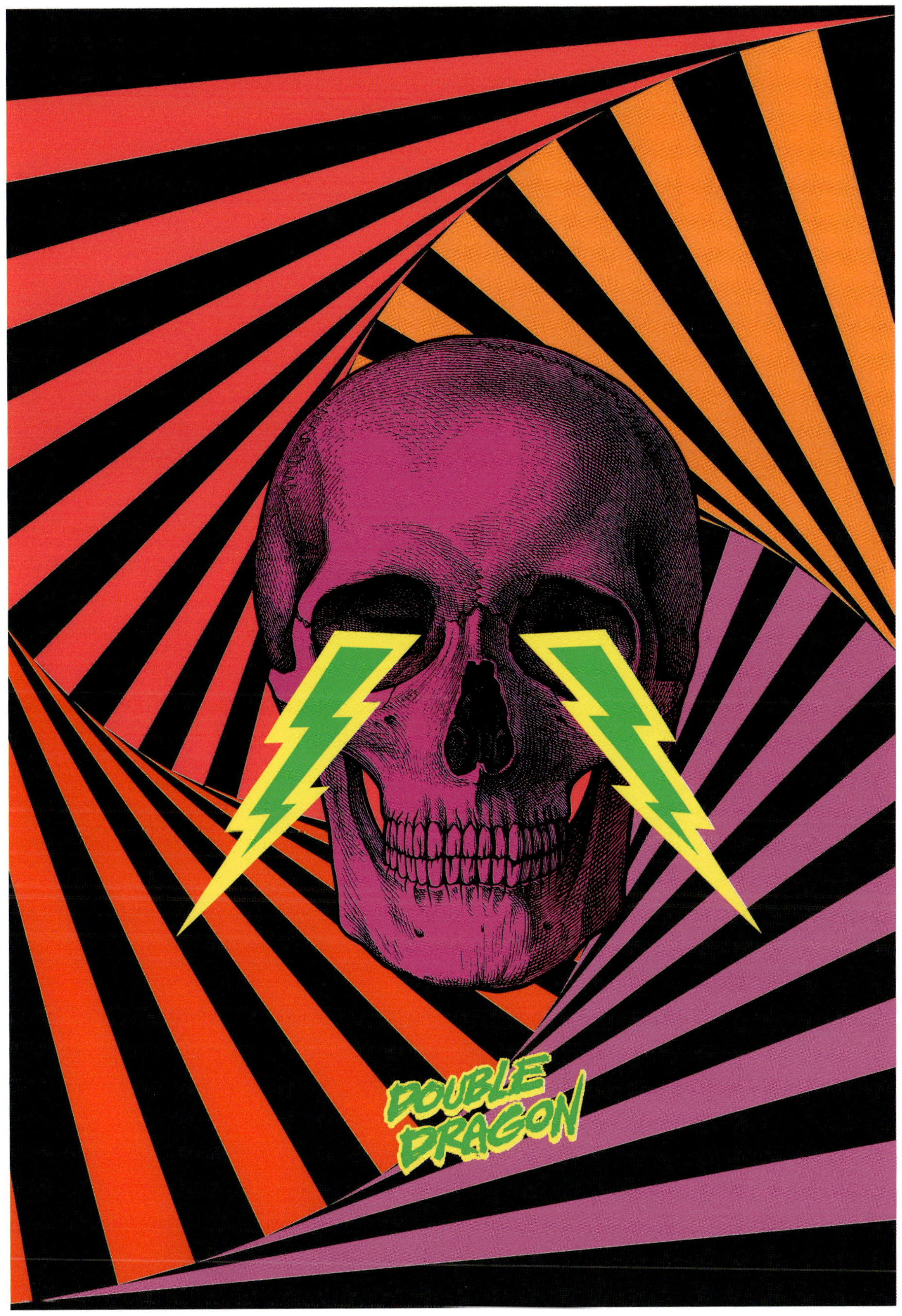
DOUBLE DRAGON

Pochette d'album « The Sacrifice »

Collage numérique
33 × 33 cm

« Pochette de disque commandée par Michael Berberian (fondateur de l'excellent label de métal Season of Mist) pour le groupe électro/new wave The Sacrifice, créé pour l'occasion. Michael étant fan de mon travail (c'est lui qui m'a d'ailleurs acheté l'œuvre originale *Akira Club*), il a tout de suite pensé à moi pour le visuel de ce nouveau groupe montpelliérain. J'en fus vraiment flatté, n'ayant jamais réalisé de *cover*. Le fait que j'habite à Montpellier a peut-être aussi joué dans son choix. Je suis vraiment content du résultat, surtout que l'album est excellent ! Je l'écoute régulièrement. »

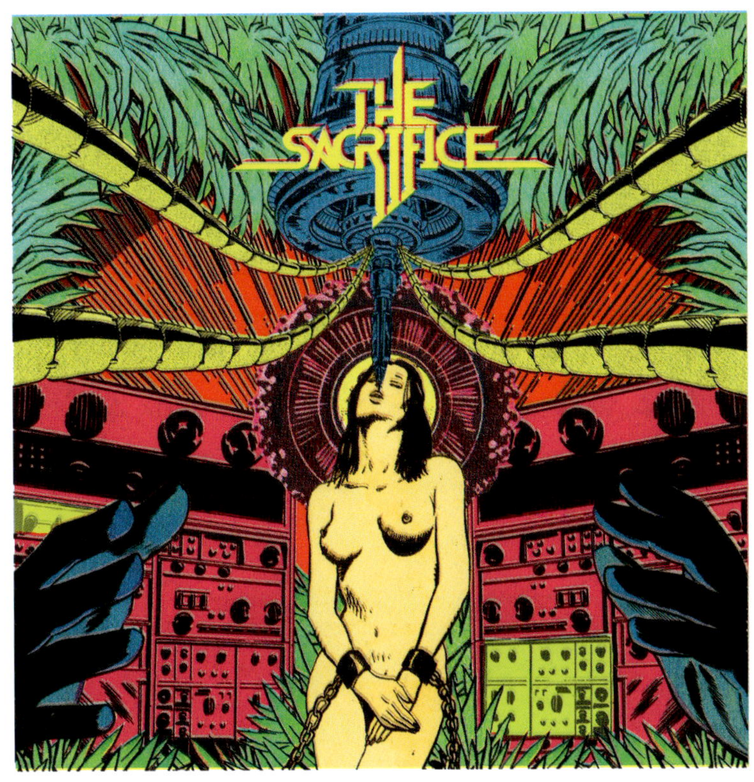
THE SACRIFICE

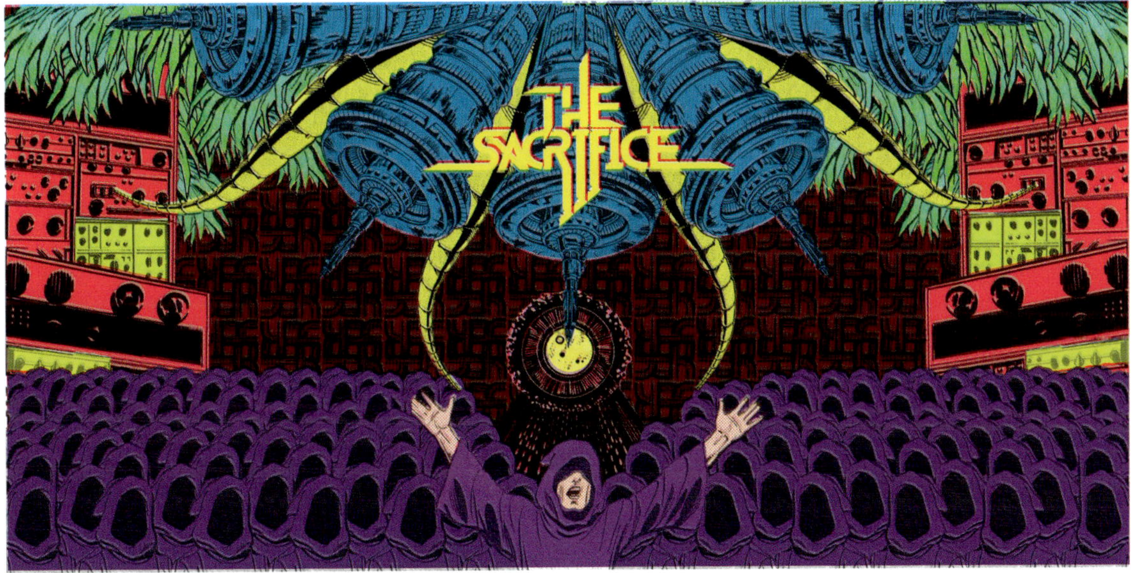
THE SACRIFICE

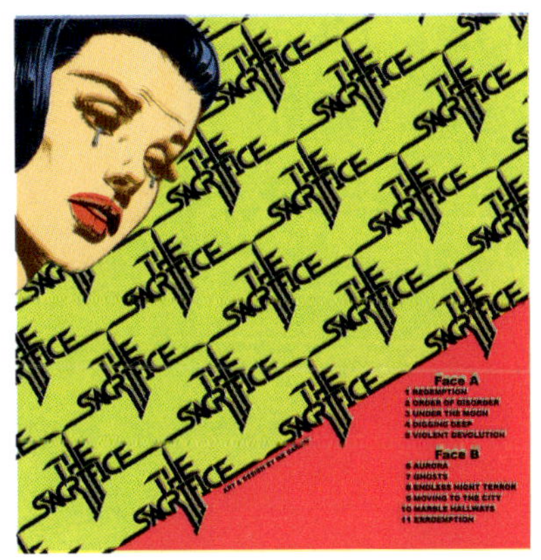
THE SACRIFICE
Face A
1 REDEMPTION
2 ORDER OF DISORDER
3 UNDER THE MOON
4 DIGGING DEEP
Face B
6 AURORA
7 GHOSTS
8 ENDLESS NIGHT TERROR
9 MOVING TO THE CITY
10 MARBLE HALLWAYS

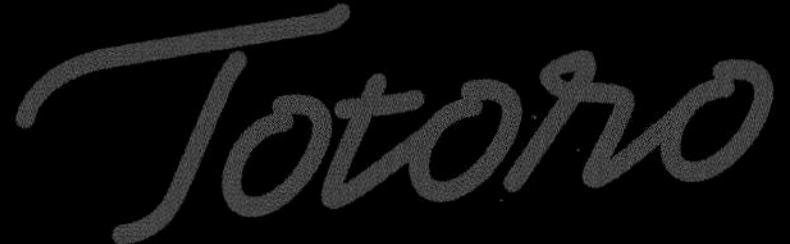

Collage original

90 × 40 cm

« Grand fan de Hayao Miyazaki depuis que j'ai vu *Porco Rosso* au cinéma en 1995, cela faisait un moment que l'idée d'une œuvre comportant les personnages principaux des films réalisés au sein du studio Ghibli me trottait dans la tête. C'est donc en 2018 que j'ai réalisé cette envie. J'ai décidé de représenter Totoro au centre, ce dernier étant un peu la mascotte du studio d'animation japonais, de la même façon que Mickey l'est pour Disney. »

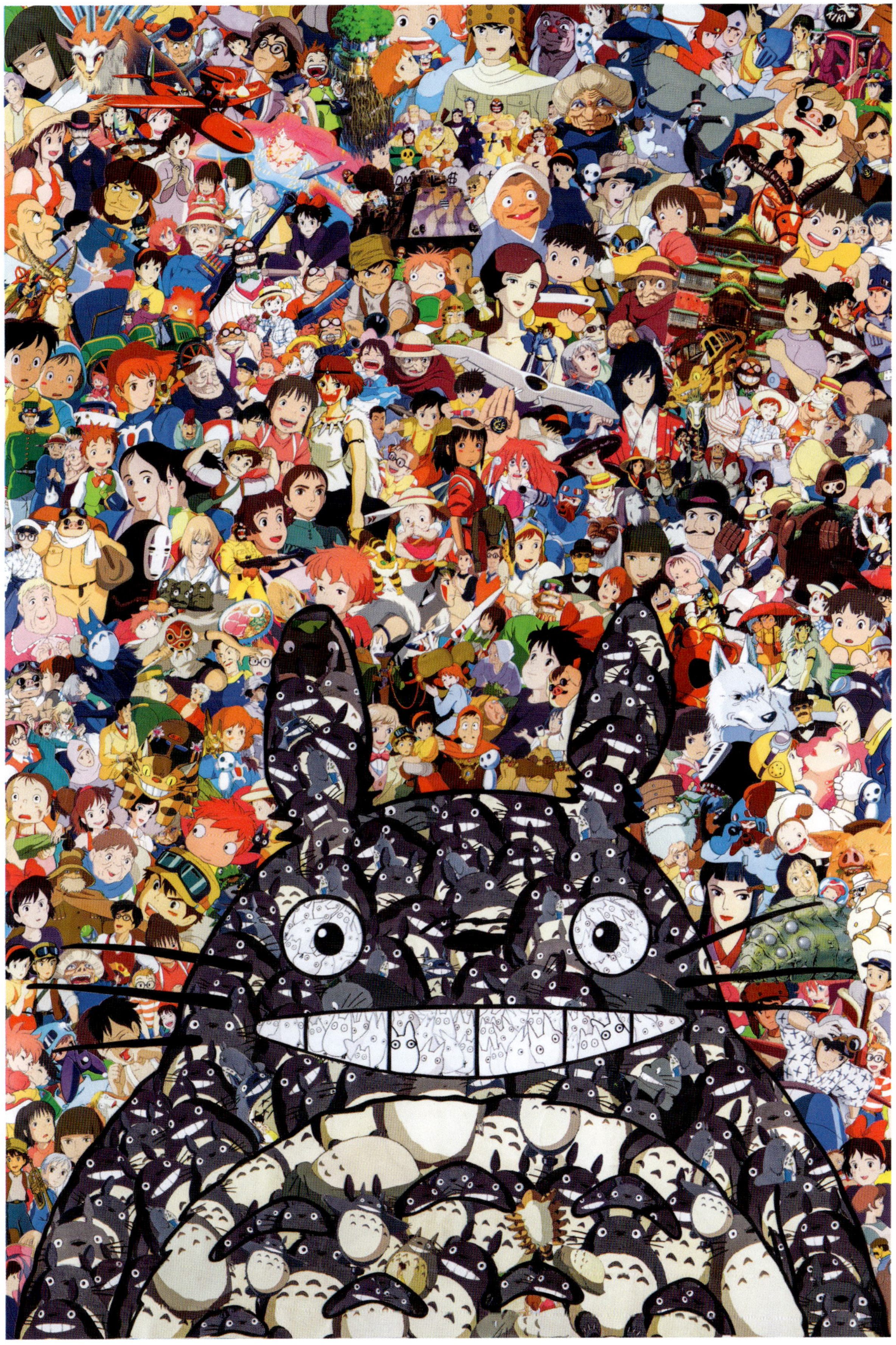

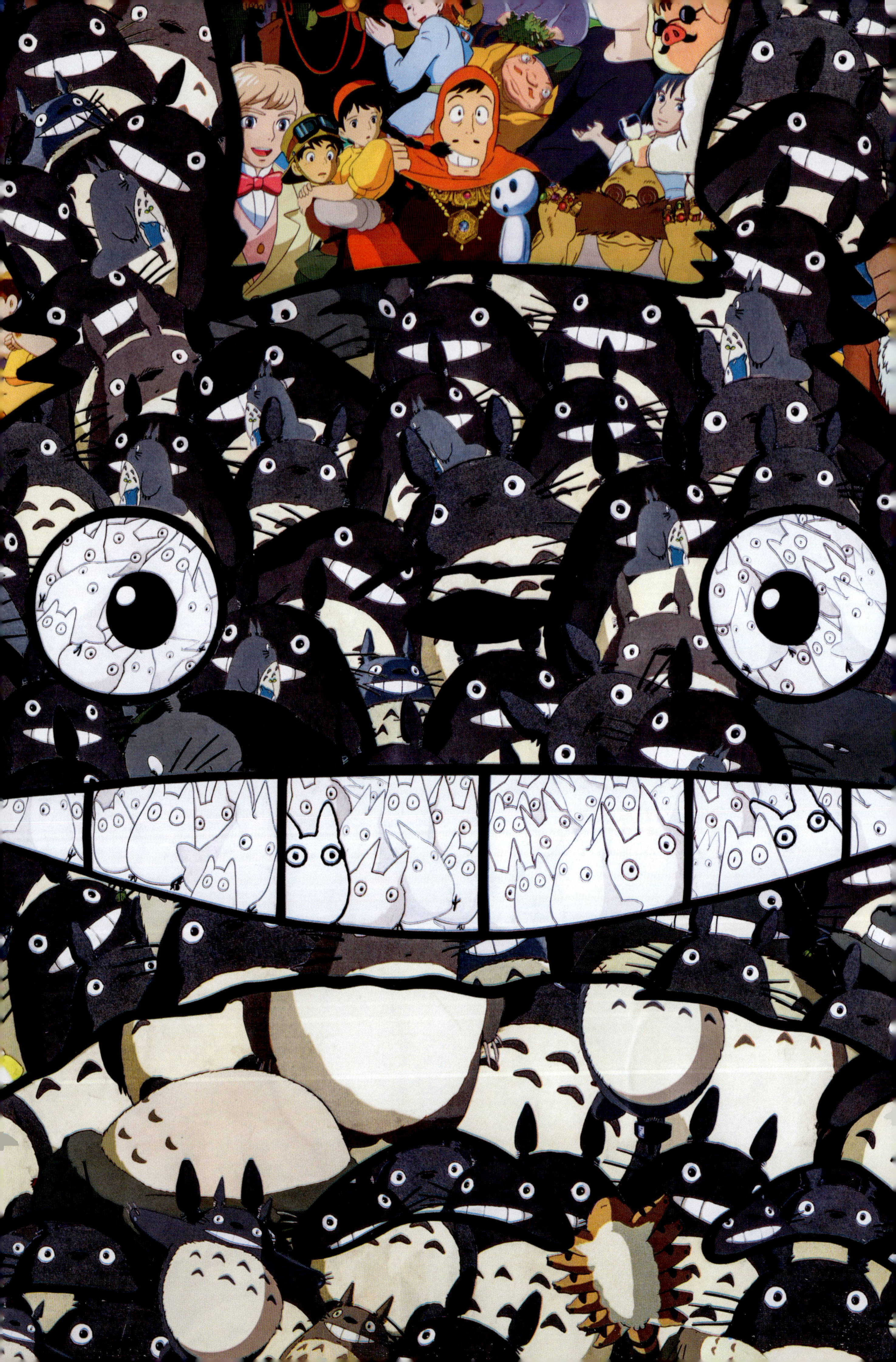

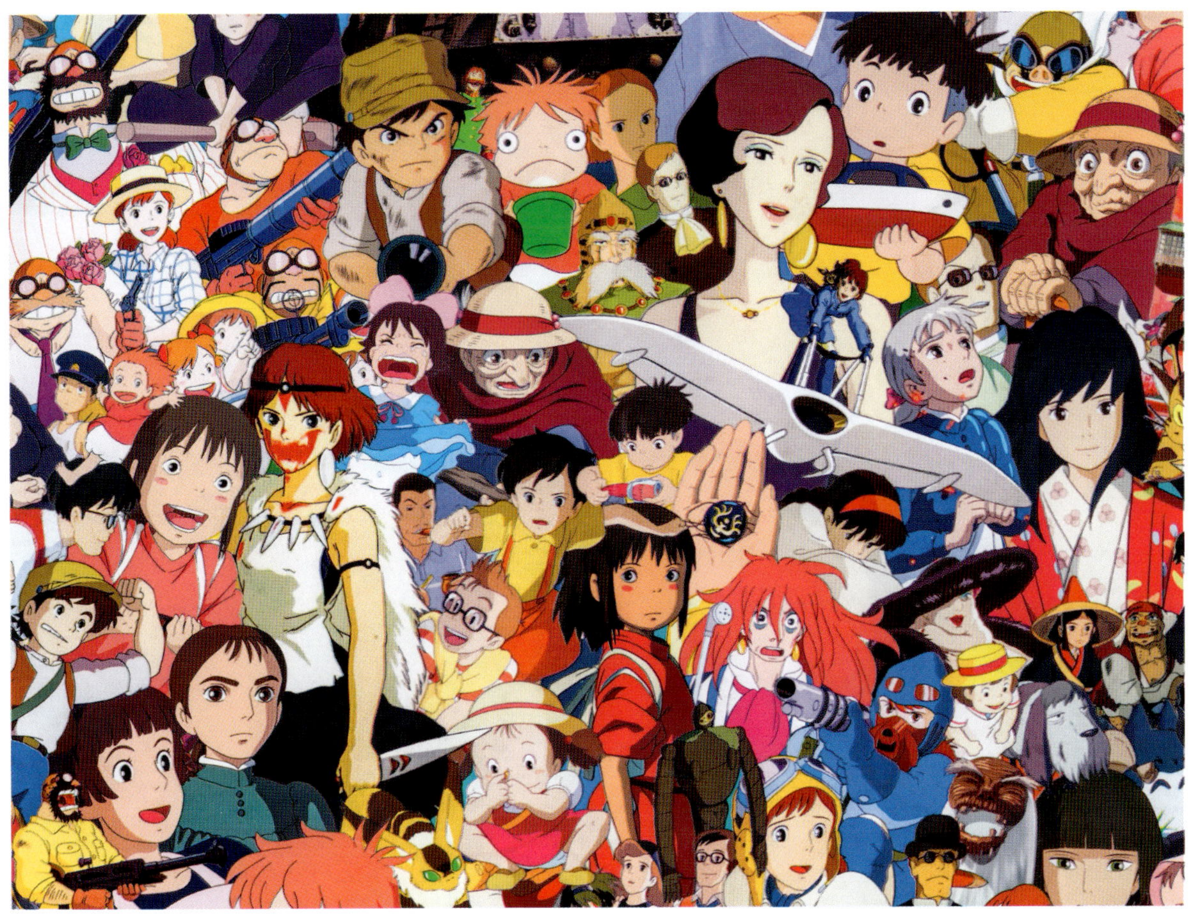

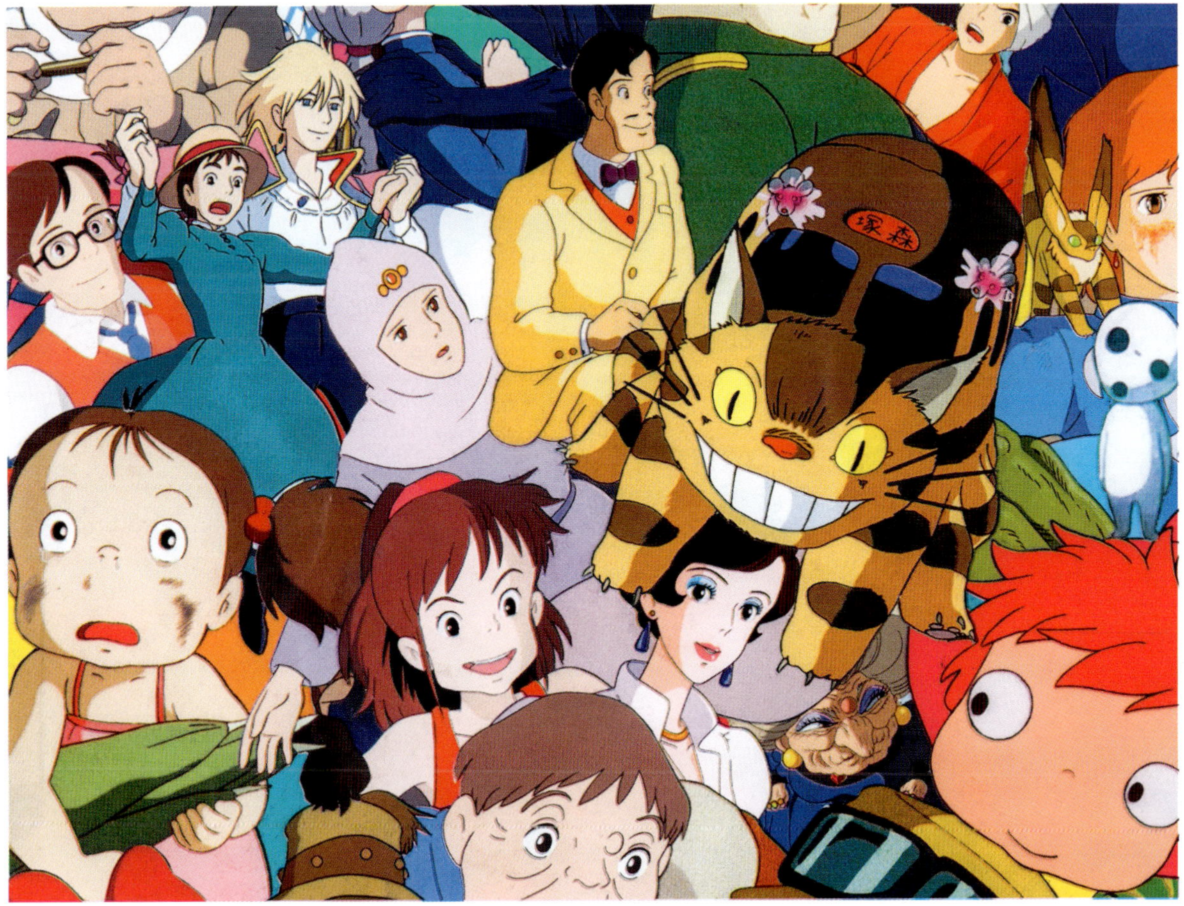

132

Happy Son Goku

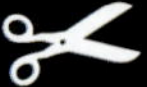

Collage original

21 × 30 cm

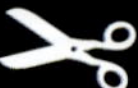

« L'envie de créer une nouvelle œuvre sur *Dragon Ball* me démangeait les doigts. En pleine préparation de mon expo à la galerie Christiane Vallé, David, son directeur, me réclamait des petits formats afin de pouvoir contenter tous les porte-monnaie. Voilà le résultat ! »

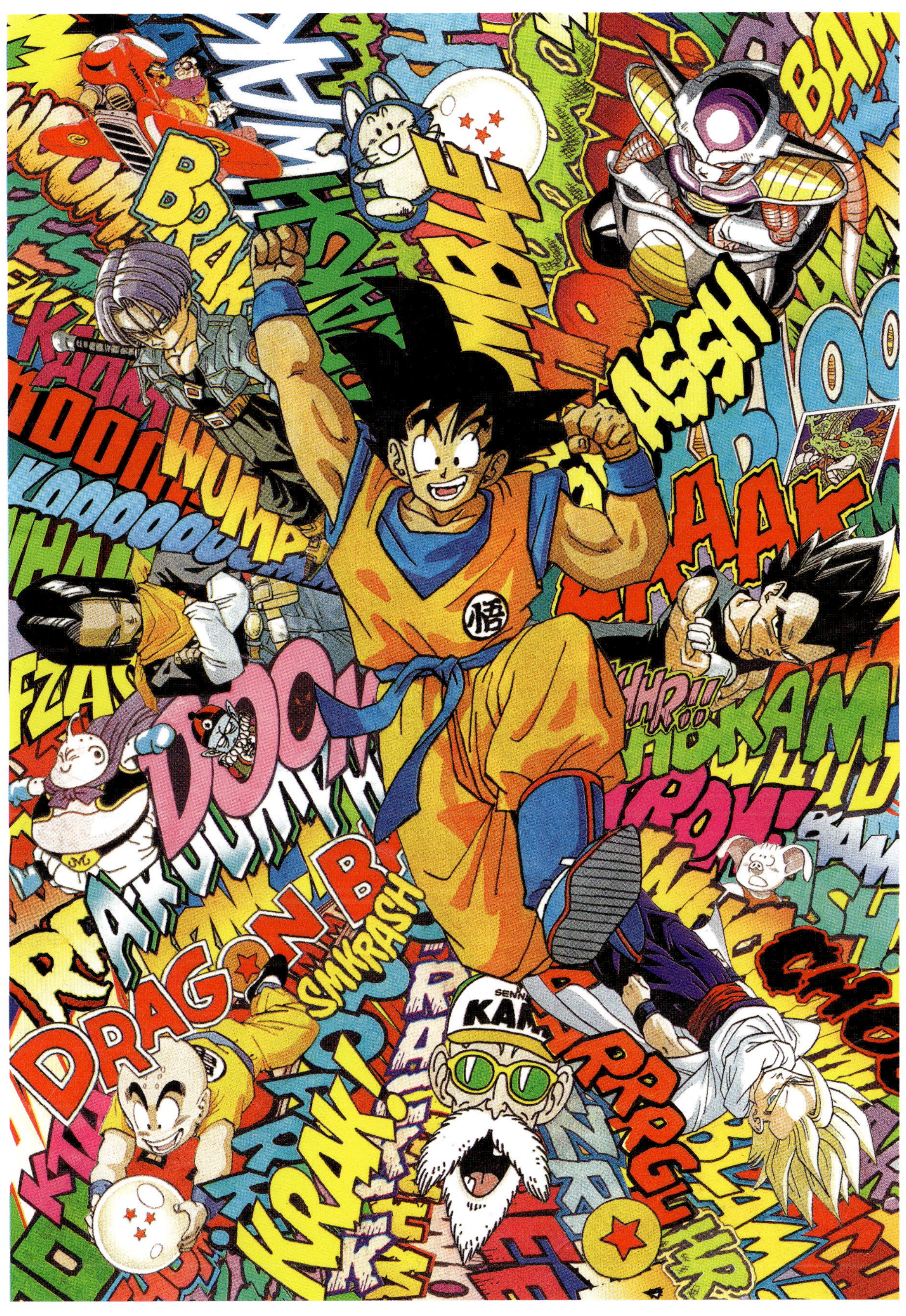
BRAK
WUMP
ASSH
DRAG
SMKRASH
KRAK!
KAM

Catwoman

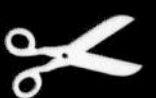

Collage original

22 × 33 cm

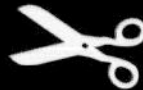

« Première fois que je mettais Catwoman en avant dans une œuvre, et il était temps ! Ce collage, que j'ai voulu le plus *flashy* possible, a été réalisé spécialement pour mon expo à la galerie Christiane Vallé. »

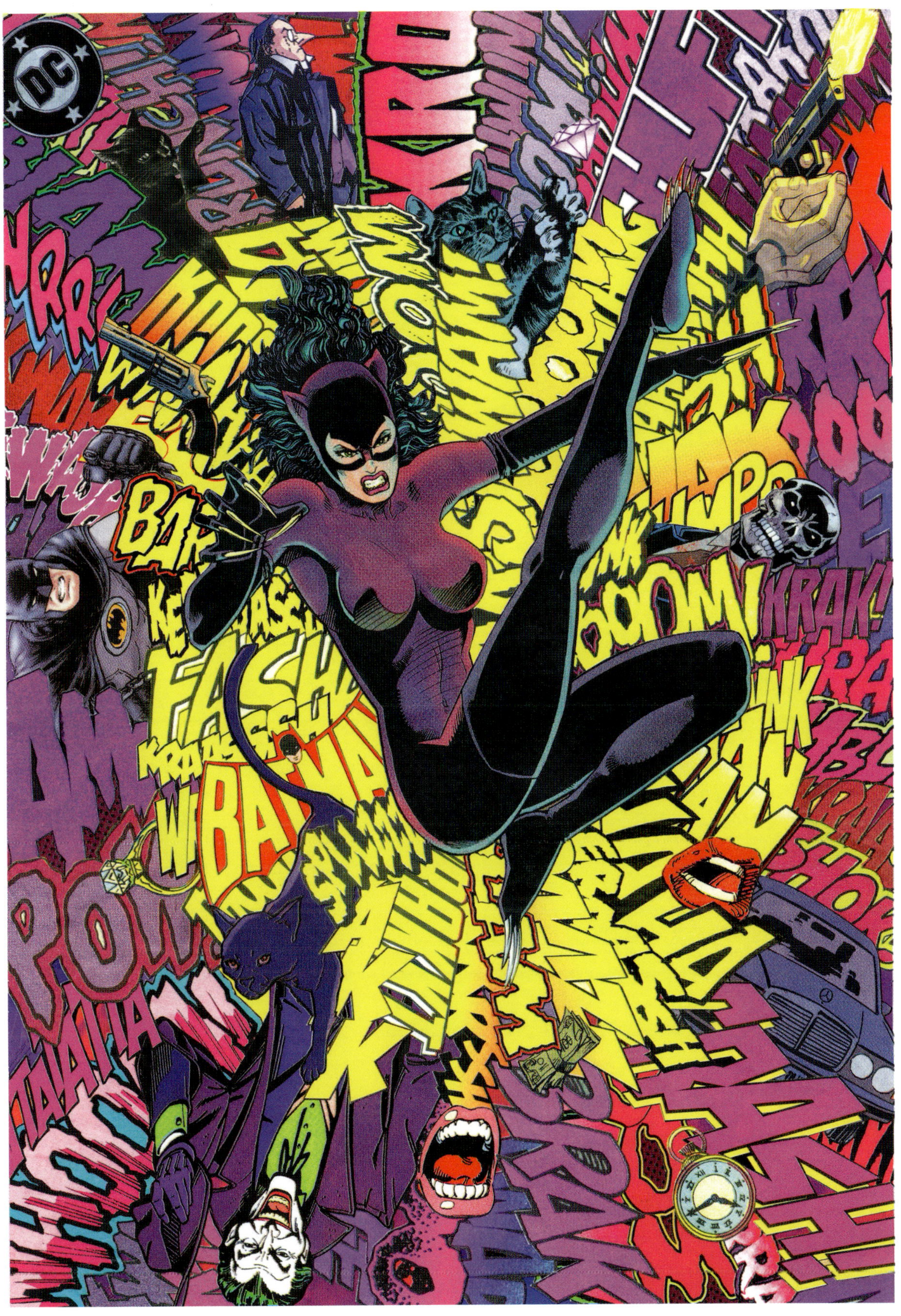
DC
KRAK!

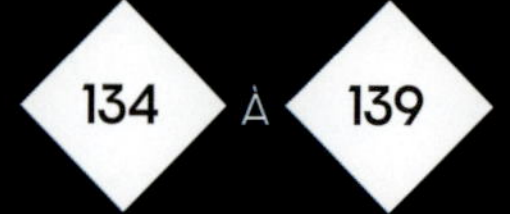

Estampes

Collages originaux
22 × 33 cm (134 à 138)
21 × 12 cm (139)

« L'année précédente, je m'étais régalé à créer ces collages mélangeant estampes traditionnelles et personnages contemporains de mangas. Ils avaient remporté beaucoup de succès. Il ne m'en fallait pas plus pour me motiver à en faire d'autres ! Ma nouvelle expo approchant à grands pas, c'était le moment ou jamais... »

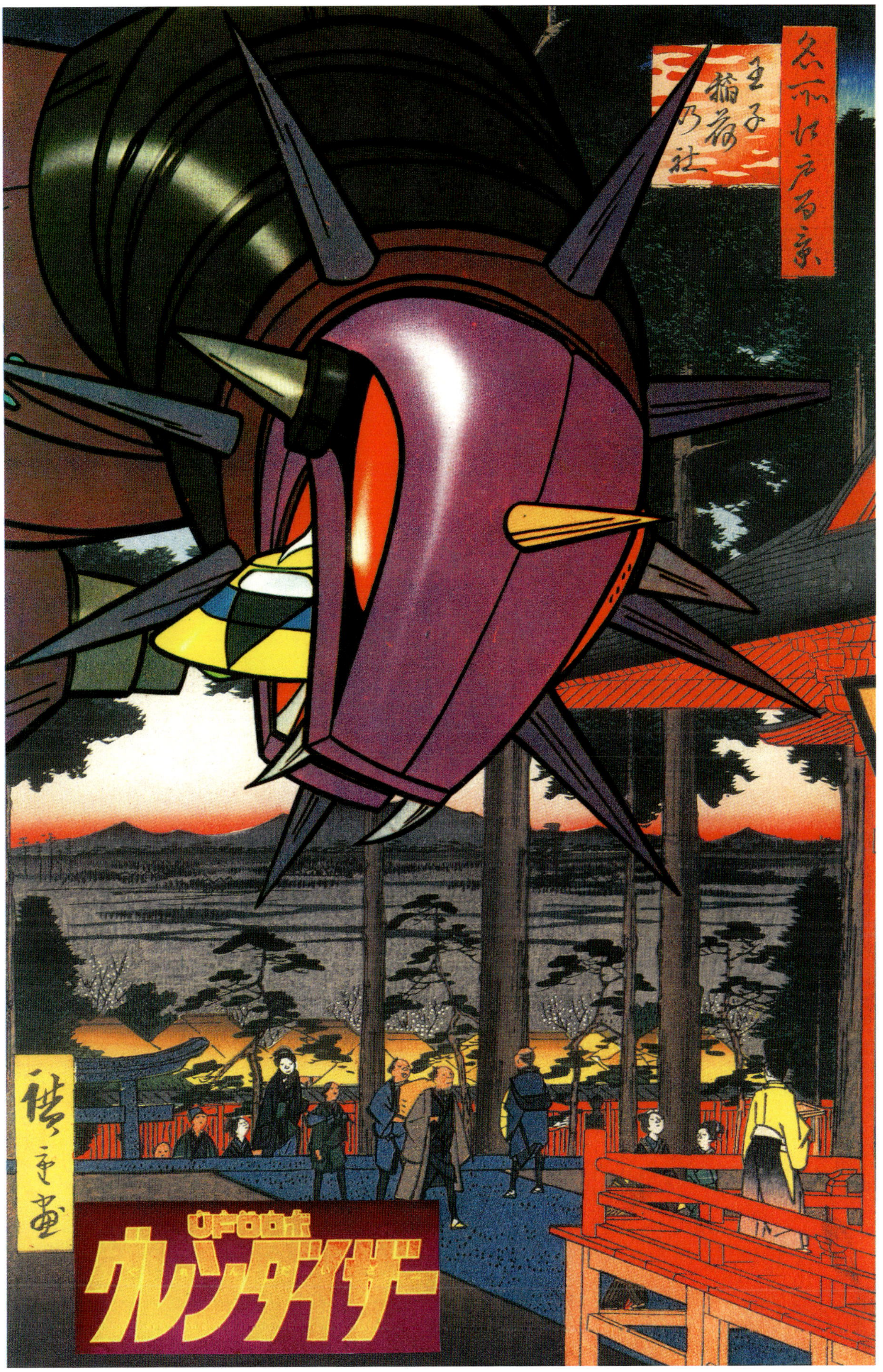

Grendizer 1

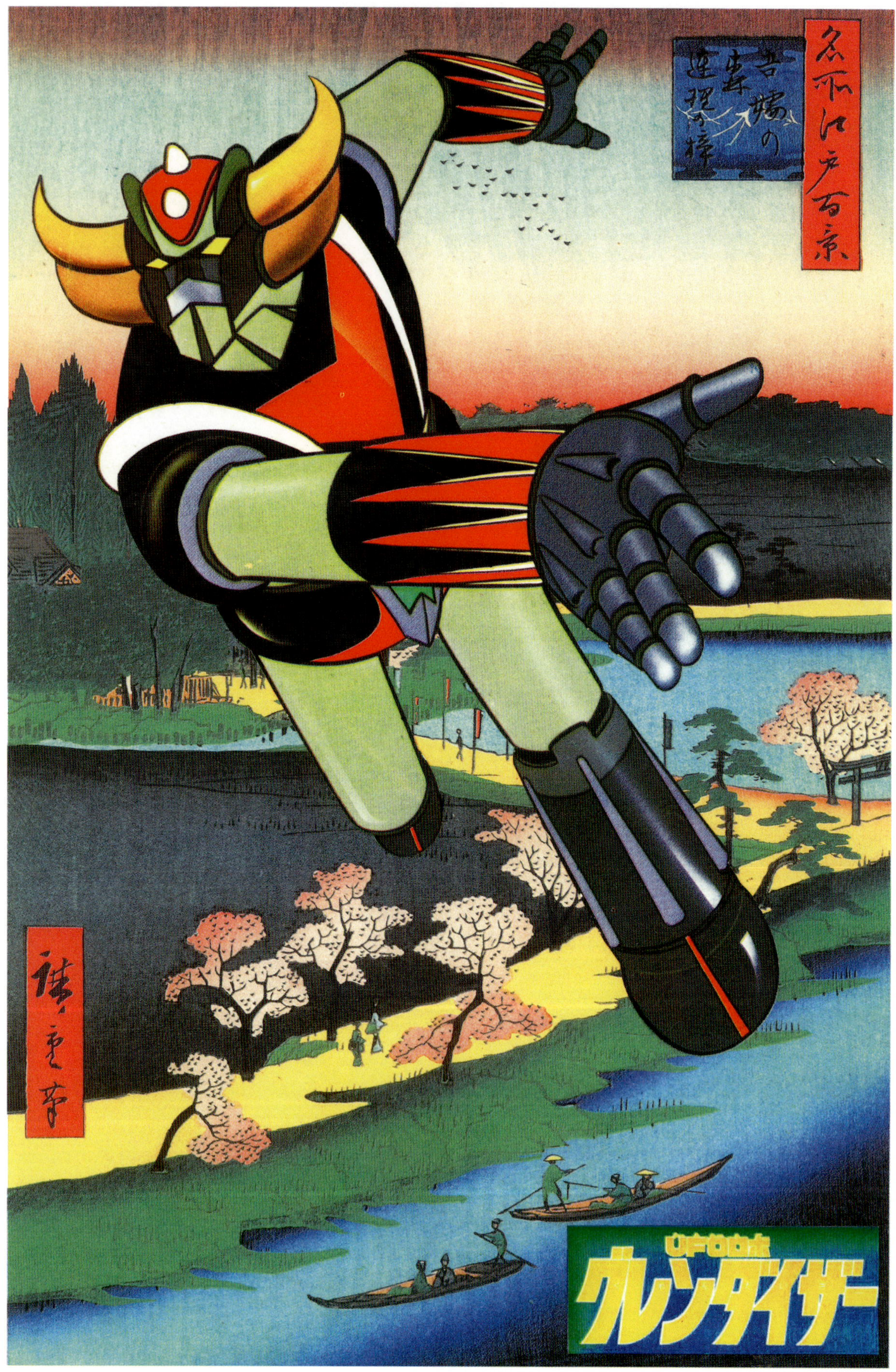

Grendizer 2

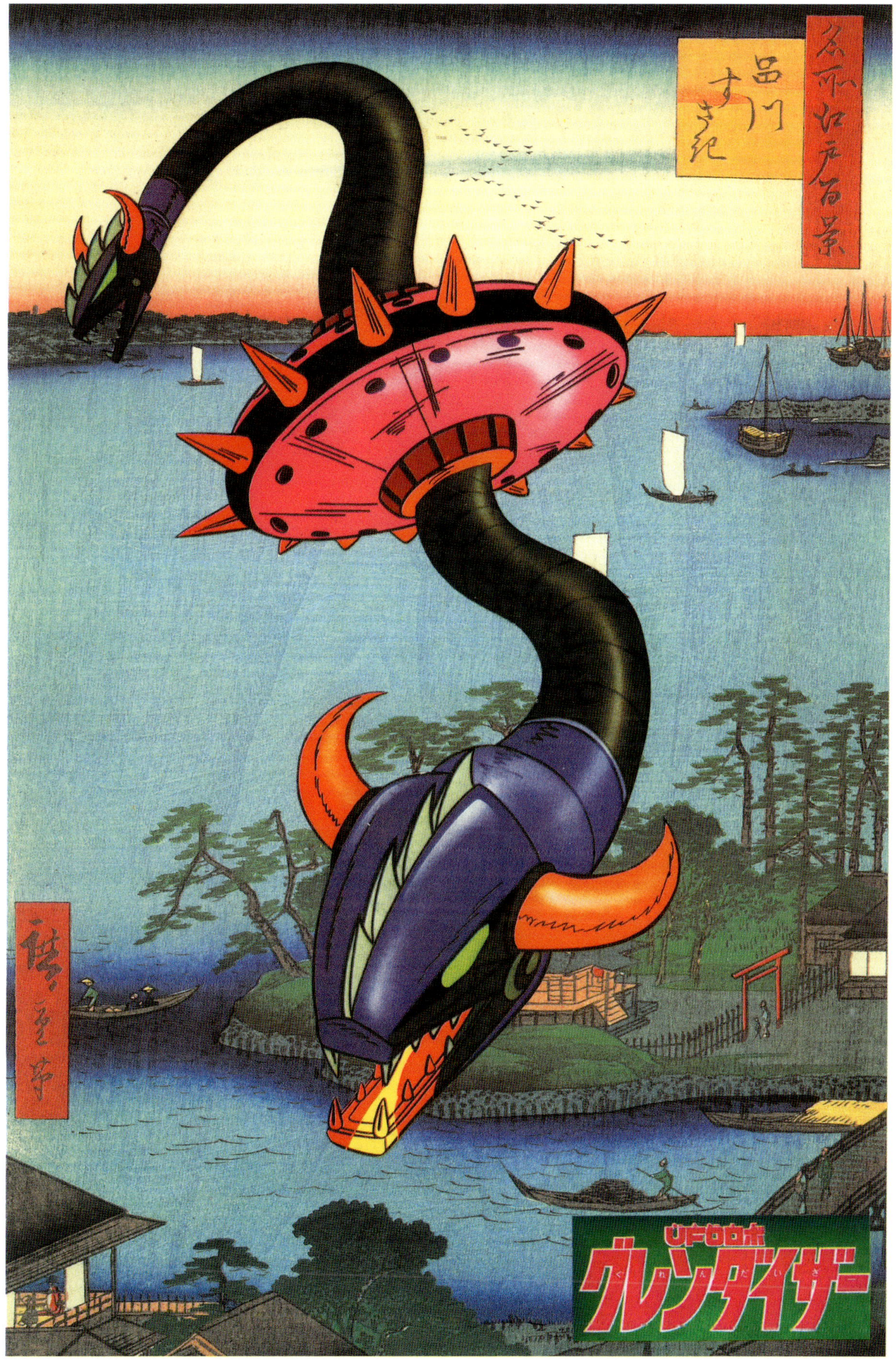

Grendizer 3

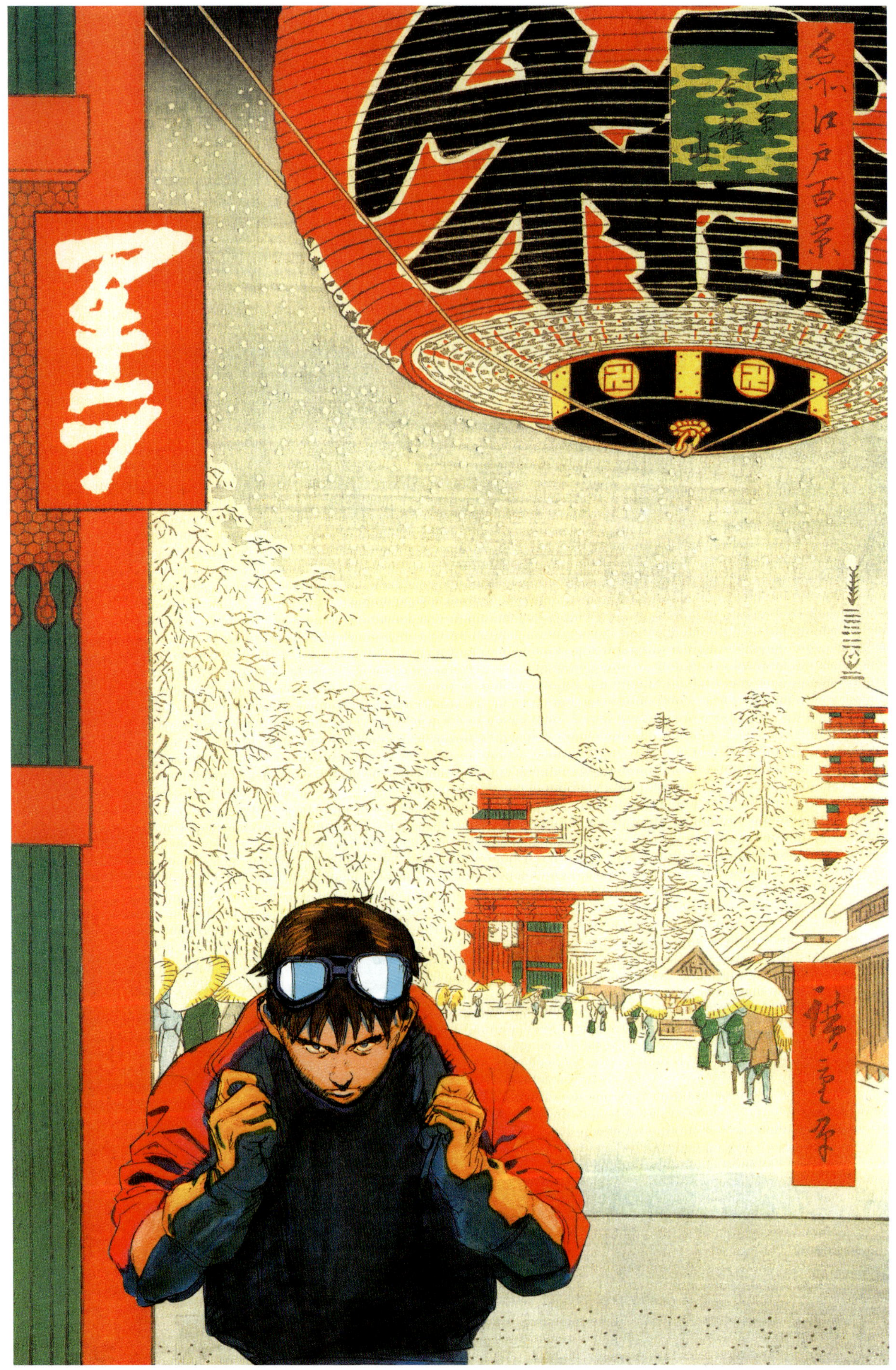

Akira

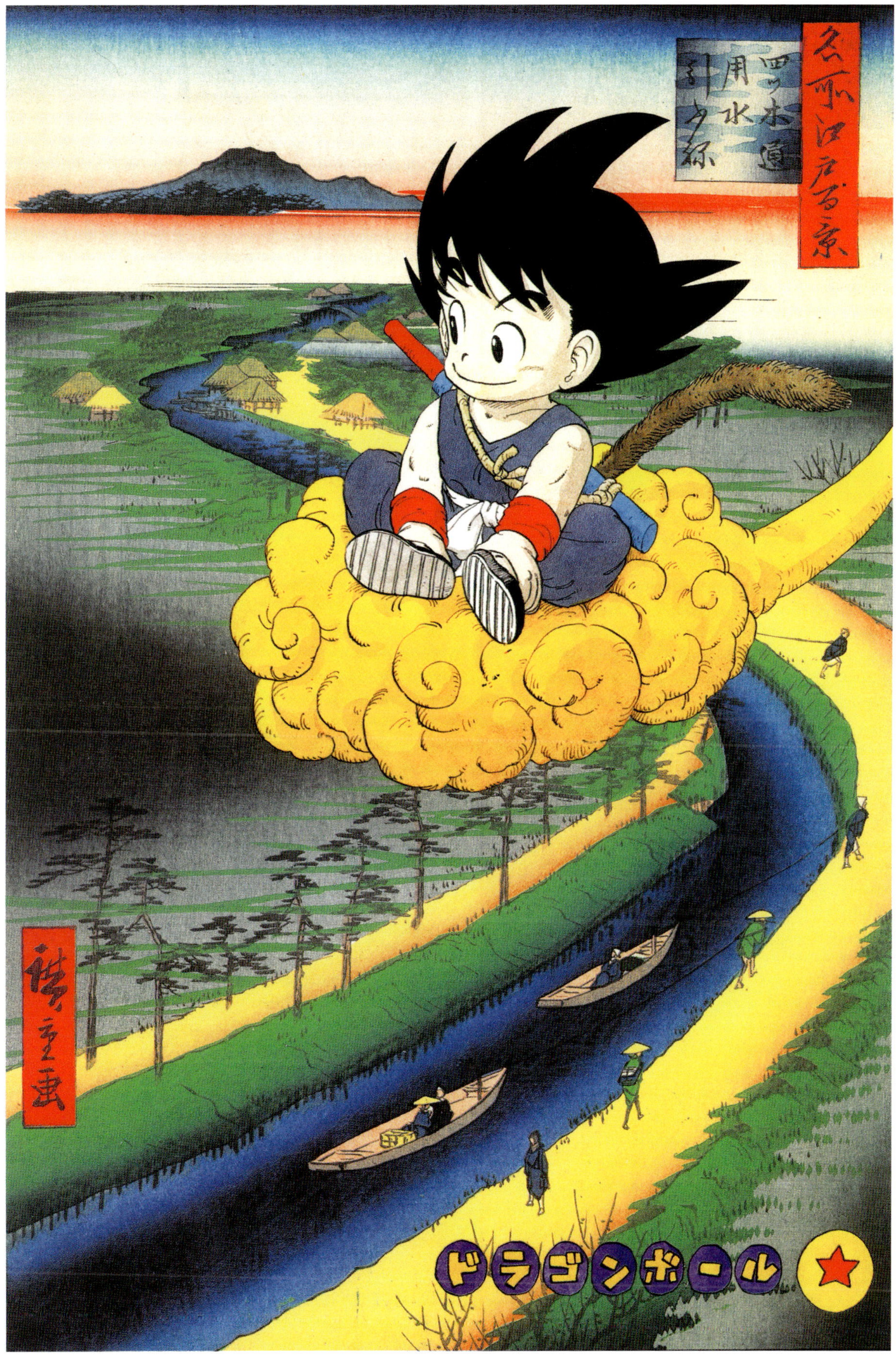

Dragon Ball 3

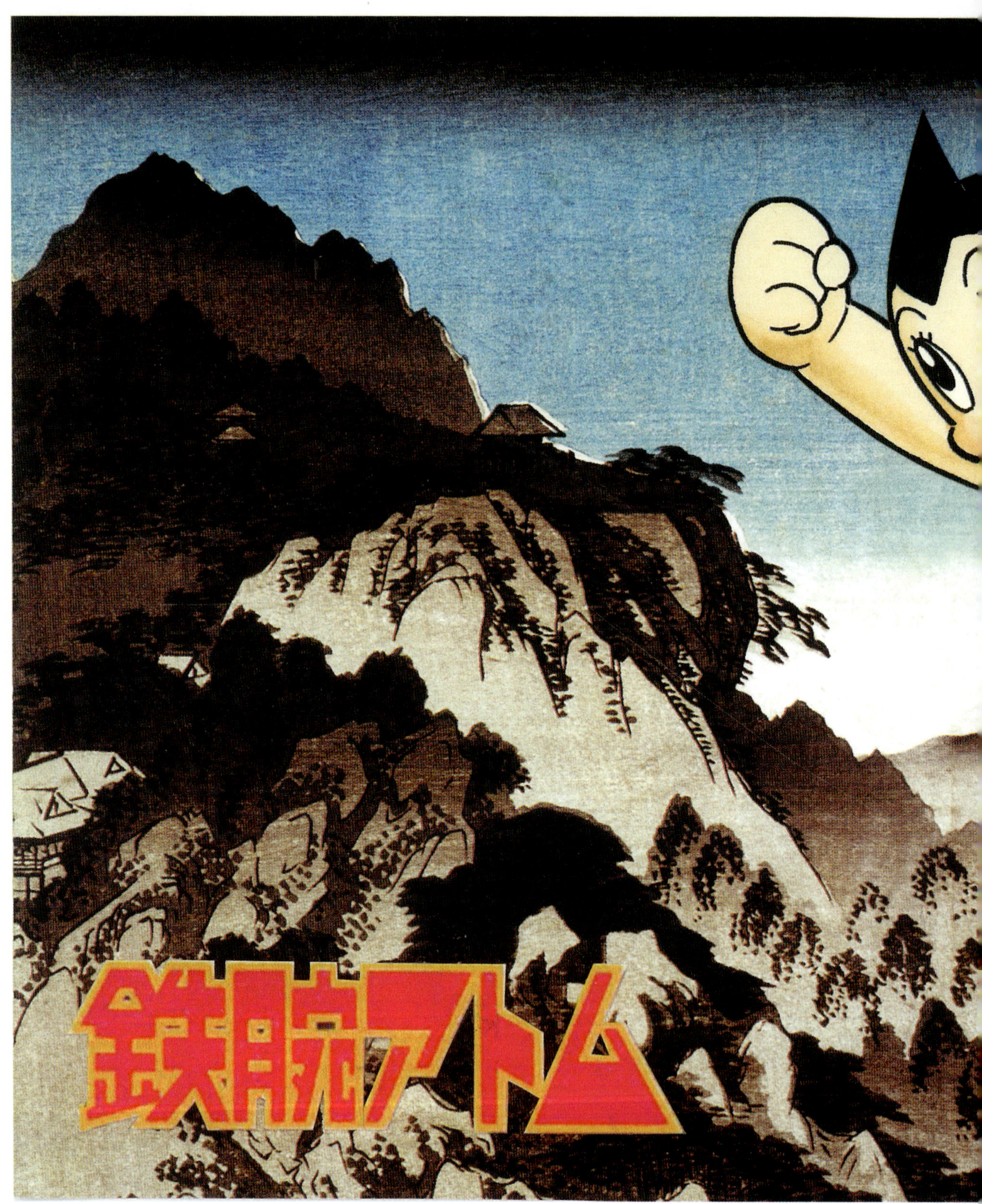
鉄腕アトム

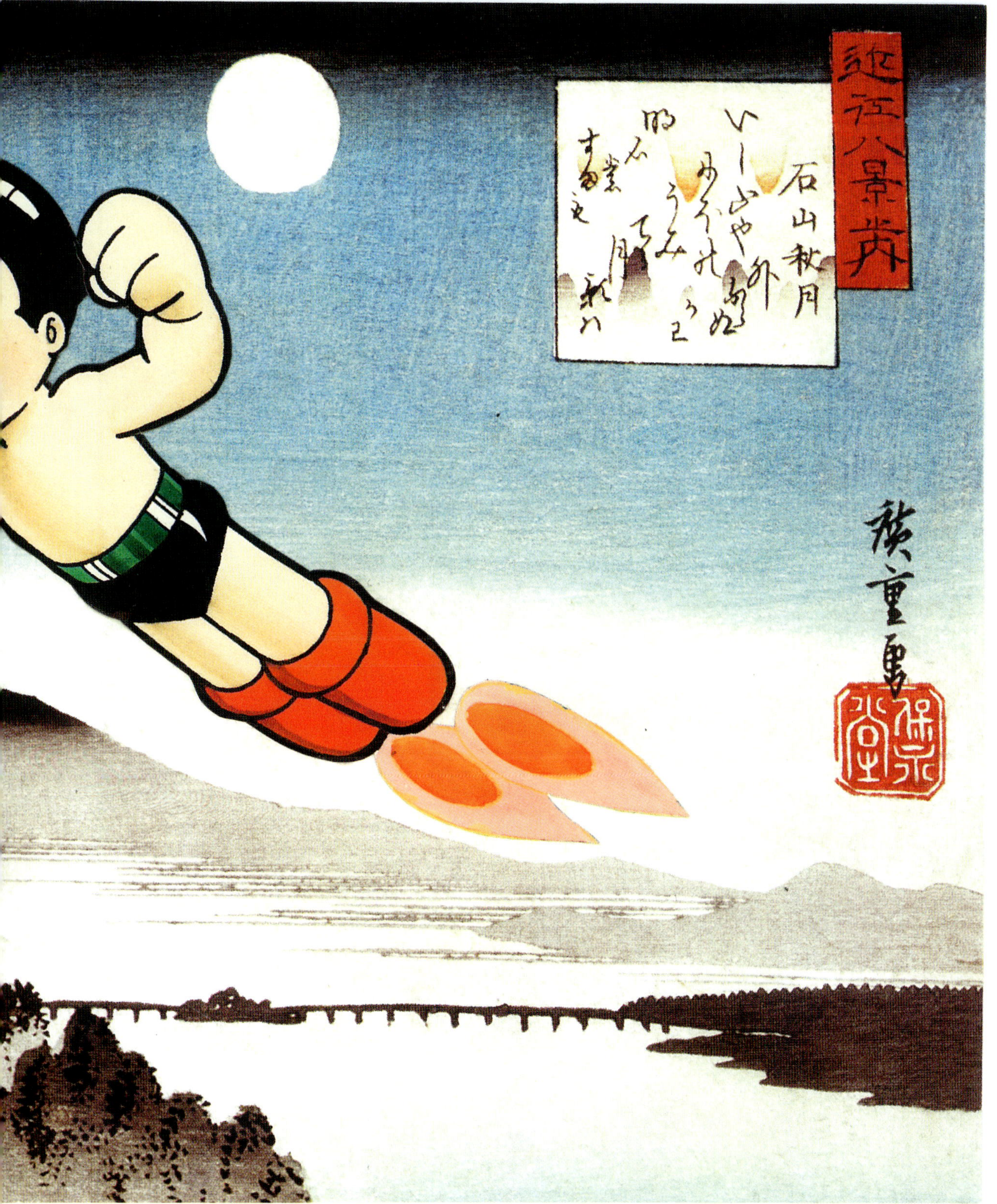

Astro Boy

Comics Flag

Collage original
160 × 95 cm

« En 2013, j'avais réalisé un drapeau américain composé uniquement de personnages Marvel. J'avais beaucoup aimé le rendu graphique de l'œuvre, à tel point que j'ai voulu en refaire un. Pour ne pas me répéter, j'ai décidé cette fois-ci de le réaliser à partir de comics américains en général. J'ai donc choisi les plus populaires, dans un maximum de styles différents, afin d'offrir un panel varié. On peut y trouver Snoopy, les Tortues Ninja, Picsou, Bones, Spider-Man et plein d'autres. Malheureusement, j'ai fait une erreur en incluant Scott Pilgrim… J'ai appris plus tard que c'était un *comics* canadien… Je m'en veux encore ! »

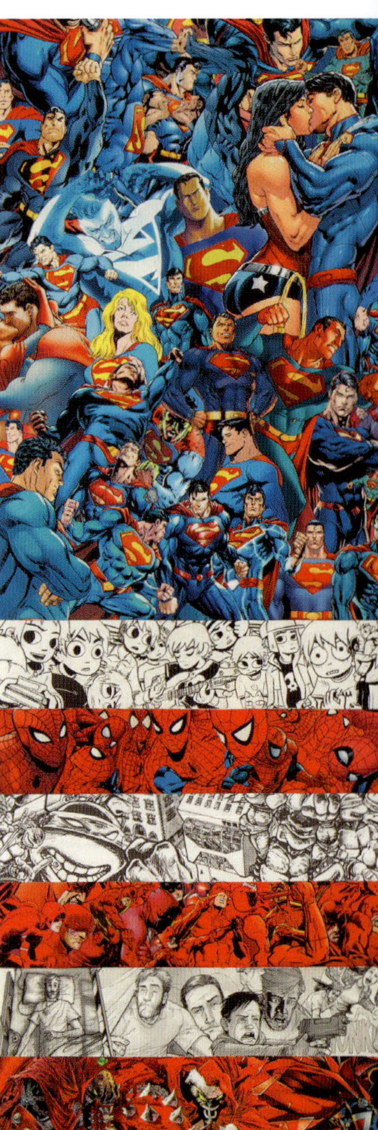

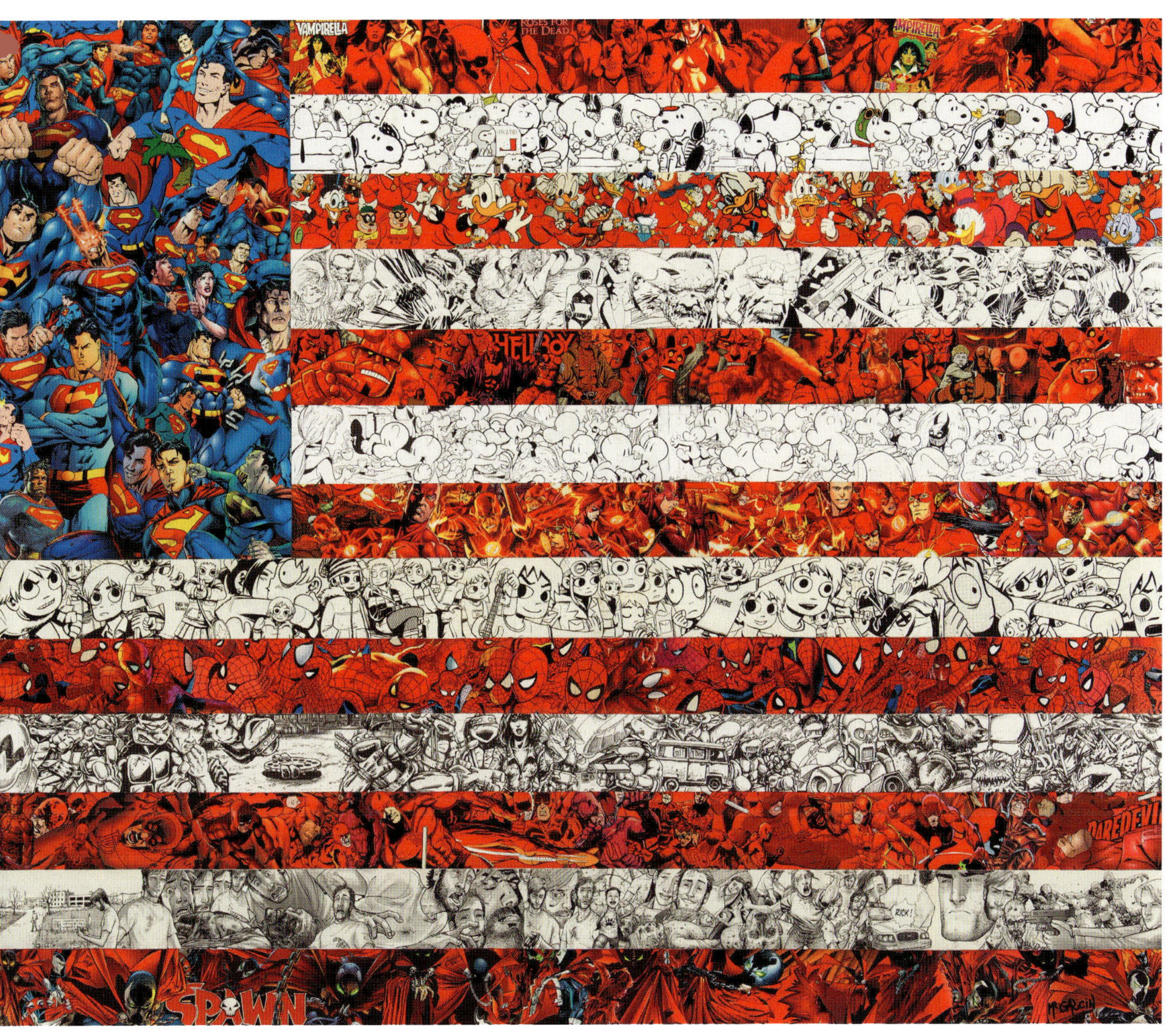
VAMPIRELLA
ROSES FOR THE DEAD
RICK!
SPAWN

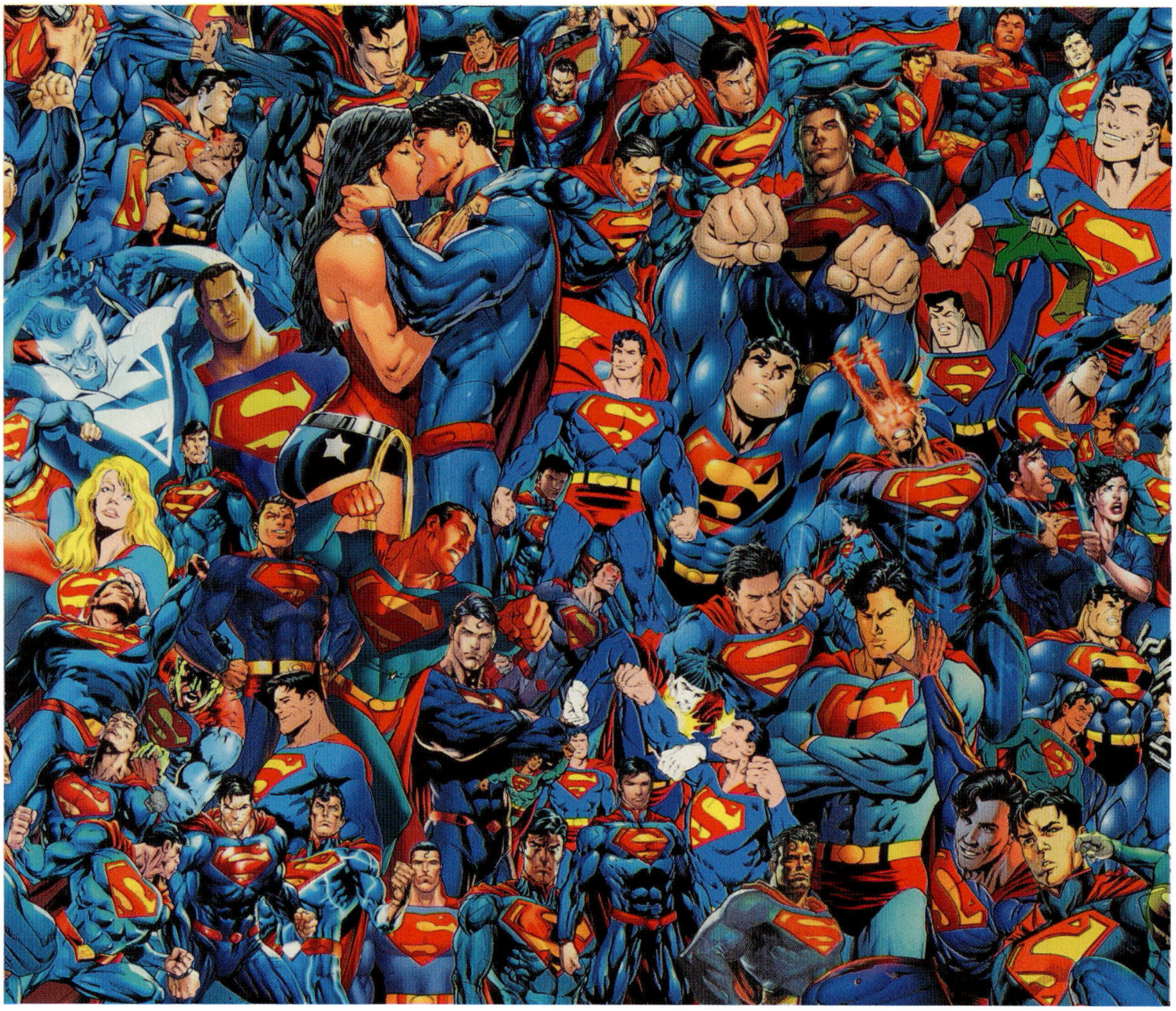

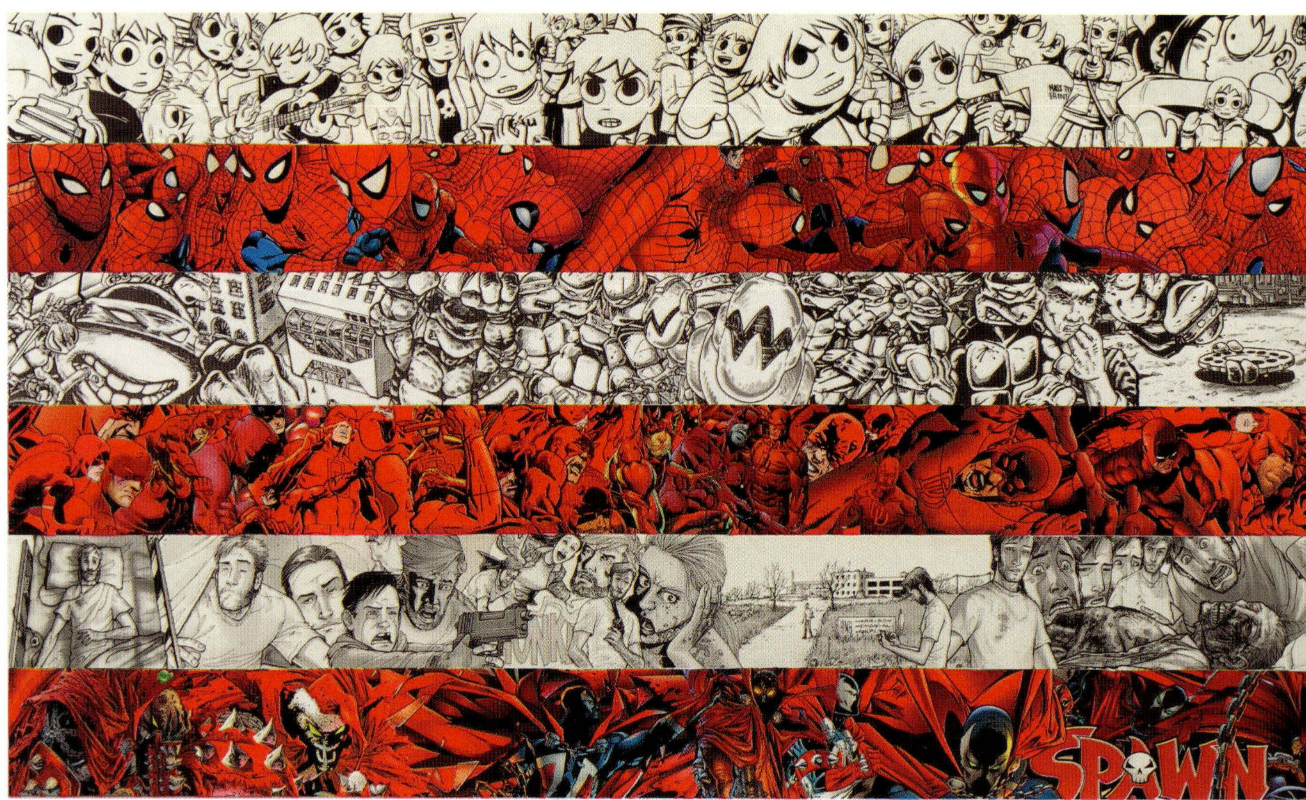
SPAWN

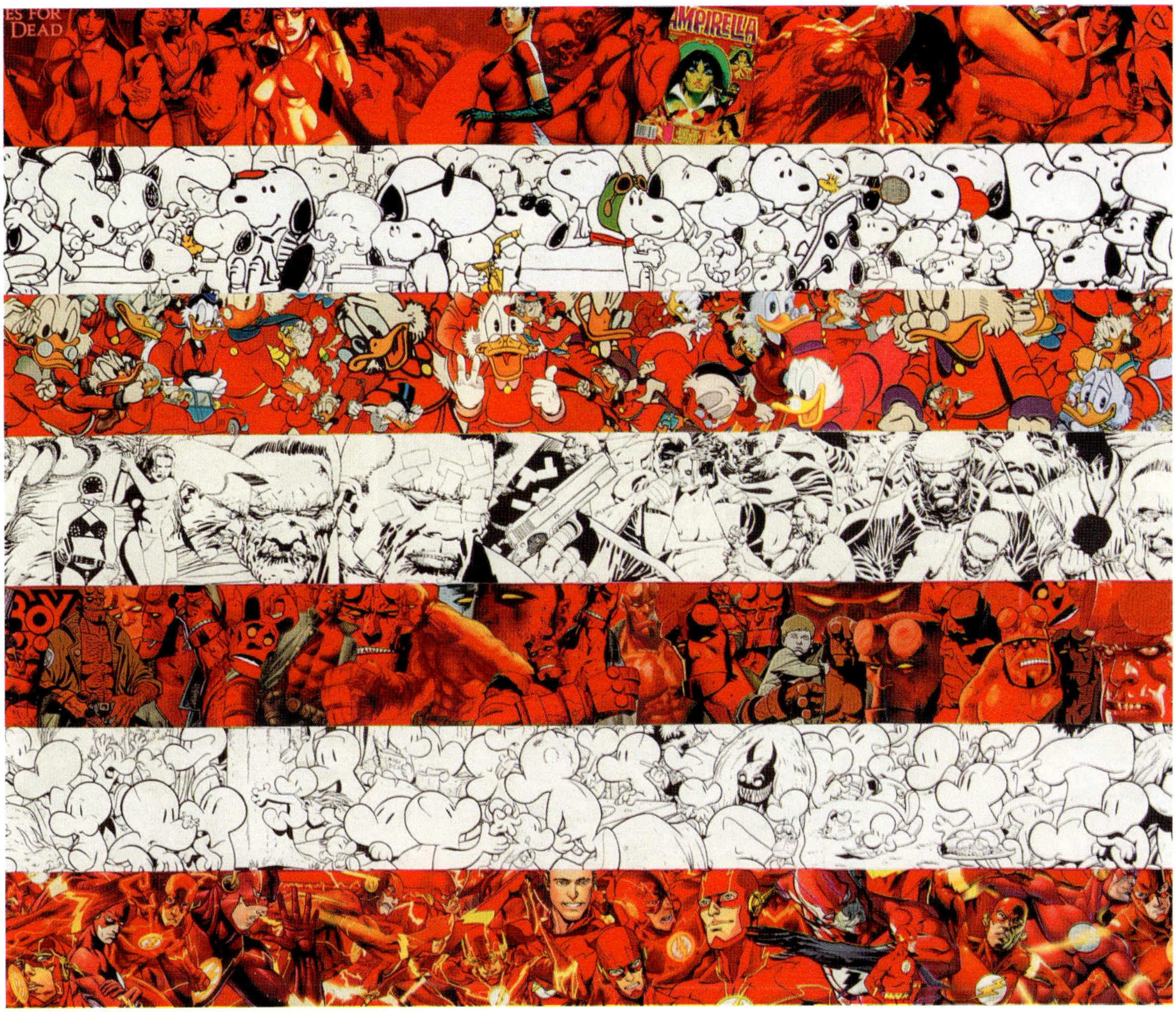

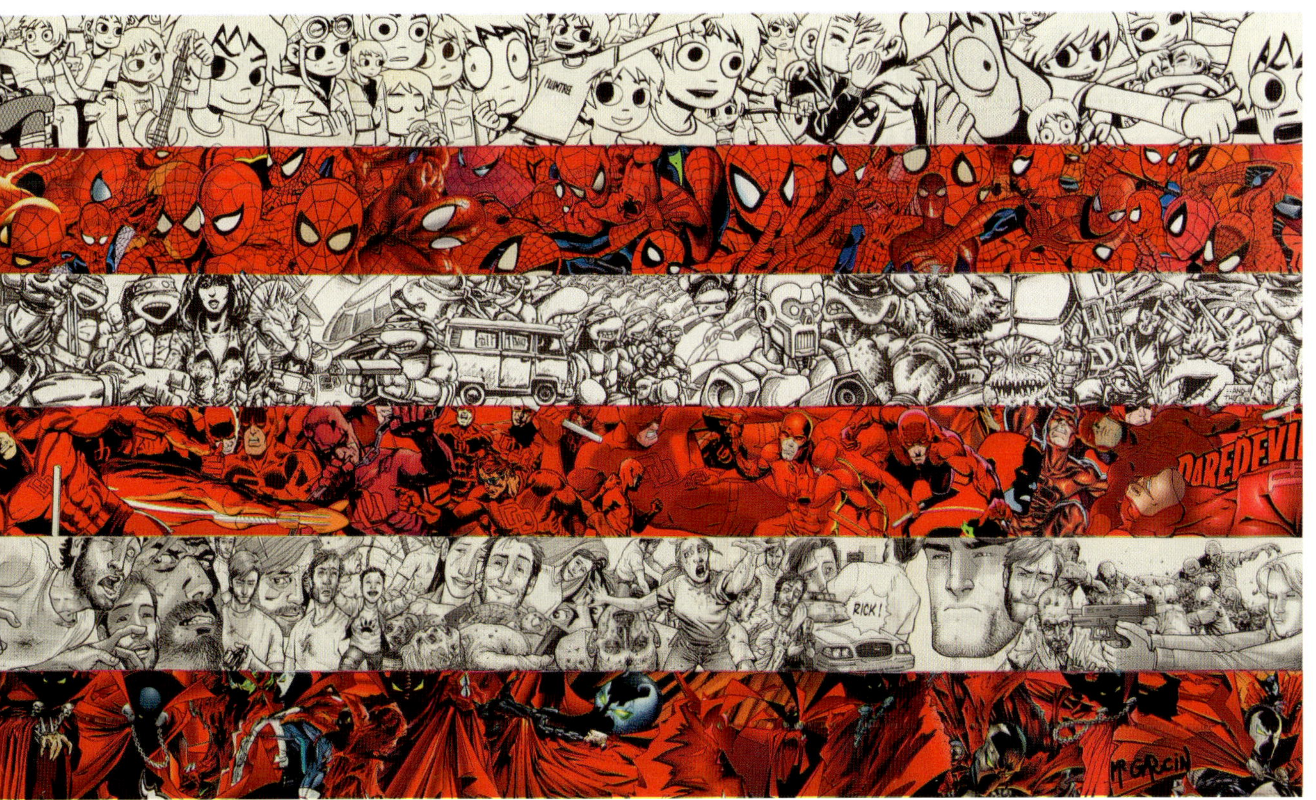
RICK!

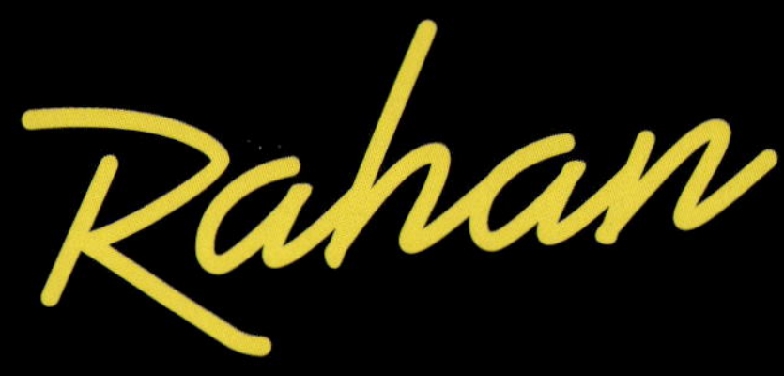

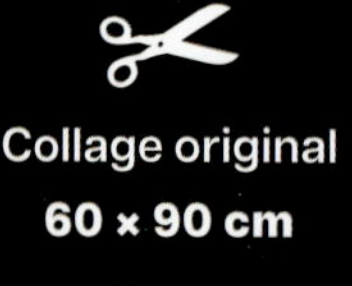

Collage original
60 × 90 cm

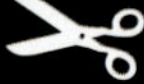

« Dans les années 1980, enfant, j'ai brièvement découvert *Rahan* dans le magazine *Pif Gadget*. Ça ne m'avait pas marqué plus que ça, contrairement à mon père qui, lui, était fan. Ce sont des années plus tard, en ouvrant un album, que j'ai été bluffé par le dessin, très proche du style « *comics* », contrairement à beaucoup d'autres BD de la même époque. La mise en couleur m'a également beaucoup plu. J'ai ainsi mis de côté, dans un coin de ma tête, l'éventualité d'en faire un collage. Quelque temps plus tard, une commande sur le thème de « Rahan » m'est parvenue, de la part de mon galeriste David Chabannes, pour un client à lui. Il était temps pour moi de me pencher enfin sur le sujet… »

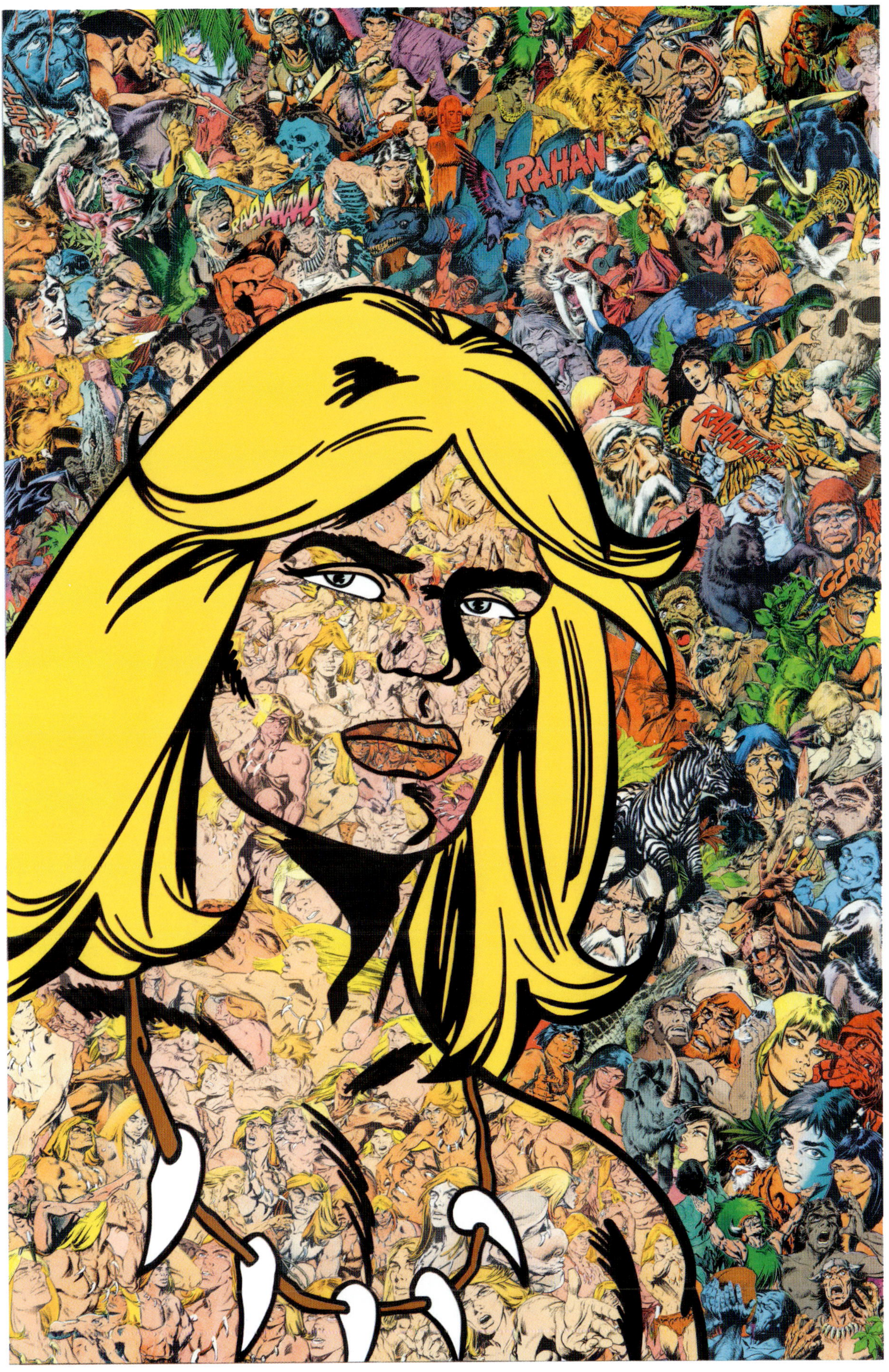
RAHAN

Wolverine

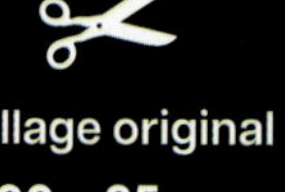

Collage original
100 × 65 cm

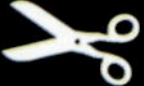

« Personnage culte de l'univers Marvel, ce bon vieux « Serval » (connu sous ce nom par les plus vieux d'entre nous) n'était toujours pas passé sous les lames de mes ciseaux. Il aura fallu attendre la commande d'un particulier pour que je m'attelle à la tâche. La décision de le représenter dans son costume originel (bleu et jaune) fut immédiate. Sans oublier son

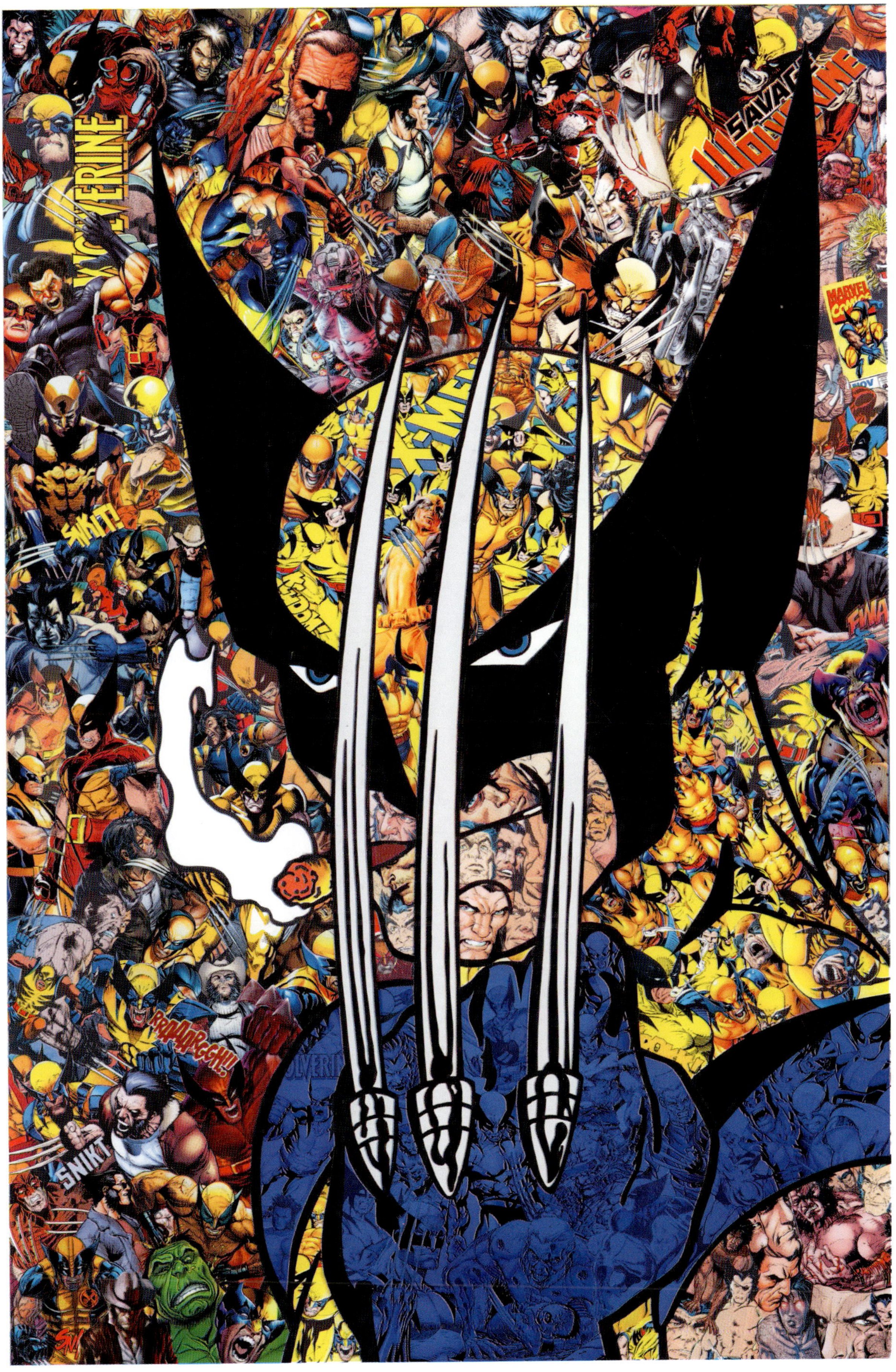
WOLVERINE
SNIKT

2019

143

Birds

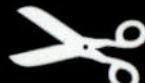

Collage original
50 × 40 cm

« Les œuvres 143, 144 et 145 ont été créées spécialement pour l'expo annuelle d'art urbain La Galerie éphémère (Villeneuve-lès-Maguelone). Cette dernière a lieu lors de la journée mondiale des zones humides. La nature et les animaux (principalement oiseaux et animaux marins) sont ainsi mis en avant. J'avais récupéré quelque temps avant des livres anciens sur les animaux dans le but d'en faire un jour un collage. J'adore en effet ces magnifiques dessins (souvent des peintures) des années 1950-1960 ; c'était donc le moment parfait pour m'en servir. Lors de cette exposition (dans une grande maison abandonnée), on confie à chaque artiste une pièce. Mon but fut de réaliser des petits collages qui, une fois scannés, sont devenus de grandes tapisseries, qui ont recouvert les murs. J'ai commencé par cet assemblage d'oiseaux aux multiples couleurs qui, une fois agrandi, fut du plus bel effet ! »

Voir page 050

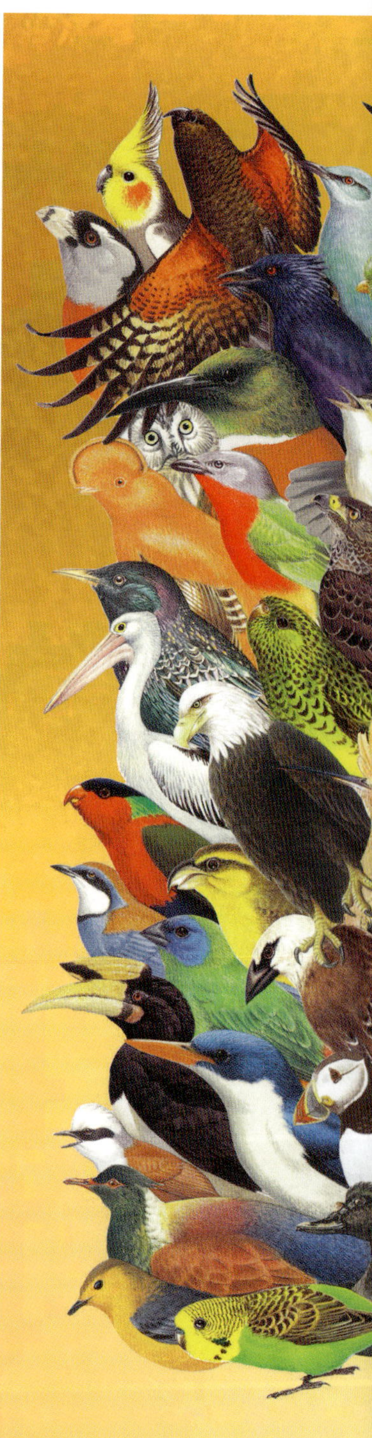

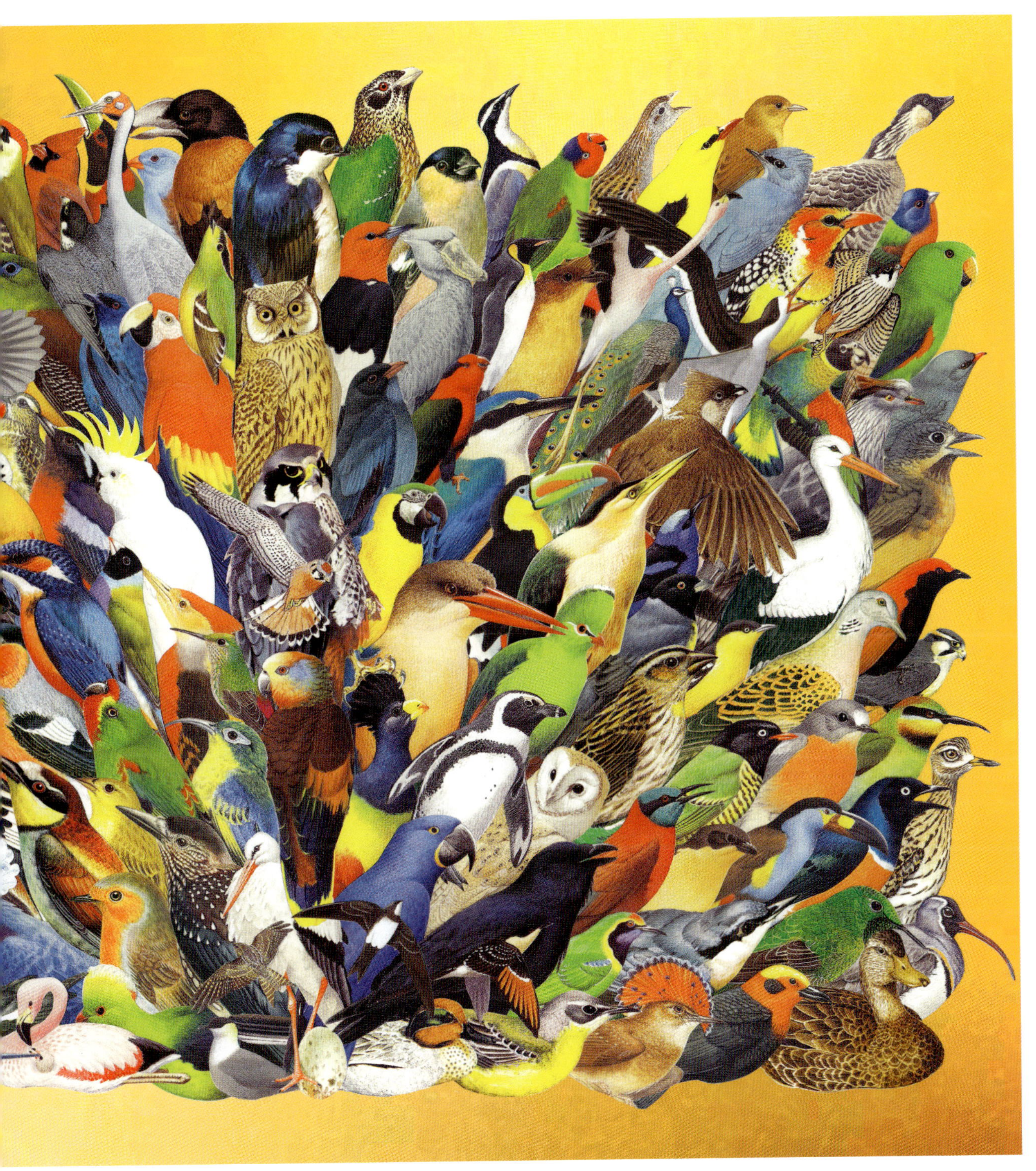

Wild

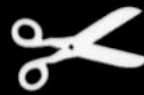

Collage original

32 × 32 cm

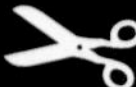

« J'avais adoré faire, en 2017, le collage *Welcome to my Jungle*. Je m'en suis donc inspiré pour réaliser celui-ci et retrouver le côté luxuriant et mystérieux de la jungle. J'ai été très content du résultat, et ce fut un vrai plaisir de le voir agrandi et tapisser un des murs de ma pièce lors de la Galerie éphémère 2019. »

Voir page 050

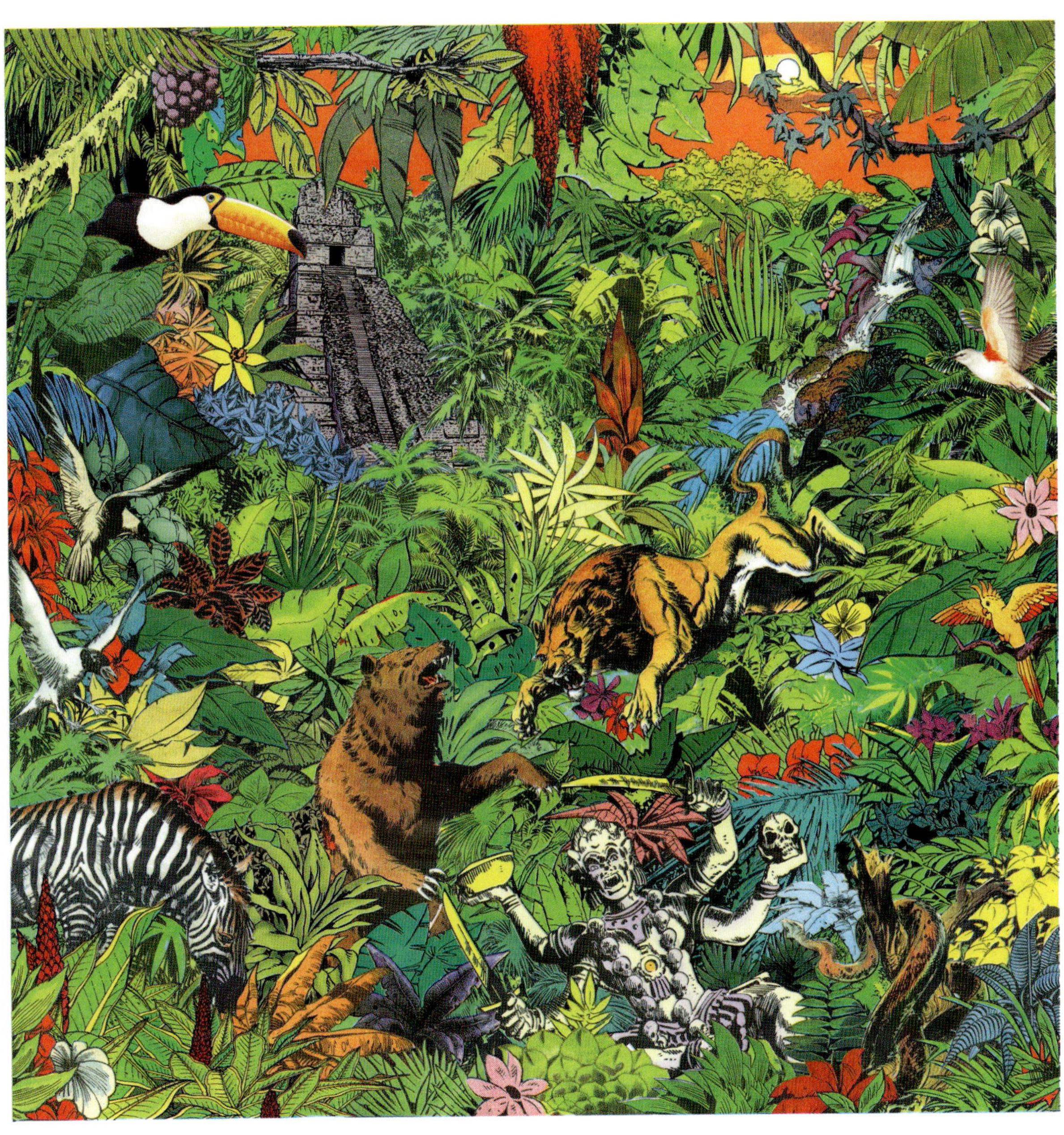

La grande Marche

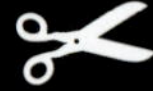

A-1

Hauteur 296cm Largeur 116cm

A-2

Hauteur 296cm Largeur 116cm

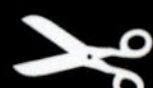

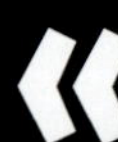

Œuvre numérique qui servira de base pour la réalisation de ma tapisserie utilisée lors de la Galerie éphémère 2019 (voir 145-A1 et 145-A2). »

Voir page 032

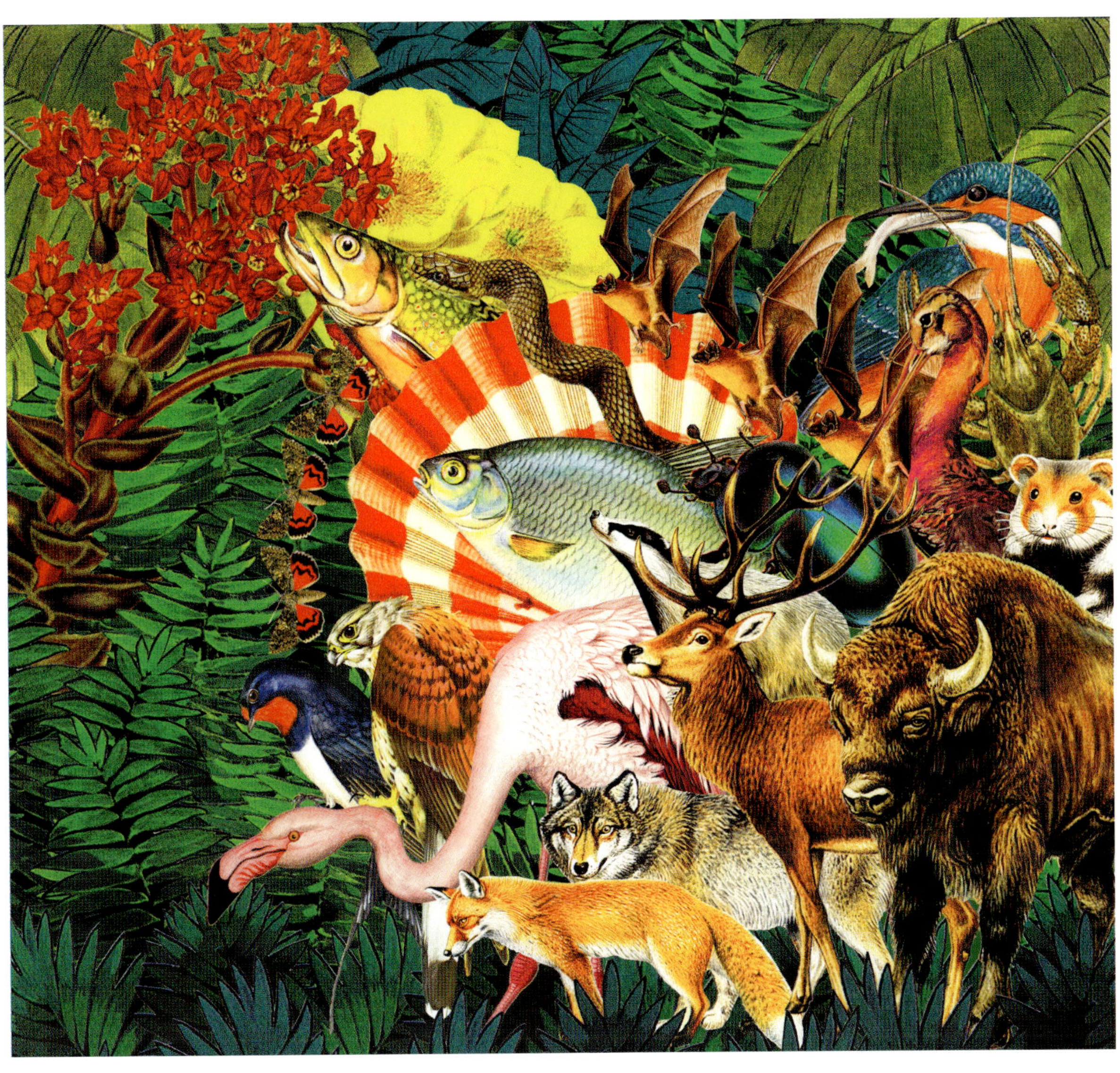

A-1

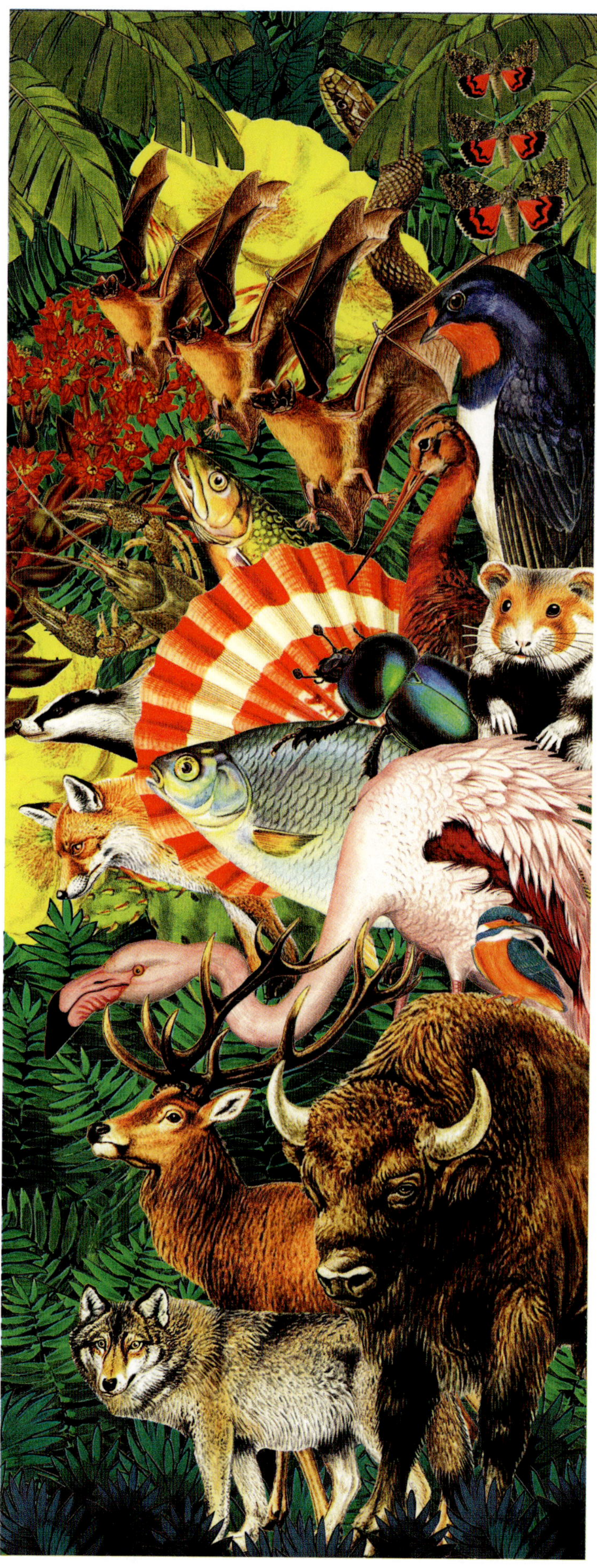

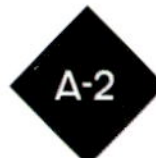
A-2

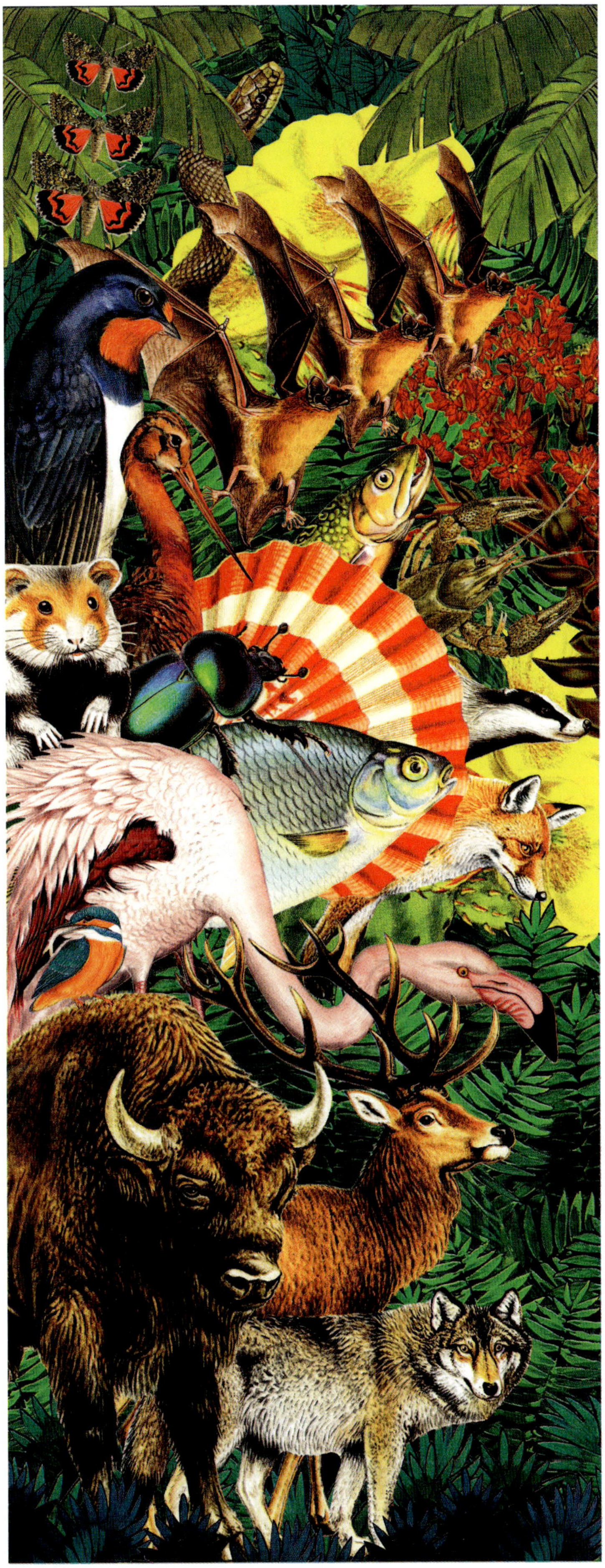

146

Hannya

Collage original
106 × 75 cm

« Grand fan de l'esthétisme des estampes traditionnelles japonaises, j'ai toujours eu envie de réaliser une œuvre les mettant en avant. Après m'être procuré plusieurs ouvrages leur étant consacrés, j'ai enfin pu m'y mettre ! Passionné par les monstres et les créatures fantastiques en général, j'ai décidé de représenter le masque d'Hannya au centre de l'œuvre. Dans le folklore japonais, Hannya est le fantôme d'une femme revenue sur terre pour assouvir sa vengeance… »

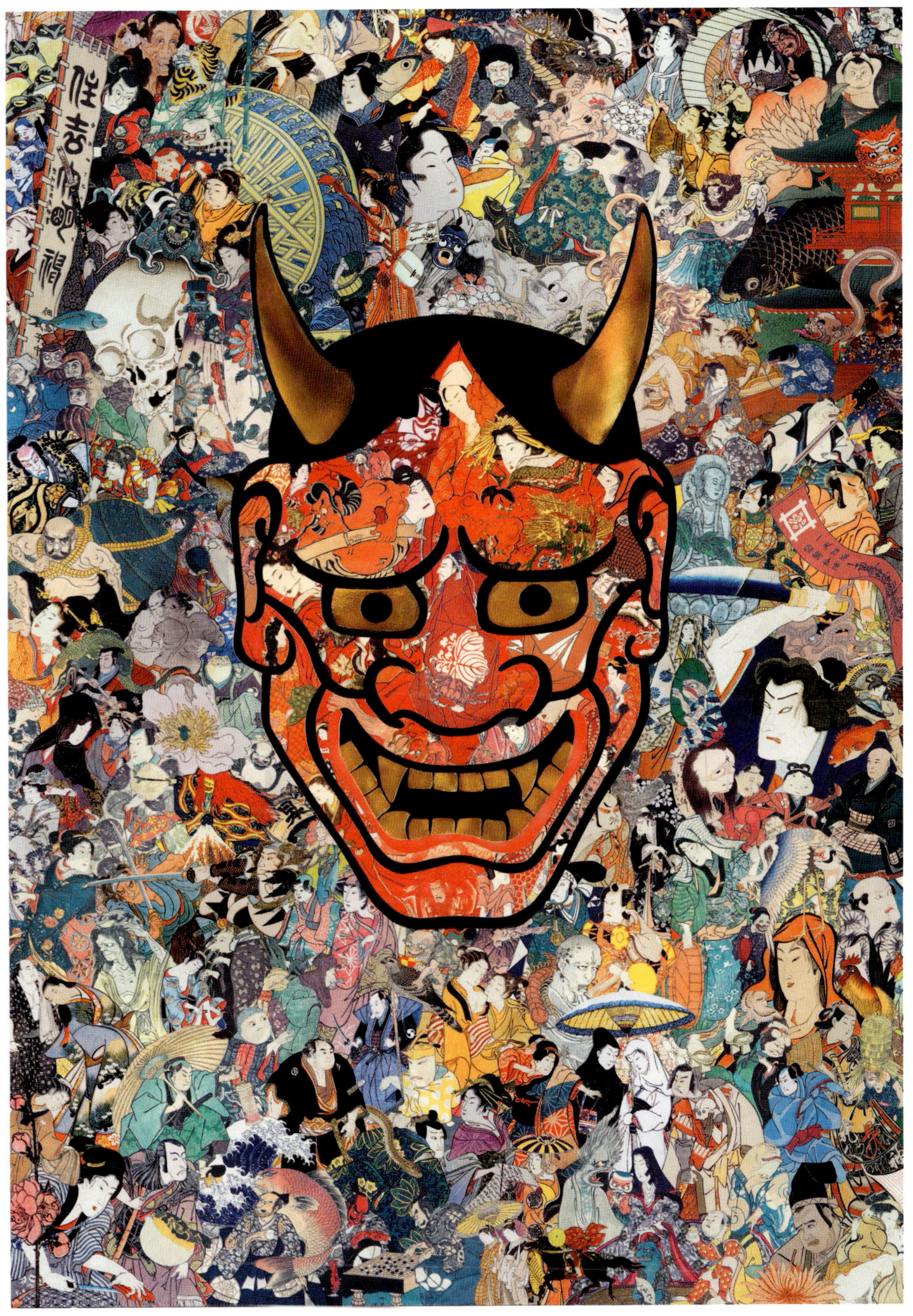

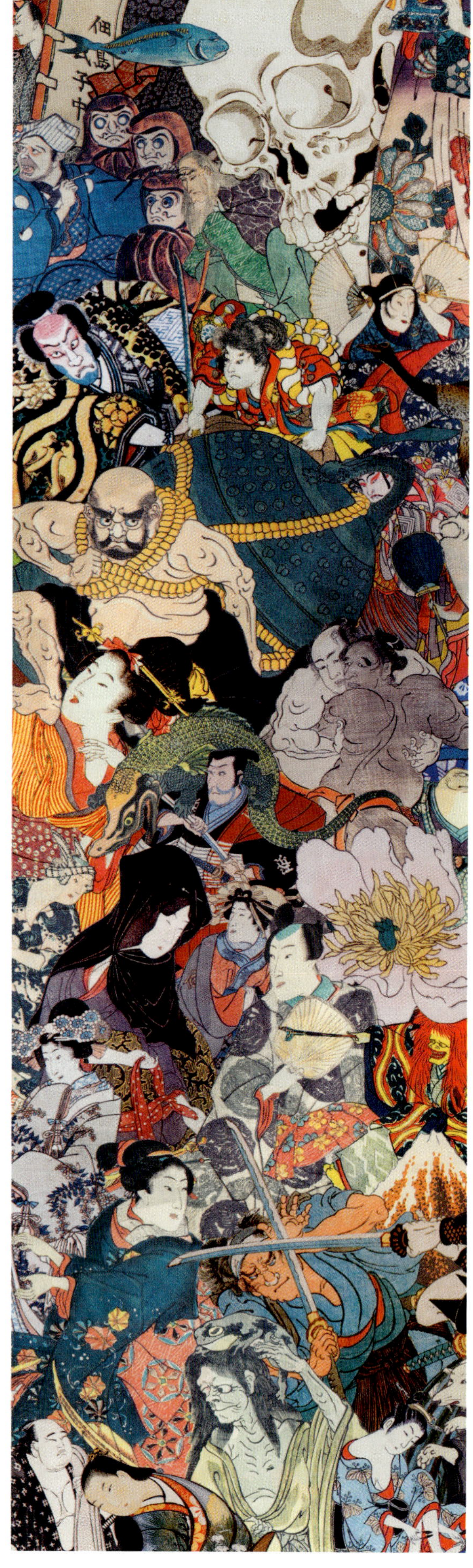

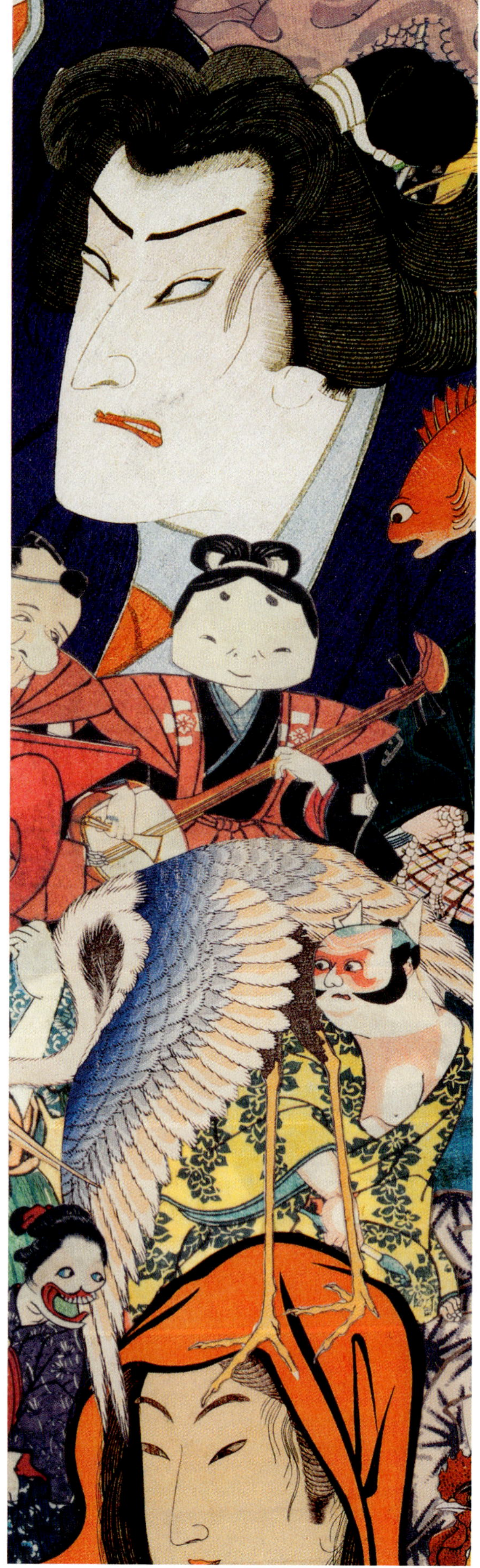

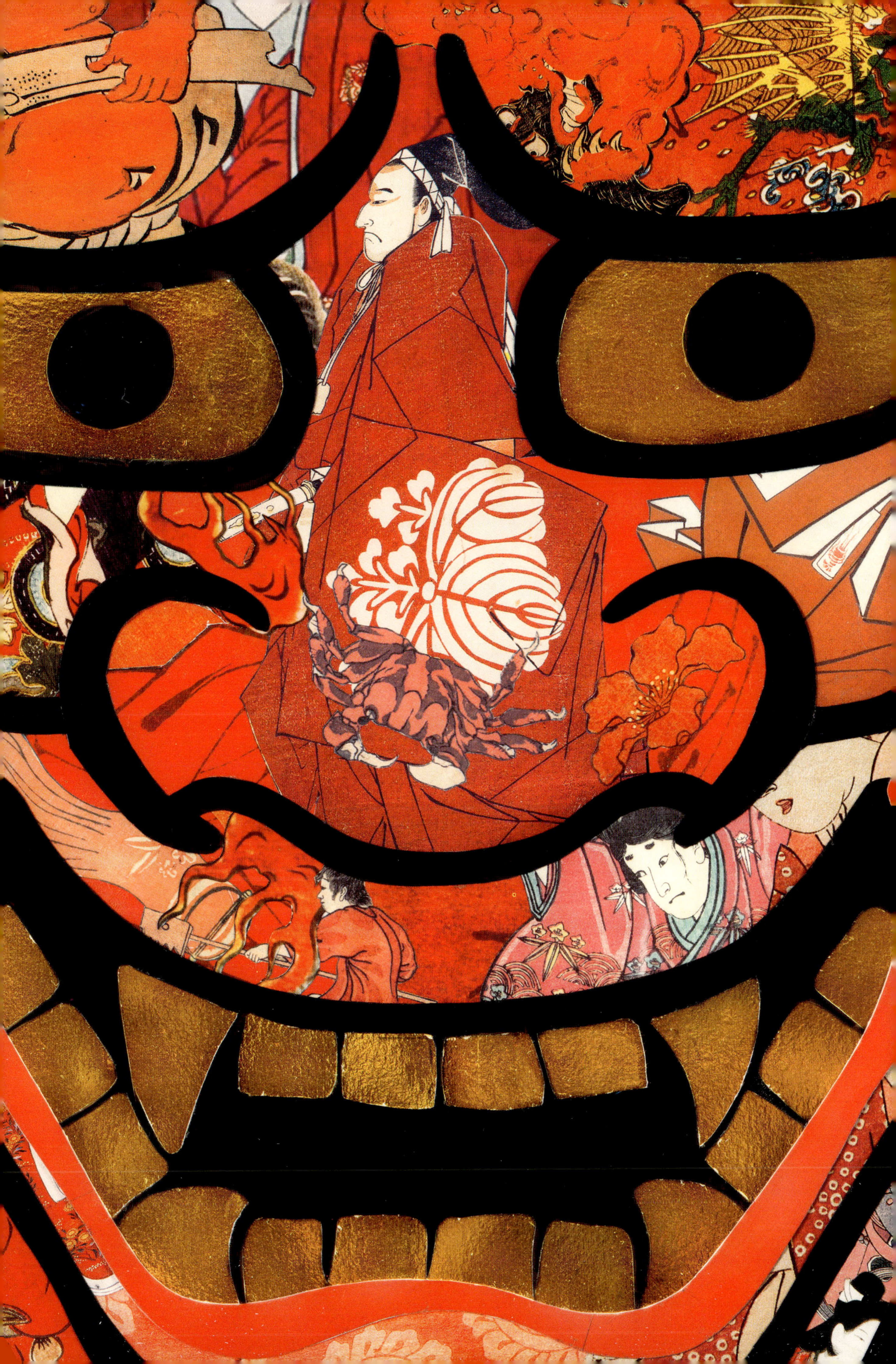

Harley Quinn

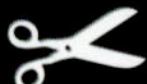

Collage original
21 × 30 cm

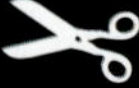

« Cette œuvre vient de l'envie de réaliser un petit format avec beaucoup de couleurs acidulées. Le premier personnage qui m'est venu en tête est Harley Quinn. Ce qui tombait bien, car je ne m'étais encore jamais penché sur son cas. Je suis très content du résultat, notamment de l'agencement de toutes ces couleurs. »

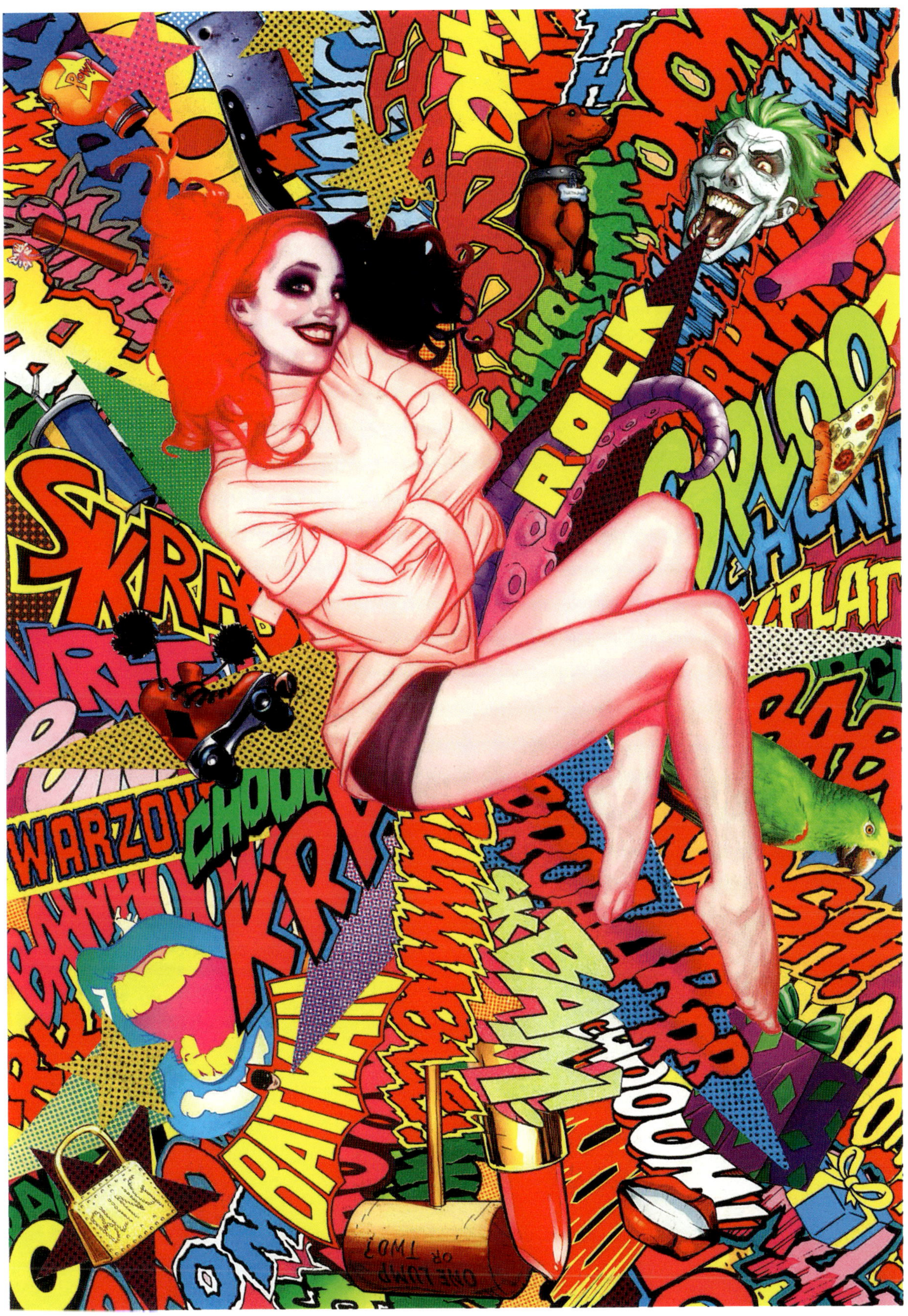
ROCK
SKRA
WARZON
BAM

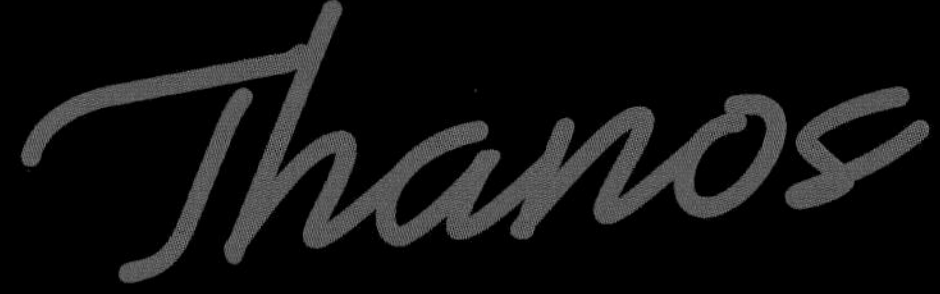

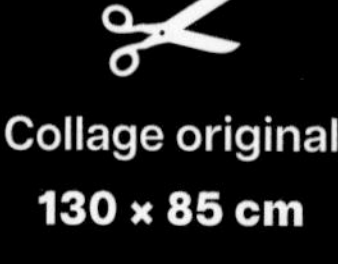

Collage original
130 × 85 cm

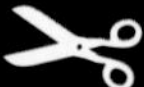

« À cette époque, cela faisait plusieurs années que je ne travaillais plus pour Marvel… sans savoir pourquoi ! La sortie évènement du film *Avengers: Endgame* a ravivé en moi une petite flamme et m'a donné envie de réaliser une grande œuvre comprenant un maximum de personnages Marvel, ainsi que le fameux Thanos en premier plan. Ce que je ne savais pas encore, c'est que cette dernière finirait par être une *variant cover* pour le *comics Marvel #1001*. Sur l'œuvre originale, on peut trouver la tête de Stan Lee (à droite, à côté du gant de Thanos). J'ai malheureusement dû la recouvrir afin que la couverture ne pose pas de problèmes de droits à l'image. »

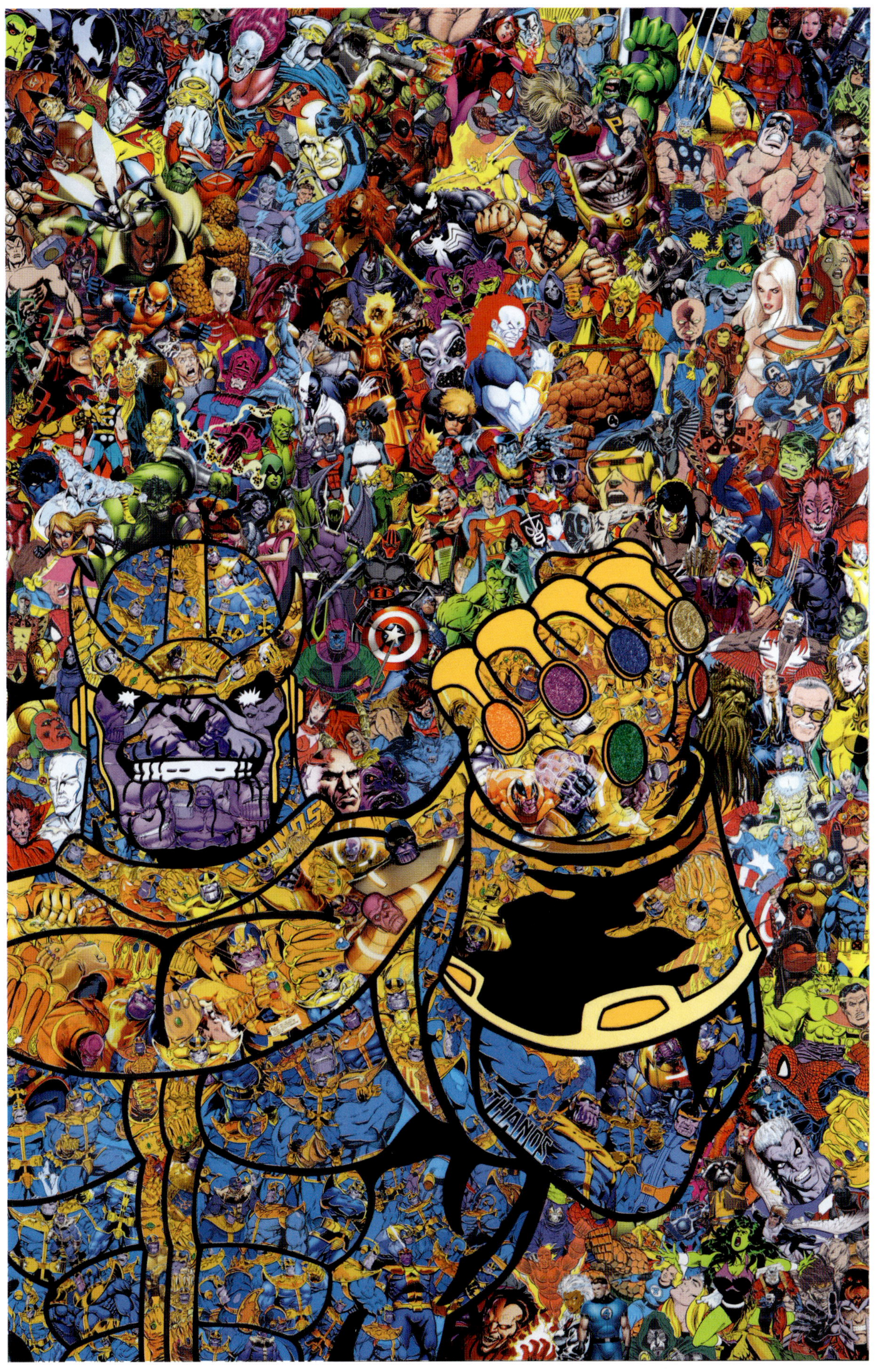
THANOS

80 years

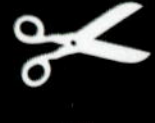

Contre-collé sur dibond
120 × 70 cm

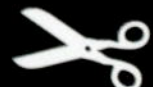

« À mon grand regret, cela faisait bien cinq ans que je ne travaillais plus avec Marvel. Je n'ai cependant jamais arrêté de leur écrire. Au moins un e-mail par an pour les relancer, mais sans jamais avoir de réponse. En apprenant, fin 2018, que Marvel allait bientôt fêter ses 80 ans, je me suis mis à rêver d'une couverture réunissant leurs personnages principaux (et même plus), ainsi que tous les plus grands artistes ayant marqué de leur empreinte la « maison des idées » ! J'ai donc écrit à tous mes contacts Marvel, ainsi qu'au rédacteur en chef de *Marvel Comics*, C. B. Cebulski (grâce à mon ami JL Mast), afin de les informer de ma grande envie de travailler sur cet évènement. Une fois de plus, aucune réponse… Enfin, pas vraiment, car six mois plus tard, je recevais un e-mail me demandant si je voulais réaliser une variant cover pour le *Marvel #1000* célébrant les huit décennies d'existence du plus célèbre des éditeurs de *comics* ! C'était vraiment inespéré pour moi à ce moment-là ! Je me suis donc régalé à travailler sur cette œuvre, même si je savais que je n'avais pas droit à l'erreur… J'ai d'ailleurs, pour l'occasion, demandé quelques conseils à mon entourage (Gilles Coin, le Commis des Comics, François Gaillard, etc.) afin de ne rien oublier d'important. »

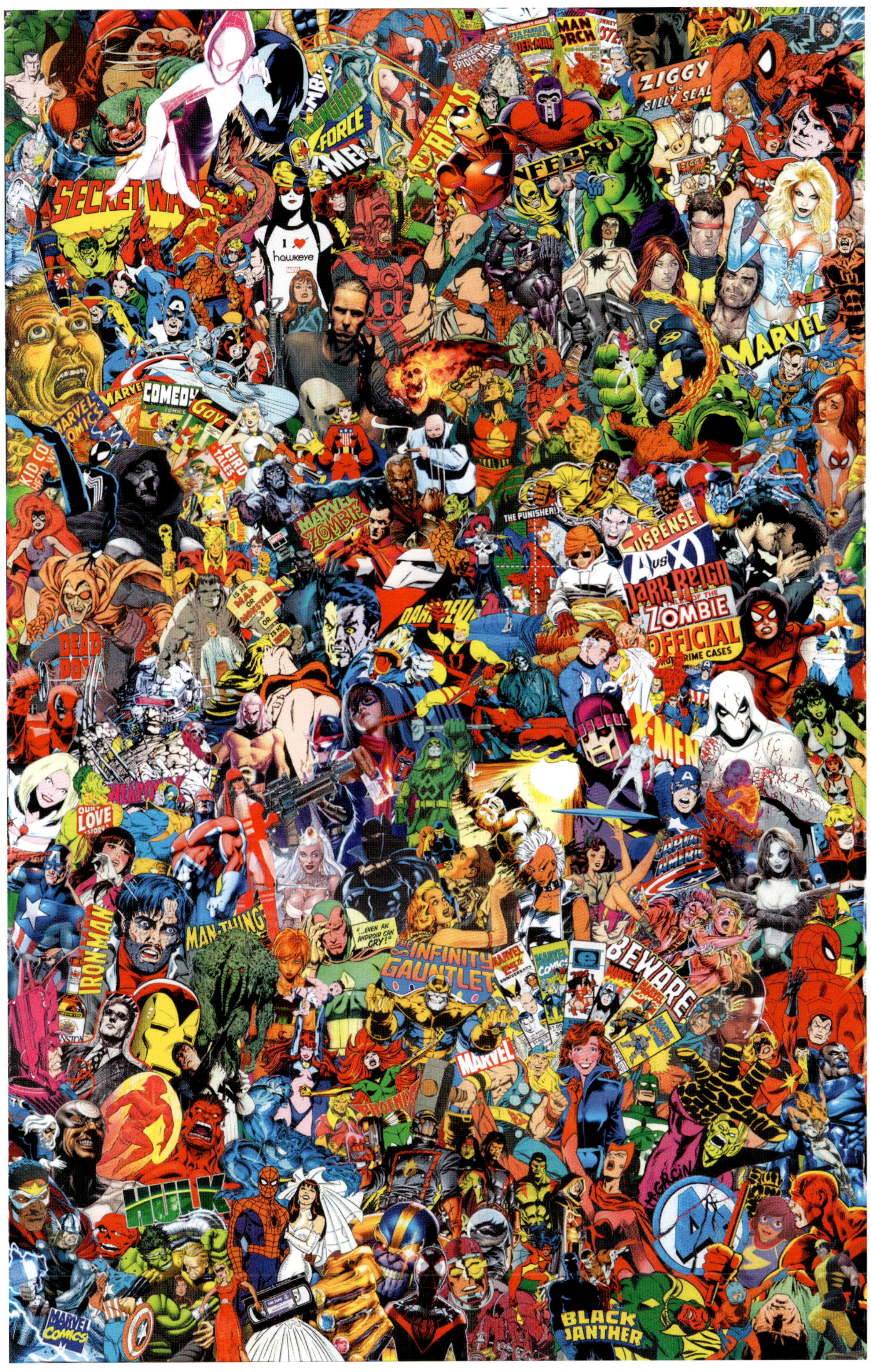
SECRET WARS
ZIGGY
SILLY SEAL
X-FORCE
AVENGERS
MARVEL
COMEDY
THE PUNISHER!
SUSPENSE
A VS X
DARK REIGN
ZOMBIE
OFFICIAL
X-MEN
MAN-THING
IRON MAN
INFINITY GAUNTLET
BEWARE
MARVEL
HULK
MARVEL COMICS
BLACK PANTHER
MGARCIN

« Quelques mois après que mes commanditaires ont reçu l'œuvre, elle fut dévoilée au public sur Internet. Et là, cauchemar ! Un fan remarque que j'ai malencontreusement intégré deux personnages (en train de s'embrasser) issus de l'univers DC Comics ! L'ultime collage sur Marvel qui comporte une erreur ! Argh ! J'avais récupéré ces derniers sur Internet. Je voulais inclure l'image symbolique du premier mariage gay chez Marvel sans savoir que DC Comics en avait fait de même… Pas de chance, j'ai récupéré les personnages DC, et Marvel ne l'avait pas vu ! Heureusement, le comics n'était pas encore imprimé. J'ai donc pu corriger mon erreur sans que cela ait de conséquence. Enfin, si. Elle a beaucoup fait parler d'elle sur Internet, et au-delà ! Chose assez marrante : lors de ma modification, Marvel en a profité pour me faire changer plusieurs détails. À croire qu'ils n'avaient vraiment pas regardé mon travail. Heureusement, tout s'est bien terminé. On peut quand même dire que mon retour chez Marvel n'est pas passé inaperçu ! »

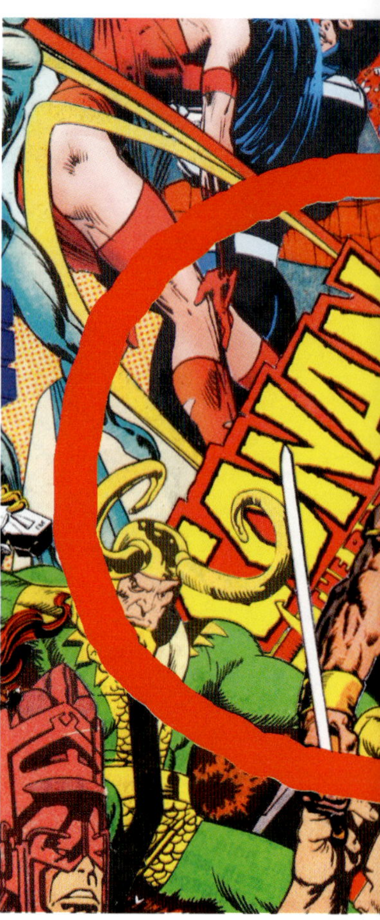

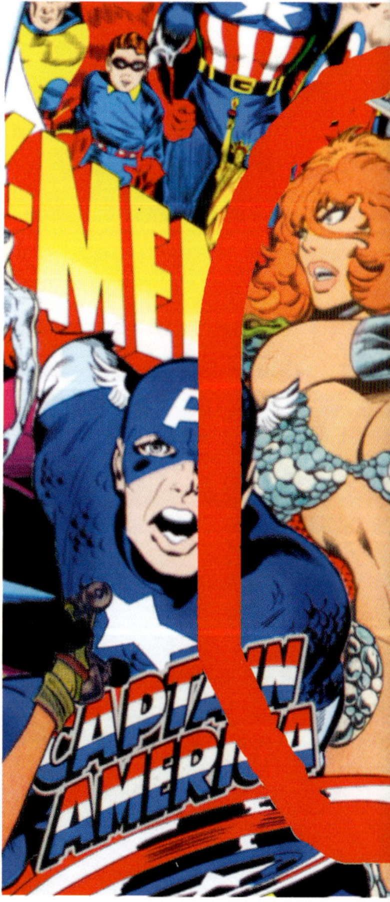

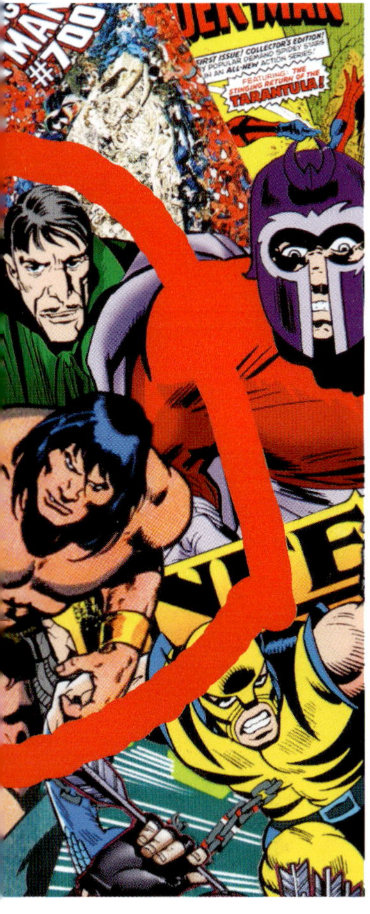
#700
TARANTULA!

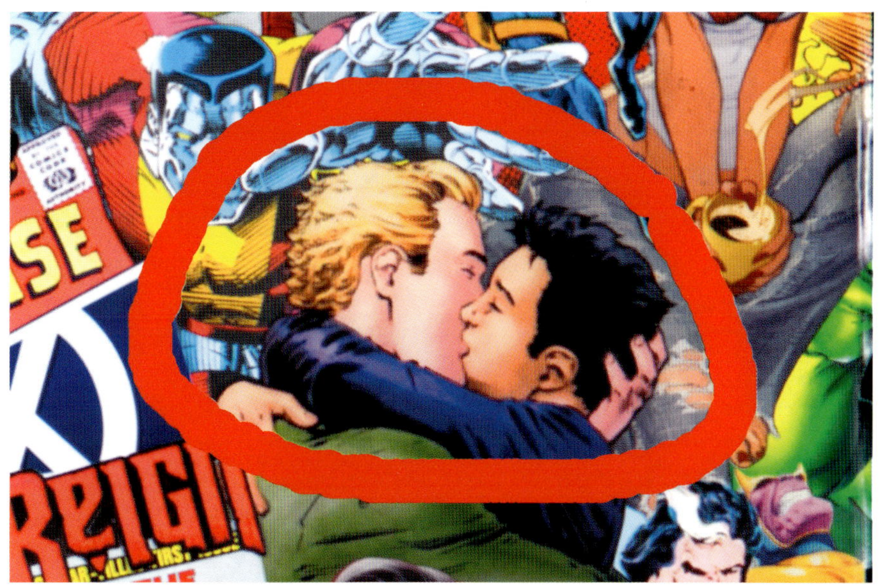

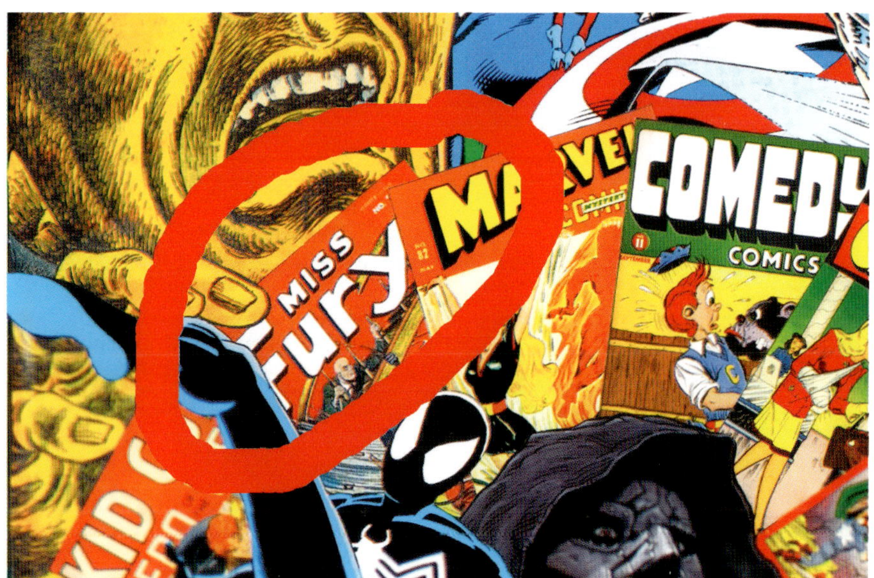
MISS
Fury
COMEDY
COMICS

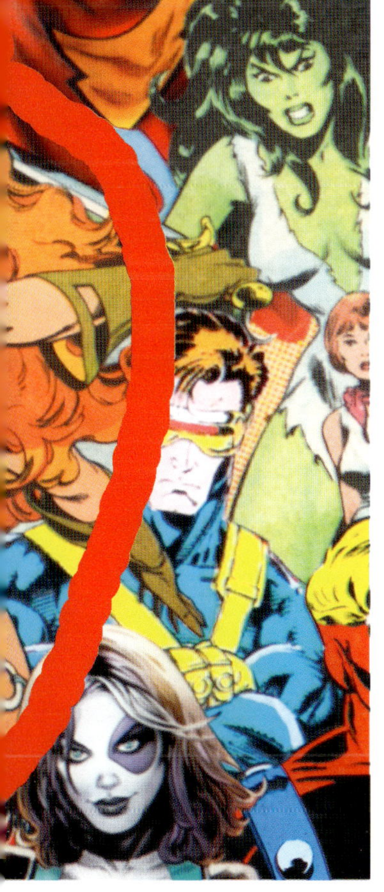

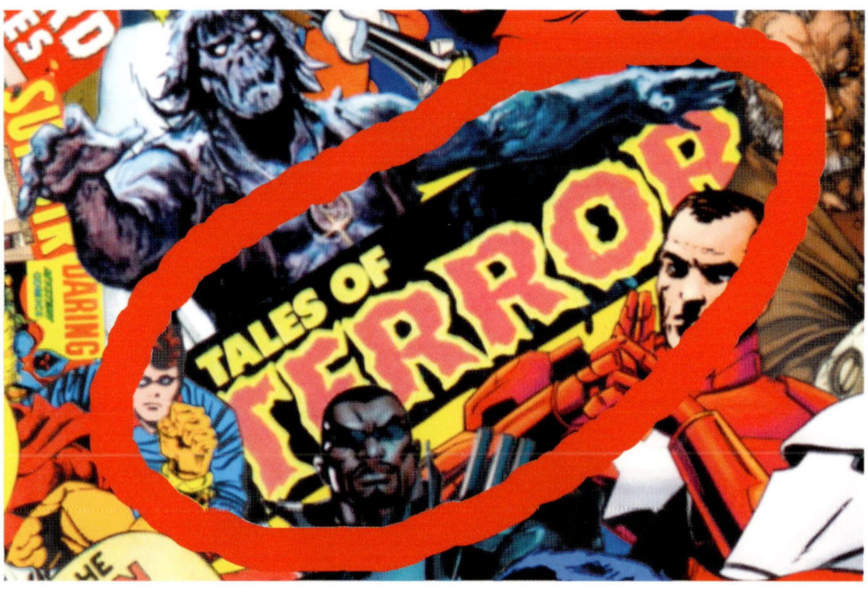
TALES OF
TERROR

Arcade Games

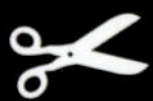

Collage original
30 × 21 cm

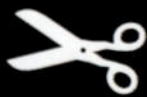

« Début 2019, j'ai été contacté par les amis du célèbre youtubeur rétrogaming Wahwah afin de réaliser une œuvre pour ses 40 ans. Après plusieurs sujets envisagés, c'est celui sur les classiques de l'arcade qui a été choisi. Une bonne chose, car c'était mon préféré ! Je me suis ainsi régalé à compiler tous ces titres et personnages légendaires du jeu vidéo au sein d'une même œuvre avec, en son centre, le célèbre Marco de la série *Metal Slug* ! »

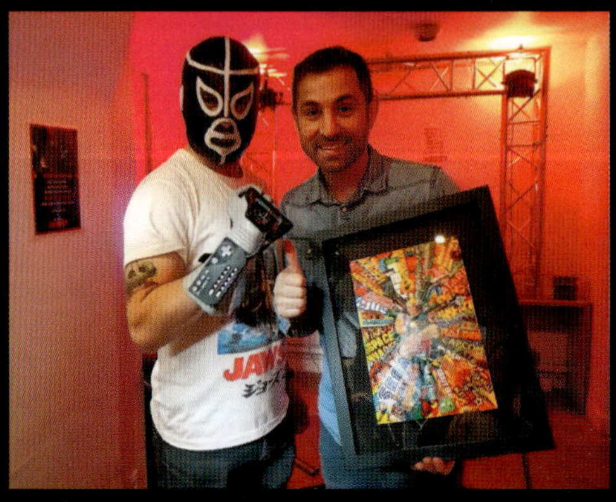

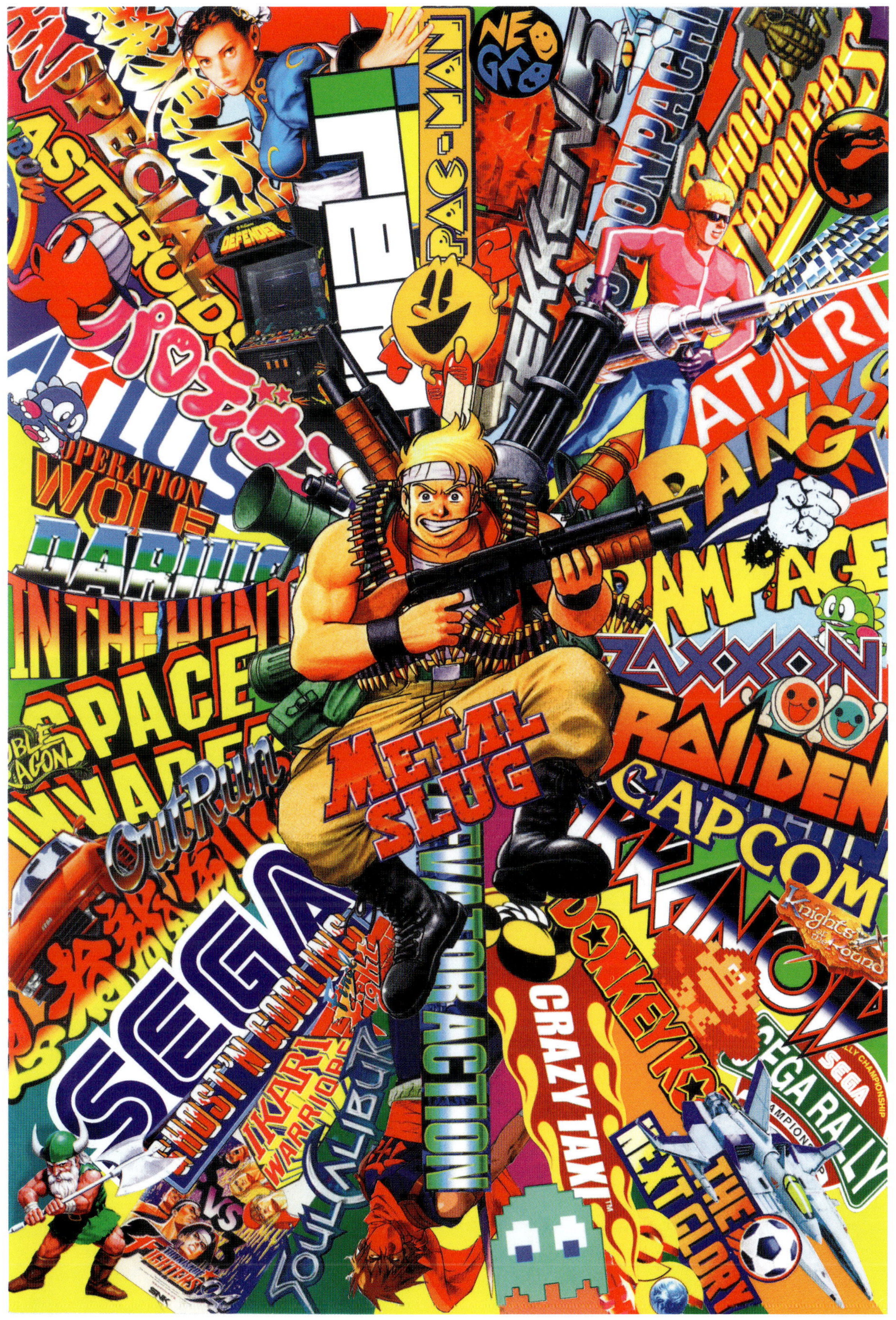
NEO GEO
PAC-MAN
TEKKEN
DONPACHI
Shock Troopers
DEFENDER
ATLUS
ATARI
PANG
OPERATION WOLF
IN THE HUNT
RAMPAGE
ZAXXON
SPACE
RAIDEN
CAPCOM
METAL SLUG
OutRun
Knights of the Round
SEGA
IKARI WARRIORS
DONKEY KONG
CRAZY TAXI
SEGA RALLY
THE NEXT GLORY
VS
SNK

Empire

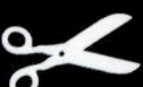

Collage numérique
Sérigraphie édition limitée par Vall'Arte
(30 exemplaires)
50 × 70 cm

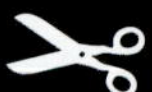

« Œuvre numérique née de l'envie de proposer quelque chose de différent et duplicable en sérigraphie. Même si c'est une œuvre numérique, elle est tout de même composée de découpages issus d'anciens comics. J'ai adoré « jouer » avec les couleurs, la symétrie et la multiplication de certaines pièces. »

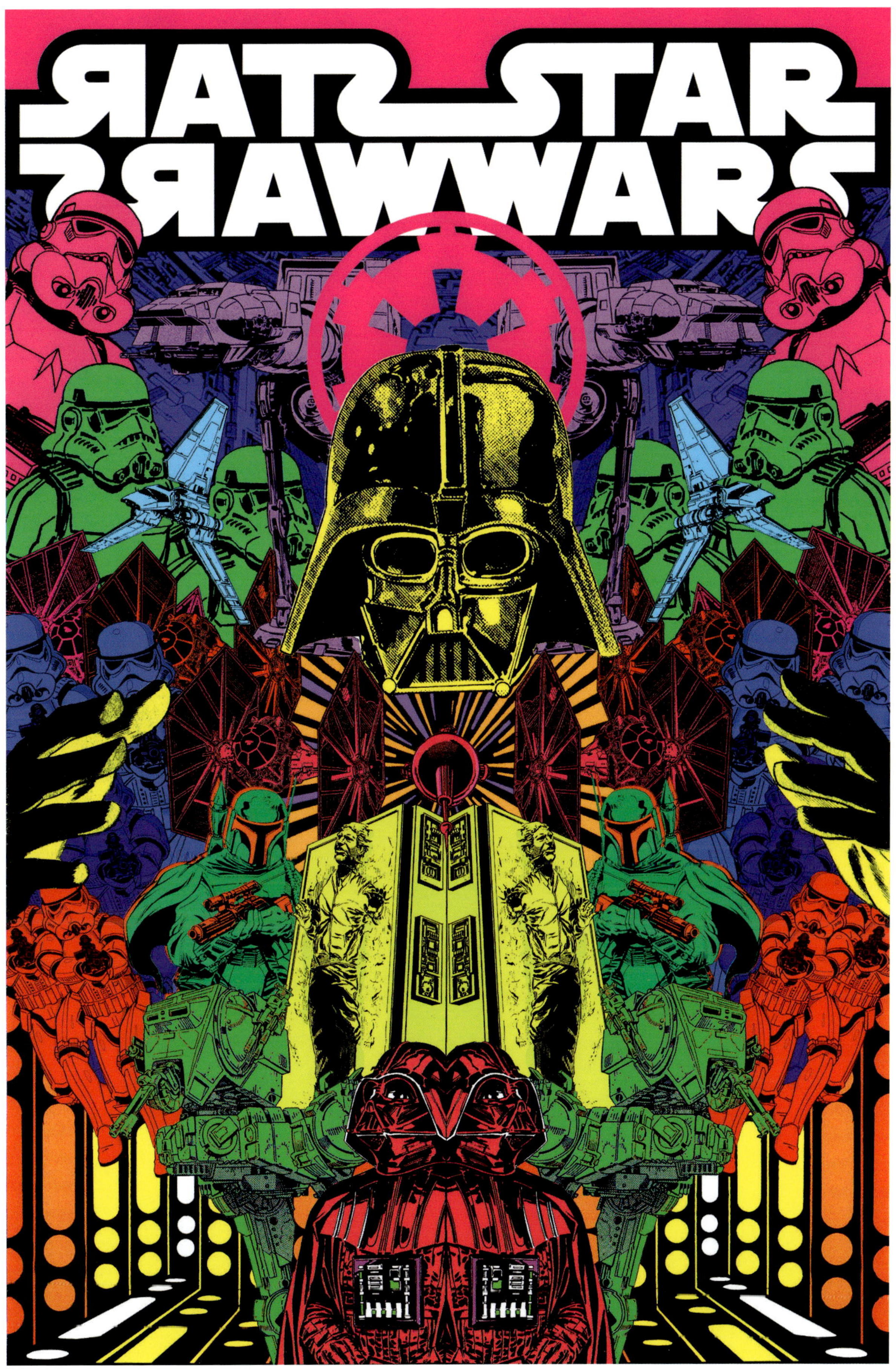
STAR
WARS

Neo-Geo

Collage original
120 × 80 cm

« Aaaah, la Neo-Geo… Cette console culte des années 1990 ! J'ai une histoire toute particulière avec cette console de luxe, que j'ai pu acheter avec une quinzaine de jeux pour une bouchée de pain pendant mon adolescence (encore merci au magasin qui liquidait son stock). Elle a transformé ma chambre en mini salle d'arcade ! C'est pour célébrer les 30 ans de la machine (en 2020) que j'ai voulu réaliser un collage hommage à la « Rolls » des consoles. Pour compléter cette célébration, j'ai également réalisé quatre vidéos YouTube à son sujet, remplies d'intervenants issus du milieu du jeu vidéo. »

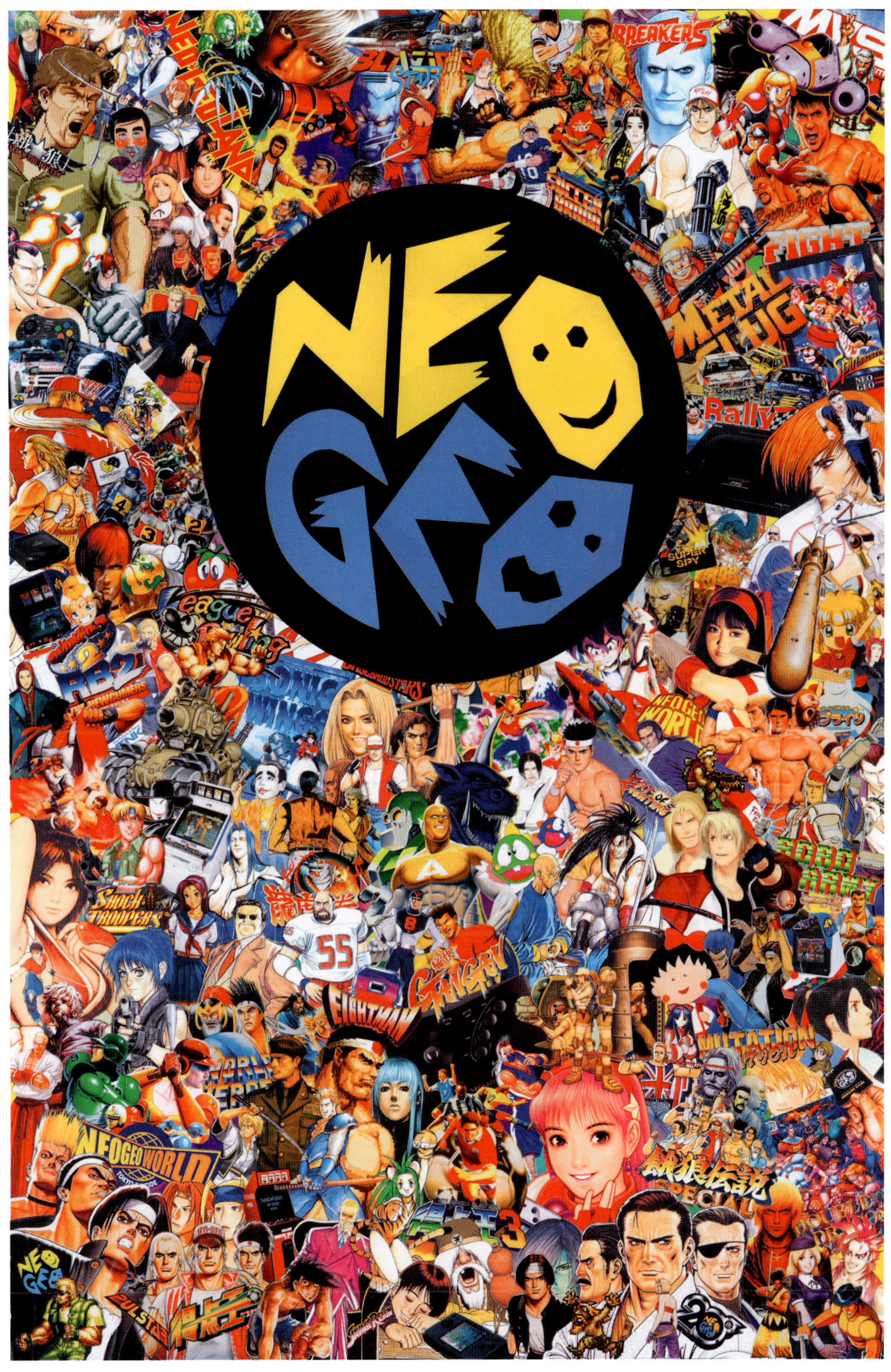
NEO GEO
METAL SLUG
Rally
SUPER SPY
SHOCK TROOPERS
EIGHTMAN
MUTATION
NEOGEO WORLD
餓狼伝説
SPECIAL

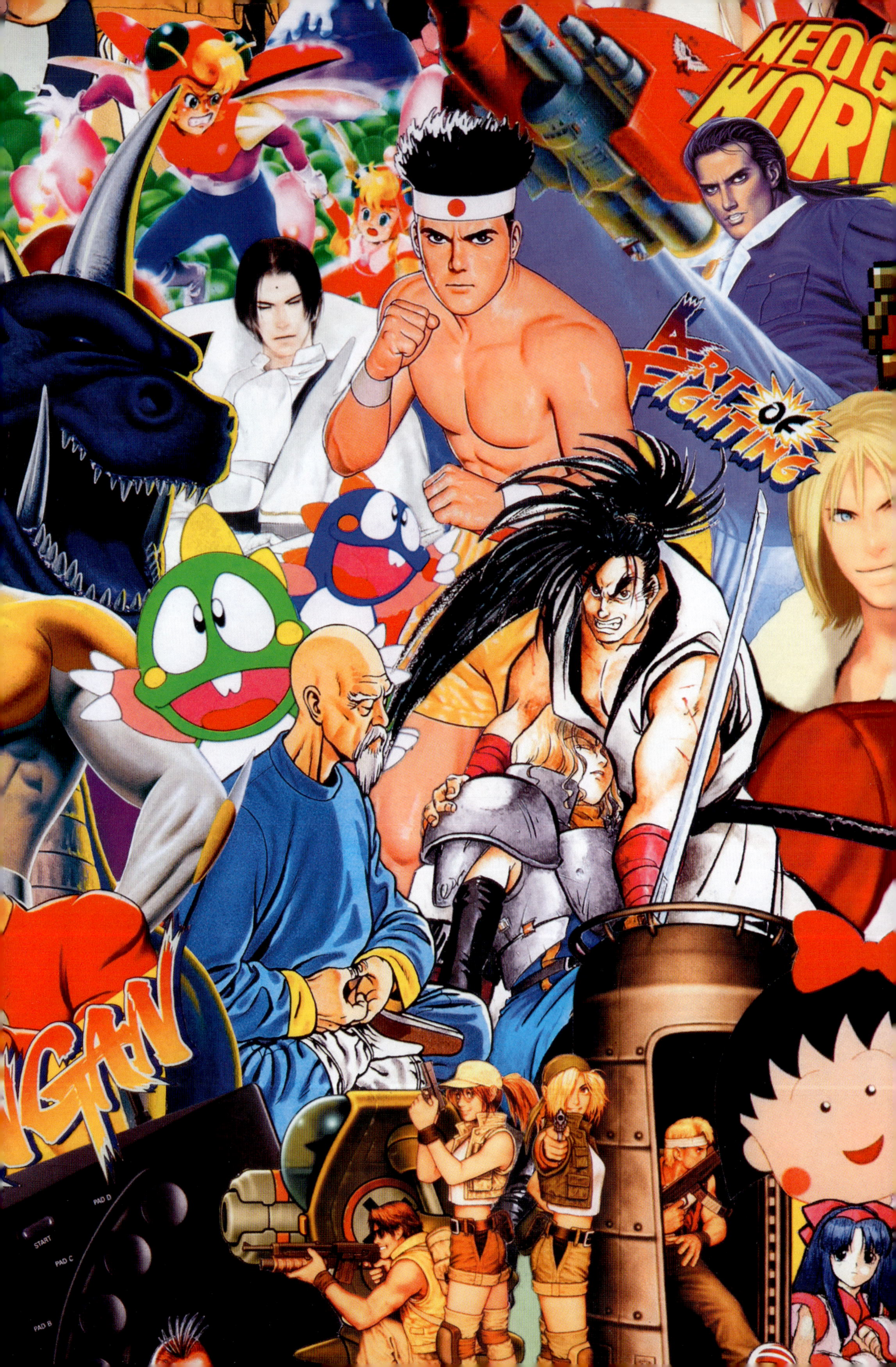

ART OF FIGHTING
PAD D
START
PAD C
PAD B

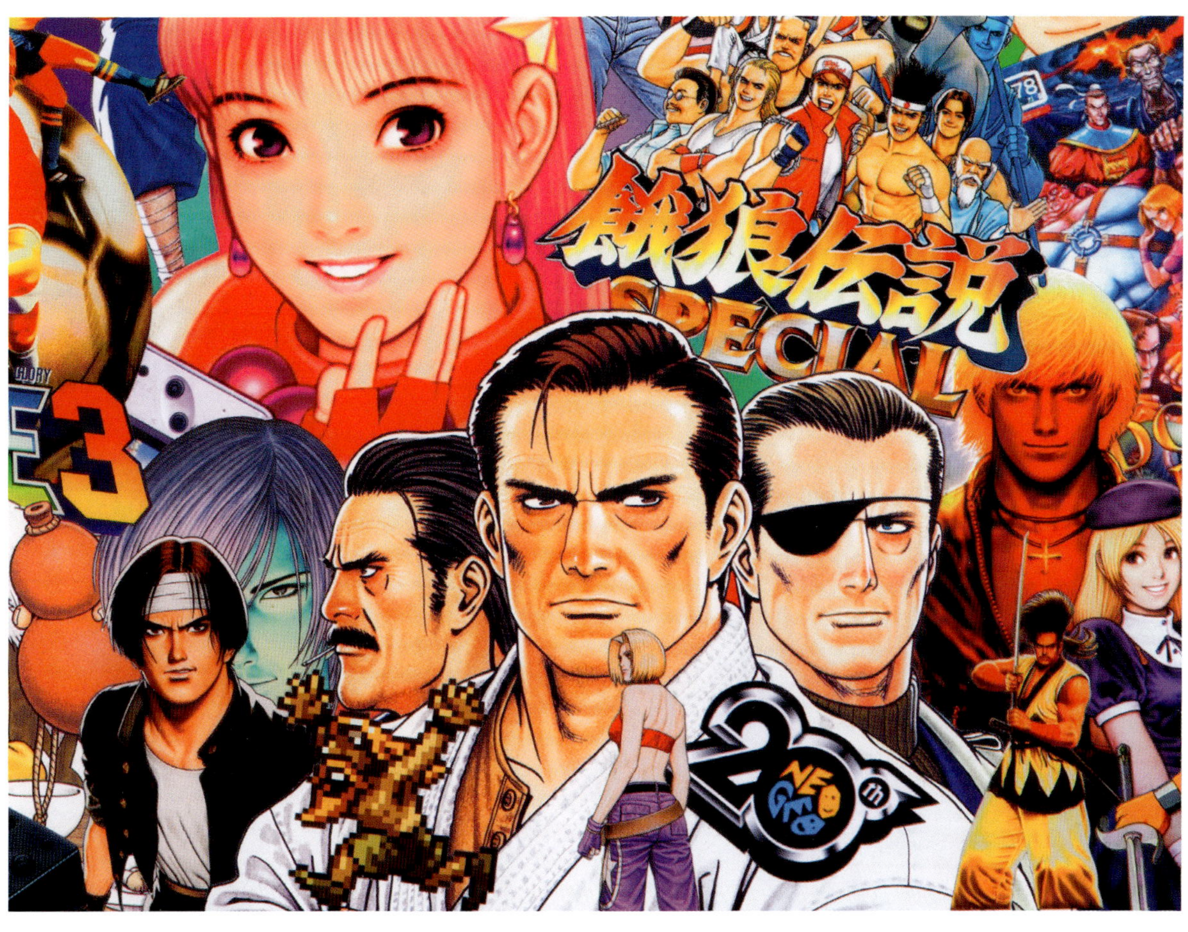
餓狼伝説
SPECIAL

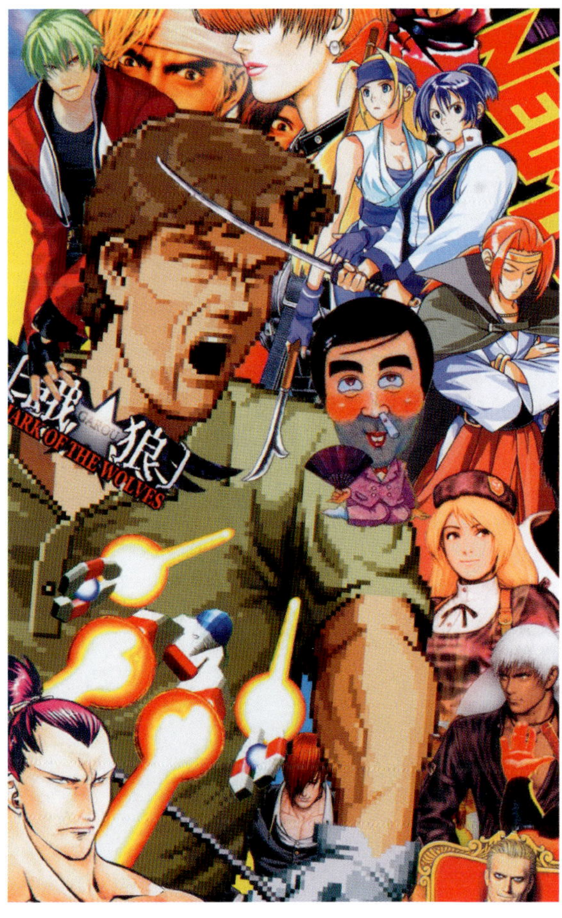
MARK OF THE WOLVES

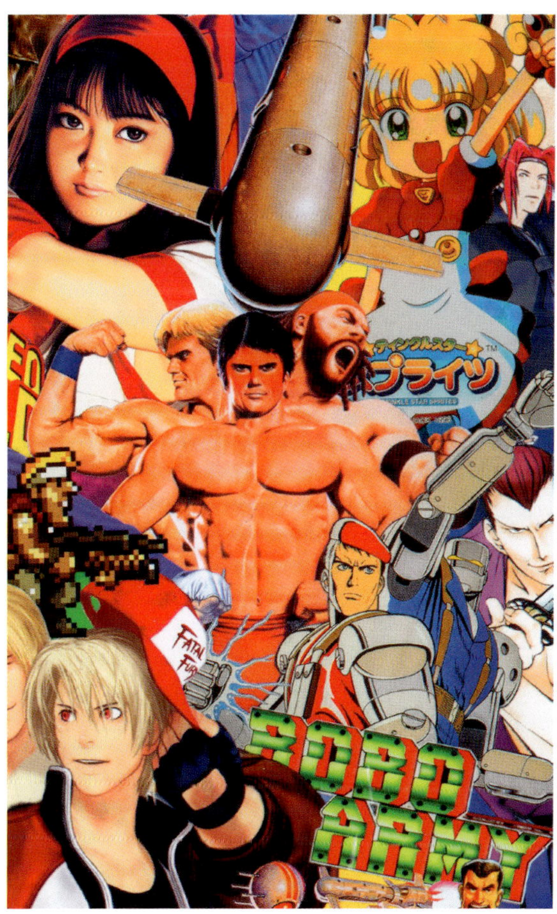
ROBO
ARMY

The Amazon

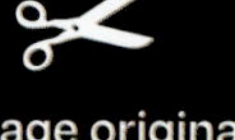

Collage original
60 × 90 cm

« J'avais déjà réalisé un collage hommage à Wonder Woman en 2016, mais il ne représentait pas le personnage sous forme de mosaïque. C'est ce que j'ai voulu faire ici. J'ai choisi de représenter une Wonder Woman des années 1970, car j'adore son style ! »

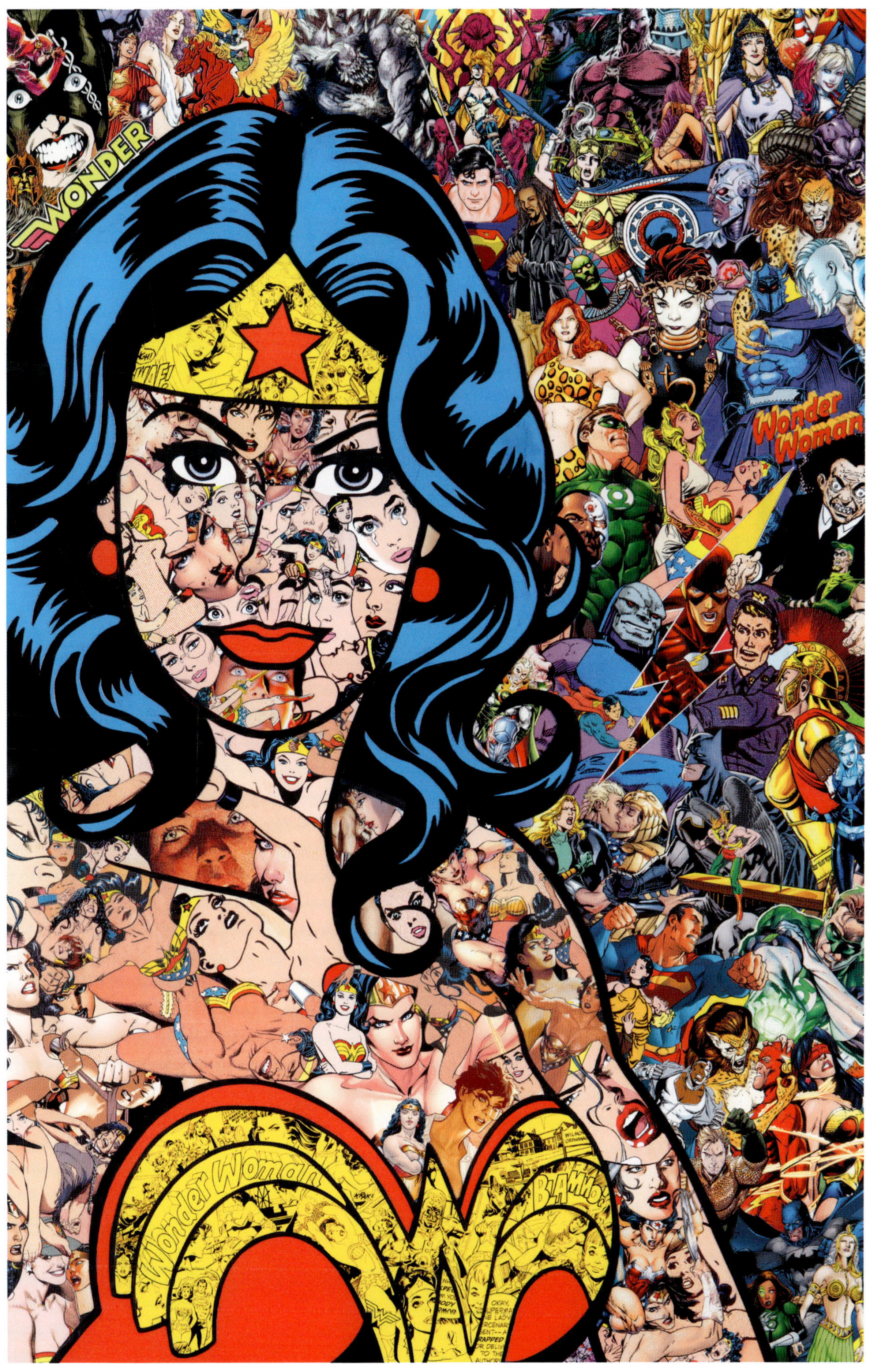
WONDER
Wonder Woman
Wonder Woman
BLAMMO!

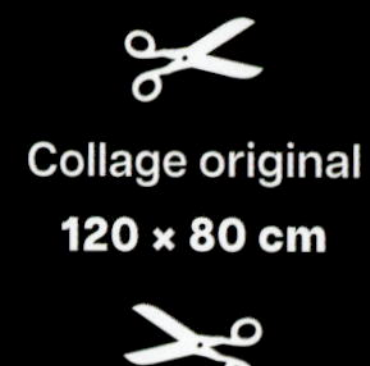

Collage original

120 × 80 cm

« Commande de Marvel pour une *variant cover*. J'étais un peu déçu qu'ils me demandent de nouveau une couverture pour Thor, car je leur en avais déjà fait une en 2012. Avec tous les personnages existant chez Marvel, j'aspirais à de la nouveauté ! Devant l'insistance de mon interlocuteur, je me suis exécuté et je ne le regrette pas. C'est devenu une de mes couvertures Marvel préférées. On m'a fait remarquer, par la suite, que c'était la première fois que je représentais un personnage en mouvement. Pas faux. Et c'est peut-être pour ça que c'est une de mes préférées. Petite anecdote : j'ai dû changer le visage du Thor qui me servait de patron, car une fois agrandi, il n'était pas assez détaillé. Ce sont donc deux dessins du dieu du tonnerre qui ont été utilisés pour créer ce collage. »

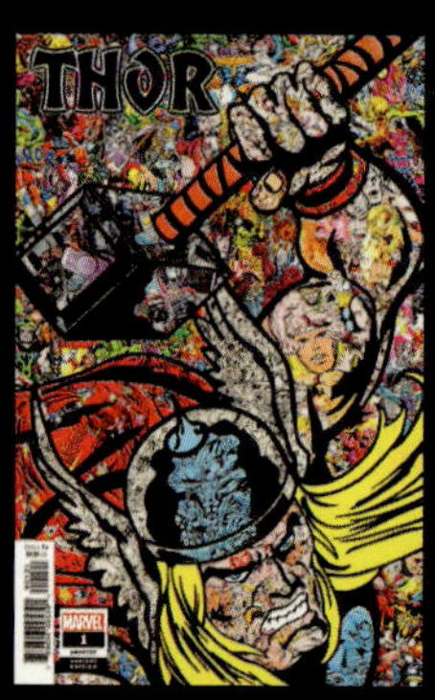

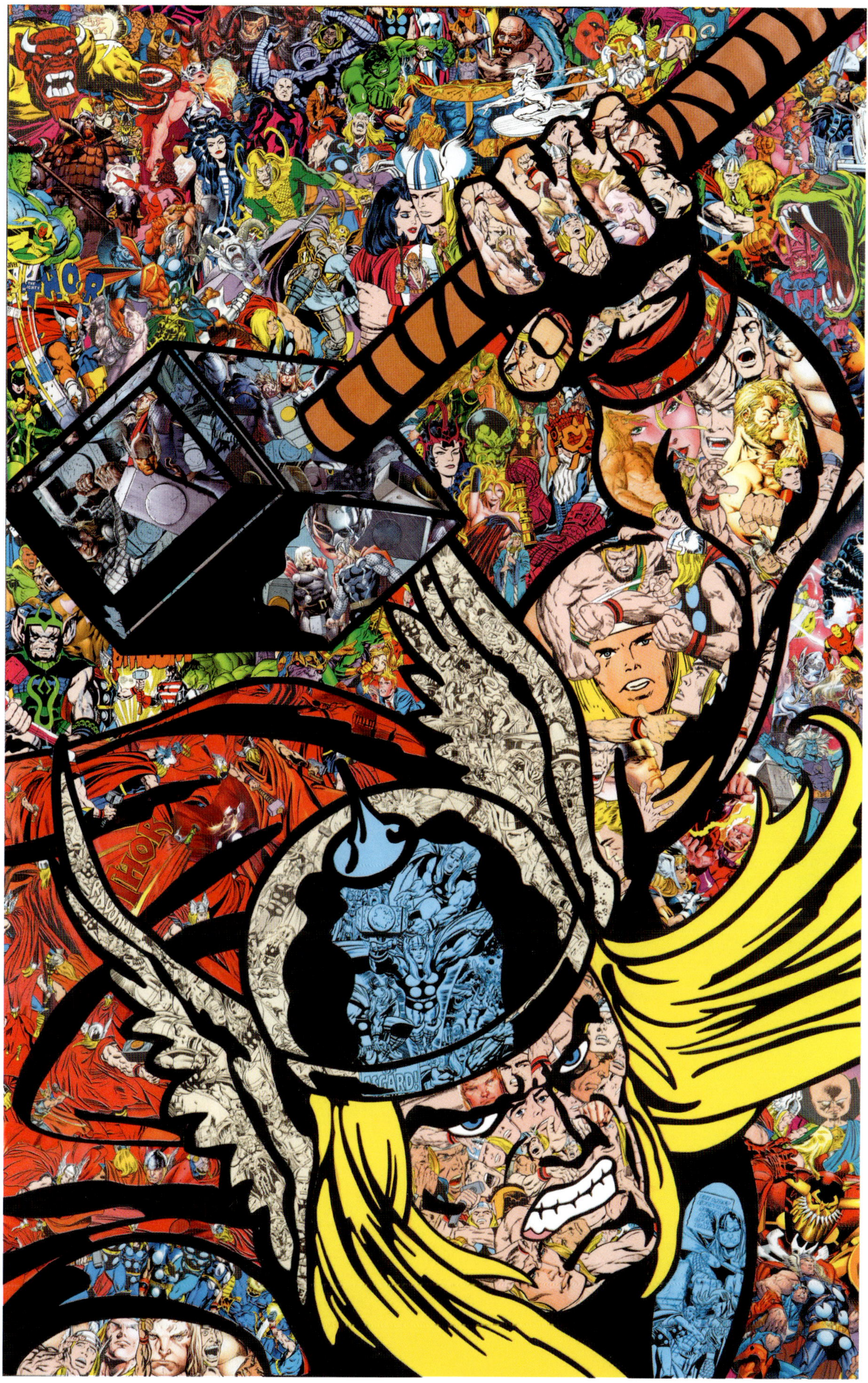

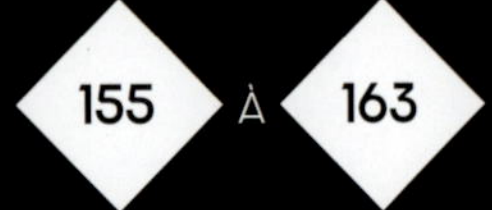

Estampes

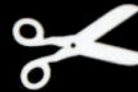

Collages originaux
24 × 16 cm (155 à 156)
33 × 22 cm (157 à 161)
26 × 15 cm (162)
33 × 22 cm (163)

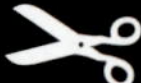

« Afin de proposer un peu de variété lors de ma prochaine expo à la galerie Christiane Vallé, j'ai décidé de me lancer dans une nouvelle série d'estampes. C'est un travail vraiment différent de ce que je fais d'habitude, même si le thème (mettre en avant des personnages ou des univers de la pop culture) reste le même. Pour qu'une œuvre de ce style fonctionne, il faut que le personnage soit dans le bon angle et dans les bonnes proportions par rapport à l'estampe, et que les couleurs s'associent ou se complètent. C'est un vrai plaisir quand je trouve (après de longs moments) deux images qui se marient parfaitement ! »

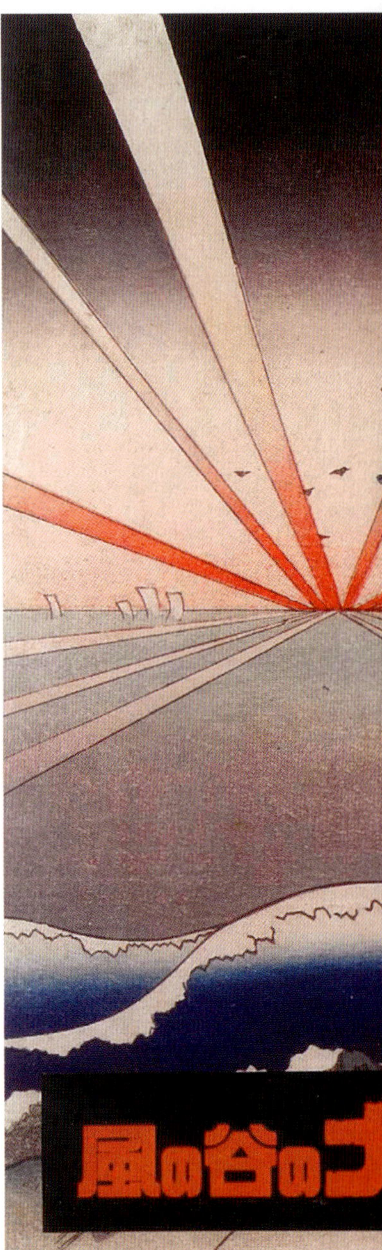

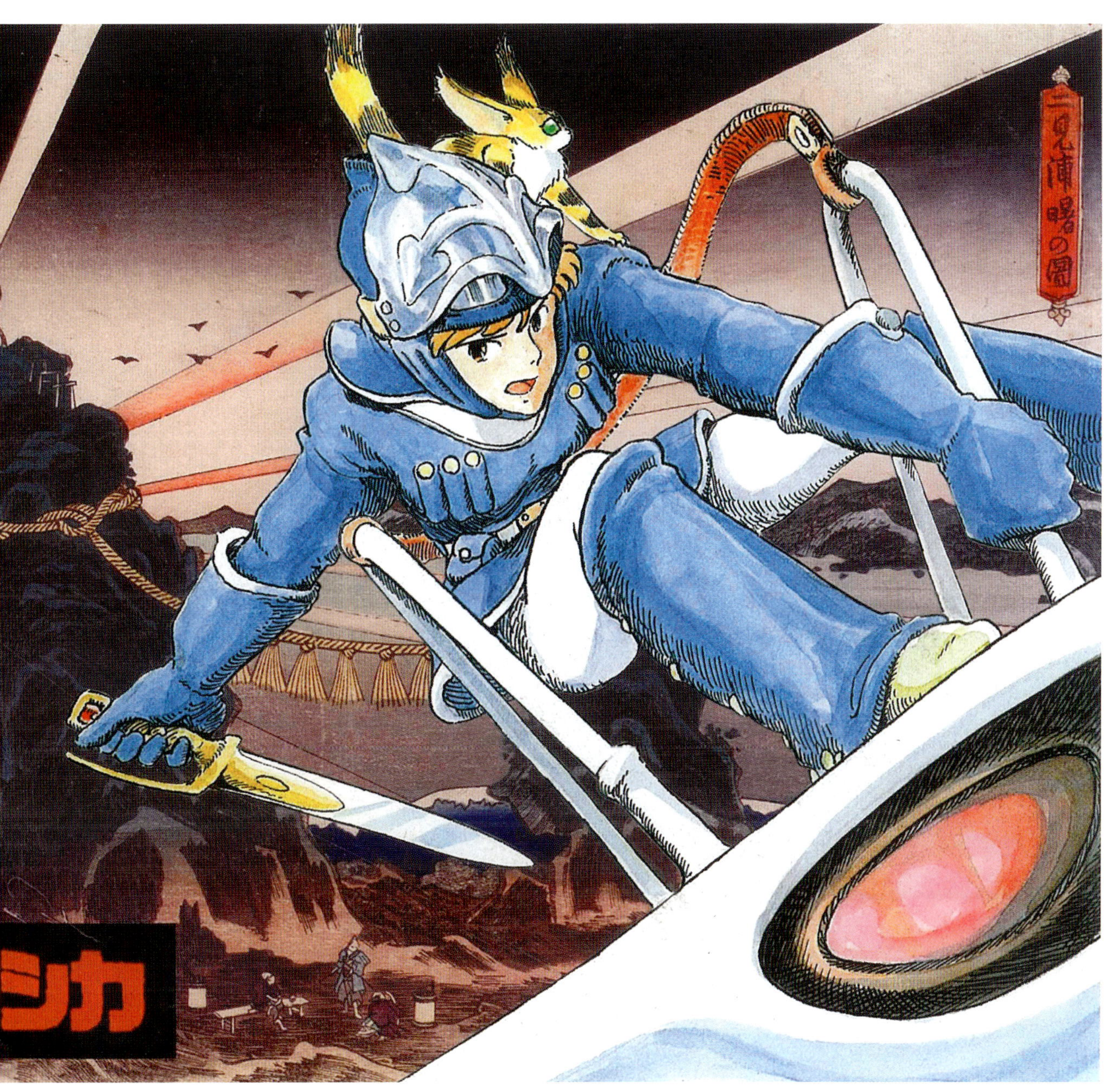

Nausicaa

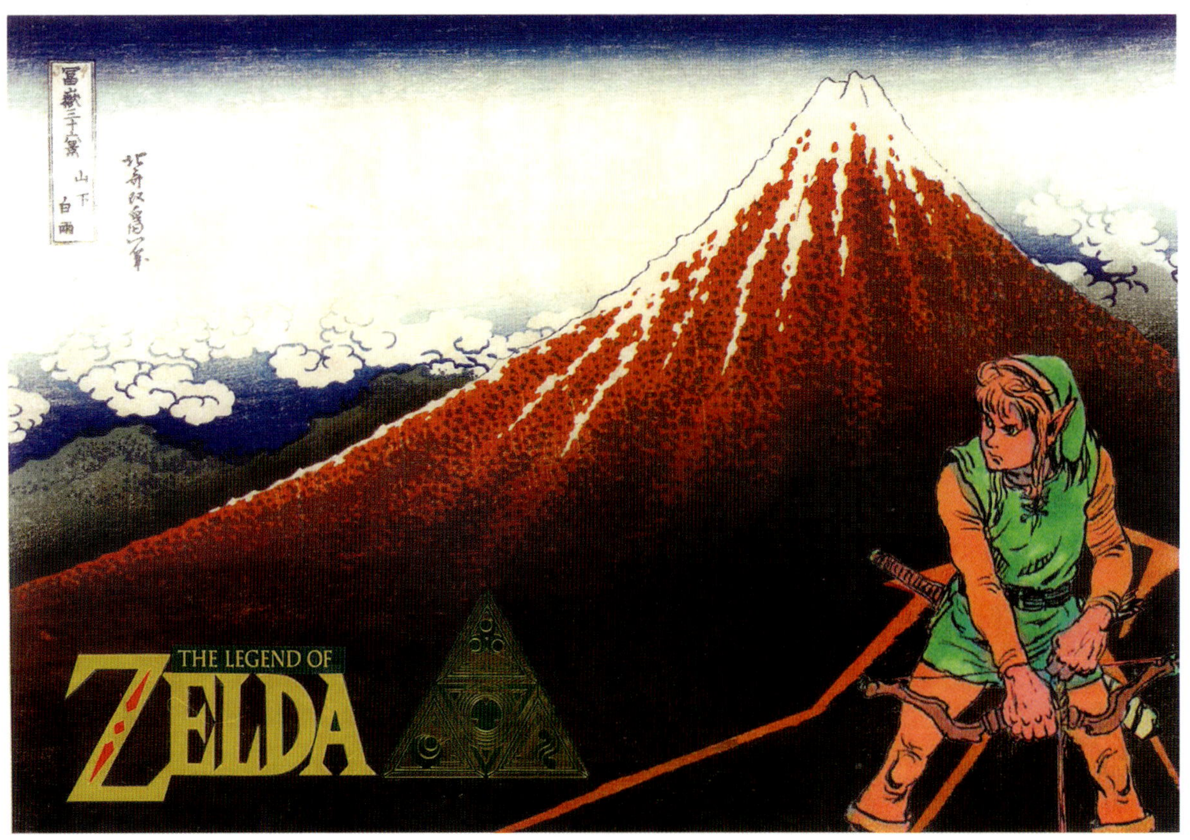

Legend of Zelda

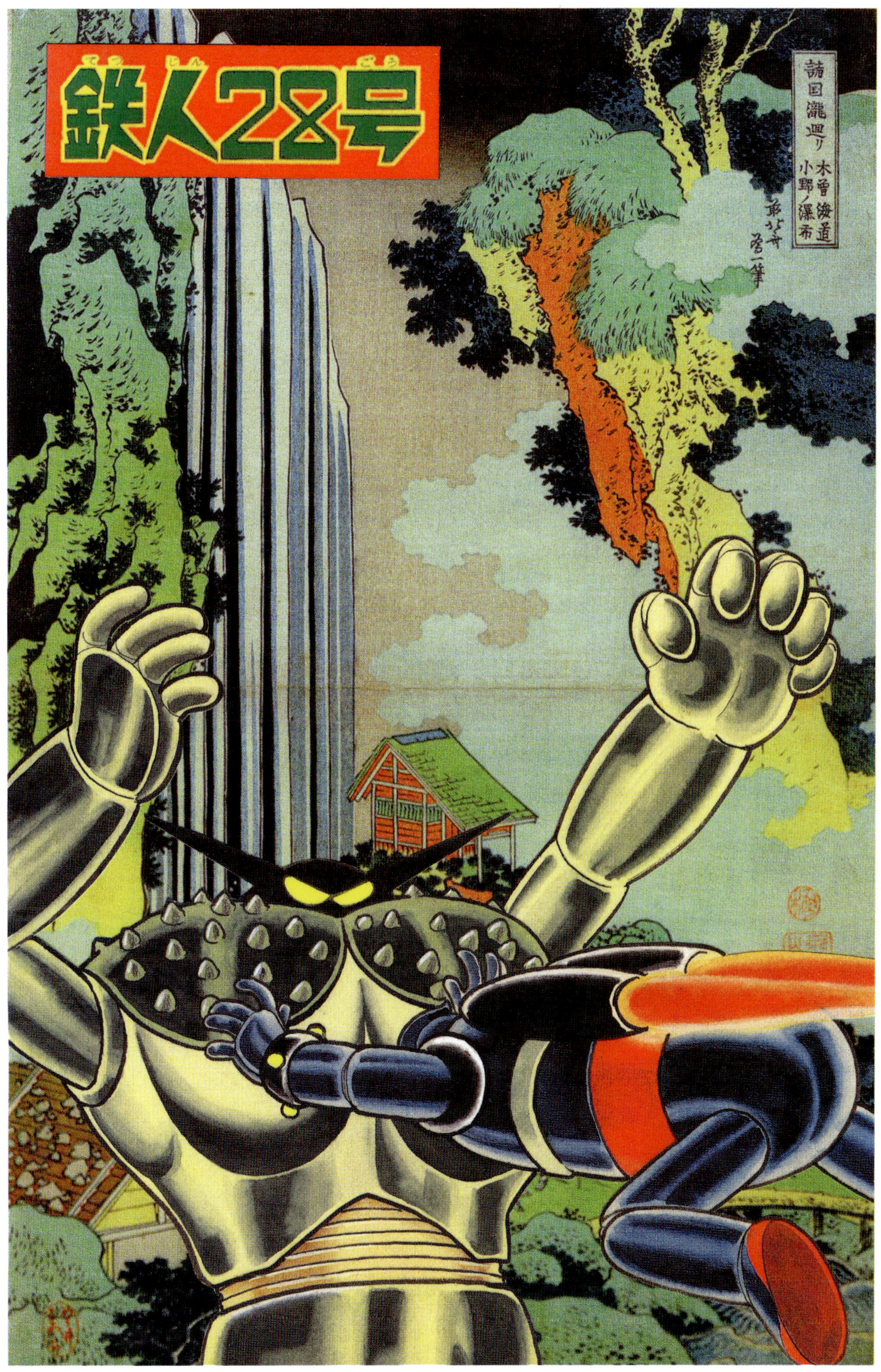

Tetsujin 28

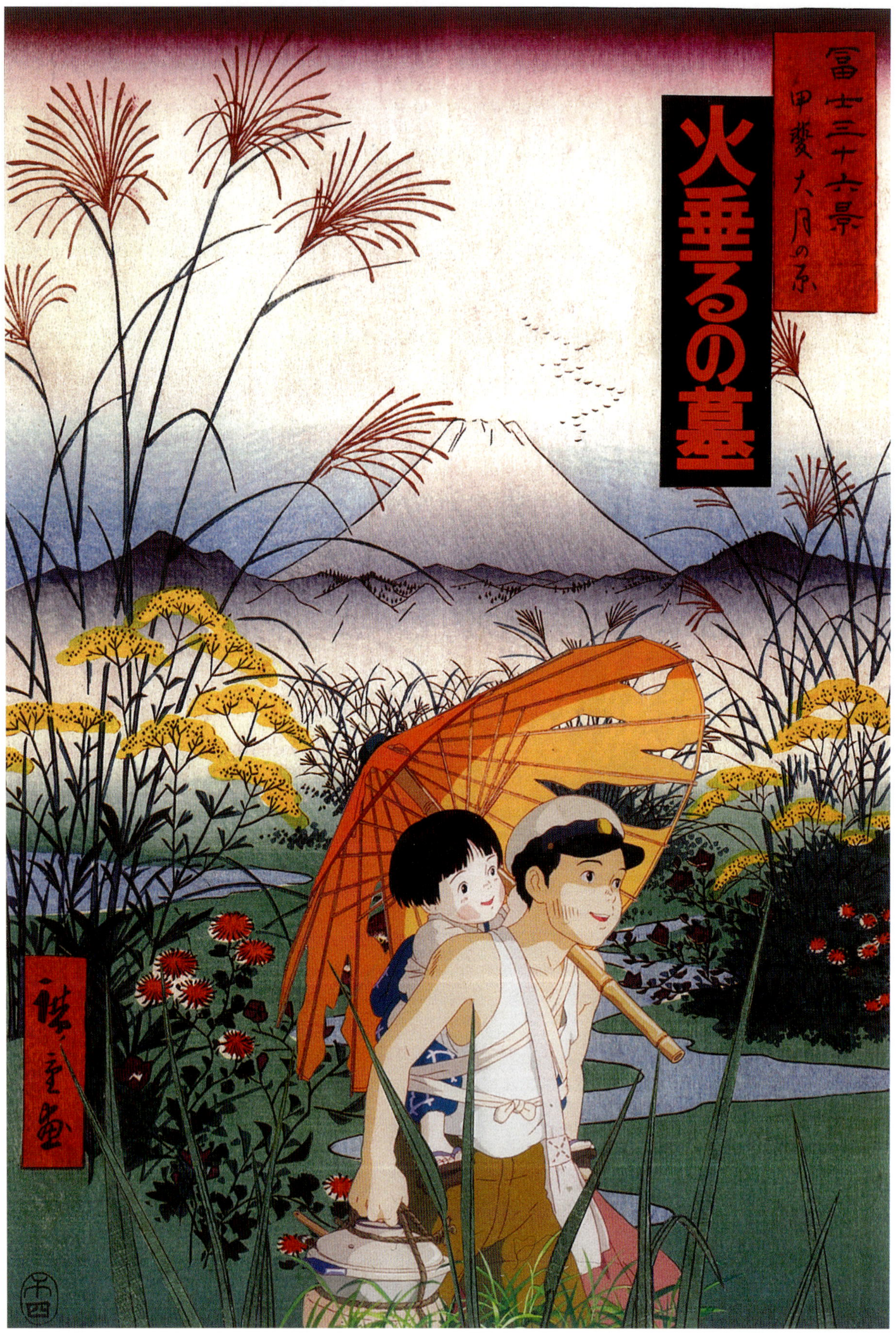

Le Tombeau des lucioles

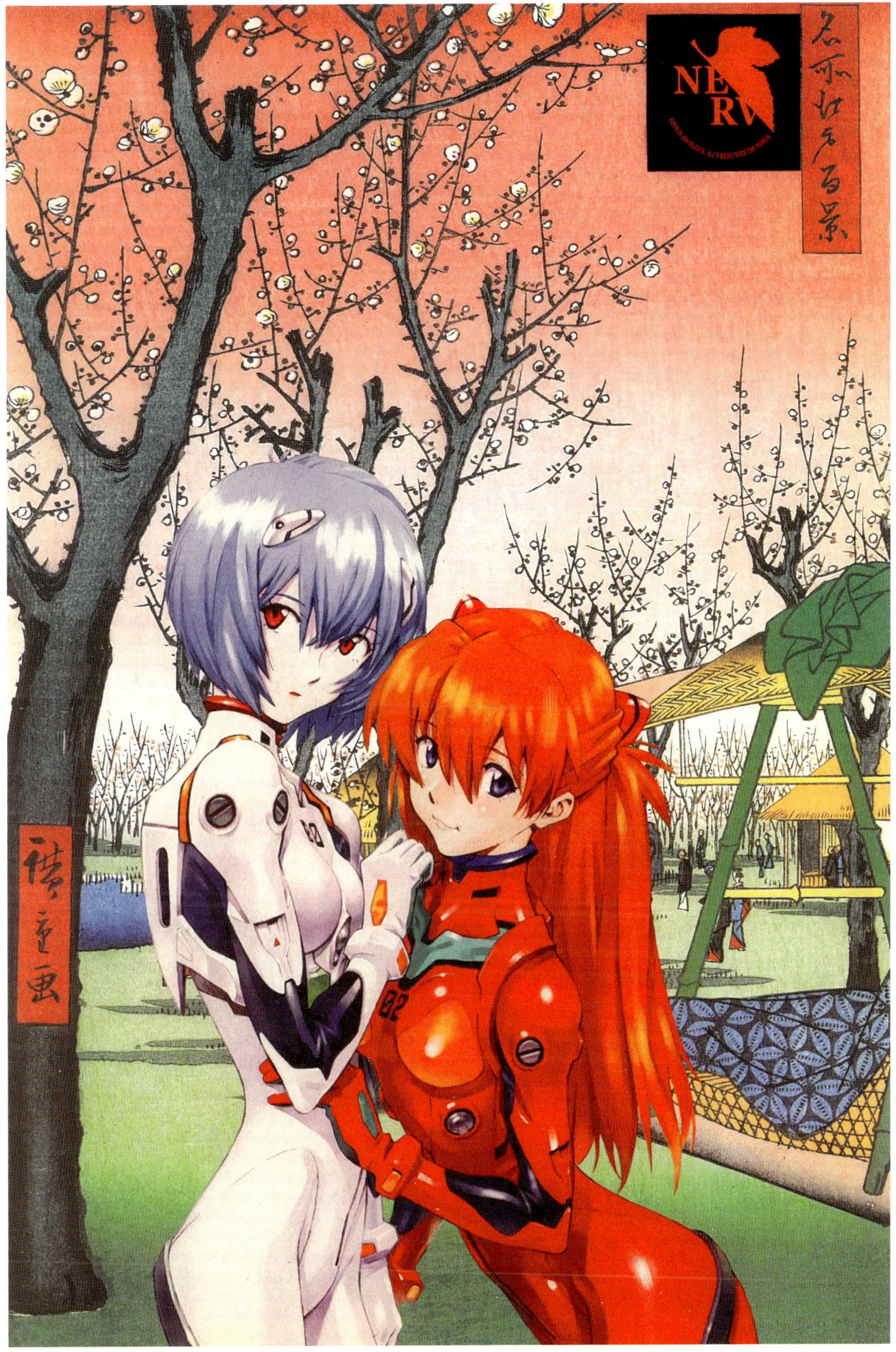

Evangelion

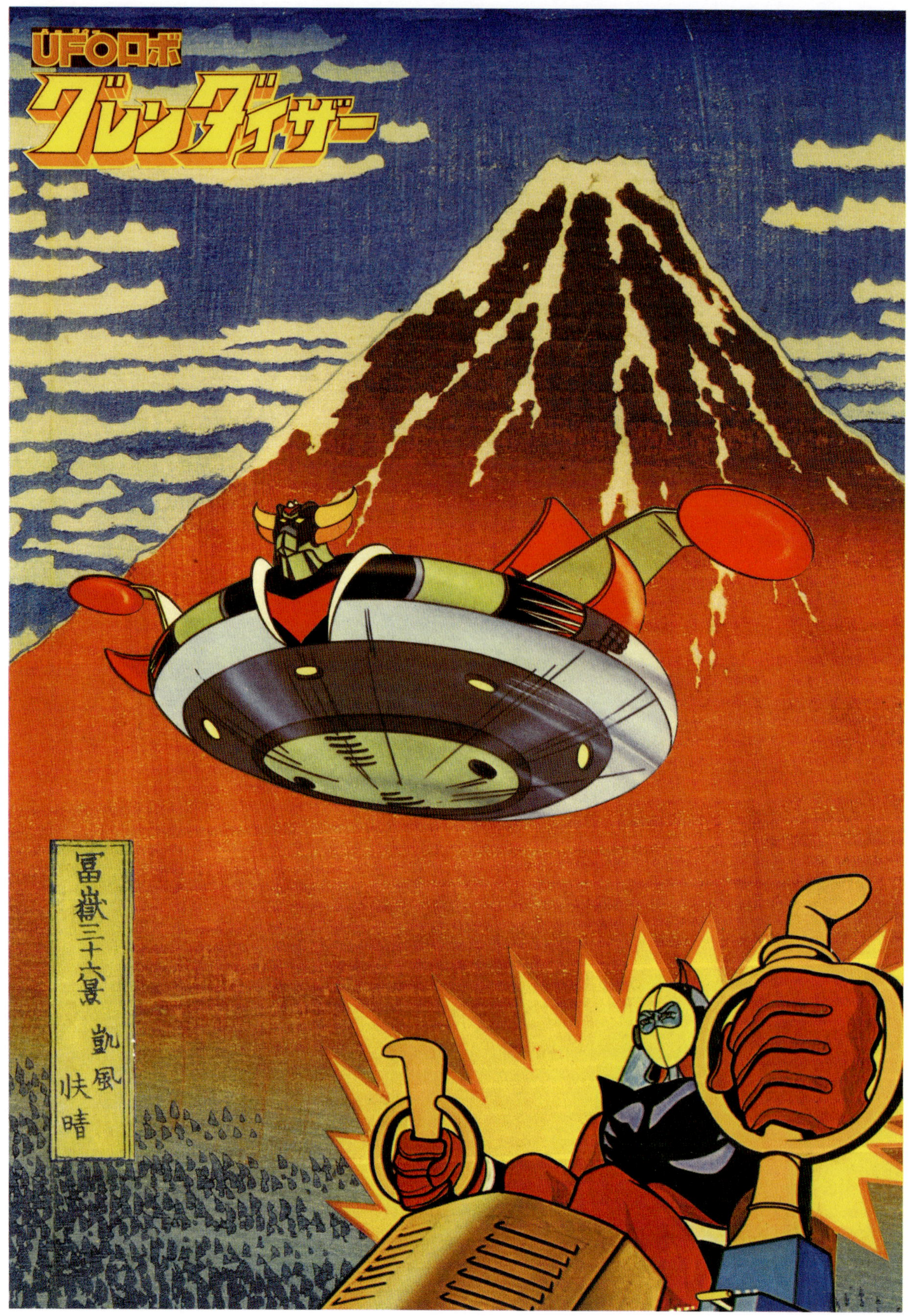

Grendizer 4

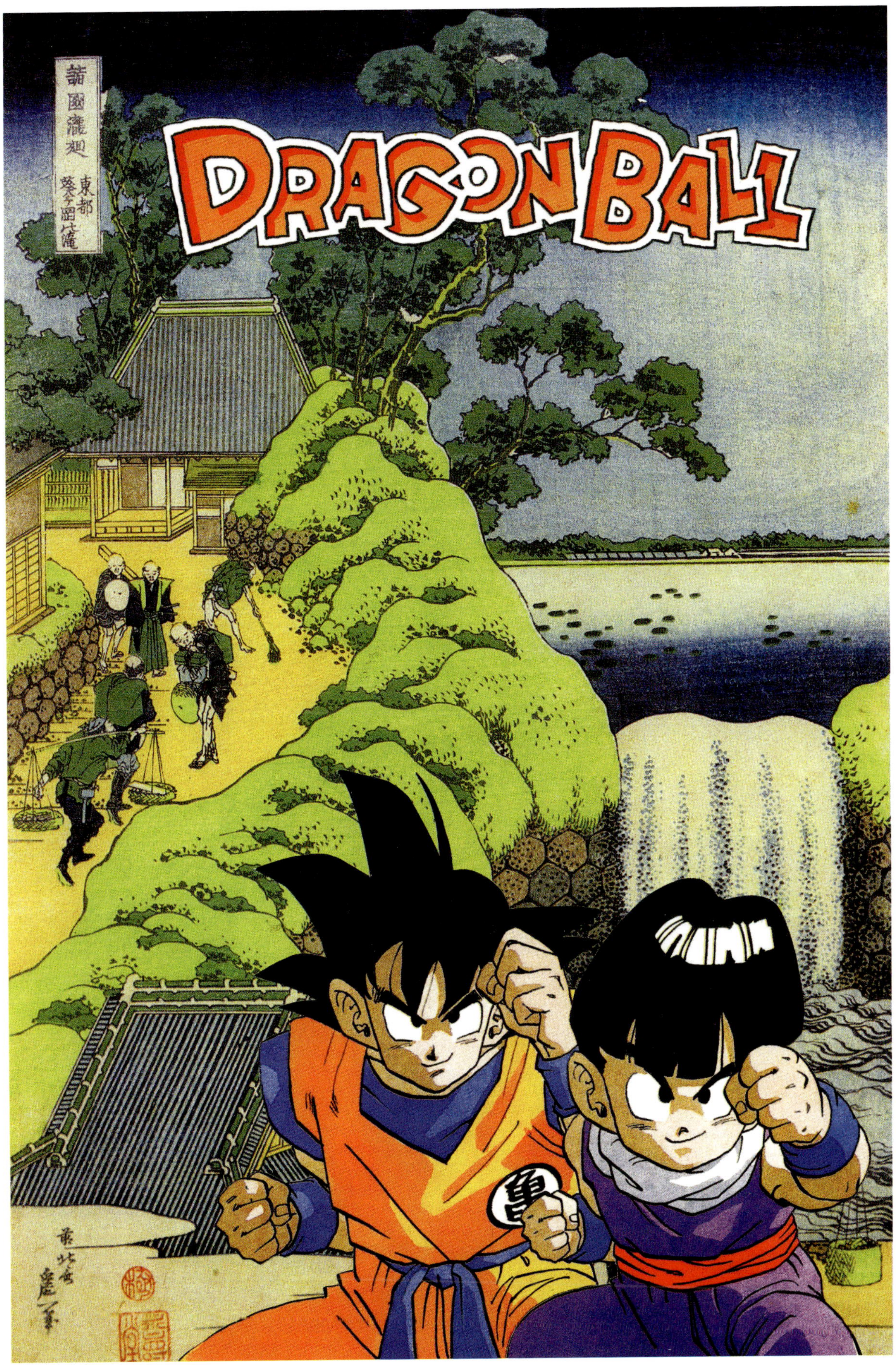

San Goku & son

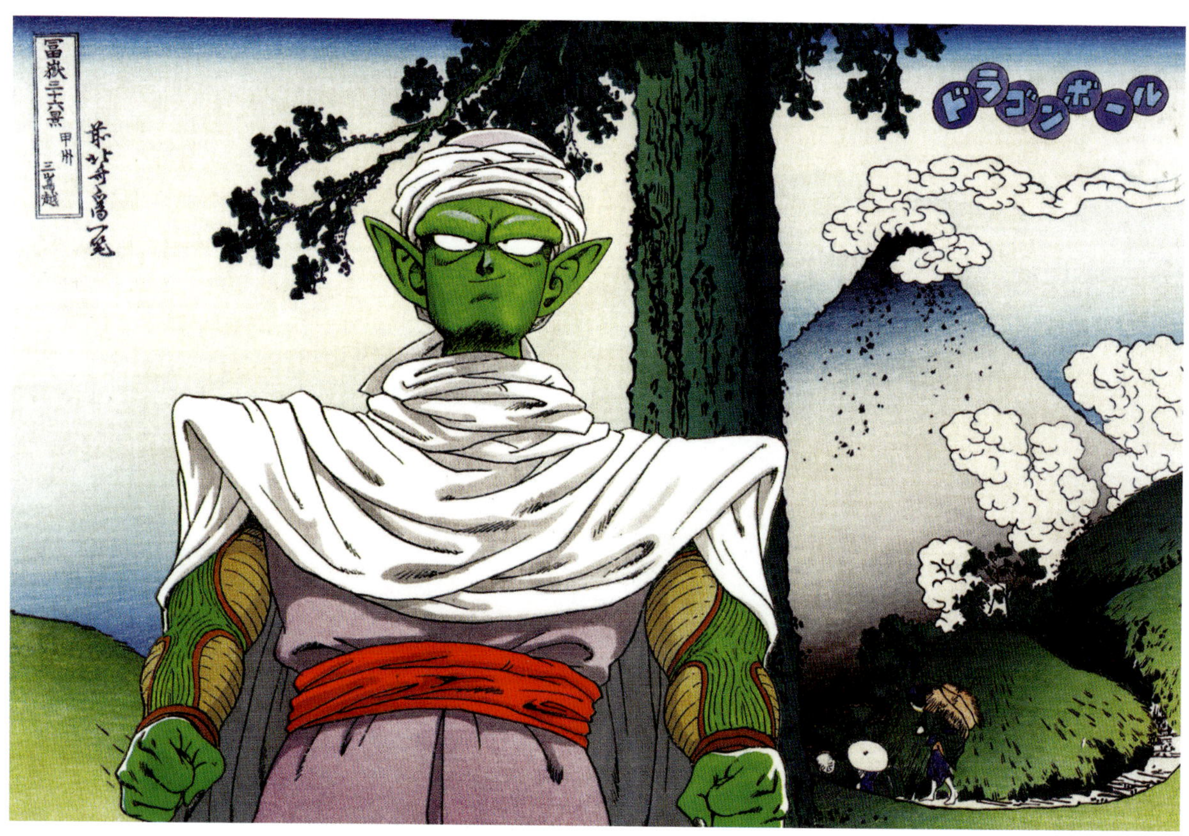

Piccolo

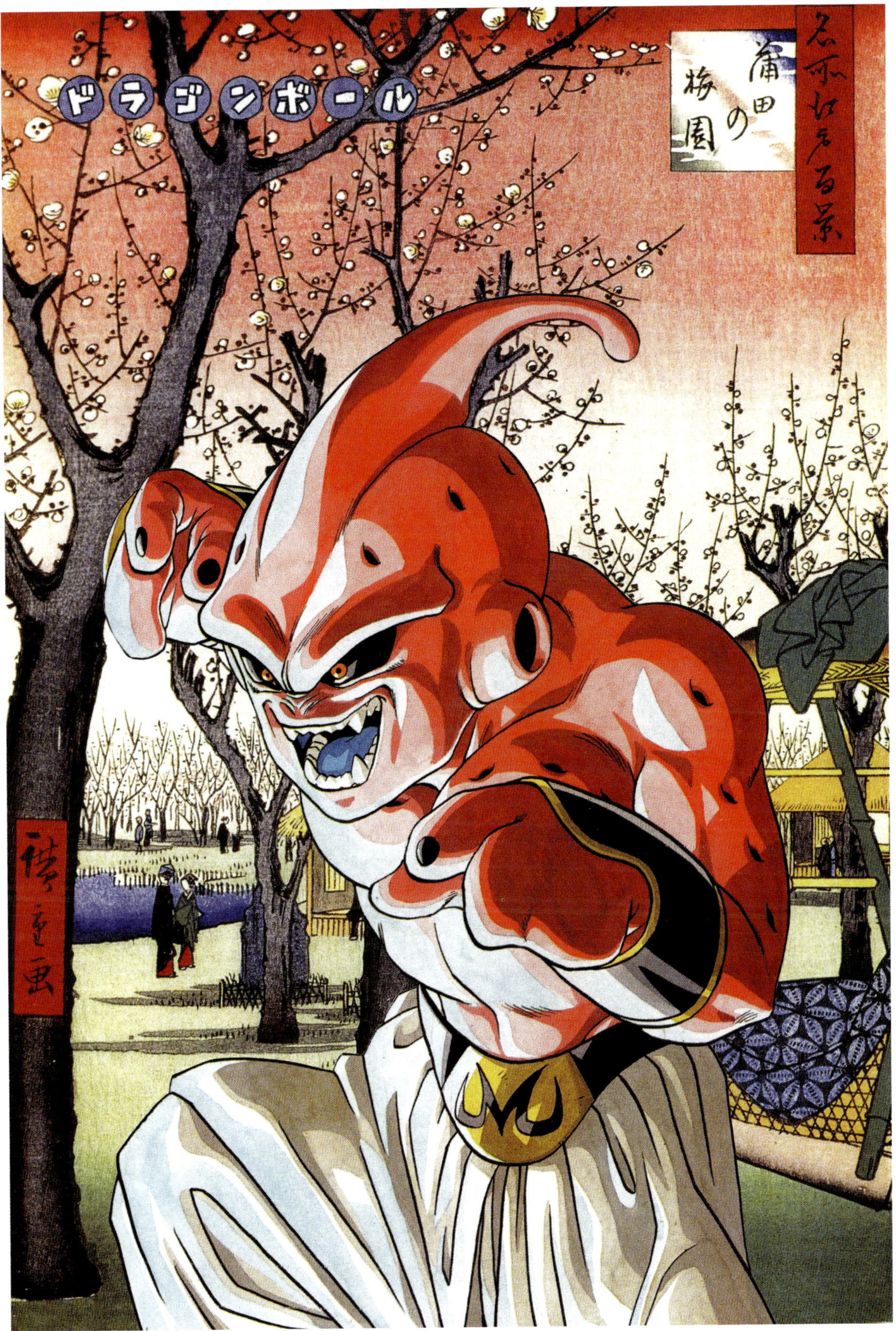

Boo

164

Batman, logo zoomé

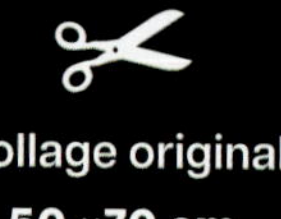

Collage original
50 ×70 cm

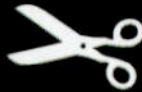

« Dernière œuvre réalisée pour mon expo à la galerie Christiane Vallé. C'est un petit format (comparé aux autres du même genre) conseillé par David Chabannes (le galeriste), afin d'avoir de la variété dans les formats et les prix. »

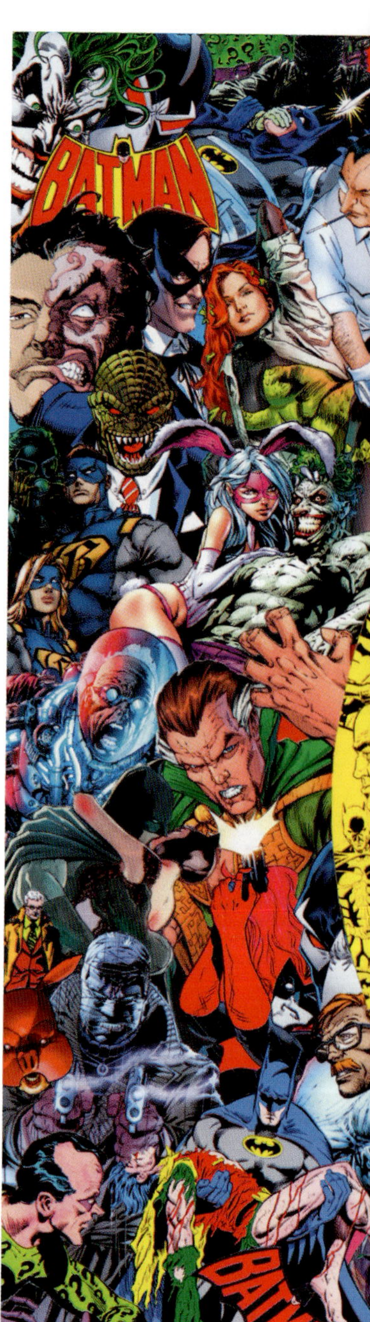

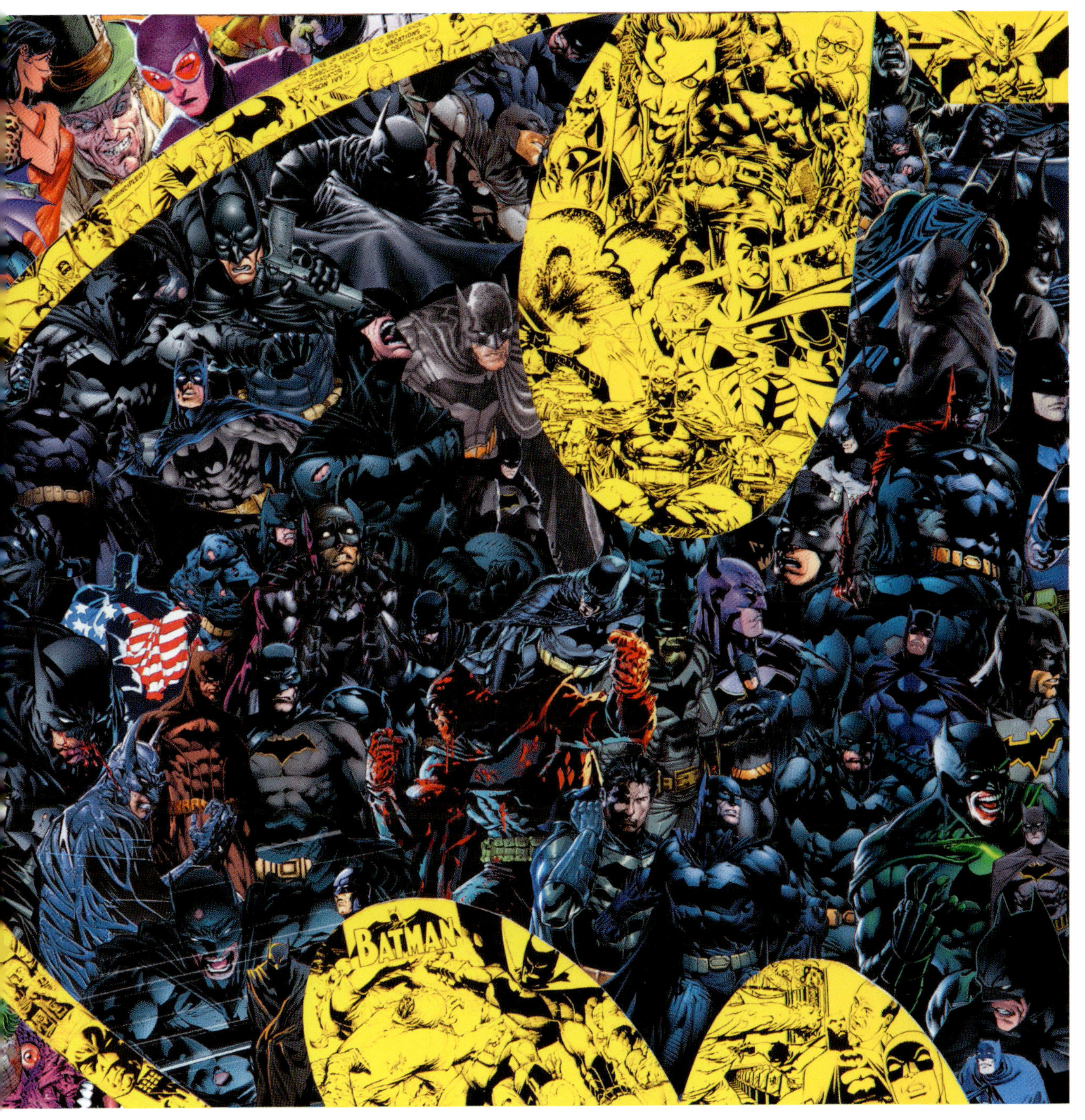
BATMAN

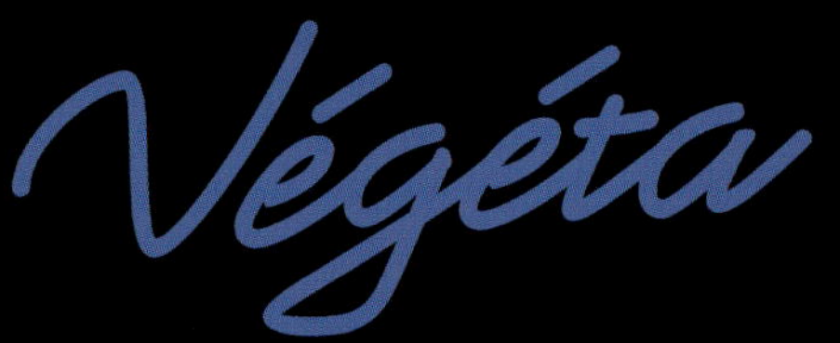

Collage original

80 × 120 cm

« Ce collage est une commande venant d'un particulier. Il avait beaucoup aimé mon œuvre hommage à *Dragon Ball* qui représentait Son Goku. Il a voulu la même chose, mais avec Végéta ! Pour me différencier de la première œuvre réalisée avec des dessins en couleurs issus du manga (couvertures de mangas, de magazines, publicités, etc.), j'ai opté cette fois-ci pour les dessins issus de l'animé. Ce fut possible grâce aux nombreux artbooks sortis à ce sujet. À ma grande surprise, lors de la livraison, je me suis aperçu que la personne qui avait fait cette commande était un producteur de cinéma. Vive le cinéma ! »

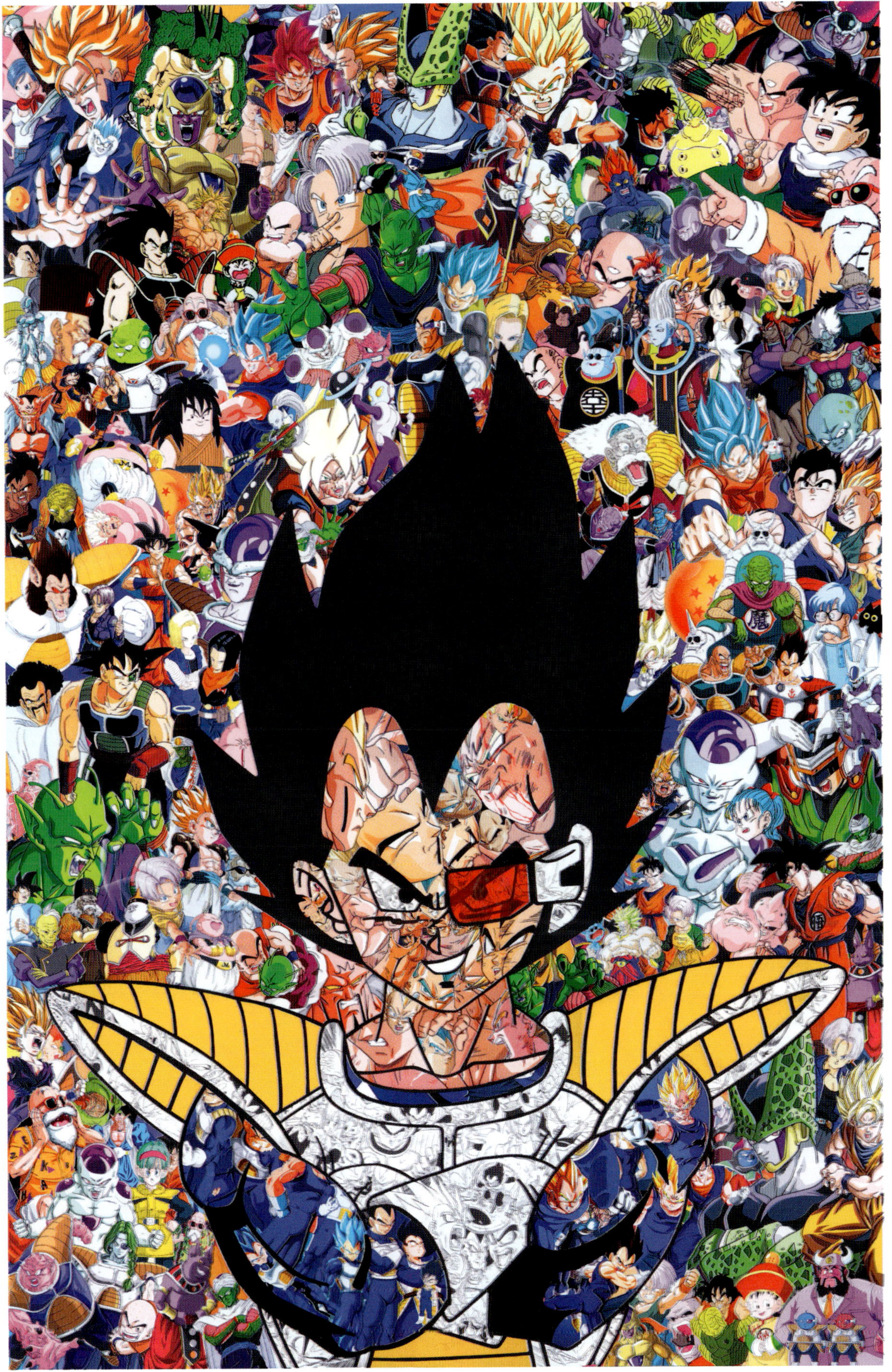

2020

166

Spider-Woman

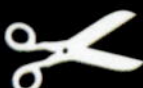

Collage original
100 × 60 cm

« Commande de Marvel, pour une *variant cover* du numéro 1 d'une nouvelle série consacrée à Spider-Woman. J'ai décidé, pour l'occasion, de reprendre le visuel de la toute première couverture de *Spider-Woman* (1977) en la réinterprétant à ma façon, mes collages étant pensés comme des hommages. »

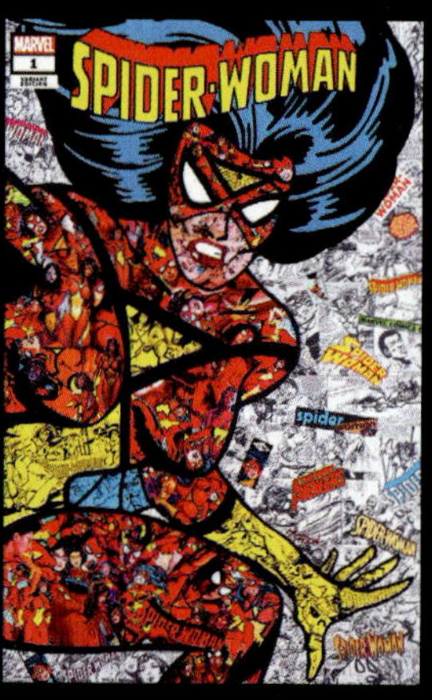

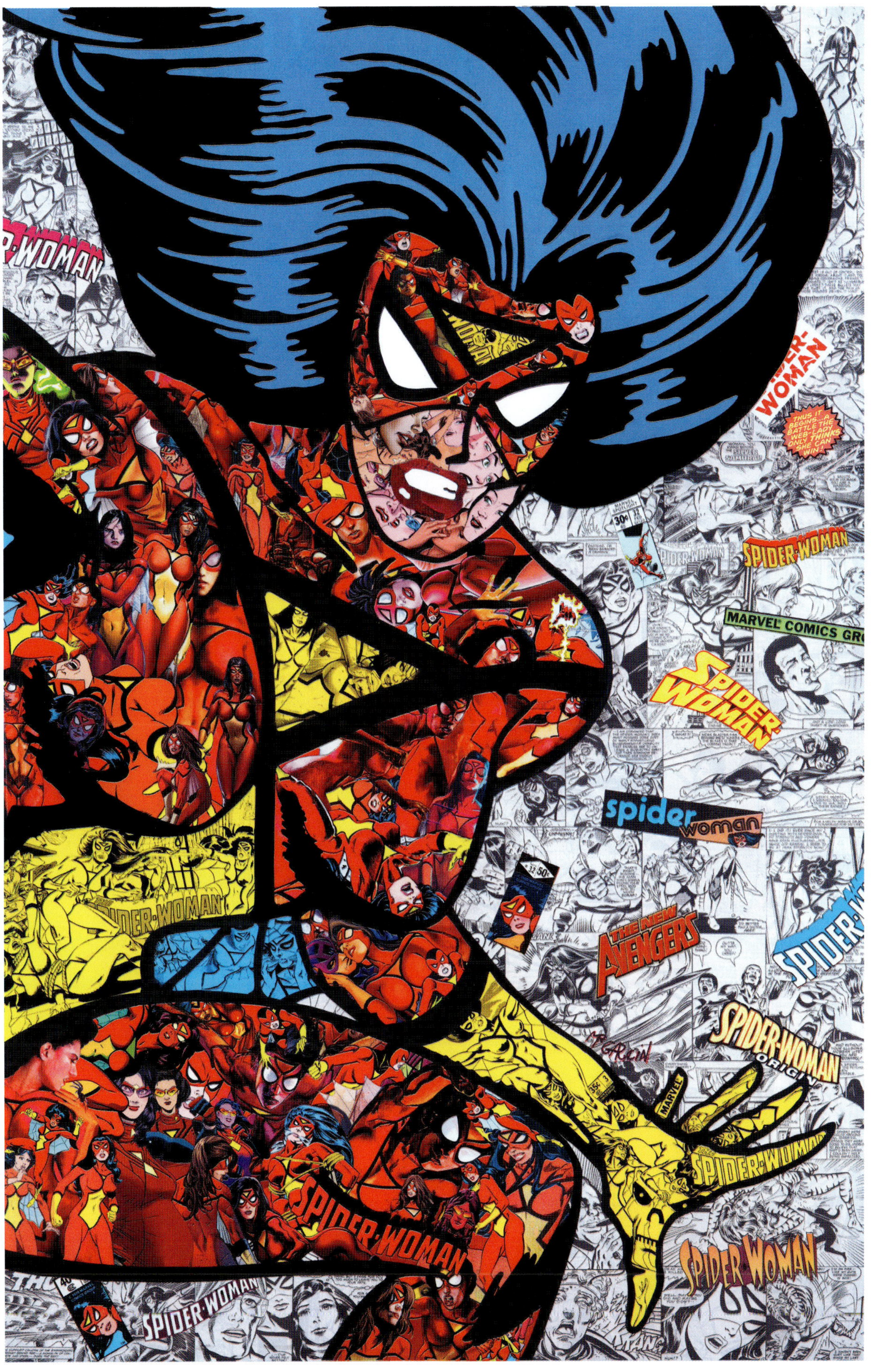
R-WOMAN
SPIDER-WOMAN
SPIDER-WOMAN
MARVEL COMICS GRO
SPIDER-WOMAN
spider woman
THE NEW AVENGERS
SPIDER-WOMAN
SPIDER-WOMAN ORIGIN
SPIDER-WOMAN
SPIDER-WOMAN
SPIDER-WOMAN
SPIDER-WOMAN
MR GARCIN

Vampires, Devils & Witches

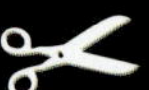

Collage original
50 × 70 cm

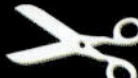

« Commande d'une connaissance pour l'offrir à sa petite amie, fan d'art baroque, de peintres de la Renaissance et d'occultisme. À la base, il devait y avoir un crâne au centre, mais le résultat final ne me plaisait pas. D'un commun accord, nous avons donc décidé avec le commanditaire de ne pas l'intégrer. J'adore ce collage. C'est la première fois que j'intégrais des peintres classiques dans une de mes œuvres. On peut y trouver Dali, Mucha, Botticelli, Caravage et d'autres. »

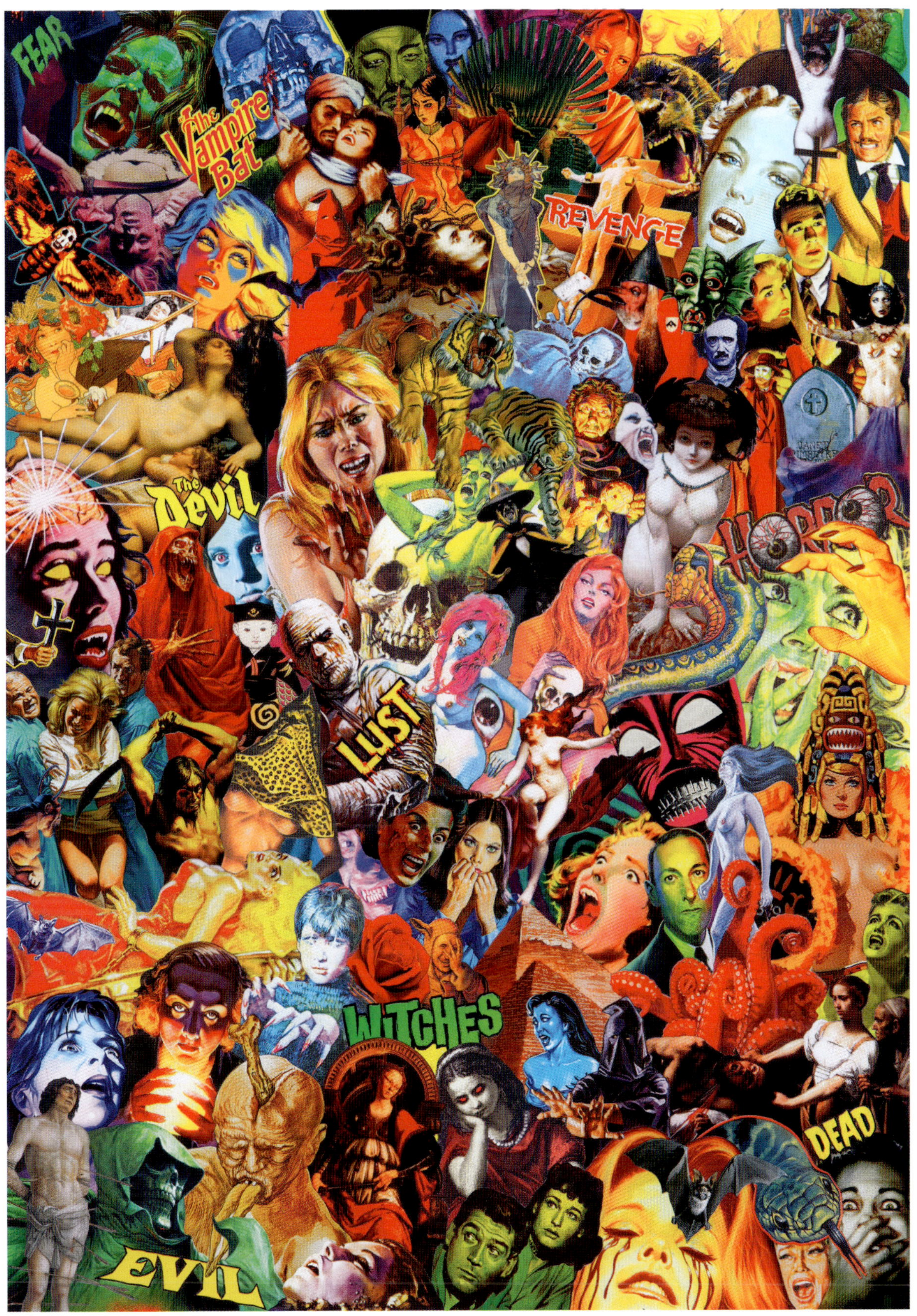
FEAR
The Vampire Bat
REVENGE
The Devil
LUST
WITCHES
DEAD
EVIL

Alice

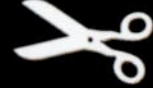

Collage original

61 × 92 cm

« *Alice aux pays des merveilles* est un de mes Disney préférés. C'est en tombant sur un livre illustré tiré du dessin animé que l'envie m'a pris d'en faire un collage. Créer ce dernier m'a donné une idée : réaliser un grand collage comportant les principaux méchants des classiques de Disney ! »

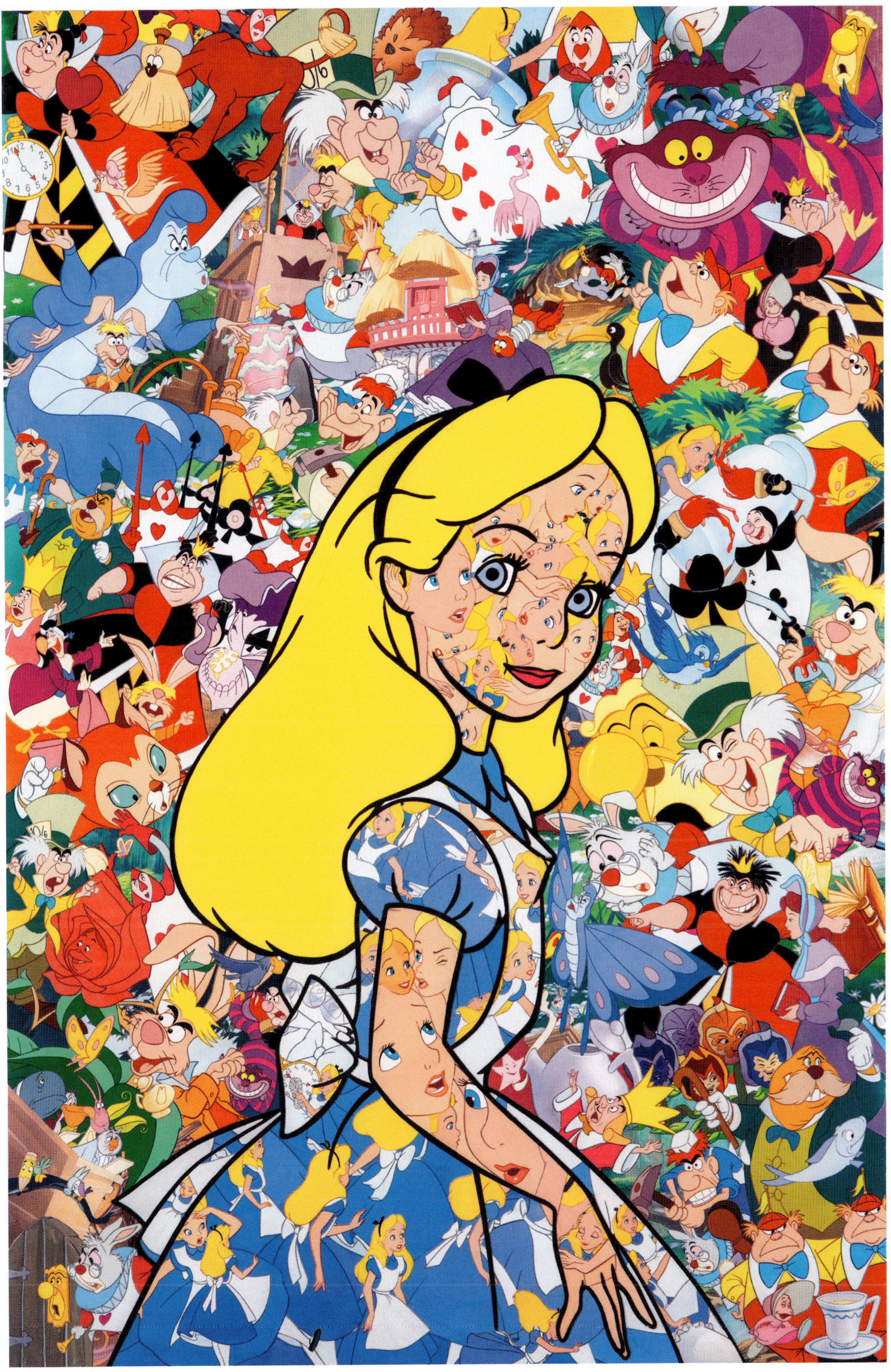

Happy Luffy

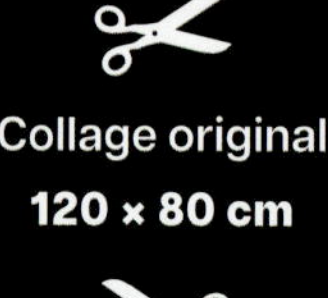

Collage original
120 × 80 cm

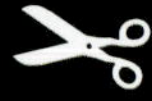

« Cela faisait longtemps que l'on me réclamait un collage consacré à *One Piece*. Ne suivant pas les aventures de Chapeau de paille, je n'en ressentais pas spécialement l'envie. Mais devant l'enthousiasme général, je me suis senti obligé d'en faire un. Pour me plonger dans l'univers de cette série, j'ai décidé de regarder les premiers épisodes lors de la création de l'œuvre... »

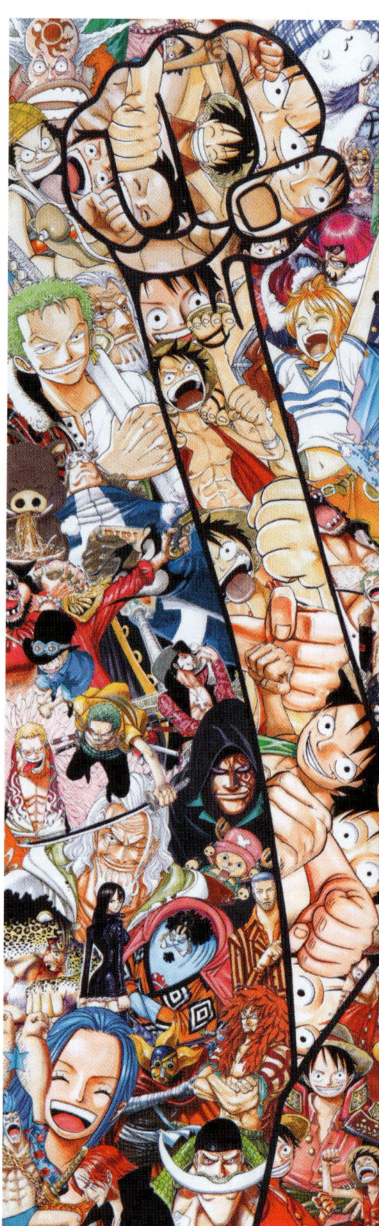

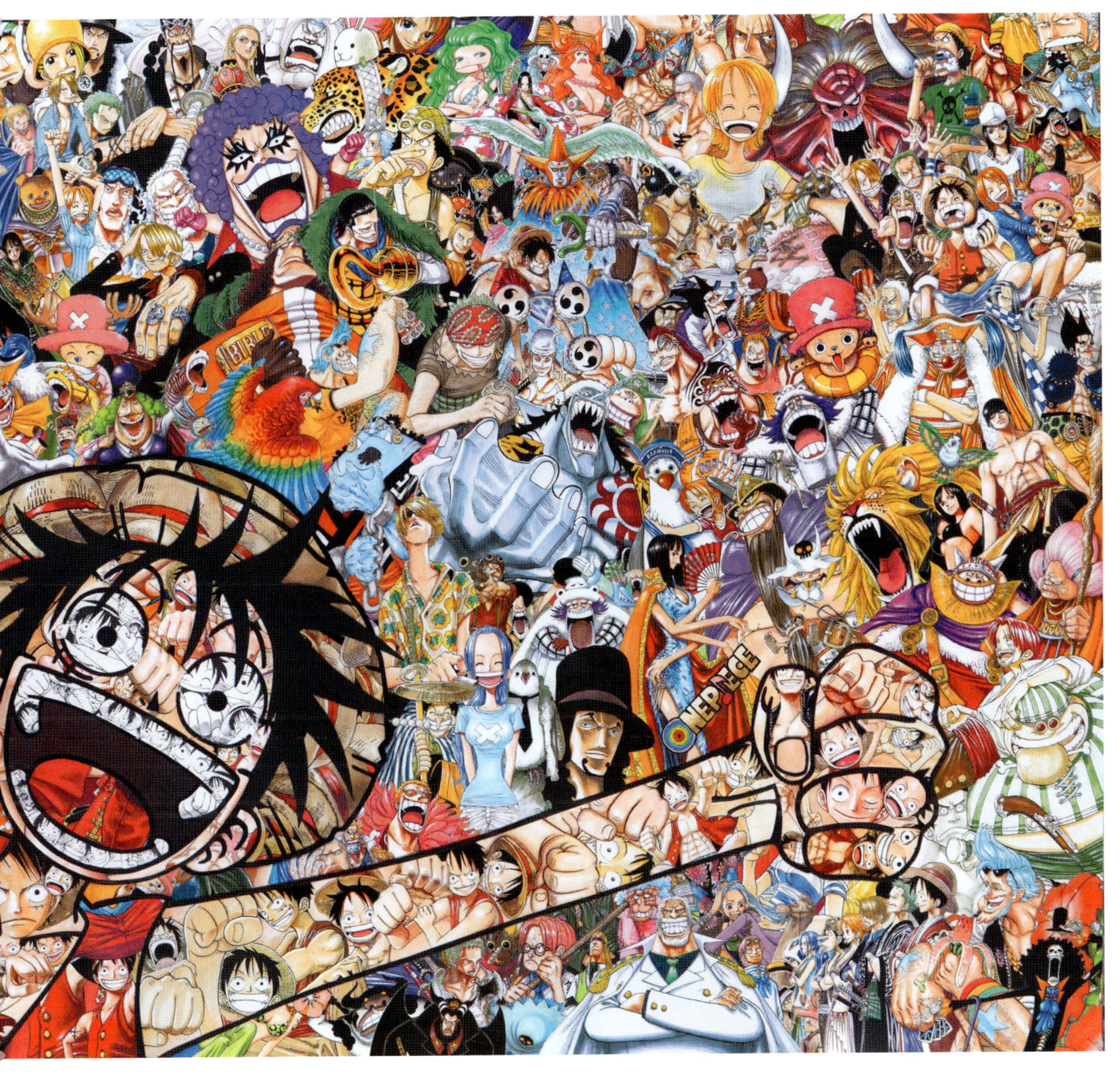

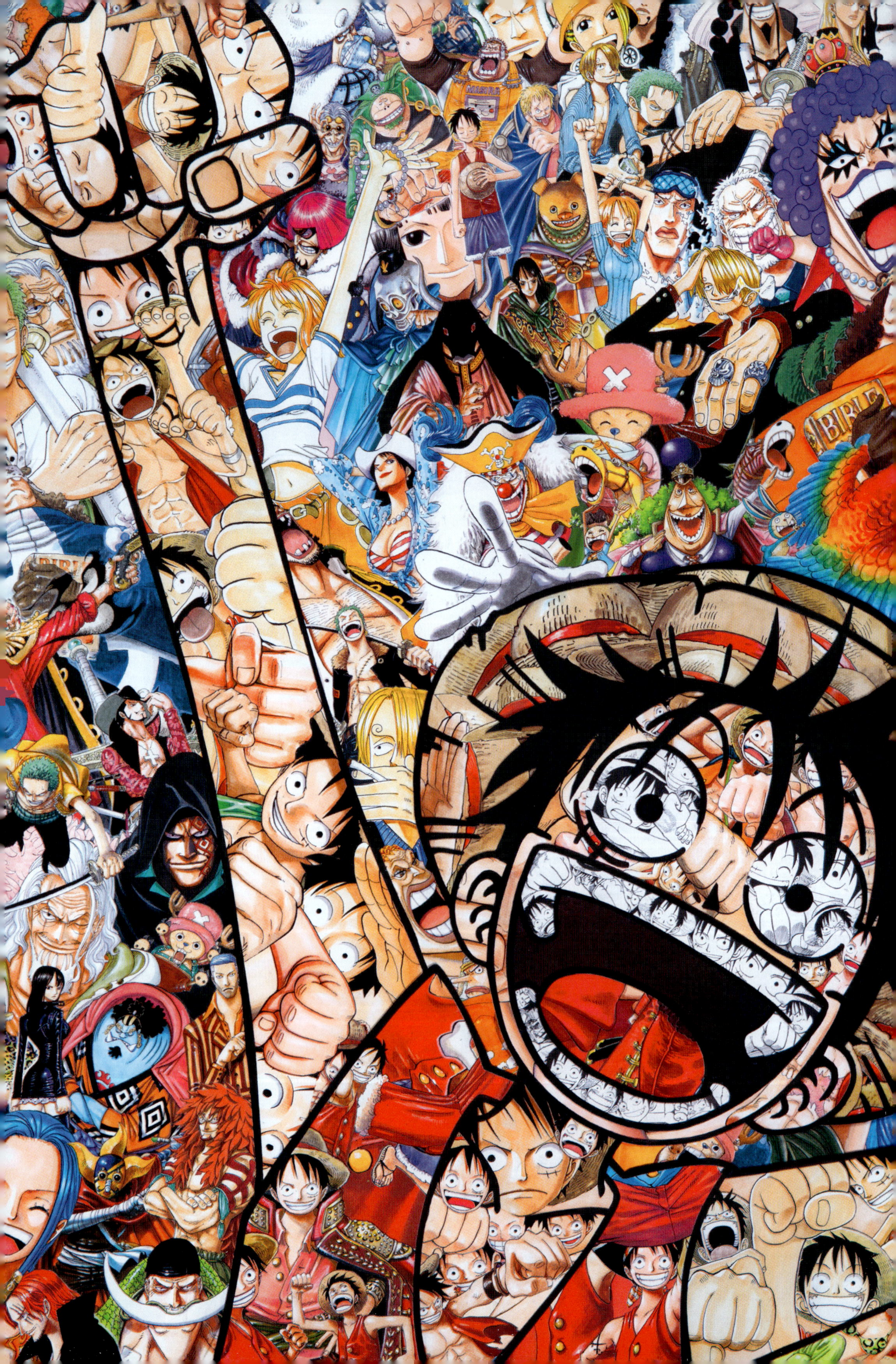

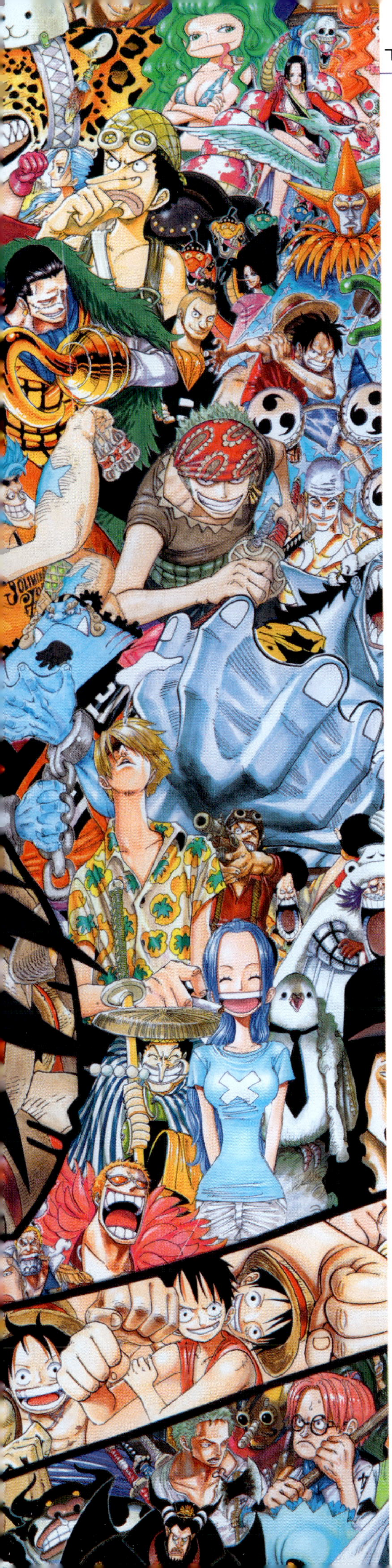

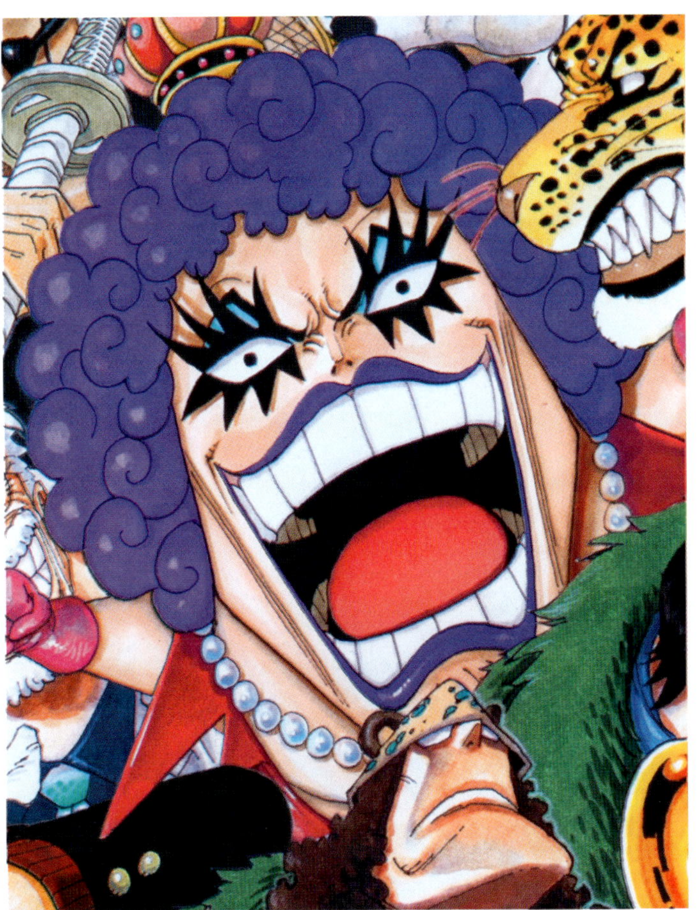

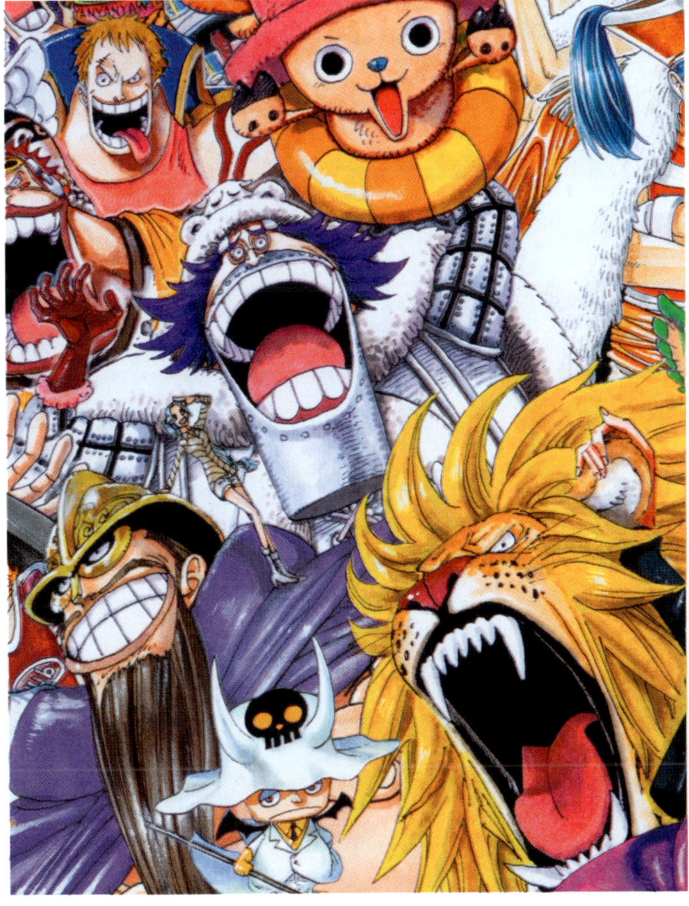

Tron in Jungle

Collage original
32 × 18 cm

« Grâce à mon galeriste David Chabannes (galerie Christiane Vallé), j'ai l'occasion de pouvoir exposer des œuvres au Japon ! Cette nouvelle me ravit vraiment, car j'adore ce pays et sa culture. Il me conseille, pour l'occasion, de réaliser des œuvres dans des formats plutôt petits, ce que je m'empresse de faire. Le premier collage que je réalise pour cette occasion est celui-ci. J'ai voulu retrouver l'ambiance de *Welcome to my Jungle*, qui me plaisait beaucoup. On peut y trouver, au centre, le mythique Iron Man de Moebius, que je trouve magnifique, mais aussi inquiétant. Pour donner un côté mystique à l'ensemble, j'ai rajouté ce que l'on pourrait imaginer comme la porte d'un temple ancien. »

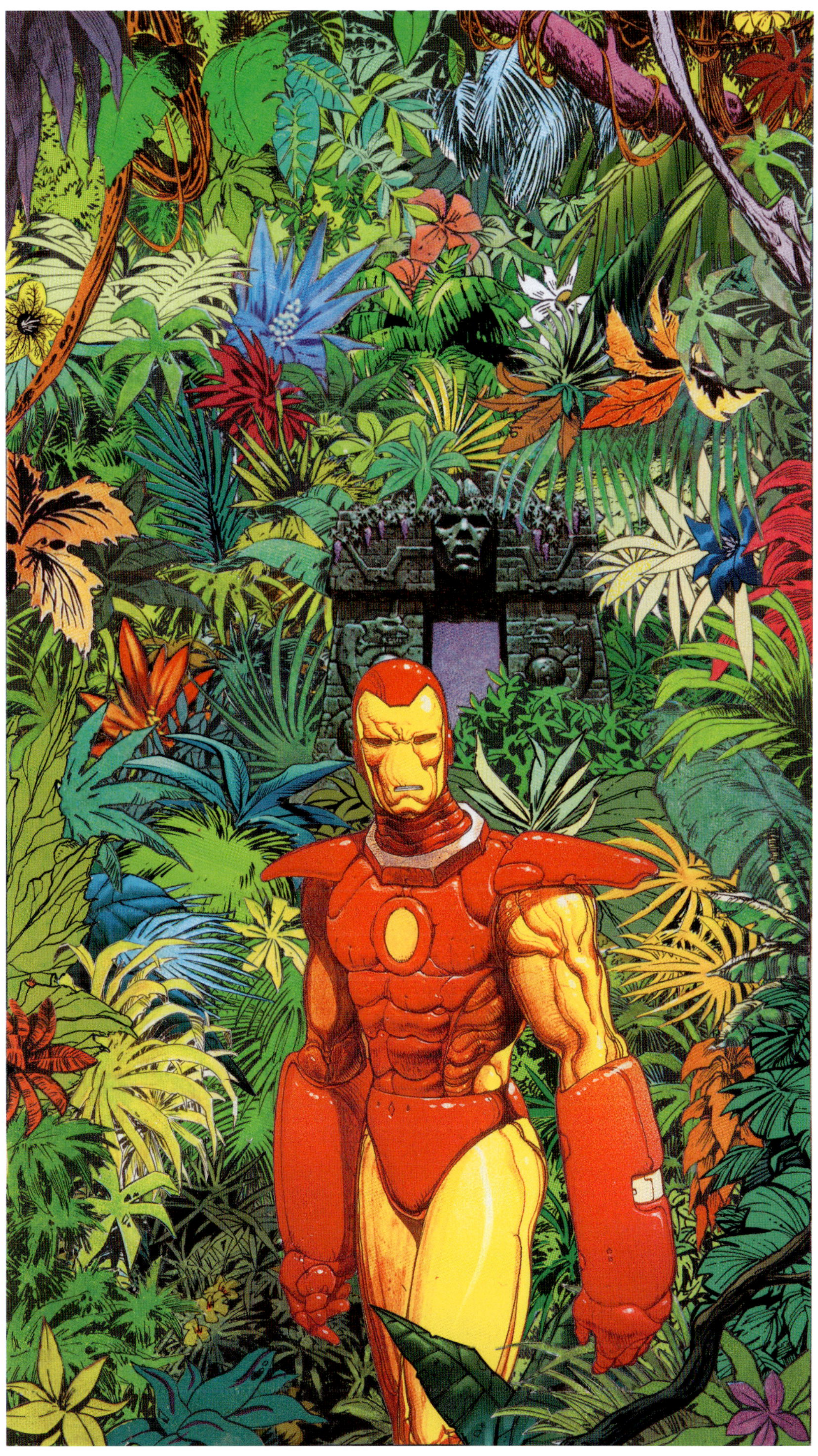

Titles for a Drama

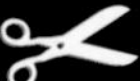

Collage original
38 × 38 cm

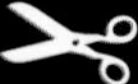

« Deuxième œuvre réalisée dans le but d'être envoyée au Japon. Je cumulais depuis un moment plein de titres et de polices d'écriture dans le but, un jour, d'en réaliser un collage. J'avais également ce Batman, très stylisé et déjà découpé, qui n'attendait qu'une chose : être utilisé ! Le fait de placer ce dernier au centre de l'œuvre m'a donné l'idée d'y glisser le Joker (son pire ennemi), ainsi que plusieurs détails rappelant l'univers du héros masqué. »

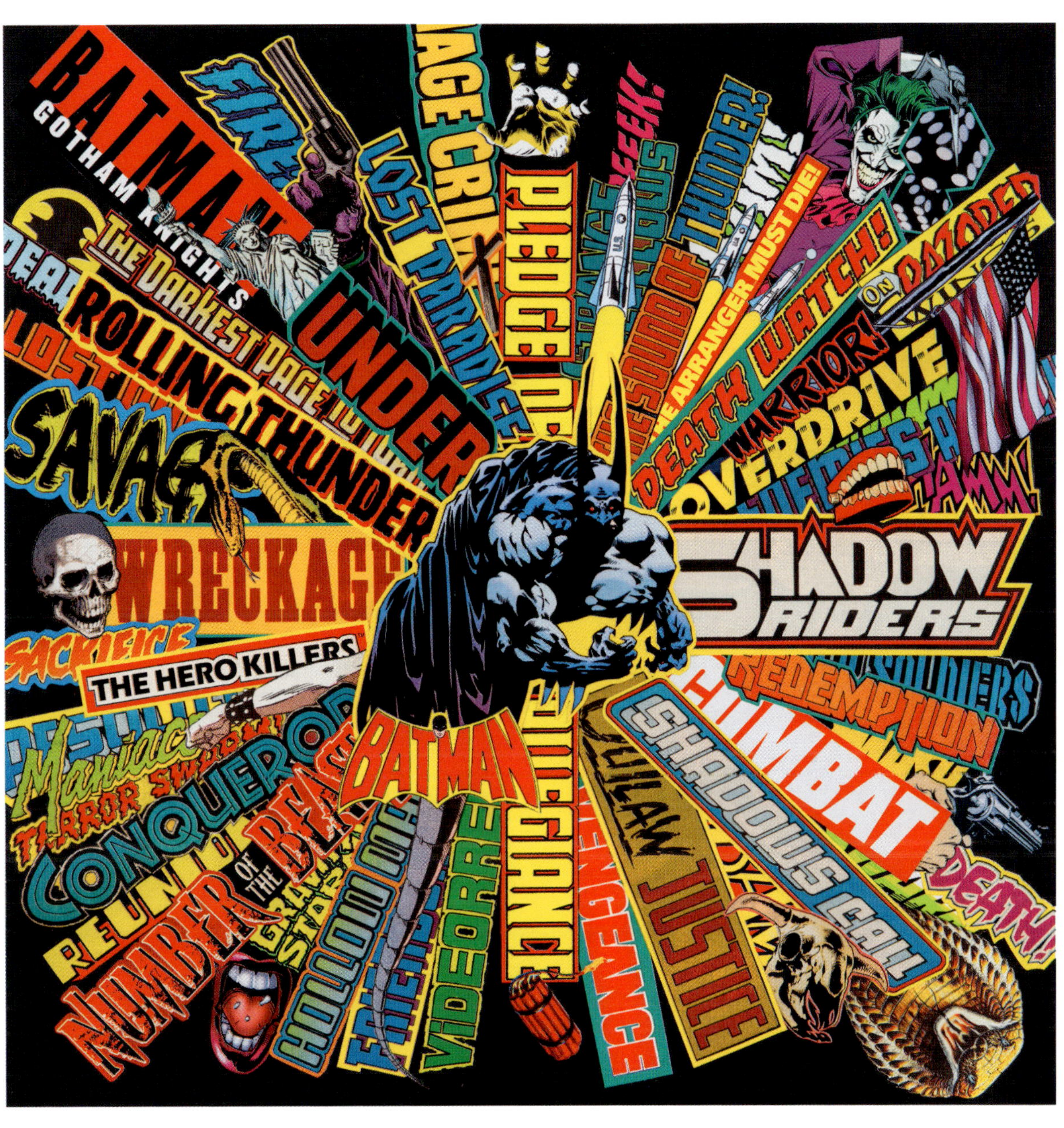
BATMAN
GOTHAM KNIGHTS
THE DARKEST
ROLLING THUNDER
UNDER
LOST PARADISE
THE SOUND OF THUNDER!
THE ARRANGER MUST DIE!
DEATH WATCH!
WARRIOR!
OVERDRIVE
SHADOW RIDERS
REDEMPTION
COMBAT
SHADOWS CALL
JUSTICE
VENGEANCE
THE HERO KILLERS
BATMAN
DEATH!

Darth in Red

Collage original
28 × 38 cm

« Réalisé dans la lignée du précédent, et dans l'optique de l'envoyer également au Japon, j'ai réalisé ce collage sur Dark Vador sur les conseils de David Chabannes. J'aime le contraste entre le noir et le rouge, simple et efficace ! »

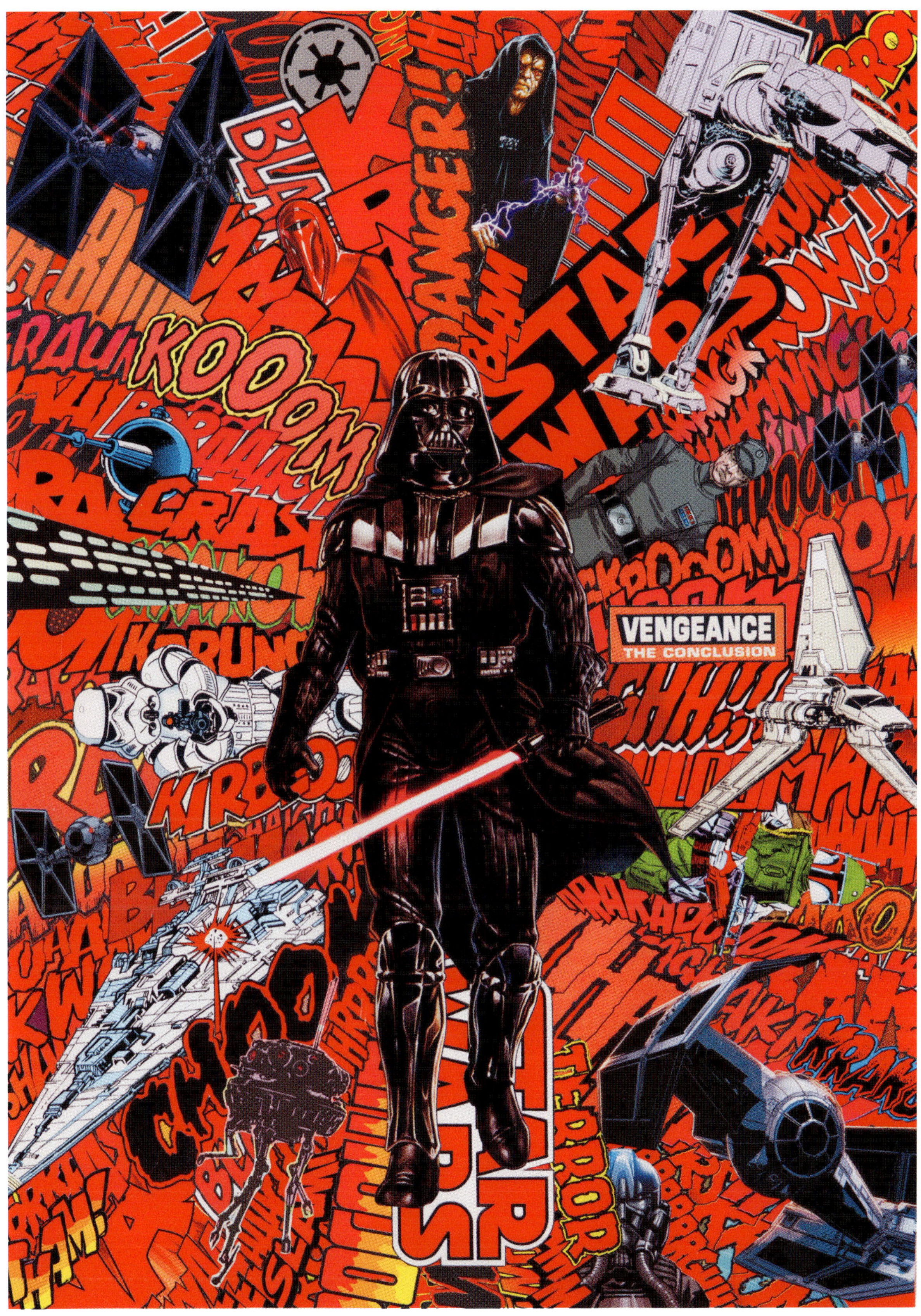
DANGER!!
VENGEANCE
THE CONCLUSION
TERROR

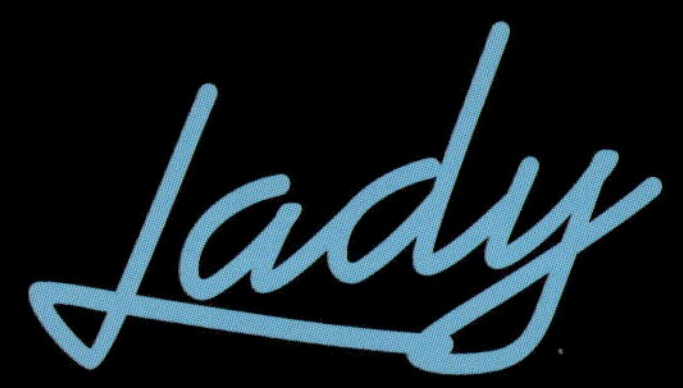

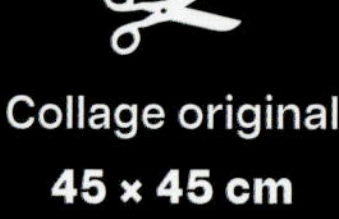

Collage original
45 × 45 cm

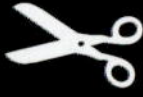

« Quatrième œuvre réalisée dans le but d'être exposée et vendue au Japon. Je suis très content de ce portrait « pop art » renvoyant indubitablement aux œuvres de Roy Lichtenstein. Si j'ai choisi le blond, pour la chevelure, c'est parce que cette couleur de cheveux est peu commune au Japon, allant jusqu'à susciter une véritable fascination… »

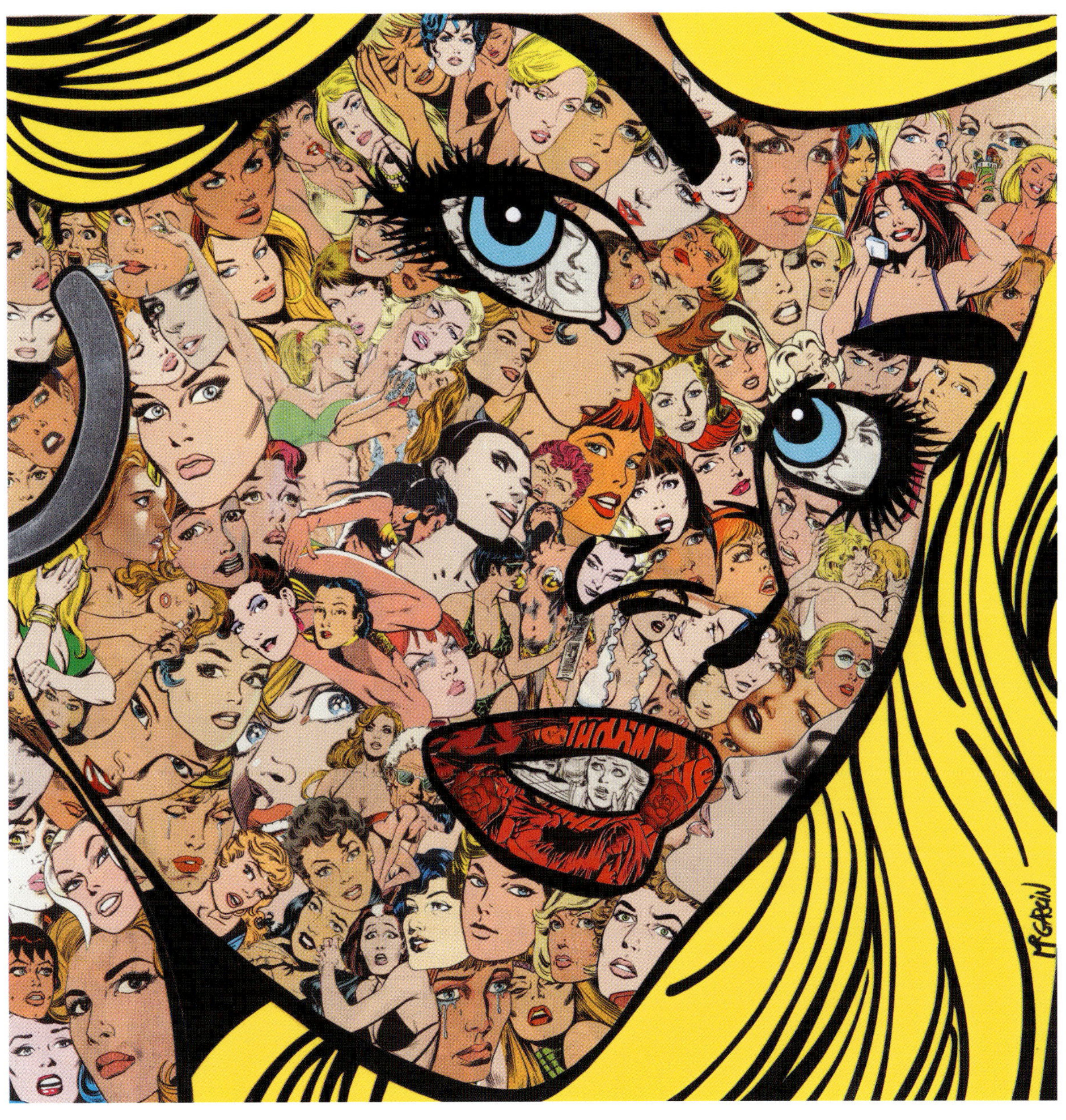

Spider in Action

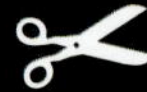

Collage original
45 × 45 cm

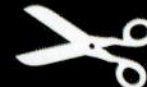

« Spider-Man est un personnage assez populaire au Japon (Sony en possède d'ailleurs les droits), et c'est pour cela que cette dernière œuvre en partance pour le pays du Soleil levant lui est consacrée ! »

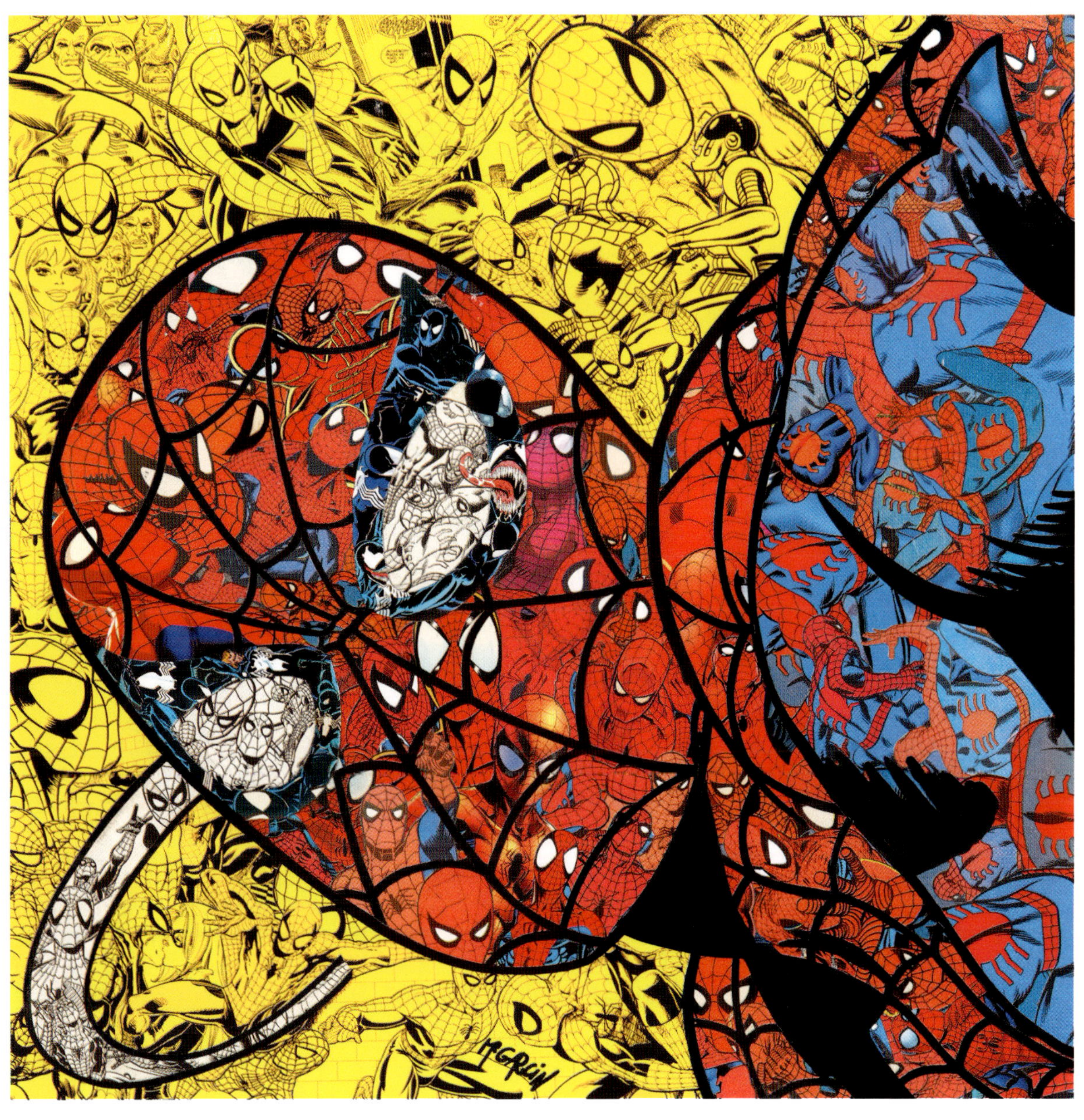

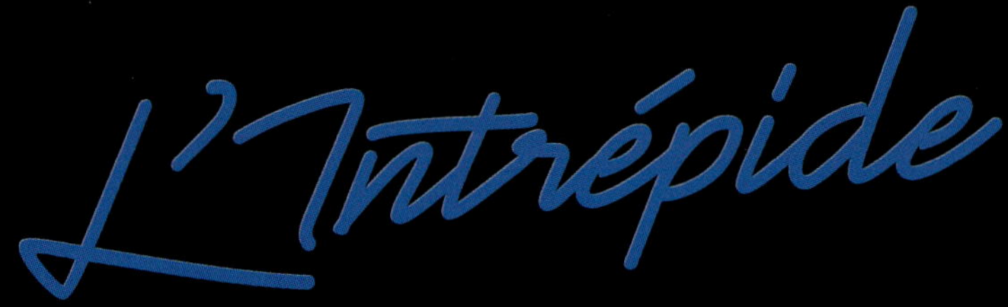

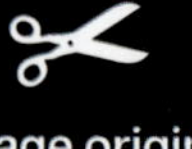

Collage original
80 × 50 cm

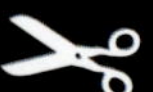

« L'Intrépide est un personnage de BD créé par le célèbre animateur télé Marcus, spécialisé dans les jeux vidéo. J'ai été contacté pour réaliser un collage de son fameux personnage afin d'en faire un poster accompagnant la sortie du deuxième volume de ses aventures. Chose amusante et peu commune, cette œuvre fut principalement réalisée avec des dessins de fans envoyés depuis des années à Marcus ! »

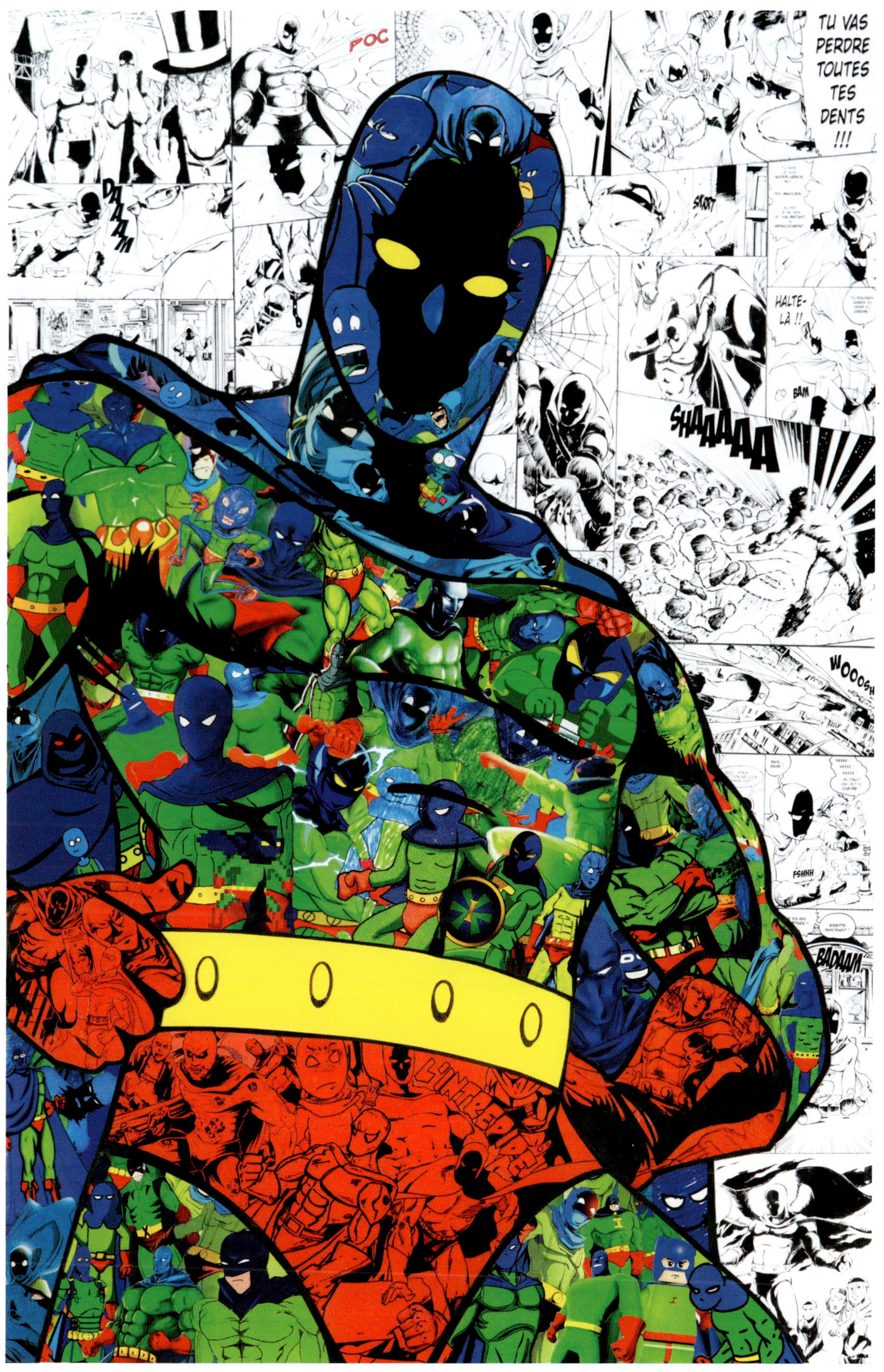
POC
TU VAS PERDRE TOUTES TES DENTS !!!
HALTE-LÀ !!
BAM
SHAAAAAA
FSHHH
BADAAM

Horror My Love

Collage original
120 × 80 cm

« Passionné de cinéma horrifique, ce collage est tout simplement un de mes préférés ! Je me suis vraiment régalé à compiler et assembler tous ces personnages issus des plus grands films d'horreur. Cela faisait quelque temps que j'y pensais, accumulant livres et images. Il aura fallu attendre que j'en aie suffisamment pour pouvoir me lancer dans cette aventure. Deux pièces ont été rajoutées au dernier moment, juste avant l'encadrement, car oubliées ! L'étrange héroïne du film japonais *Audition* (tout en bas au centre) ainsi que Béatrice Dalle dans le film Français *À l'intérieur* (totalement à droite à la suite du titre "Dracula"). Ce fut *in extremis*, à tel point que ces rajouts ne sont pas sur le tirage limité de chez "French Paper Art Club" sorti très rapidement. »

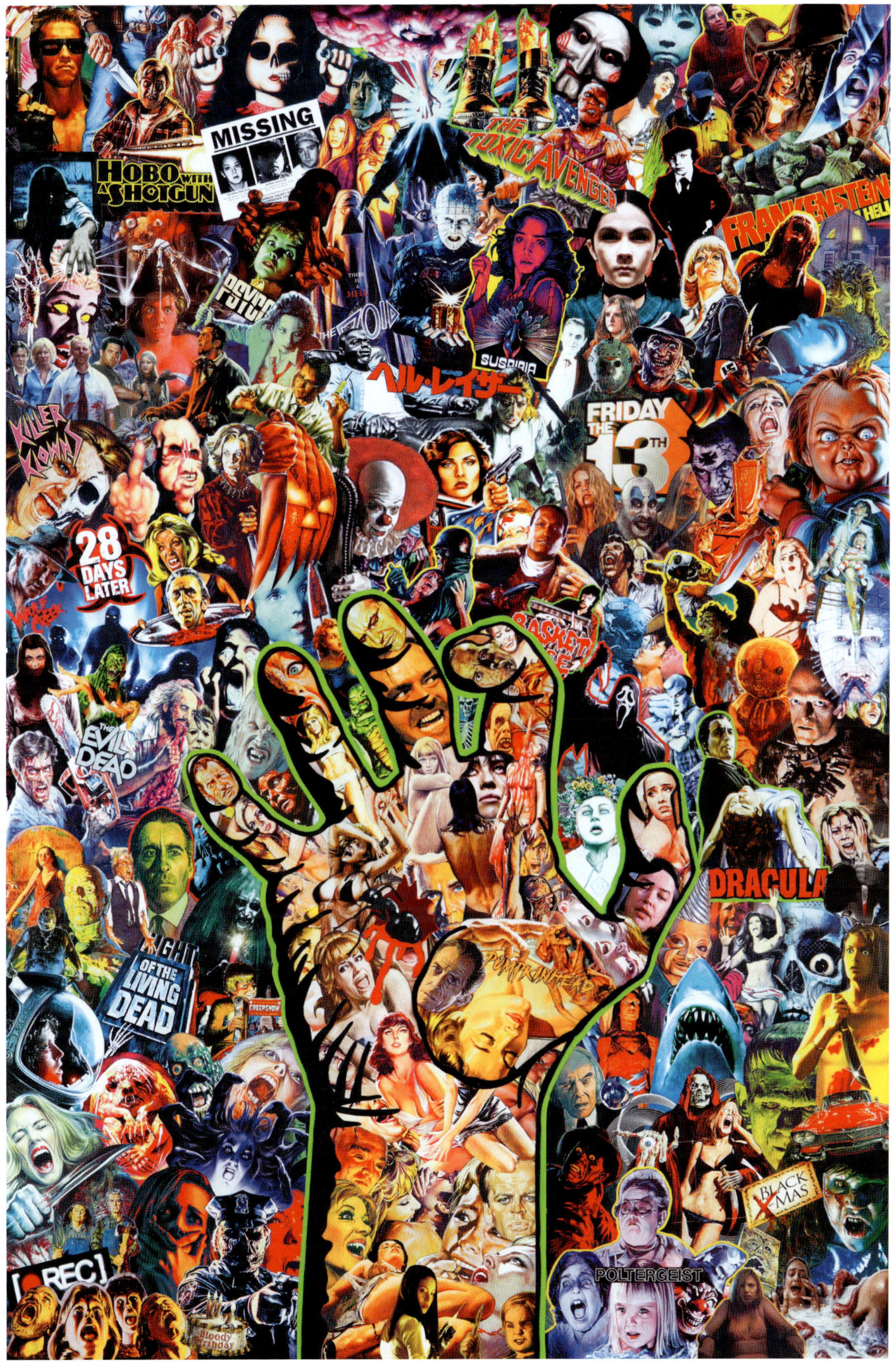
MISSING
HOBO WITH A SHOTGUN
THE TOXIC AVENGER
ヘル・レイザー
FRIDAY THE 13TH
KILLER KLOWNS
28 DAYS LATER
EVIL DEAD
DRACULA
OF THE LIVING DEAD
BLACK X-MAS
POLTERGEIST
[REC]

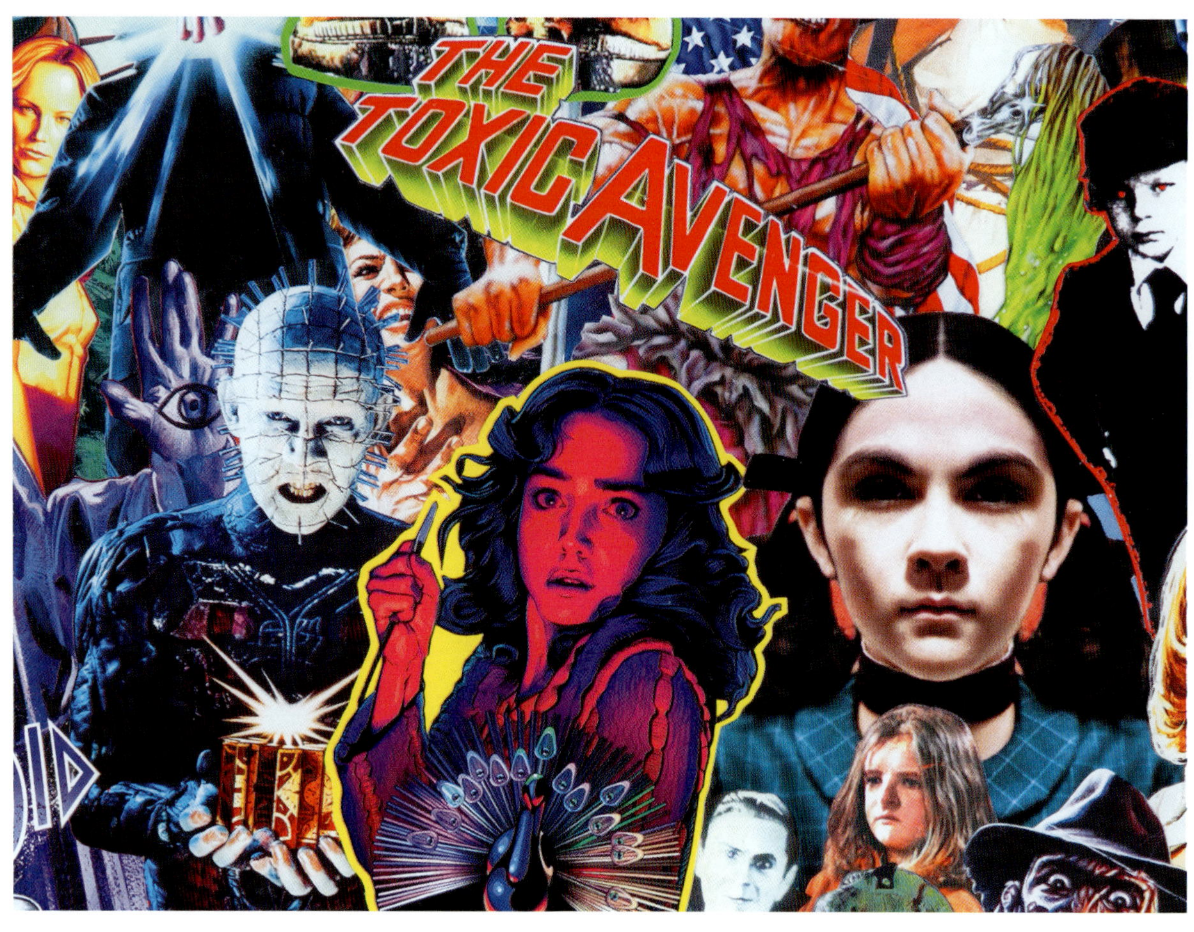
THE TOXIC AVENGER

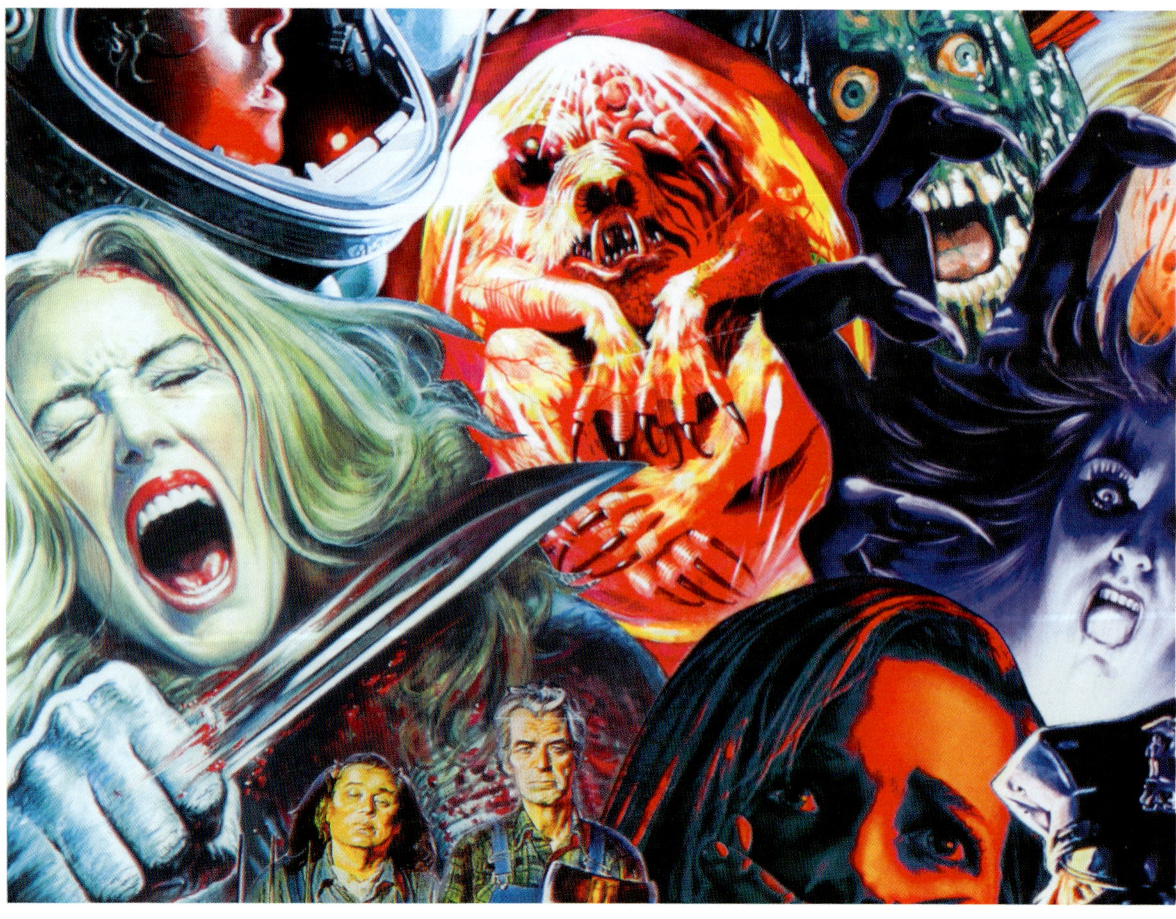

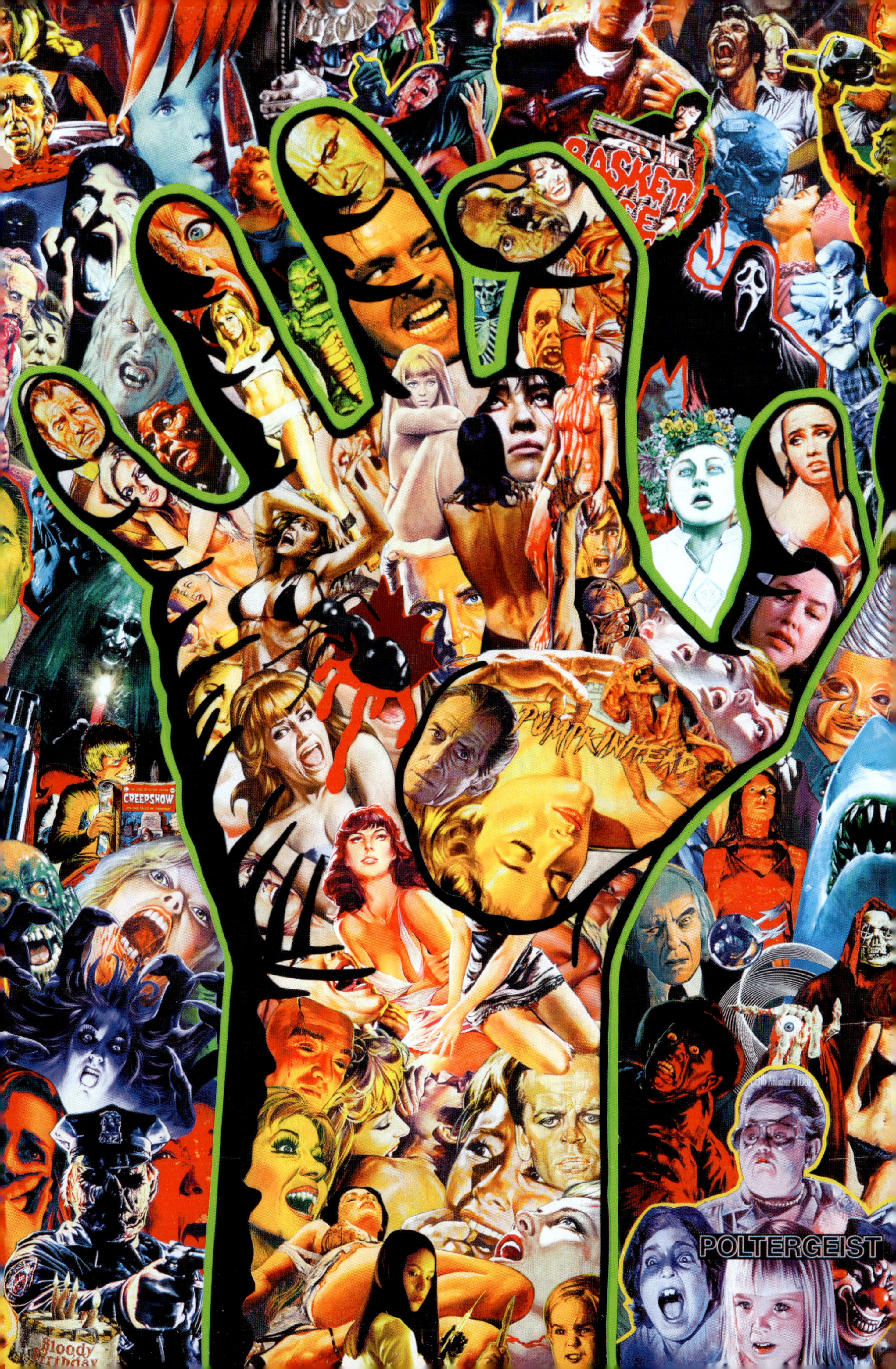
BASKET
CREEPSHOW
PUMPKINHEAD
POLTERGEIST
Bloody Birthday

Spider-Man portrait

Collage original

45 × 45 cm

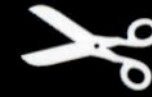

« Mes œuvres expédiées au Japon s'étant bien vendues, j'ai reçu une nouvelle commande de trois collages. Spider-Man étant apparemment une valeur sûre là-bas, j'en ai fait un nouveau. »

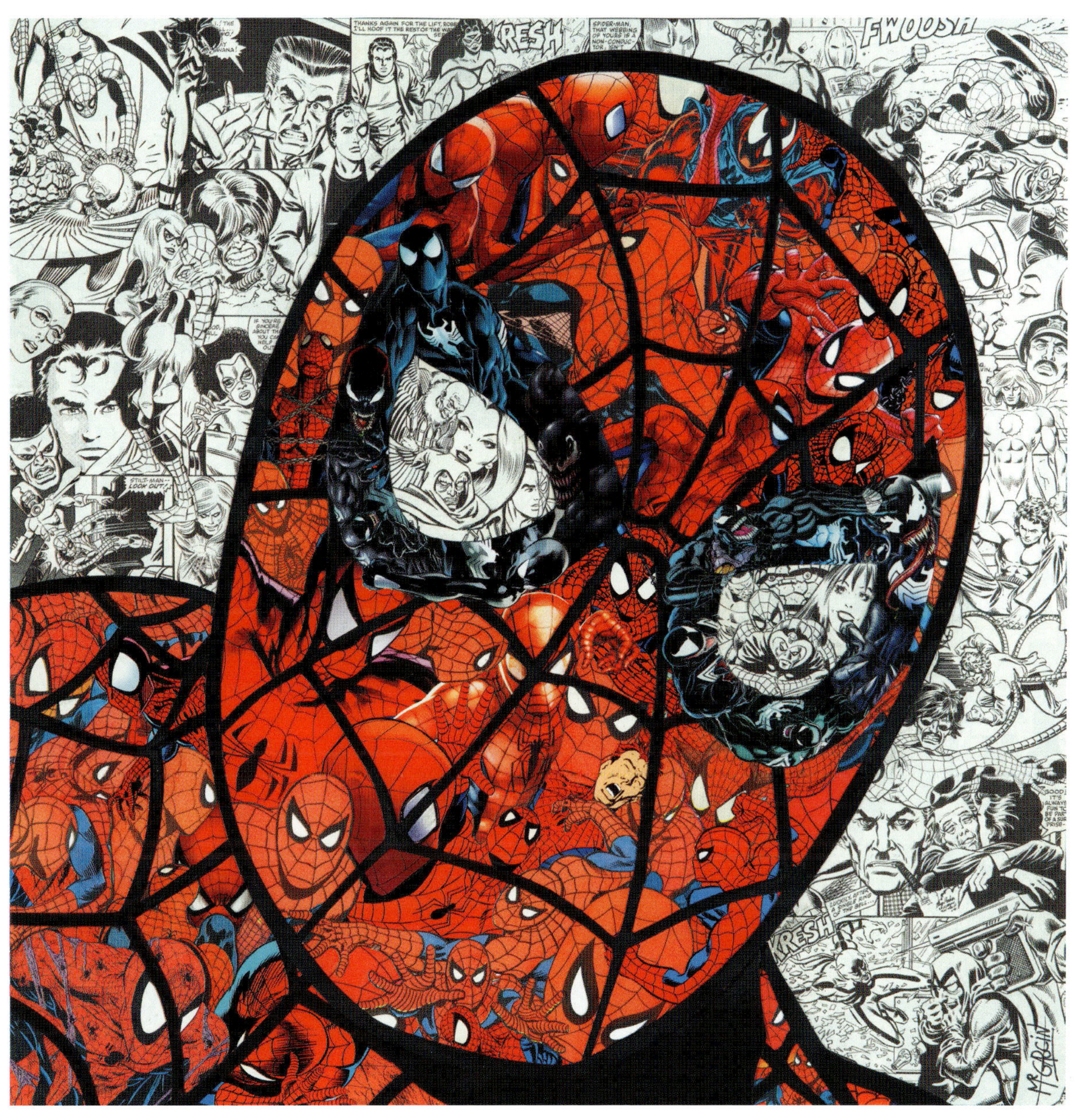
FWOOSH
MR GARCIN

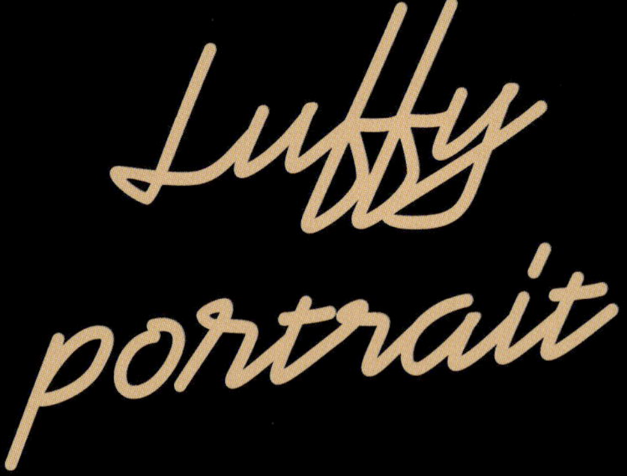

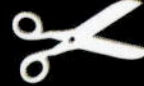

Collage original

45 × 45 cm

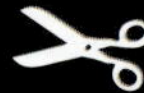

« Dans la lignée de mes petits portraits carrés réalisés à partir de comics, en voici enfin un réalisé avec un manga. Et pas n'importe quel manga, juste le plus populaire au monde : *One Piece* ! »

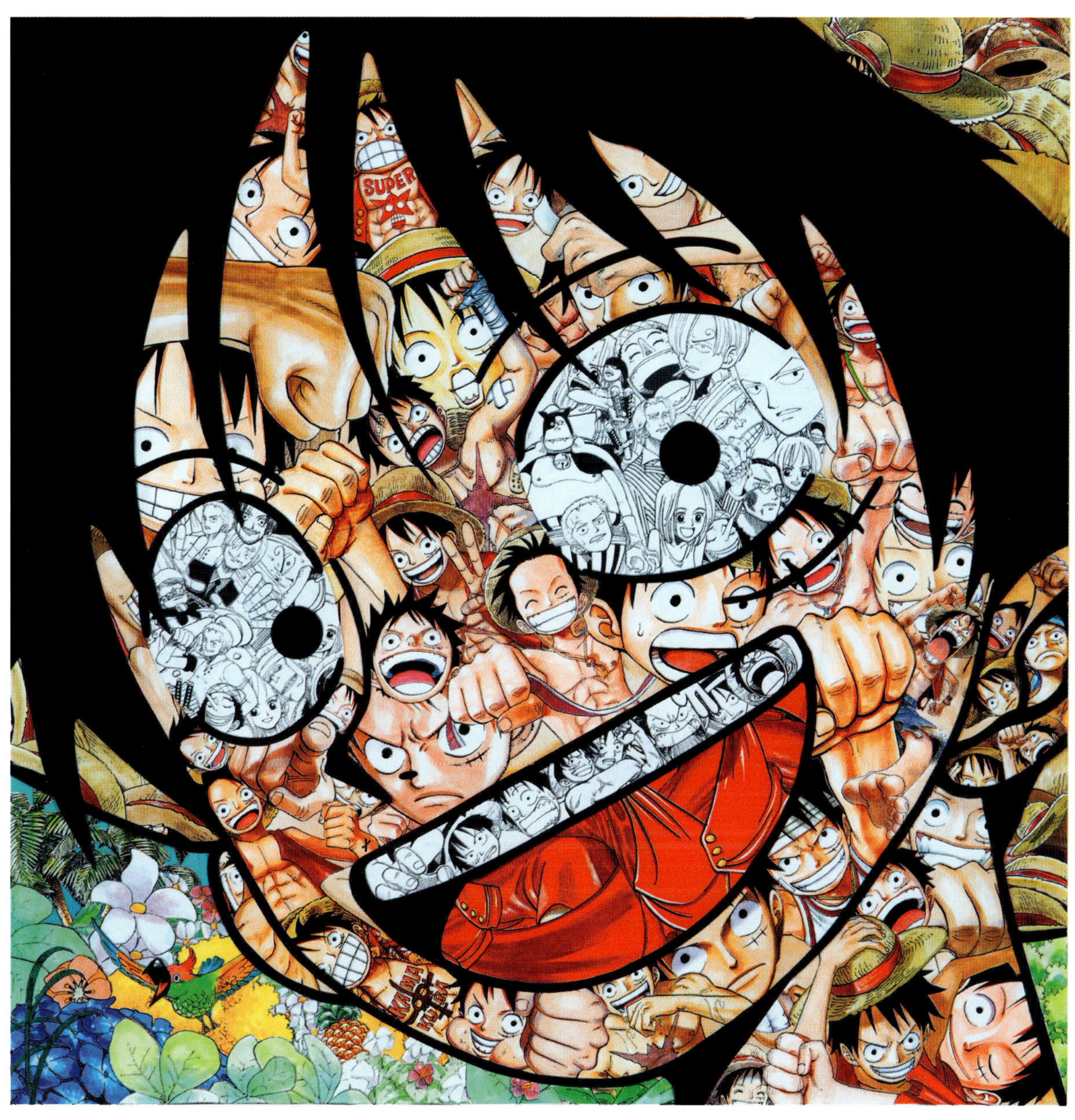
SUPER

Portrait of Catwoman

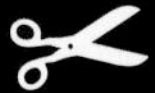

Collage original
45 × 45 cm

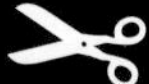

« Très content de ce portrait de Catwoman. J'aime ses lèvres d'un rouge vif accompagnées de ce regard plein de mystère ! Un léger trait jaune détache le visage du fond. Je le ferai de plus en plus, par la suite, sur mes œuvres à venir. »

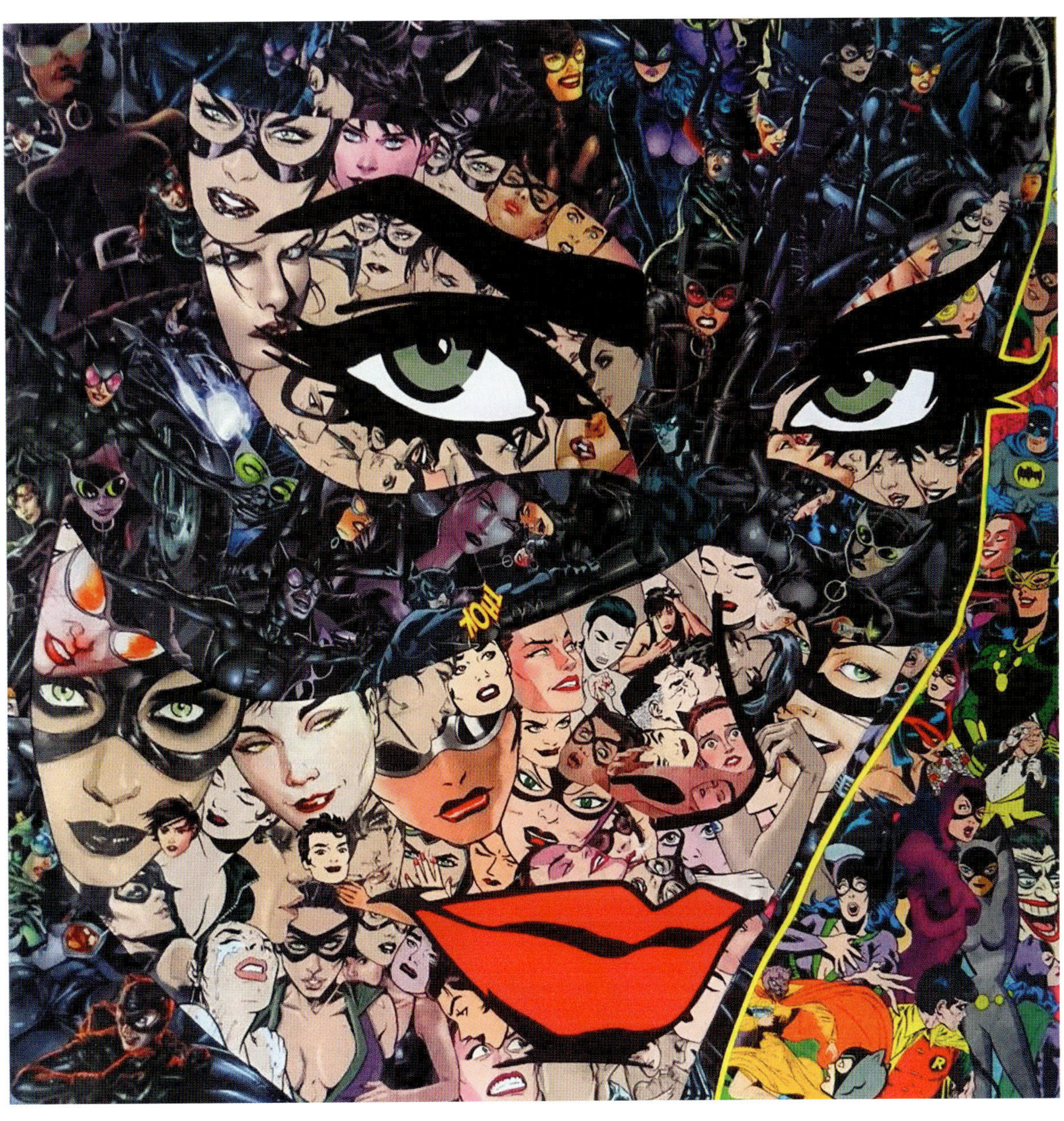

Estampe Ranma ½ a

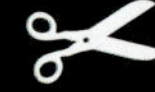

Collage original
21 × 31 cm

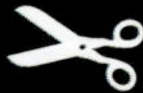

« Collage réalisé sur commande pour un particulier. *Ranma ½* étant le sujet souhaité, j'ai réalisé deux œuvres dans ce style et sur ce thème afin qu'il puisse choisir. C'est celui-ci qui a remporté sa faveur. »

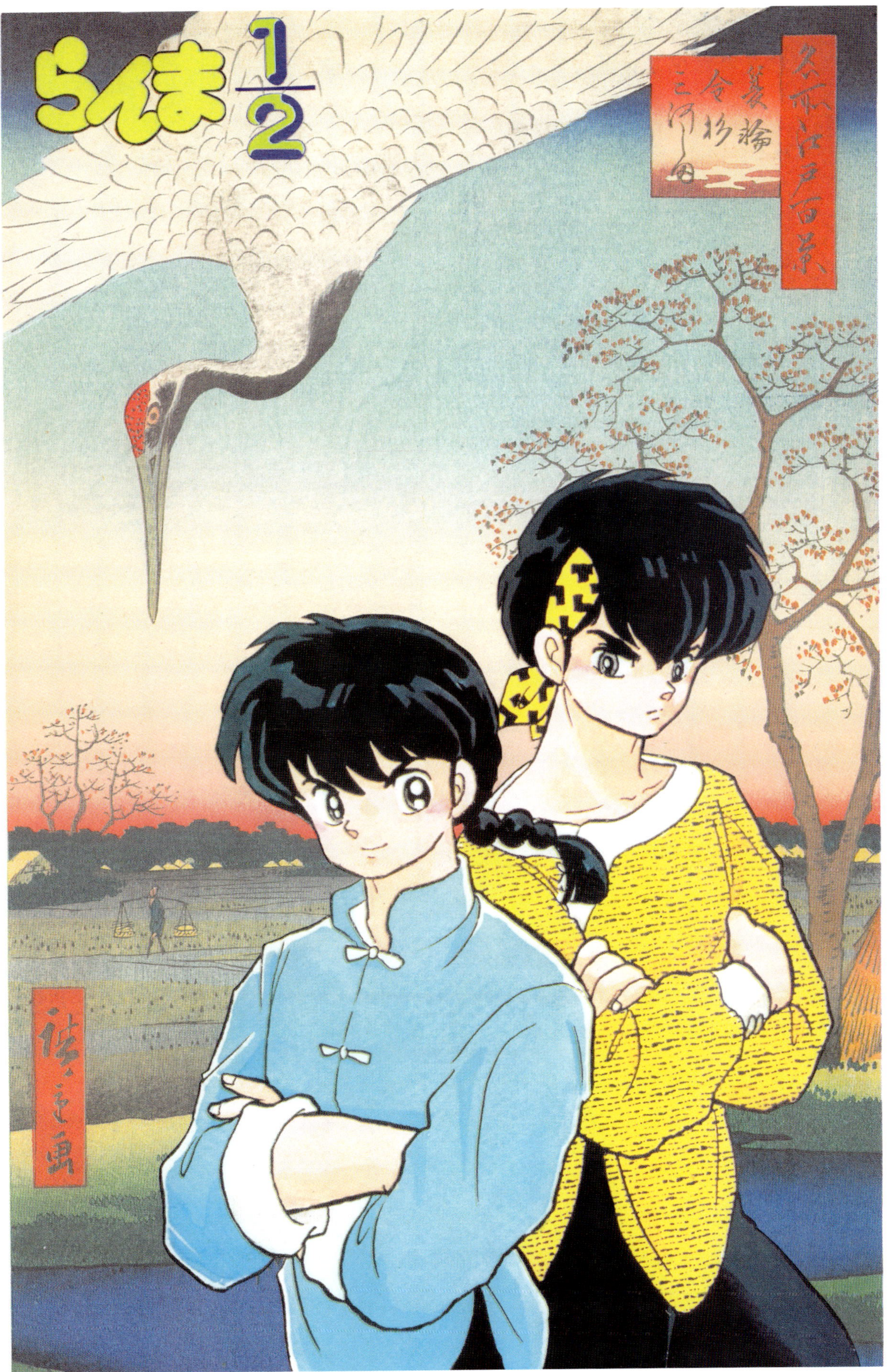
らんま 1/2
名所江戸百景

Estampe Ranma ½ b

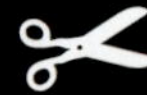

Collage original

21 × 31 cm

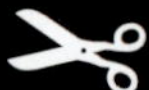

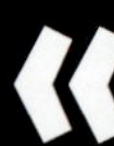

Deuxième collage sur le thème de *Ranma ½* réalisé afin que le commanditaire puisse choisir son préféré. »

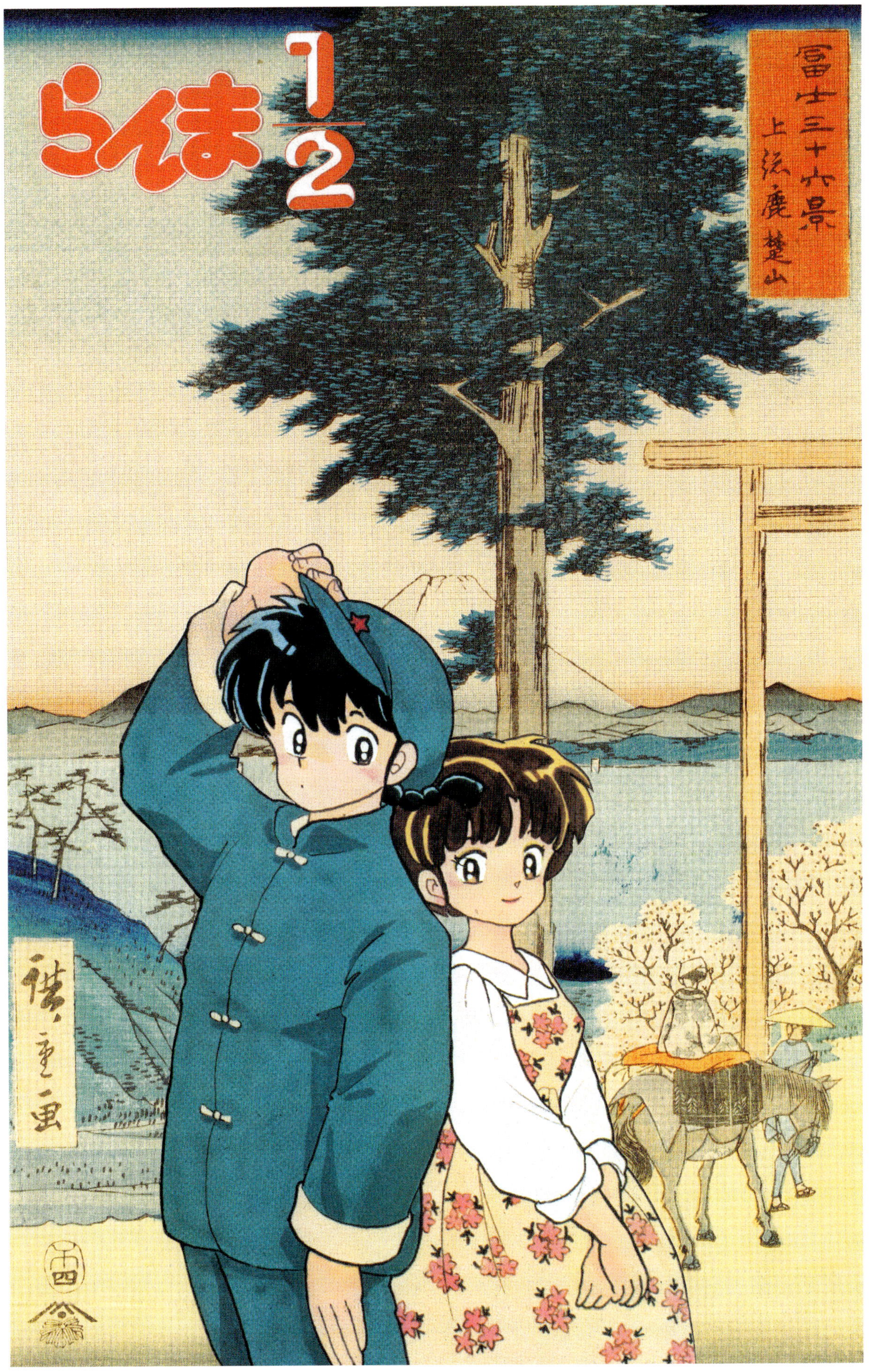
らんま 1/2
冨士三十六景
上総鹿埜山
廣重画

Je le jure !

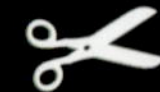

Collage original

21 × 30 cm

+

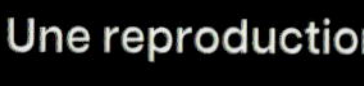

Une reproduction

par Yaniv Edery

210 × 60 cm

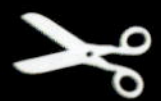

« Œuvre commandée par mon galeriste David Chabannes, pour un de ses clients désirant une œuvre de petite taille mettant en scène Daredevil. »

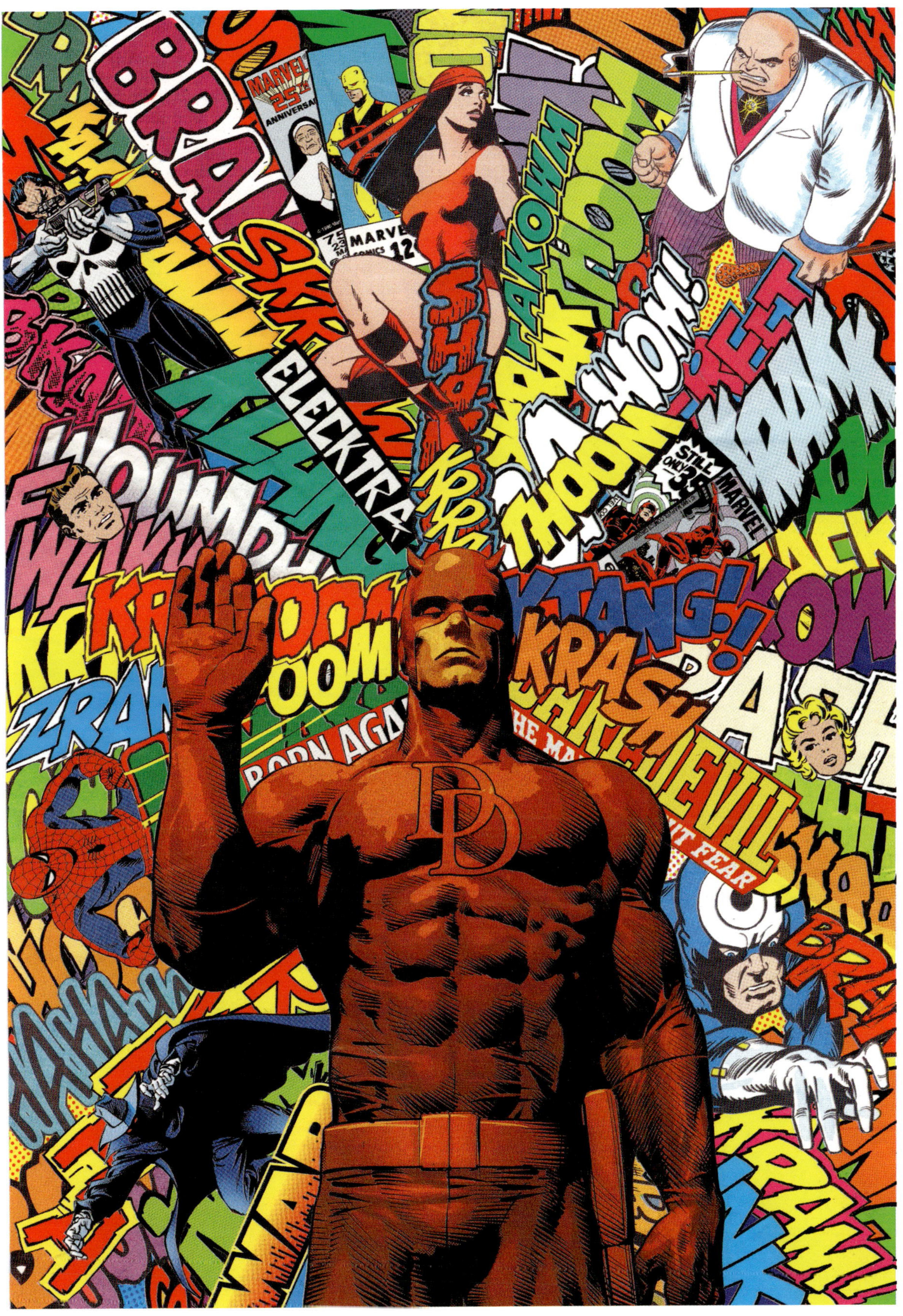
MARVEL
ELECKTRA
THOOM
KTANG!!
KRASH
STILL ONLY
MARVEL

Estampe Son Goku sur son nuage

Collage original
24 × 16,5 cm

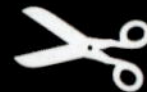

« J'aime beaucoup la dynamique de cette composition. Le fond du décor (de la même couleur que le nuage de Son Goku) semble simuler la vitesse de déplacement du héros à la queue de singe. »

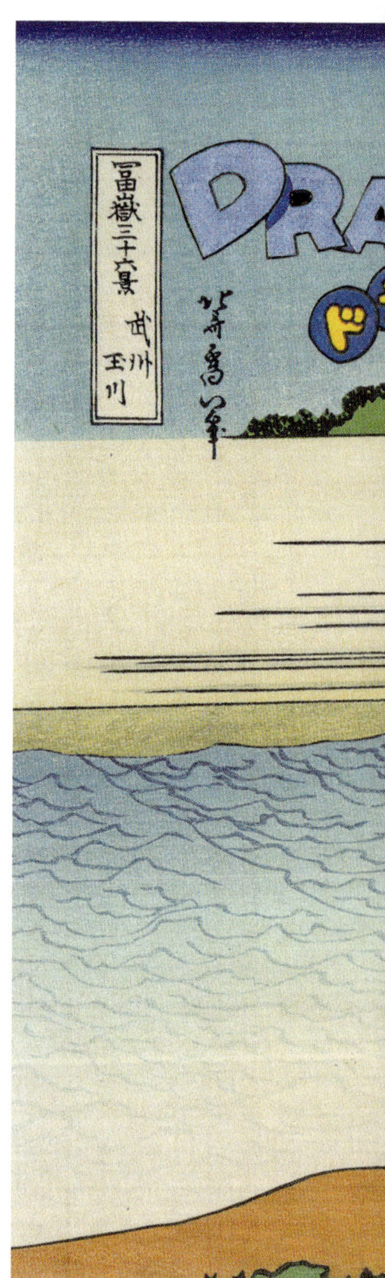

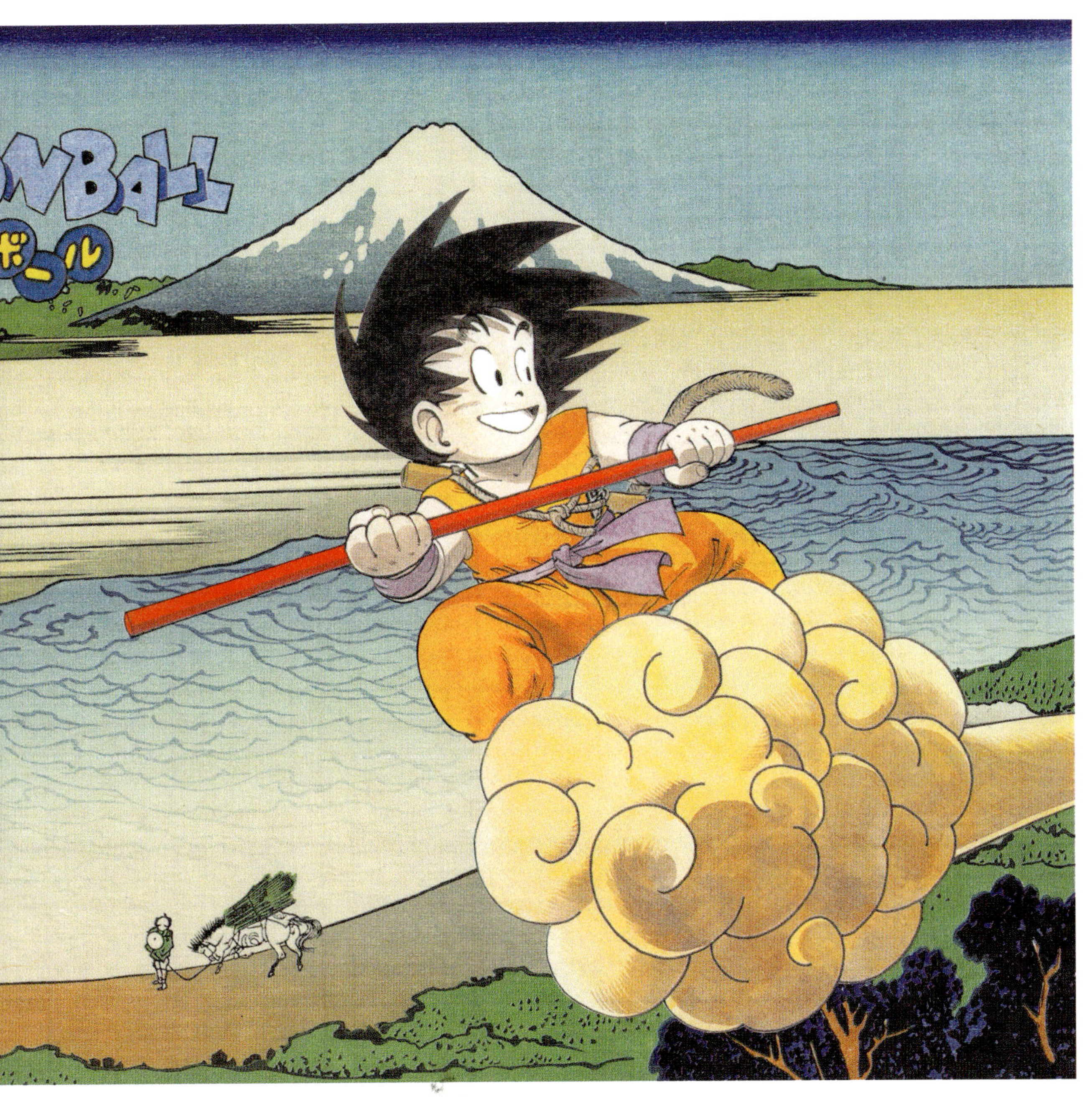

Estampe Luffy et l'oiseau

Collage original
21 × 31 cm

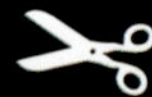

« À la base, il y avait juste Luffy et le logo collés sur l'estampe, mais malheureusement (ou pas), j'ai abîmé la main de Luffy. J'ai dû trouver comment camoufler cette éraflure ! Cet oiseau, de la même couleur que le fond du décor, fut la solution parfaite ! »

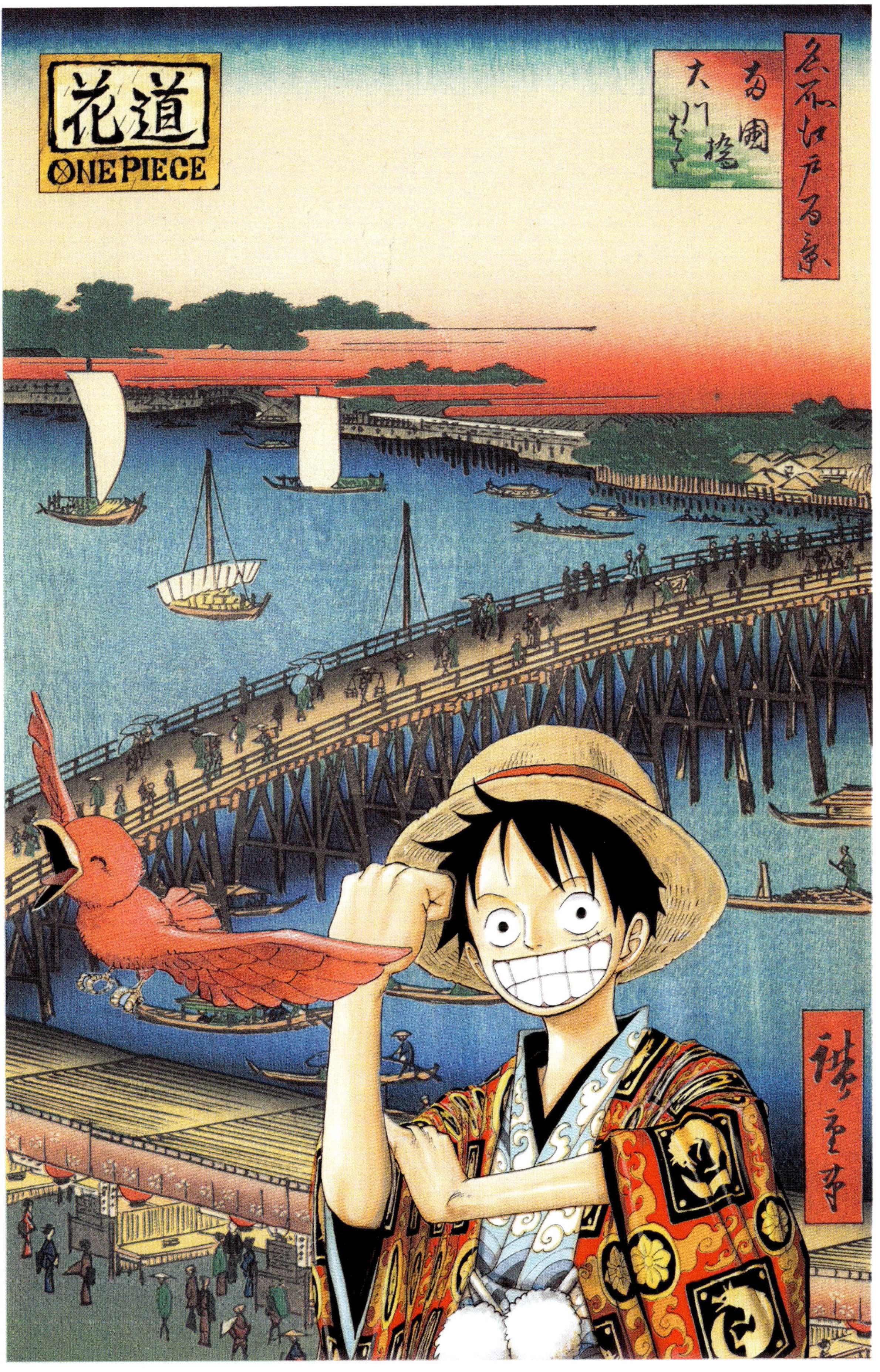
花道
ONE PIECE

Estampe Luffy's Punch !

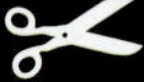

Collage original

34 × 22 cm

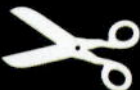

« Réalisé dans la lignée du précédent. Contrairement aux autres collages du même genre, j'ai ici laissé le contour de l'estampe afin de faire dépasser le bras de Luffy et simuler un léger effet de relief. »

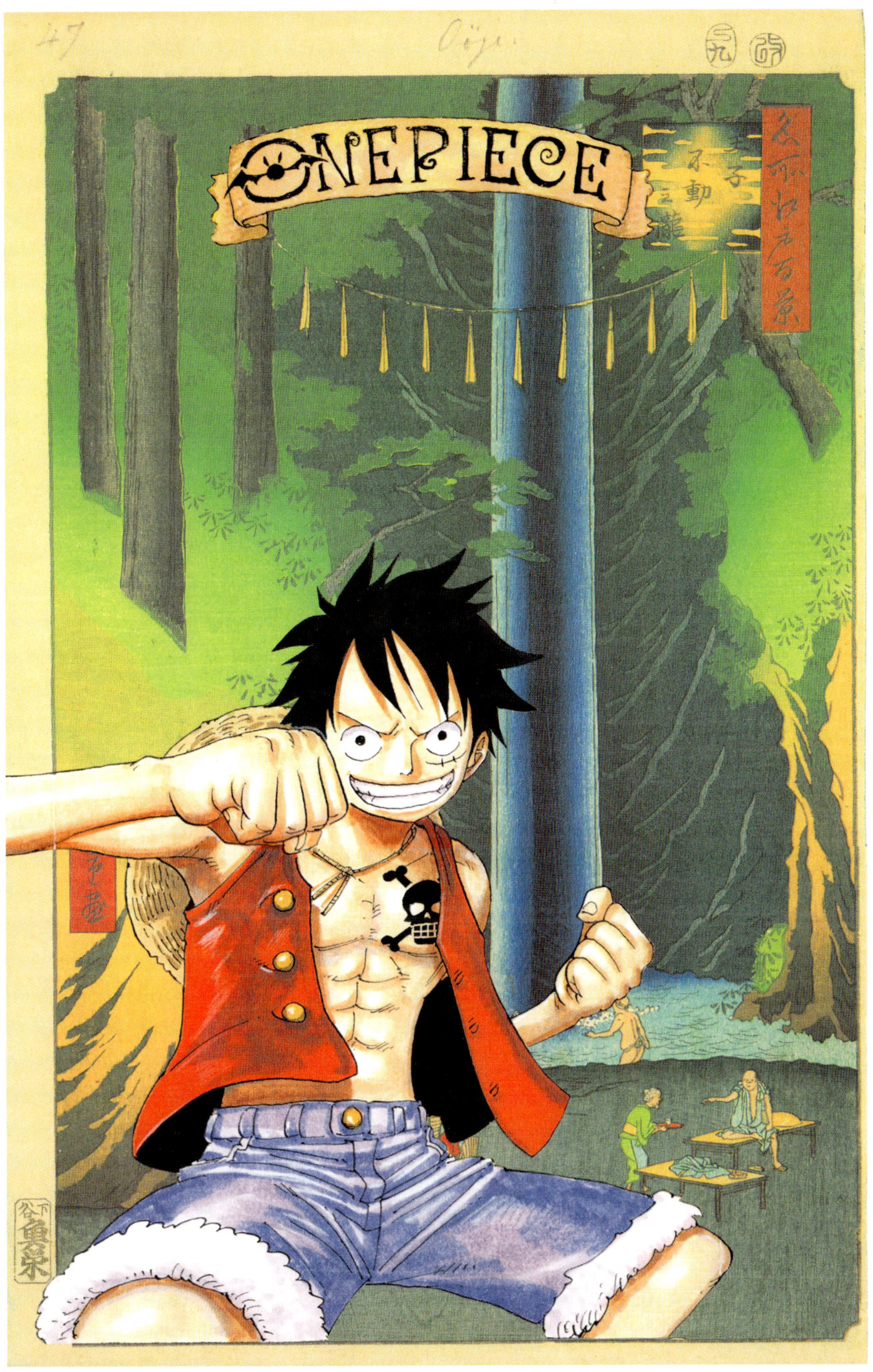
ONEPIECE
名所江戸百景

Wonder Woman portrait

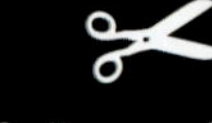

Collage original

45 × 45 cm

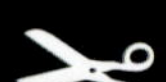

« Œuvre petit format réalisée pour mes collaborateurs japonais. J'ai choisi Wonder Woman car c'est une icône mondiale de la pop culture dont la notoriété est arrivée jusqu'au pays du Soleil levant, j'imagine. »

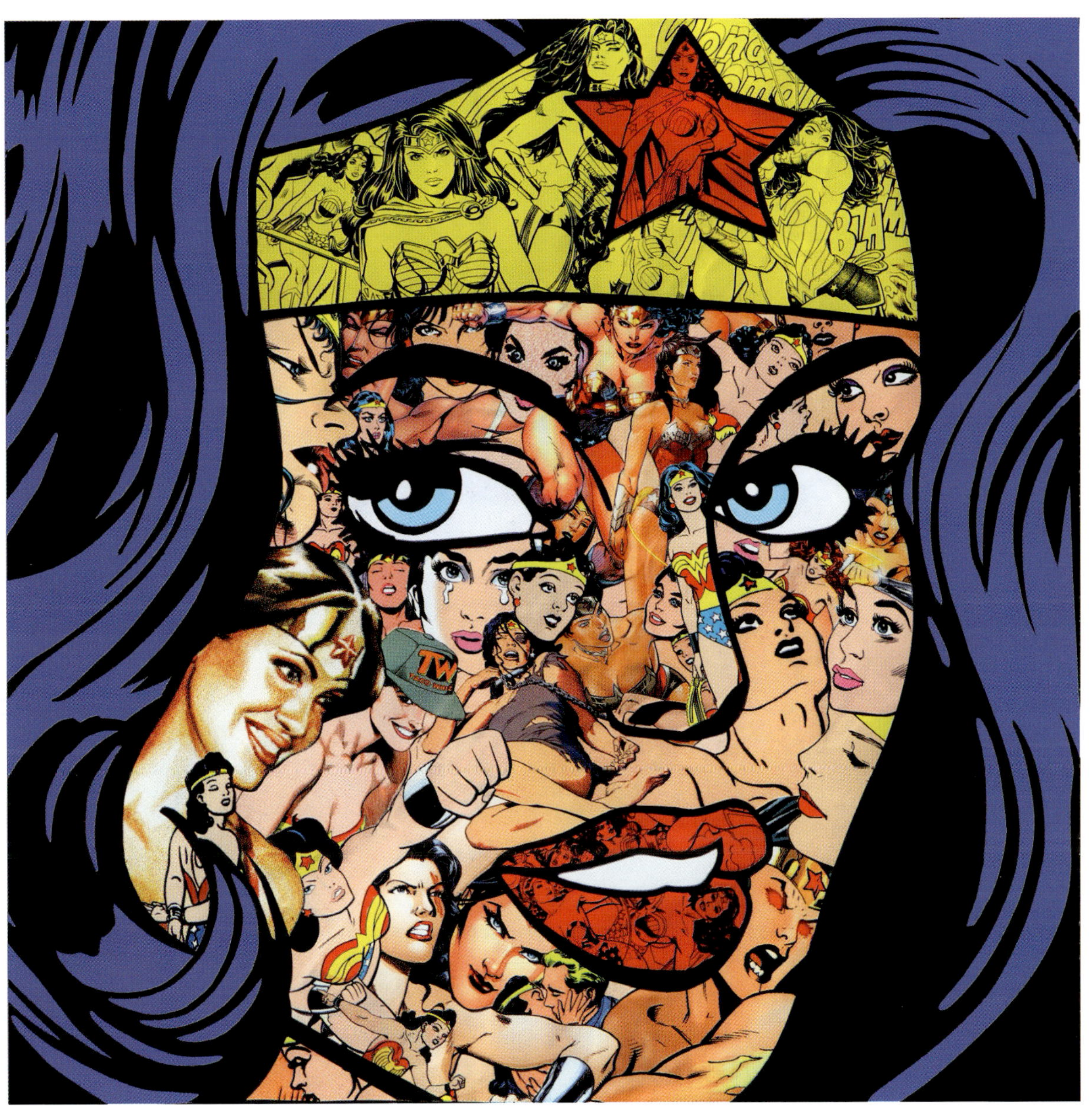
TW

187

Détermination

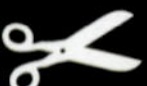

Collage original
45 × 45 cm

« Comme pour l'œuvre précédente, ce collage a été réalisé afin d'être envoyé au Japon. J'ai choisi cette fois-ci un personnage fort populaire : Son Goku, le héros du manga *Dragon Ball*. Comme souvent, j'ai fait bien attention d'avoir un maximum de représentations de celui-ci. On peut donc le voir à différents âges de sa vie. J'ai également inclus ses proches (famille et amis). On peut trouver, dans le blanc de ses yeux, ses pires ennemis… sans lesquels il ne serait pas ce qu'il

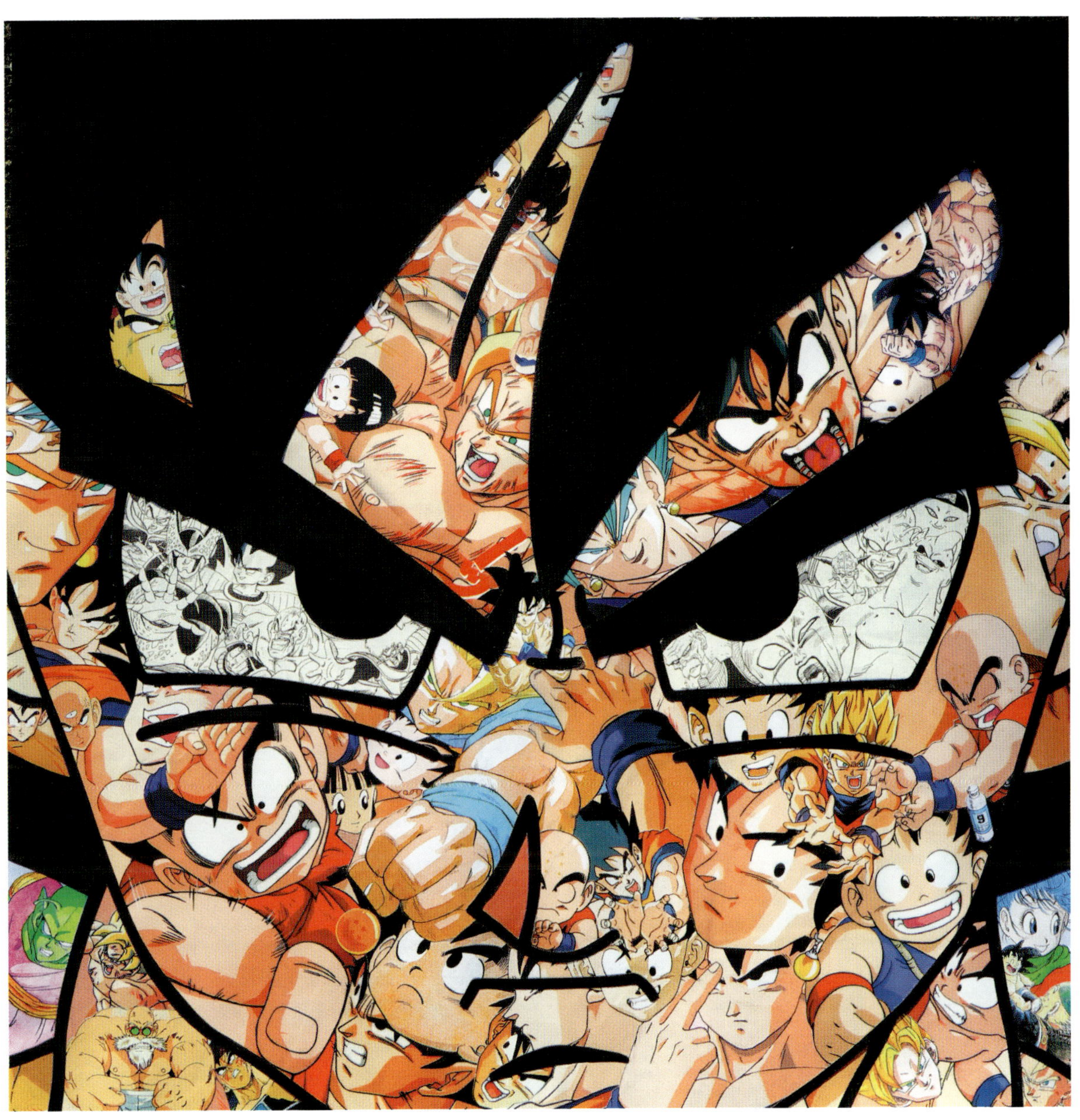

Venom portrait

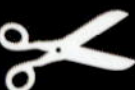

Collage original
50 × 70 cm

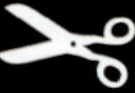

« C'est en voyant dans un *comics* l'image qui m'a servi de patron pour cette œuvre que j'ai eu envie de la réaliser. J'ai trouvé cette case de *comics* dynamique et très graphique. Il n'en fallait pas plus pour que je me lance dans la conception de ce nouveau collage ! »

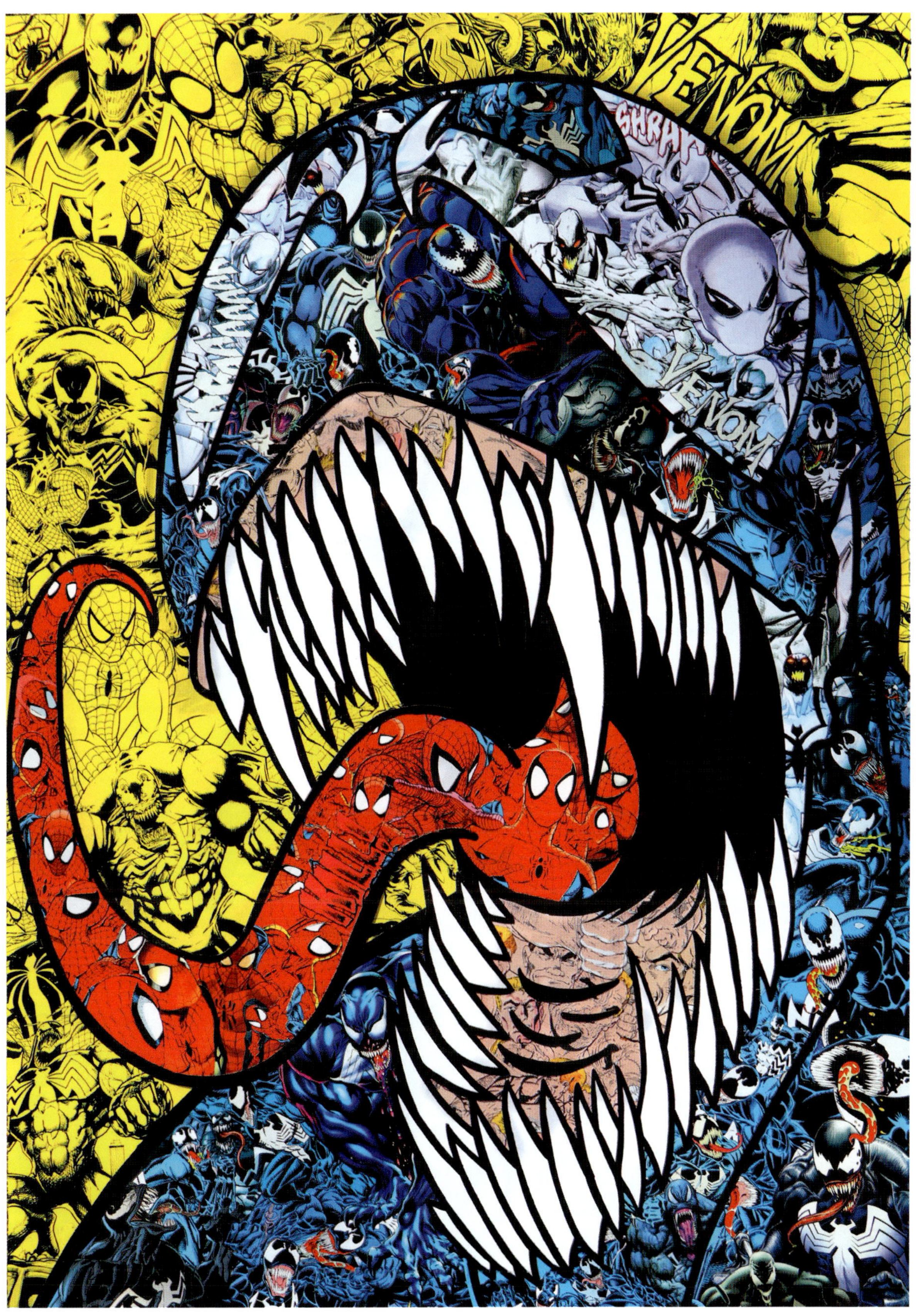
VENOM
VENOM

Pika Pika

Collage original

30 × 30 cm

« Cela fait longtemps maintenant que j'ai envie de réaliser un immense collage comprenant tous les Pokémon. Malheureusement, plus le temps passe et plus il y en a, rendant la chose de plus en plus compliquée ! En attendant que je le fasse (ou pas), j'ai réalisé pour mes collaborateurs japonais ce petit portrait de Pikachu, personnage principal et emblématique de cette licence. »

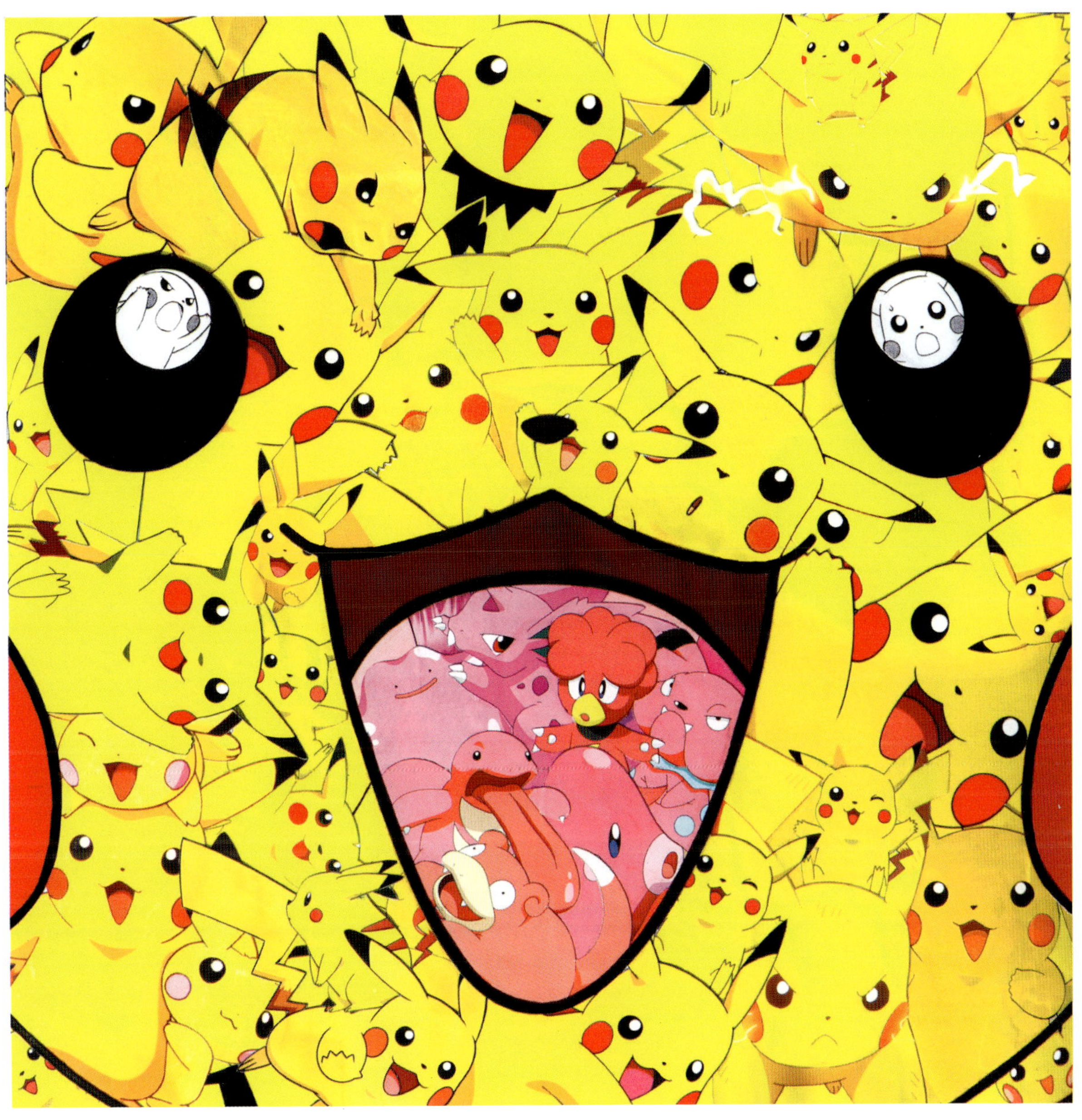

Zorro portrait

Collage original
120 × 80 cm

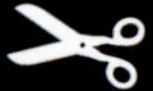

« Zorro, ce personnage emblématique et charismatique du manga *One Piece*, m'a été commandé par un particulier. J'ai choisi de le représenter avec son t-shirt blanc afin de pouvoir inclure directement des planches du manga dans l'œuvre. »

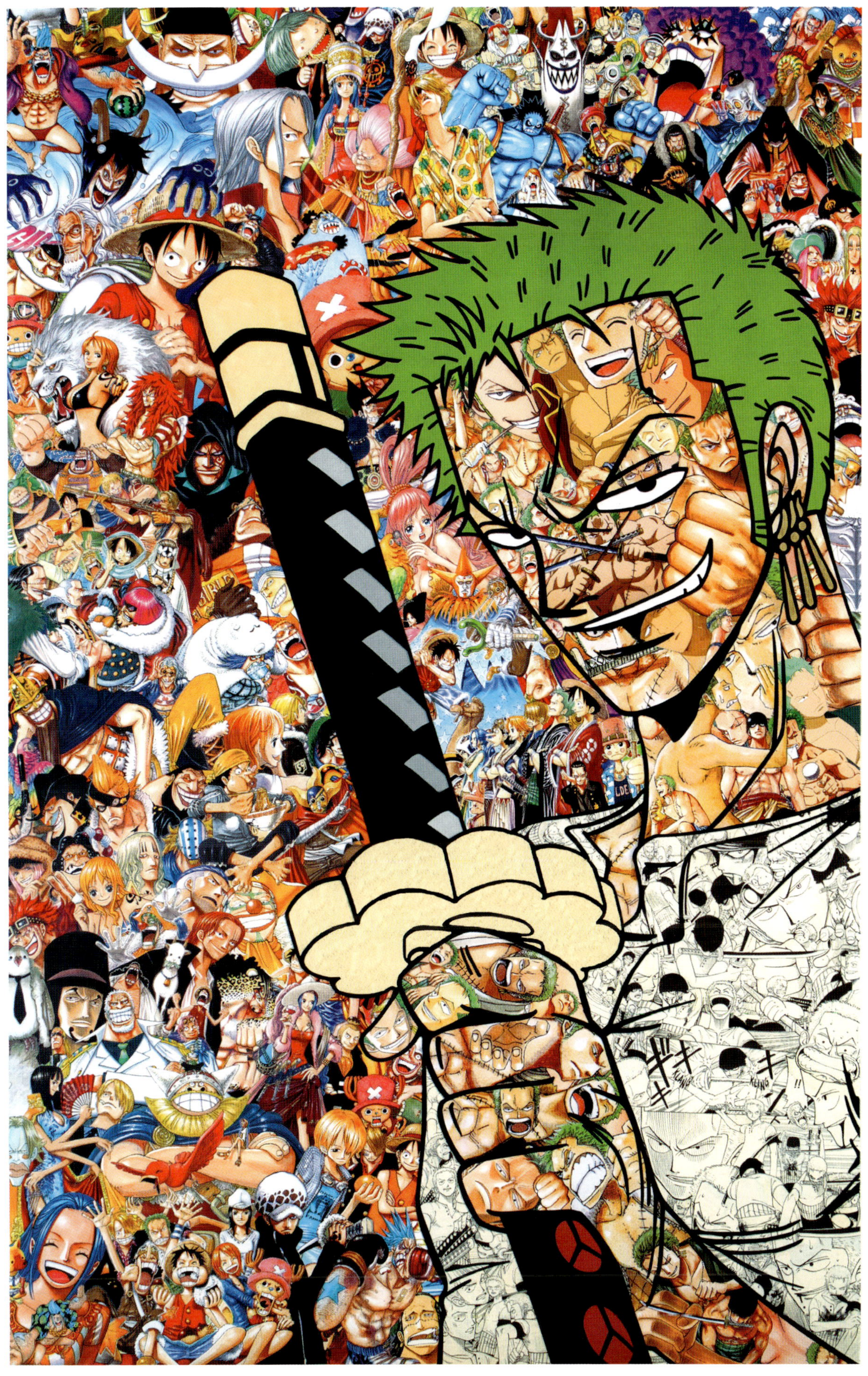

191

Logo of One Piece

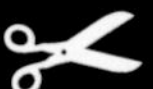

Collage original
60 × 90 cm

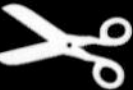

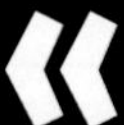

Deuxième commande d'affilée d'un particulier sur le thème de *One Piece*. Cette fois-ci, ce sera le logo du célèbre manga entouré d'un maximum de

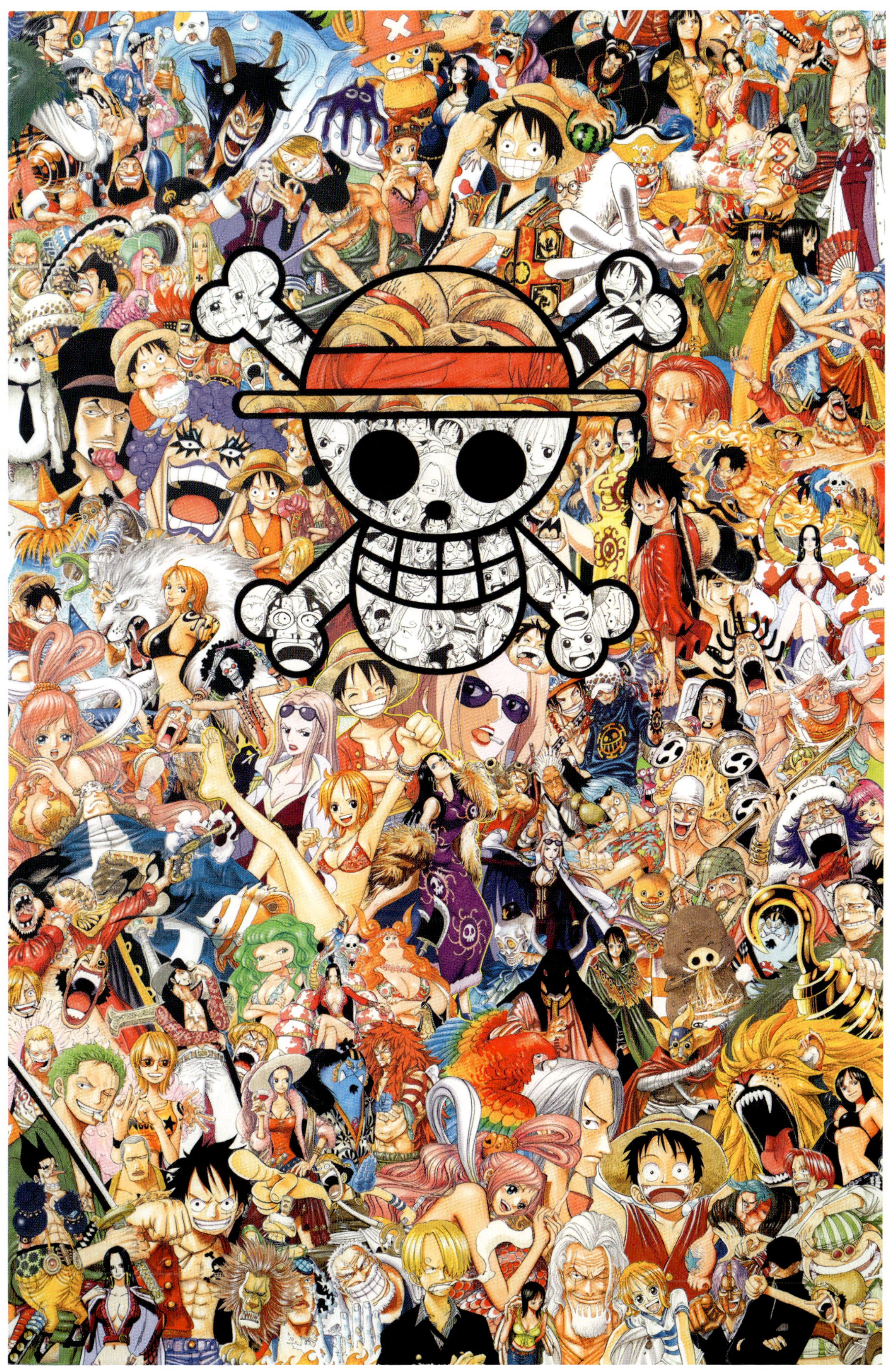

Evil Lord of Destruction

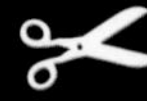

Collage original
120 × 75 cm

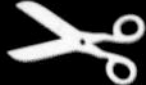

« Grand fan depuis ma petite enfance des *Maîtres de l'univers*, cela faisait un moment que j'avais envie de réaliser une œuvre sur le sujet. Un désir qui a pu se concrétiser dès lors que mon pote Fred Zolf m'a fait découvrir un énorme livre comprenant tous les mini *comics* (et même plus) qui étaient inclus dans les boîtes des figurines ! Je me suis empressé de l'acheter et de le découper. En raison de divers projets, les pièces découpées sont restées de longs mois dans une pochette plastique. C'est une commande privée (bienvenue) qui m'a poussé à les ressortir. Une dame désirait en effet offrir une de mes œuvres à son mari, pour ses quarante ans. Après plusieurs hésitations, nous nous sommes décidés pour un portrait du grand méchant charismatique des Maîtres de l'Univers : « Skeletor ». Le mari fut ravi de son cadeau, apparemment ! »

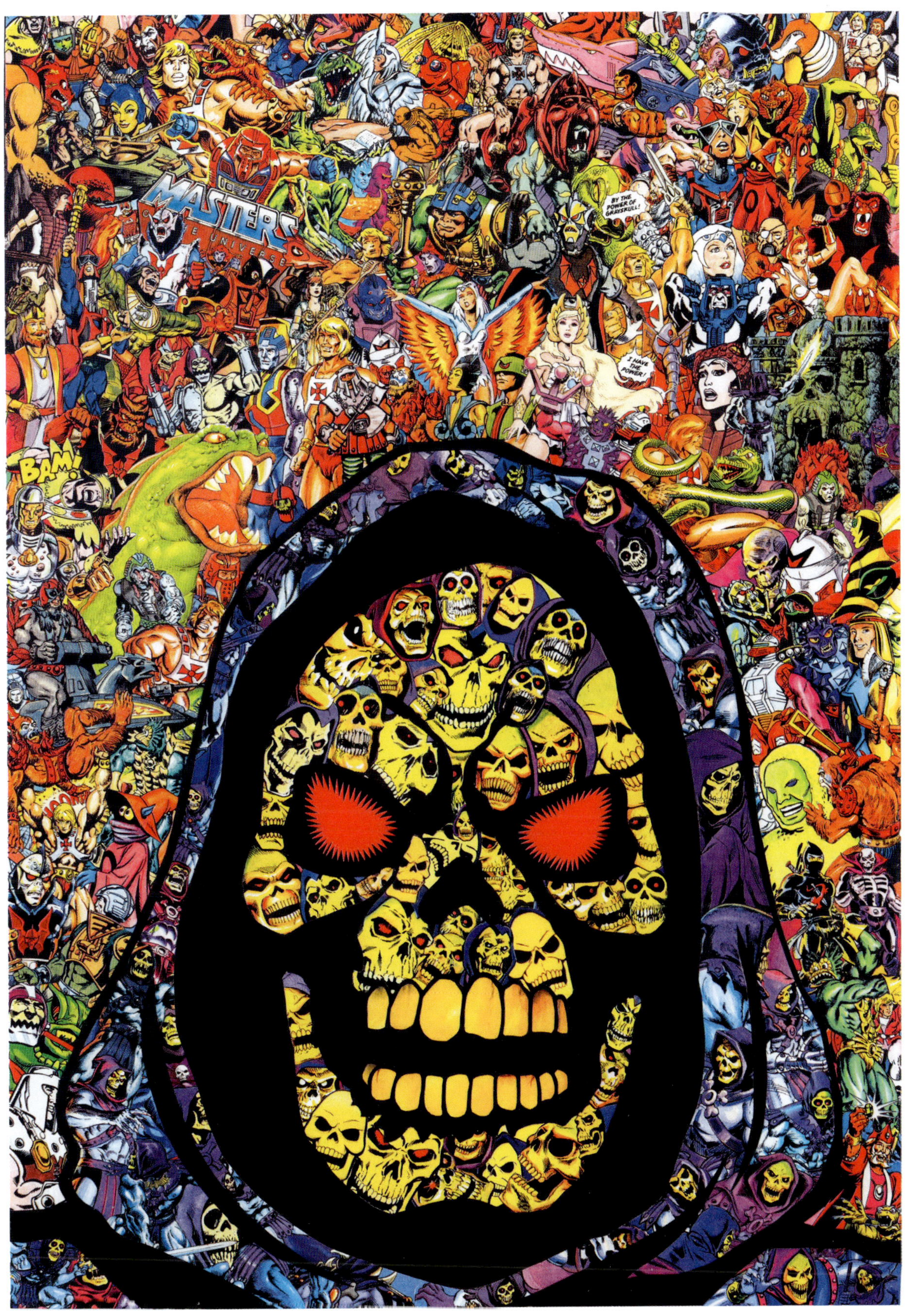
MASTERS
BY THE POWER OF GRAYSKULL!
I HAVE THE POWER!
BAM!

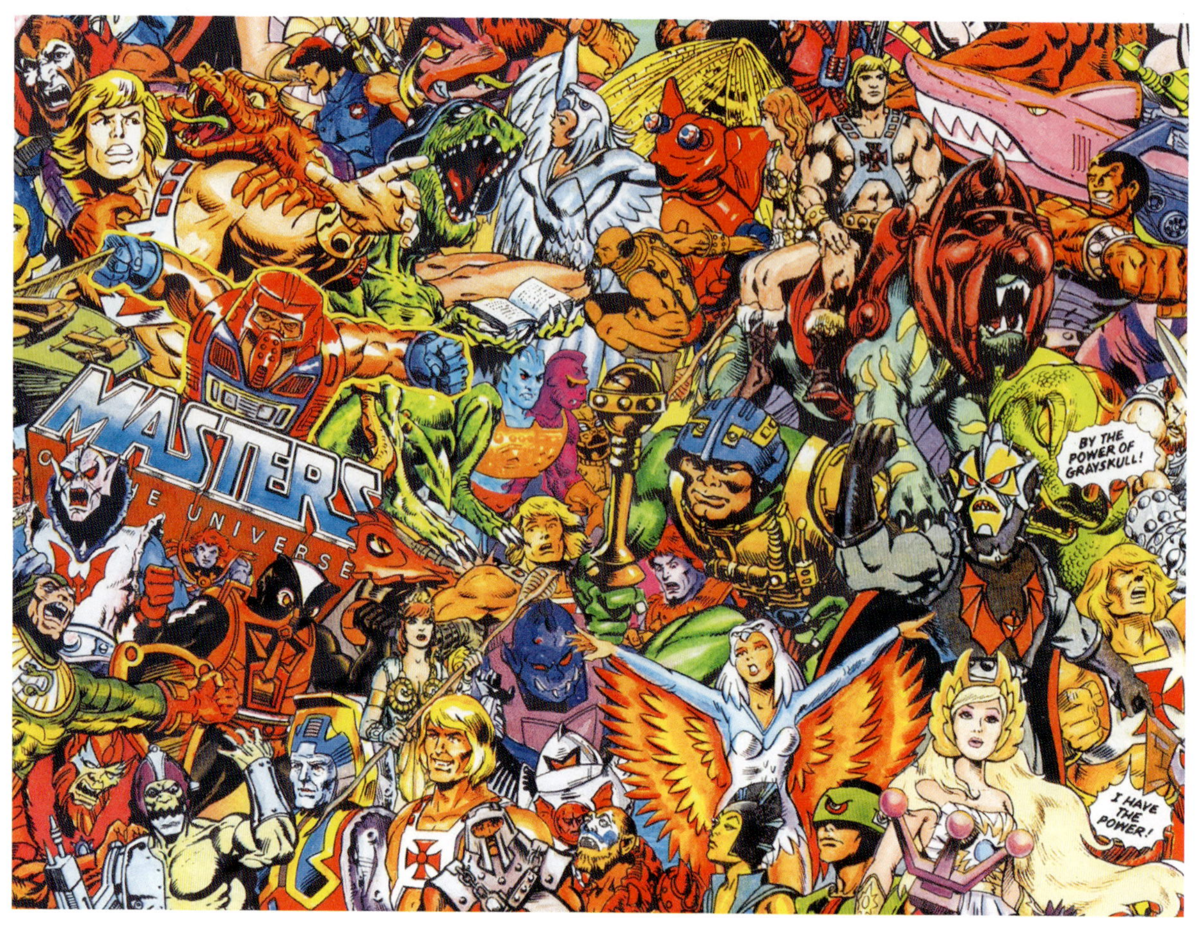
MASTERS OF THE UNIVERSE
BY THE POWER OF GRAYSKULL!
I HAVE THE POWER!

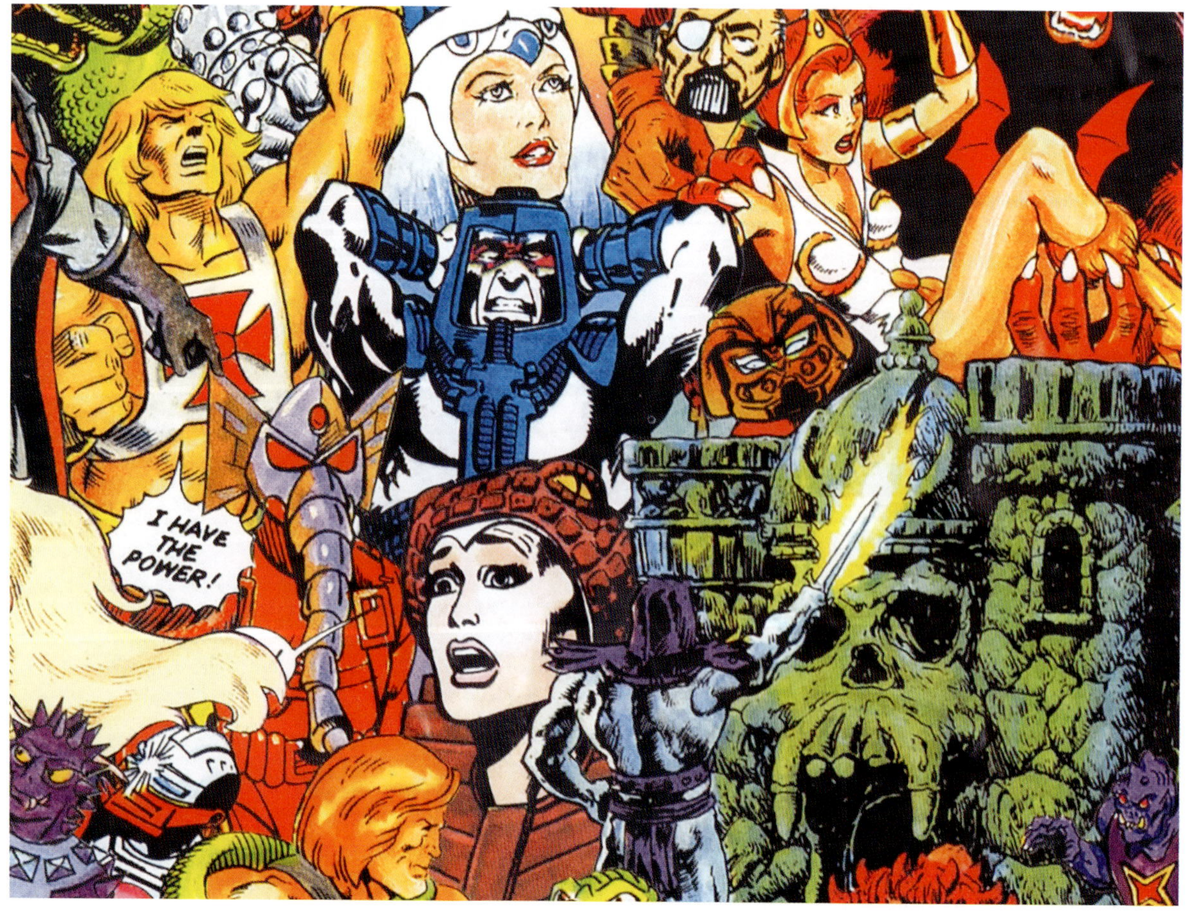
I HAVE THE POWER!

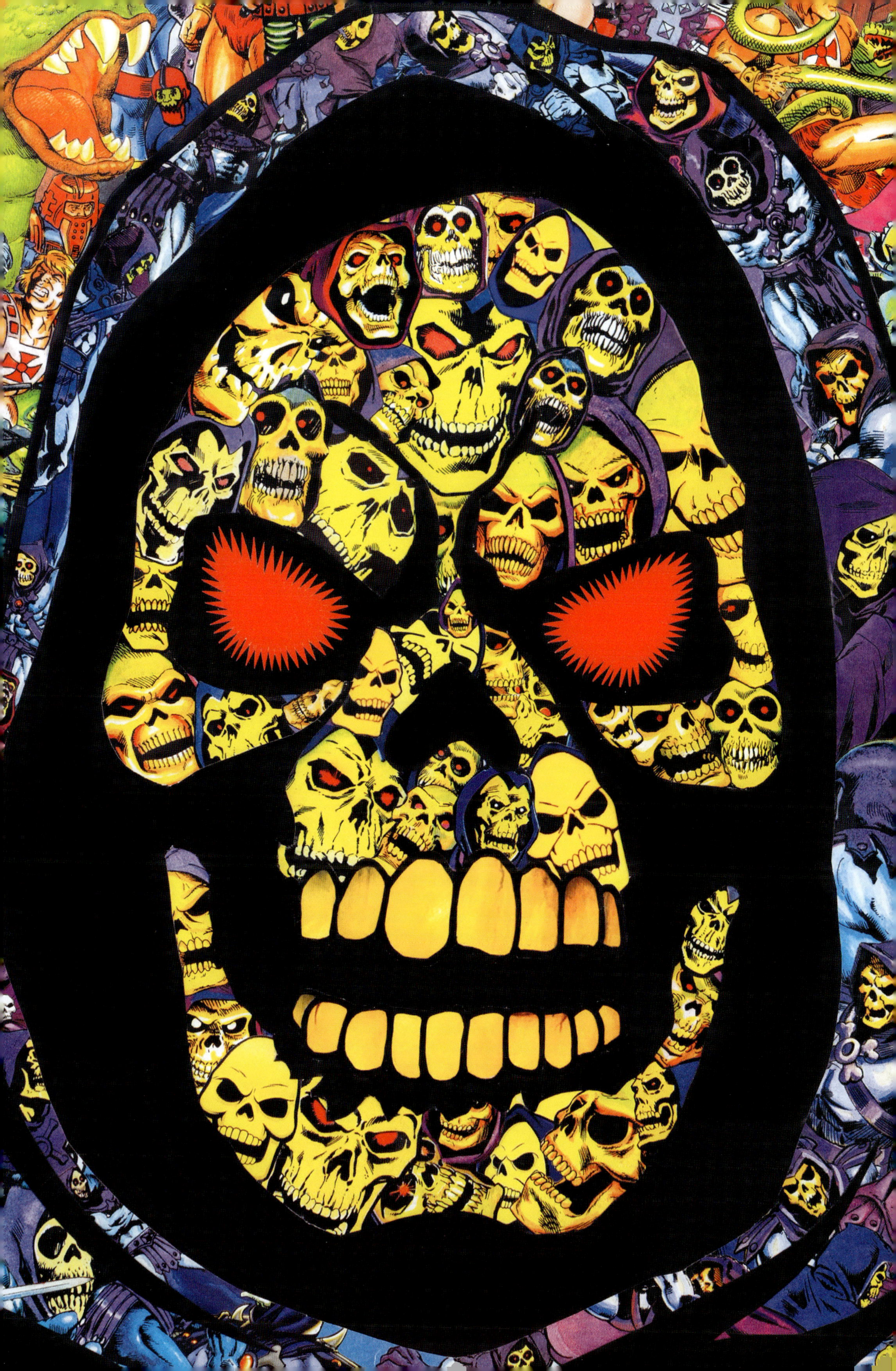

Boba Fett

Collage original

92 × 61 cm

« On m'a souvent demandé si j'allais réaliser un collage de Boba Fett. Je gardais depuis longtemps cette idée dans un coin de ma tête. Le succès de la série *Mandalorian* fut le déclic pour me lancer dans une grande œuvre consacrée à l'univers des premiers *Star Wars* ! »

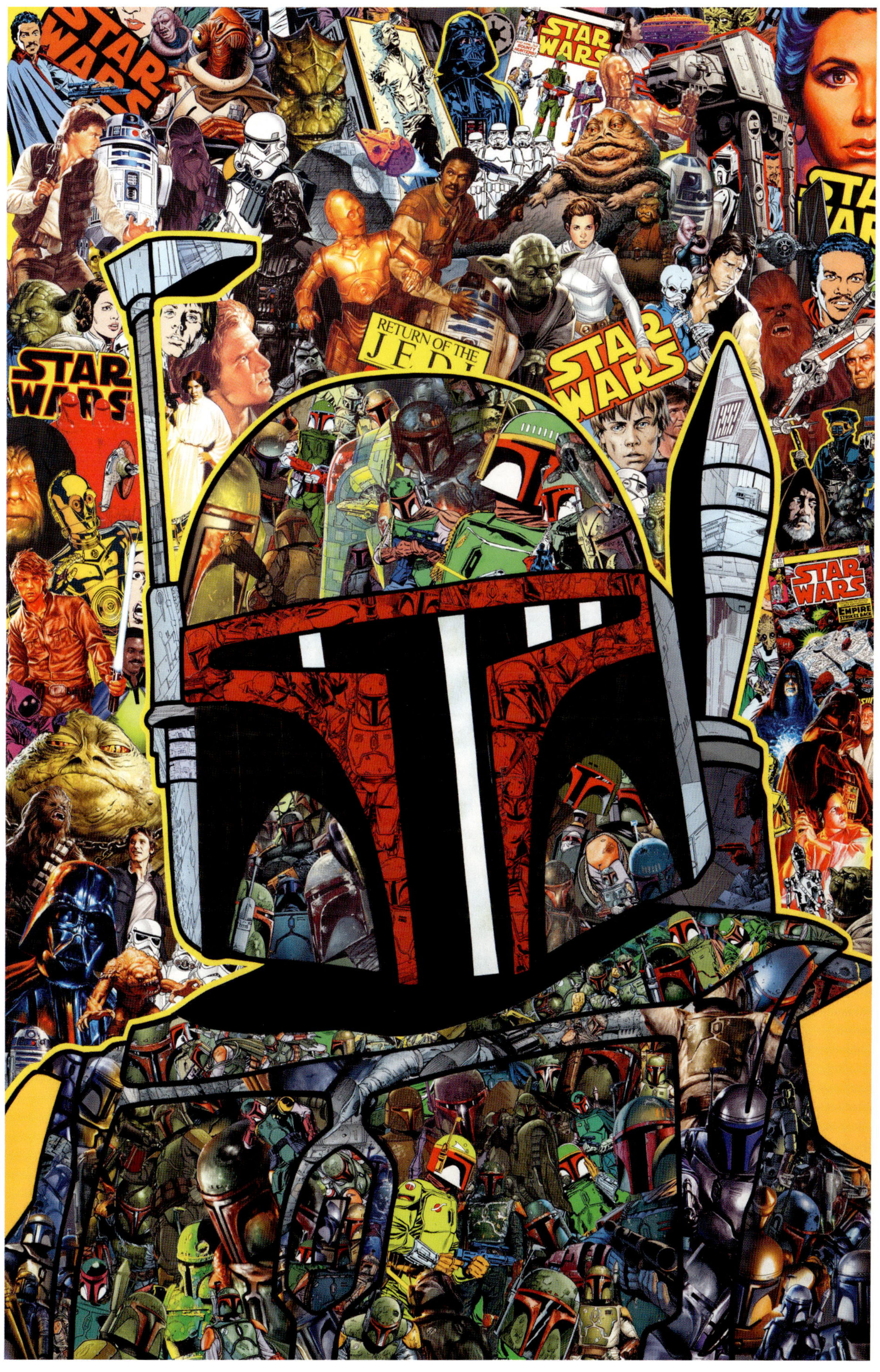
STAR WARS
STAR WARS
RETURN OF THE JEDI
STAR WARS
STAR WARS
STAR WARS
EMPIRE STRIKES BACK

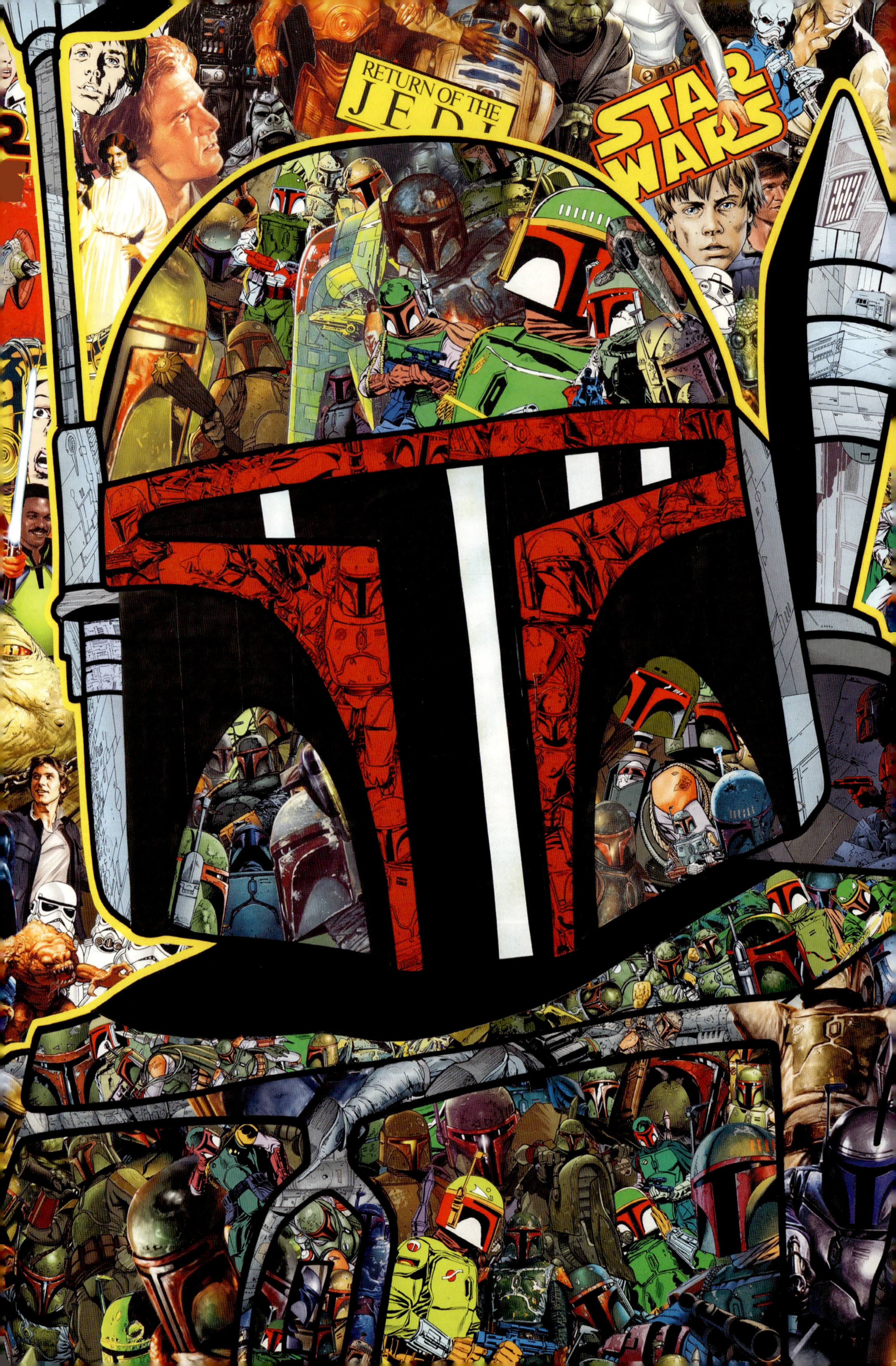
RETURN OF THE JEDI
STAR WARS

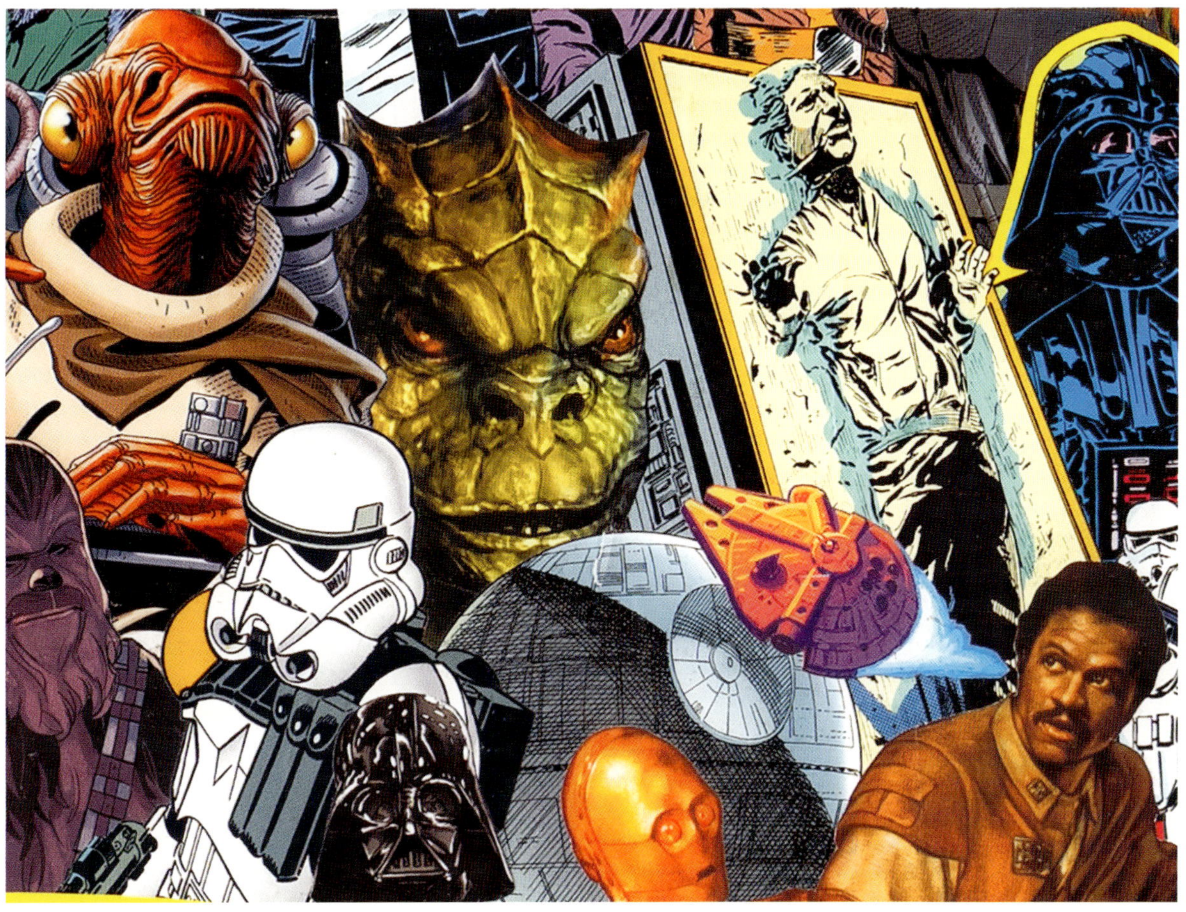

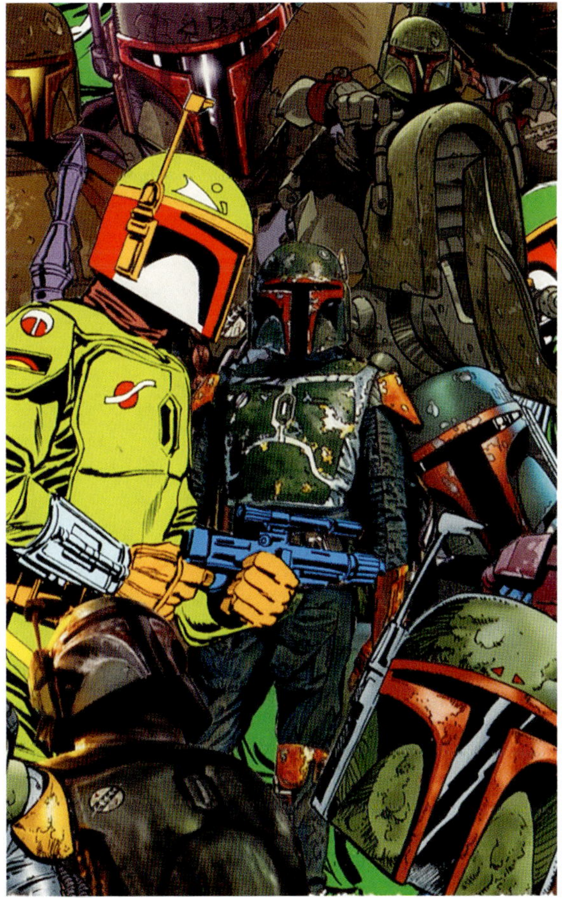

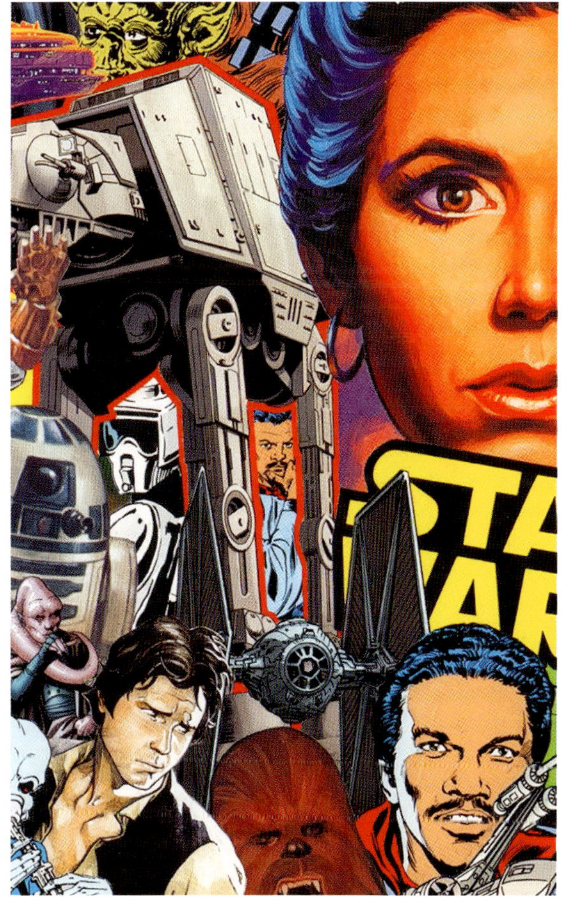

Ice Cream Man

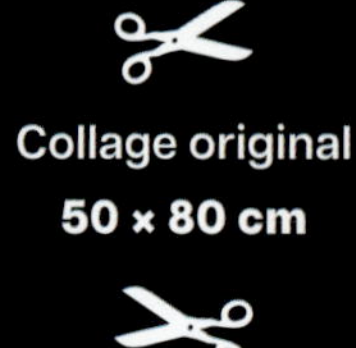

Collage original
50 × 80 cm

« Début 2021, j'ai été contacté par Spectral Comics, une société qui réalise des couvertures collector en partenariat avec différents éditeurs, au grand bonheur des collectionneurs. Ils m'ont ainsi demandé de réaliser une couverture pour le *comics* d'horreur *Ice Cream Man* (Image Comics). Je ne connaissais pas cette œuvre (encore inédite en France en 2021), mais j'ai été ravi de voir que chaque numéro était composé de plusieurs petites histoires horrifiques, à la manière des *Contes de la crypte*, que j'affectionne tout particulièrement ! Le projet m'a donc vraiment emballé. J'ai tout de suite imaginé représenter un cornet de glace avec un crâne en guise de boule vanille, mais je me suis dit que cela avait sans doute déjà été fait... Eh bien, non, en fait ! »

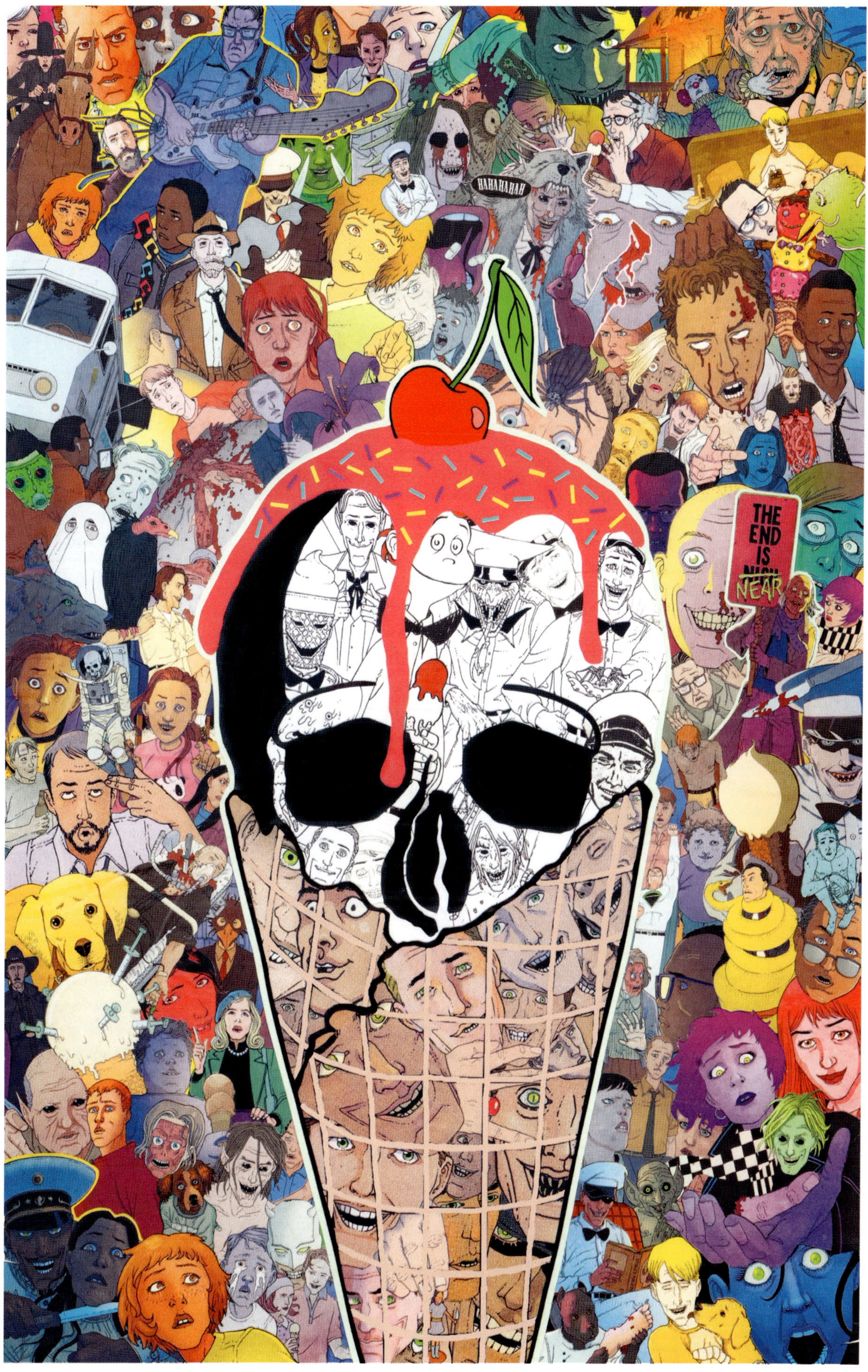
HAHAHAHAH
THE END IS ~~NIGH~~ NEAR

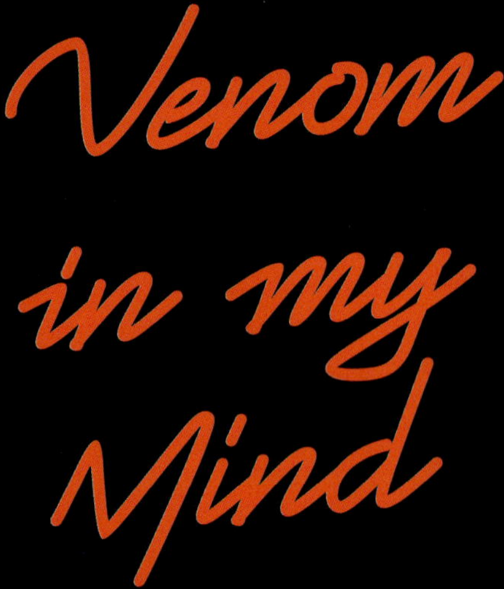

Collage original
45 × 45 cm

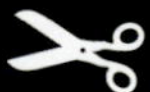

« Nouveau petit format réalisé pour le Japon. J'aime particulièrement cette œuvre avec ces deux couleurs qui se répondent bien et ce Spider-Man qui semble en plein doute ! »

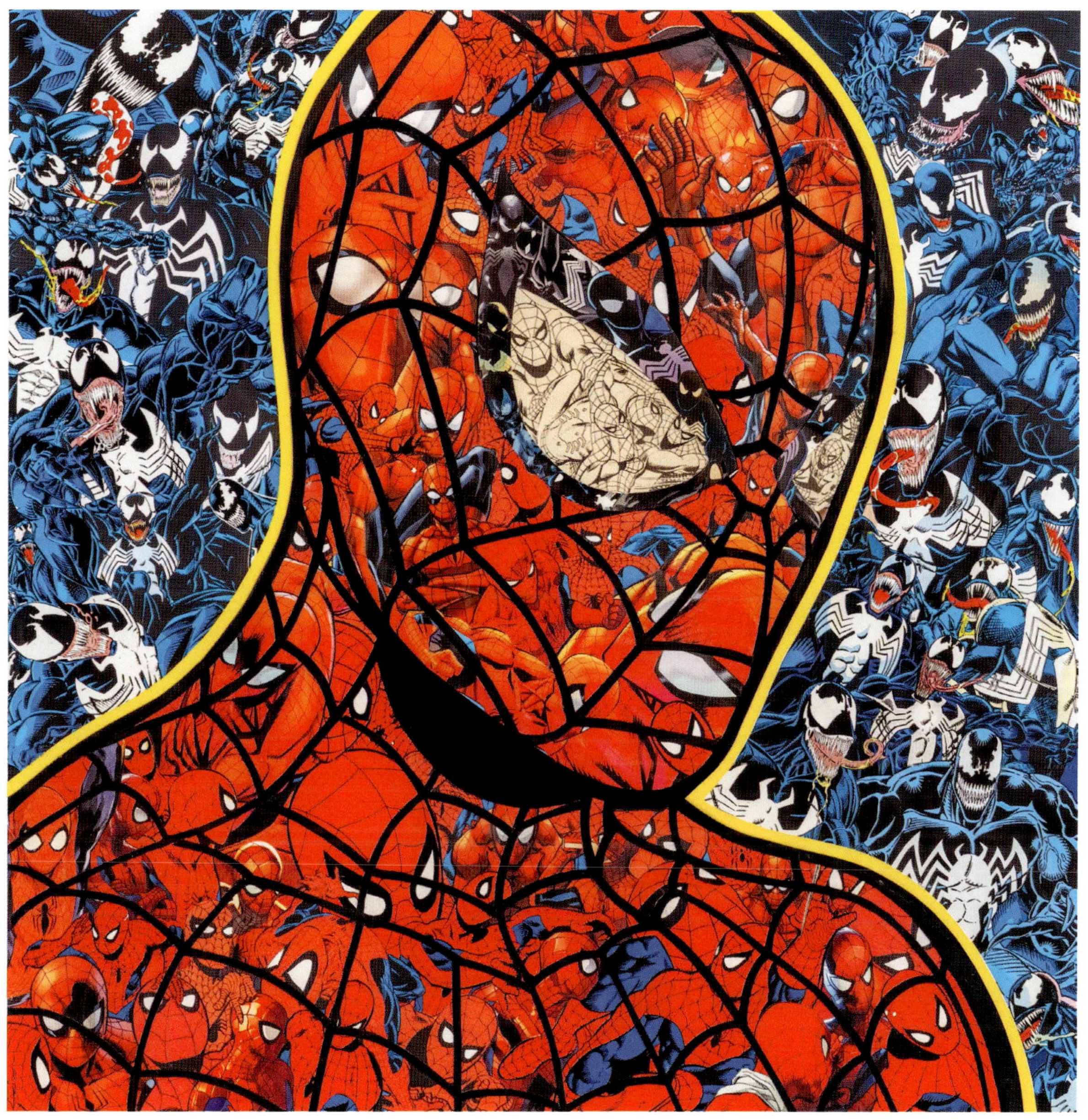

Conan

Collage original
120 × 93 cm

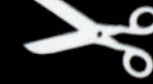

« Œuvre commandée par Marvel afin qu'elle puisse être utilisée pour deux couvertures (*connecting covers*). Dans le cas présent, l'une devait achever la saga *Conan le barbare* avec le numéro 300, et l'autre en débuter une nouvelle avec *King Conan numéro 1*. J'ai donc décidé de représenter Conan au centre. Sur la gauche, j'ai principalement intégré d'anciens dessins des aventures de Conan ; à droite, on retrouve pas mal de dessins tirés d'anciens *comics* de King Conan. »

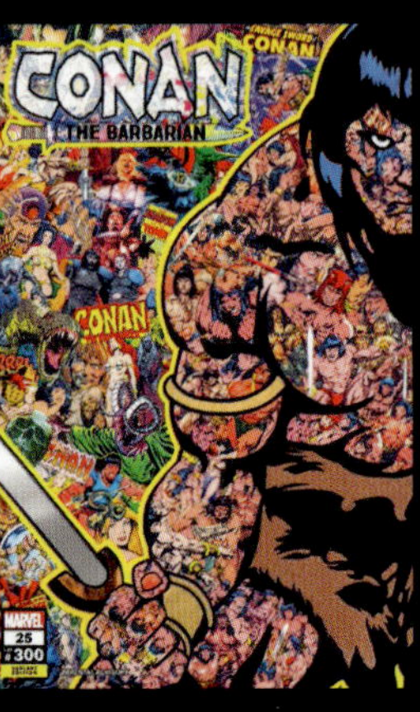

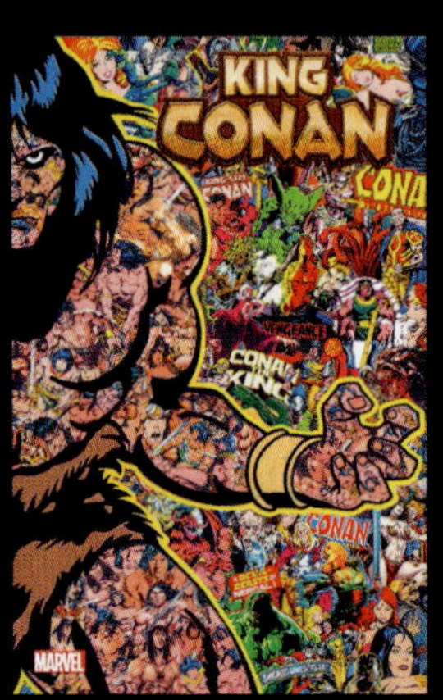

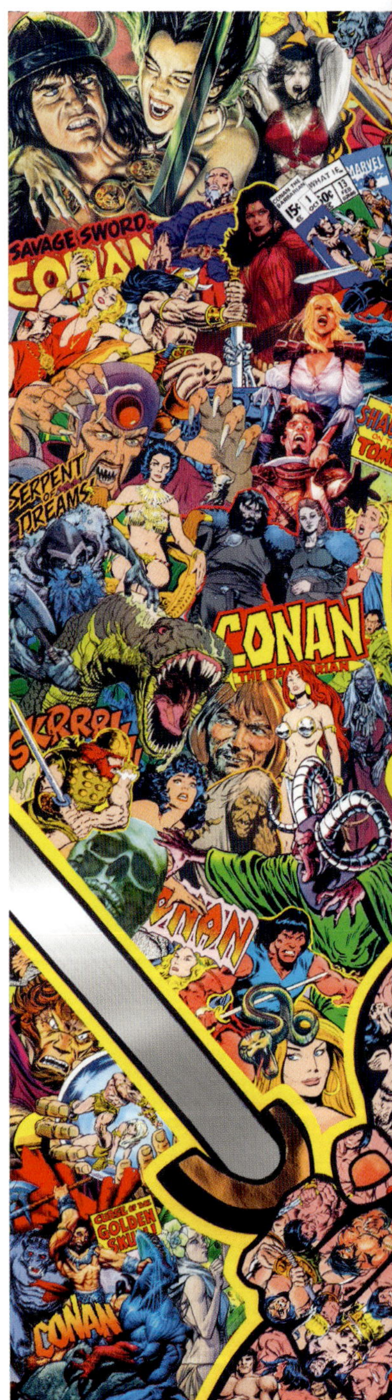

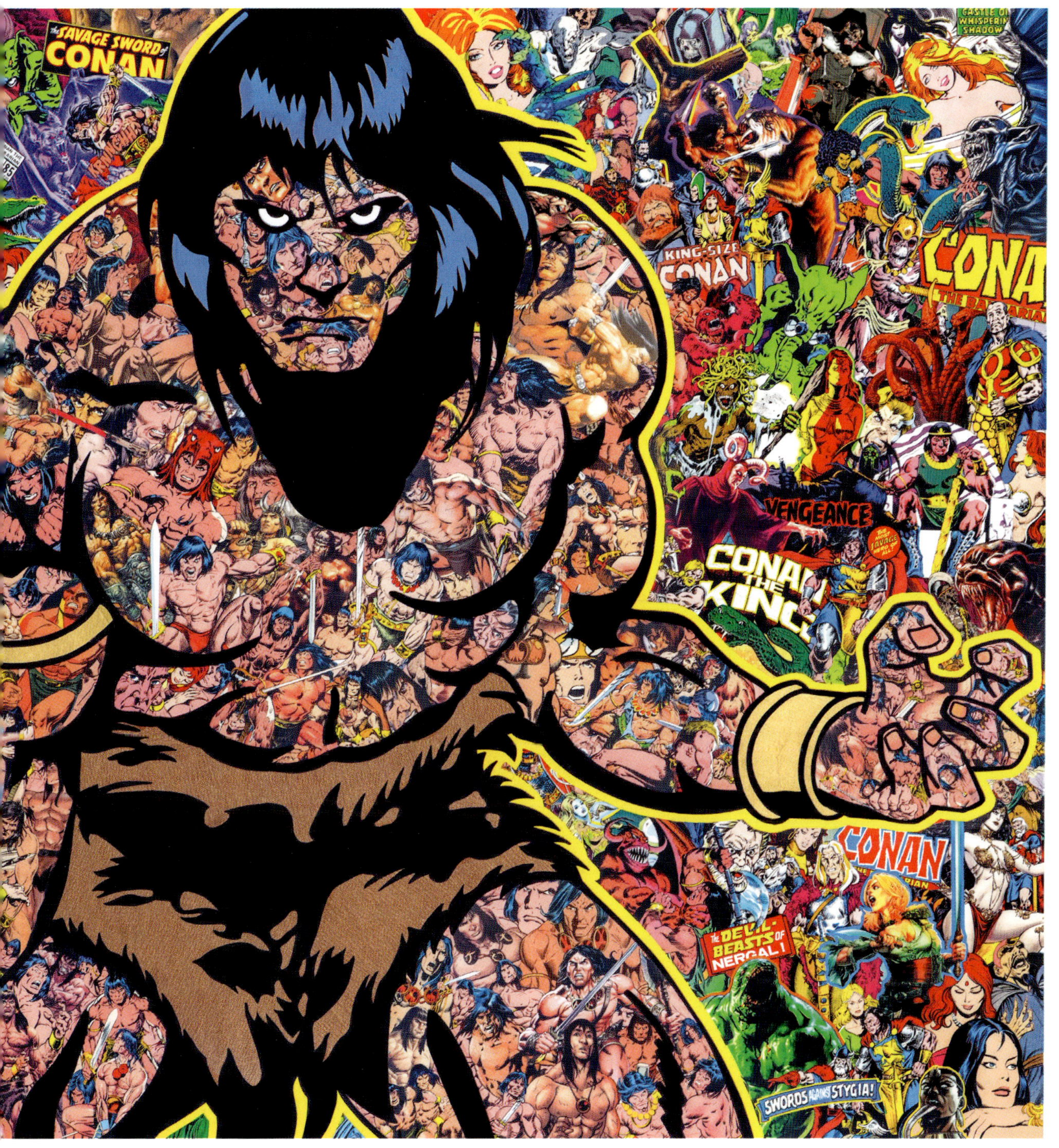
The SAVAGE SWORD of CONAN
KING-SIZE CONAN
CONAN
VENGEANCE
CONAN THE KING
CONAN
The DEVIL-BEASTS of NERGAL!
SWORDS AGAINST STYGIA!

197

Quentin Tarantino

Collage original
60 × 90 cm

« Étant un grand fan de Tarantino, cela faisait longtemps que j'avais en tête l'idée de réaliser un collage comprenant tous ses films. Le réalisateur répétant régulièrement qu'il n'en ferait que dix dans sa carrière, j'attendais sagement le dernier avant d'attaquer mon ouvrage. Cependant, mes plans ont été bouleversés par Third Éditions. En effet, cet éditeur m'a contacté afin que je réalise un collage pour l'édition collector de leur livre consacré à ce réalisateur de génie. Je suis très content du résultat, mais je sais au fond de moi qu'il manquera toujours un film pour que cette œuvre soit complète... »

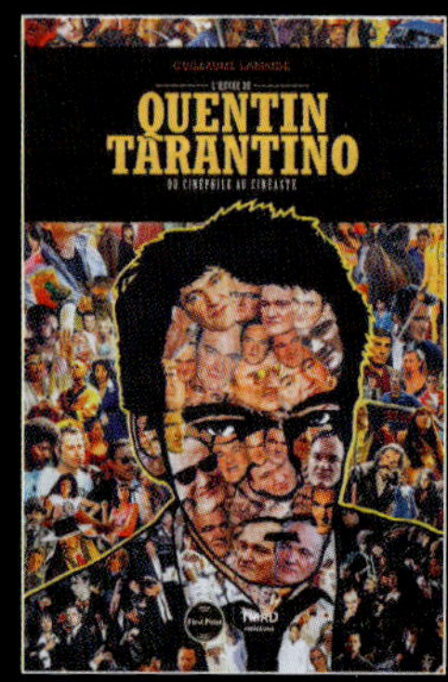

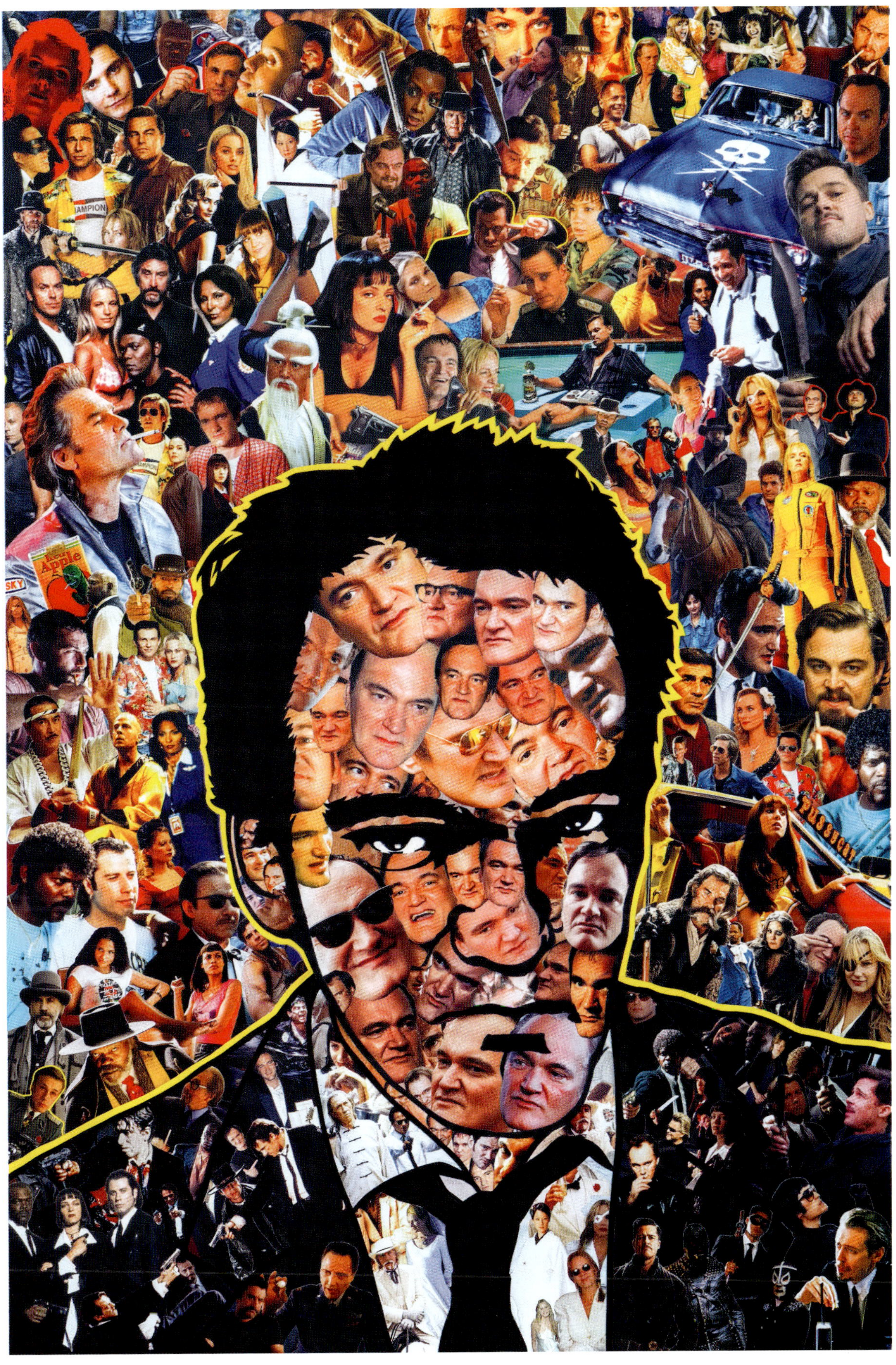

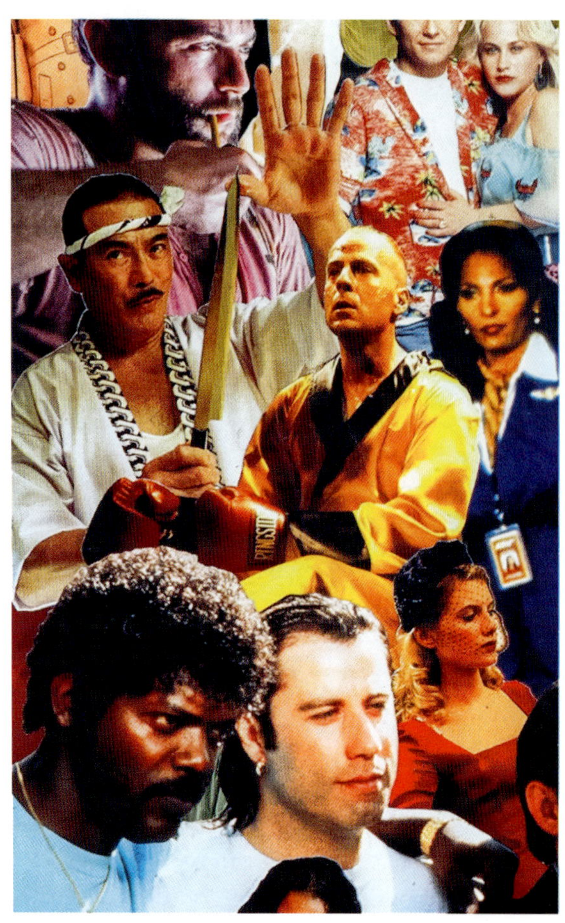

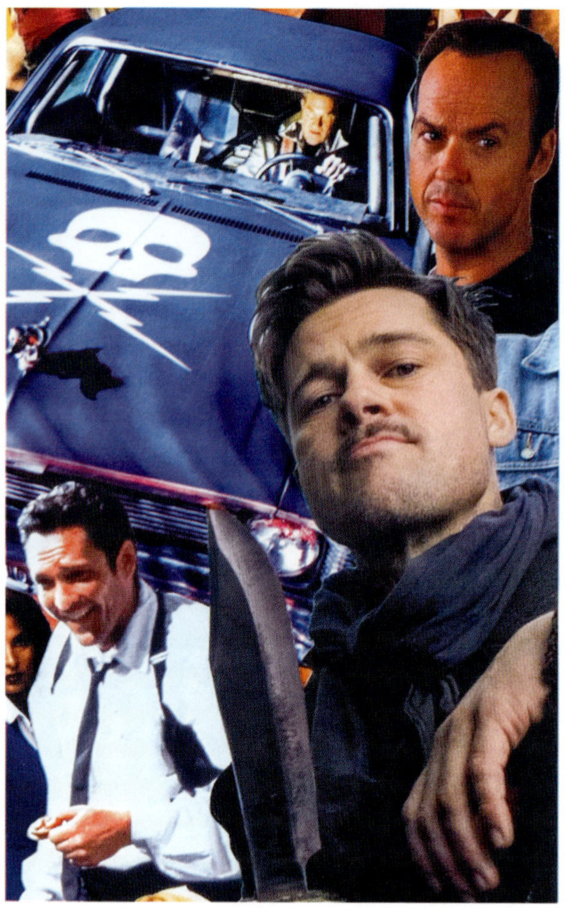

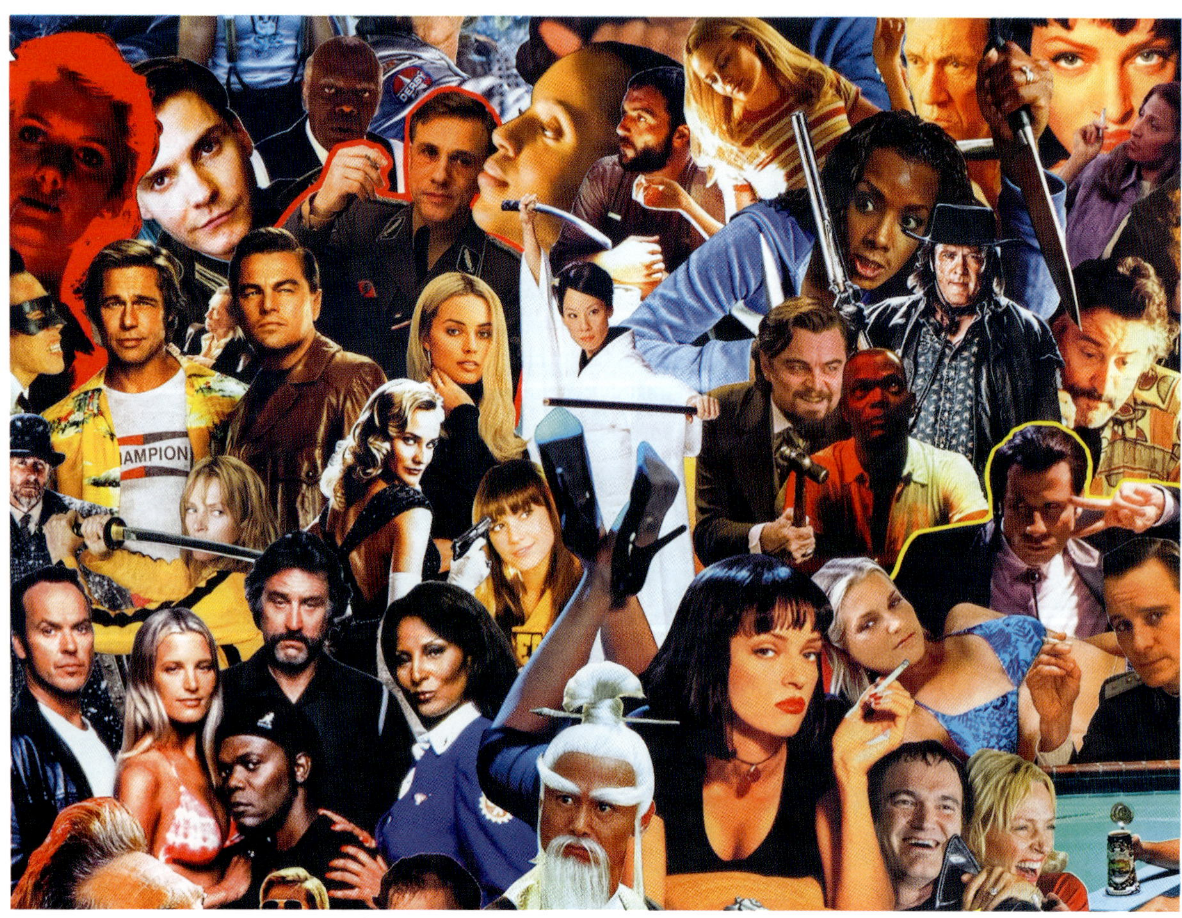
AMPION

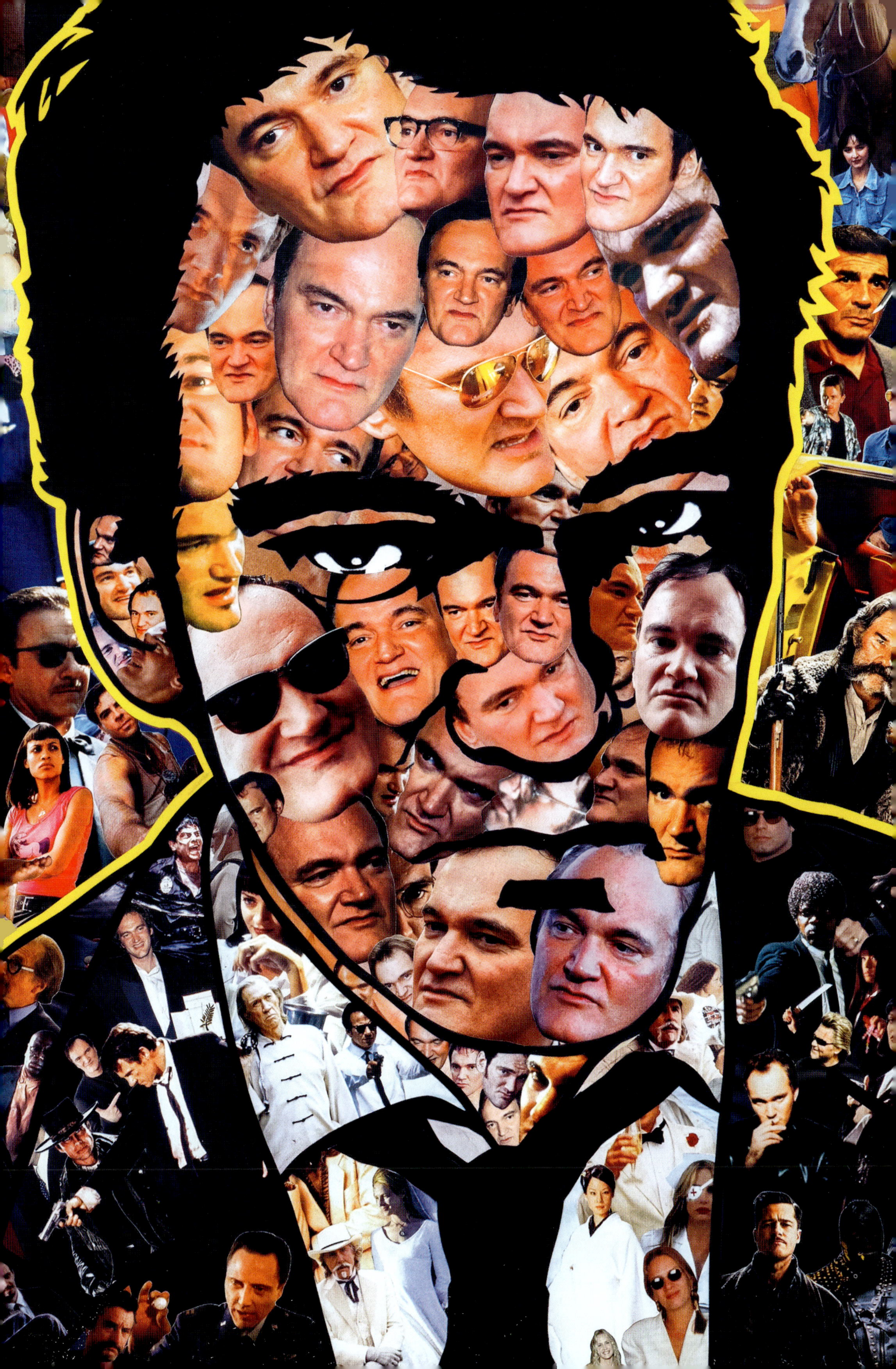

Grendizer

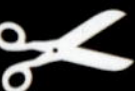

Collage numérique
Tirage d'art unique
80 × 50 cm

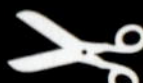

« Grâce à mon pote illustrateur Alexis Tallone, j'ai pu participer à l'exposition officielle consacrée à Goldorak avec ce collage numérique. Alexis, qui réalisait des visuels pour l'exposition « Goldorak XperienZ », a soumis mon nom à l'organisateur, Jeremy Cerrone. Il n'en fallait pas plus pour que je me retrouve embarqué dans cette aventure. Pour l'occasion, j'ai préféré réaliser un collage numérique à partir de découpages tirés du manga. Je voulais une œuvre dynamique et très colorée. C'est un vrai plaisir de savoir qu'elle a été validée par Dynamic Planning, le studio de Go Nagaï, créateur de Goldorak. Cerise sur le gâteau : l'expo, située initialement à Paris, a été un véritable succès et s'est retrouvée à voyager dans différentes villes de France ! »

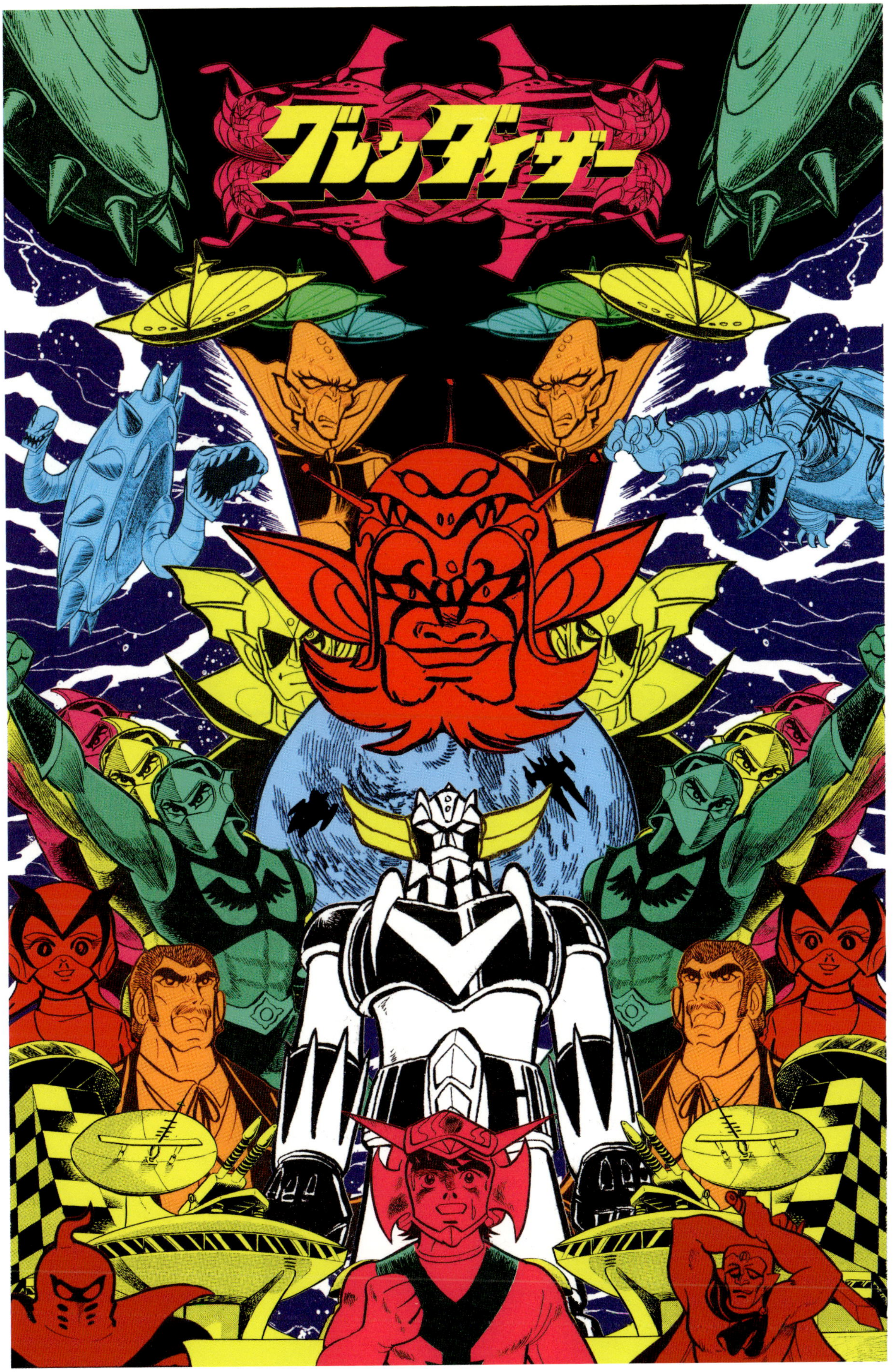
グレンダイザー

Plumtree

Collage original

82 × 57 cm

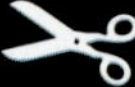

« J'avais adoré le film *Scott Pilgrim*, mais je n'avais jamais lu le *comics* au format manga. Je n'avais pas prévu d'en faire un collage, mais la version colorisée m'a convaincu. J'adore les couleurs choisies et cela m'a immédiatement donné envie d'en faire une œuvre. »

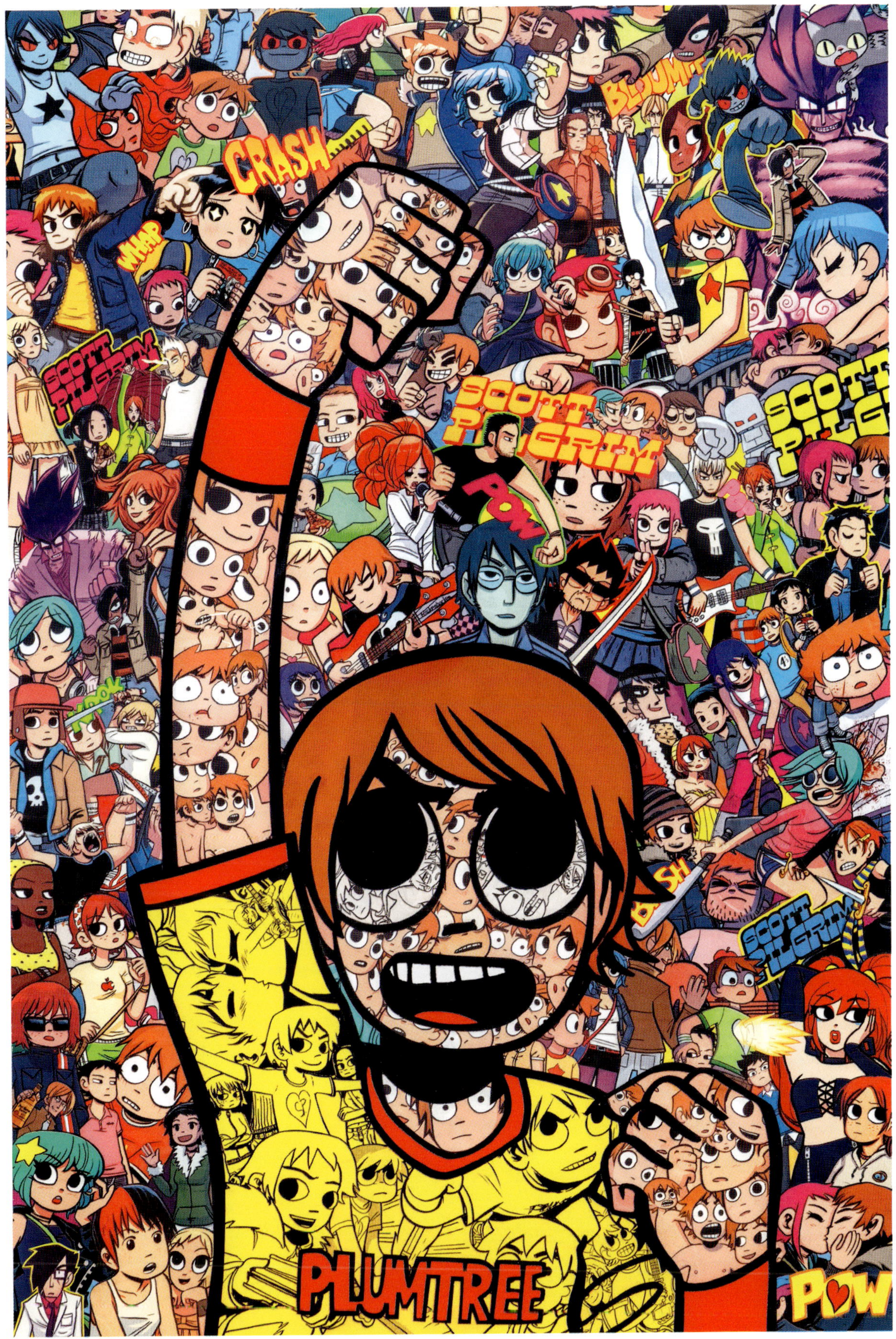
CRASH
WHAP
SCOTT PILGRIM
POW
PLUMTREE

Wolverine's Story

Collage original
120 × 93 cm

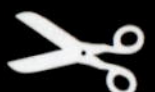

« Comme précédemment pour Conan, Marvel m'a commandé une œuvre sur Wolverine afin qu'elle puisse être utilisée pour deux couvertures de comics (*connecting covers*). J'ai donc réalisé un portrait de notre super-héros aux griffes acérées au centre, afin qu'une fois séparée, chaque partie représente une moitié du visage. »

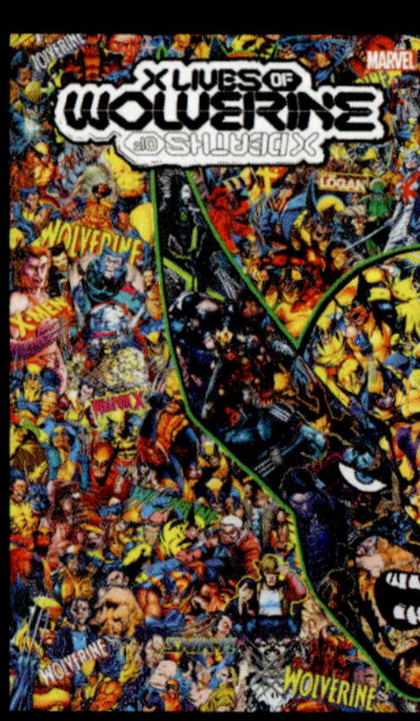

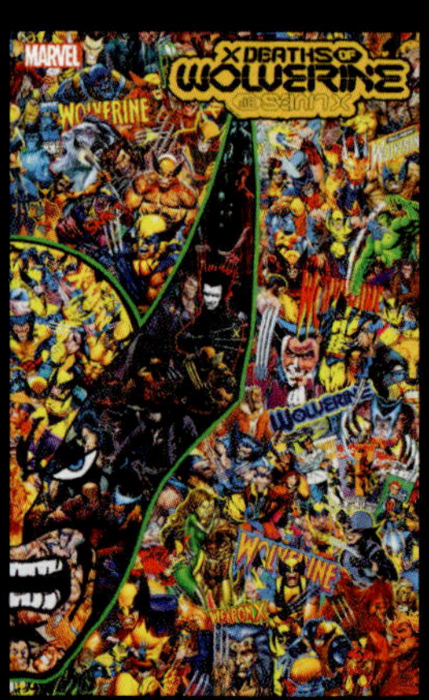

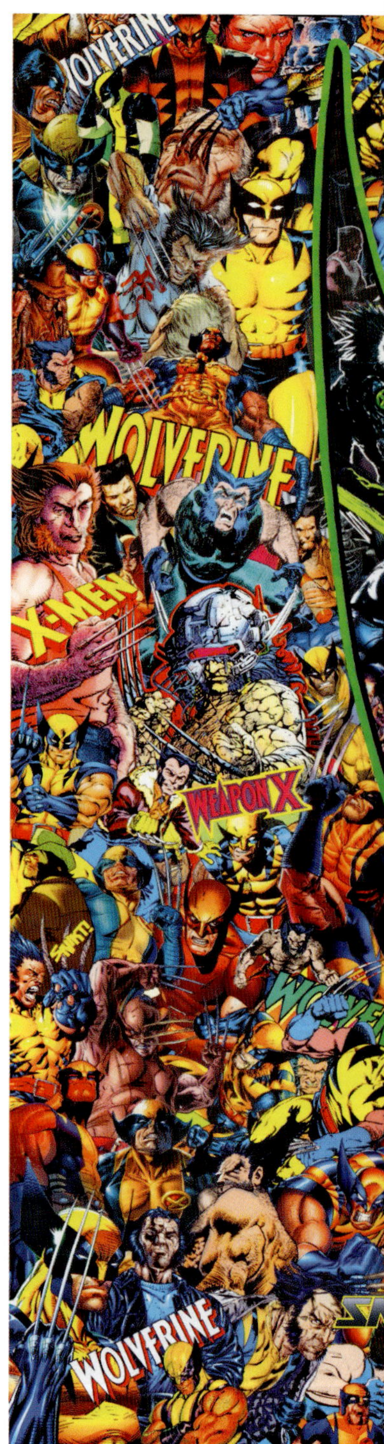

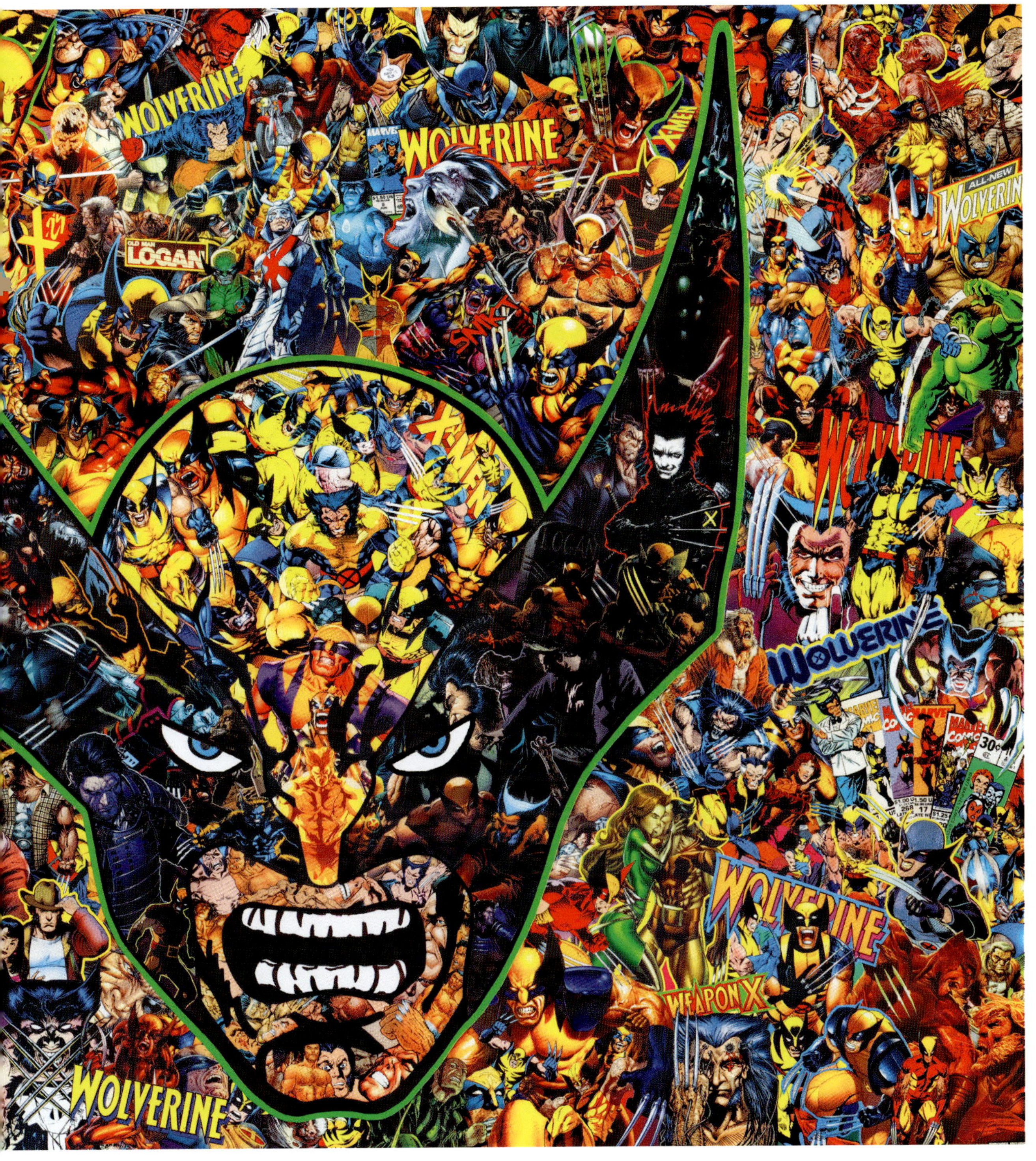
WOLVERINE
WOLVERINE
X-MEN
OLD MAN
LOGAN
ALL-NEW
WOLVERINE
X-MEN
WOLVERINE
LOGAN
WOLVERINE
WOLVERINE
WEAPON X
WOLVERINE

Affiche «Transformations»

Collage numérique

« En 2021, j'ai été contacté par Marc Atallah, le directeur du musée suisse La Maison d'Ailleurs. Il voulait que je l'aide à retrouver certaines de mes œuvres vendues afin de compléter son exposition sur l'histoire et l'évolution des comics. Je fus vraiment flatté et ravi de participer à un tel évènement, et dans un tel lieu. Cerise sur le gâteau, il m'a confié la réalisation de l'affiche, avec pour seule consigne d'intégrer le musée à l'intérieur de celle-ci. »

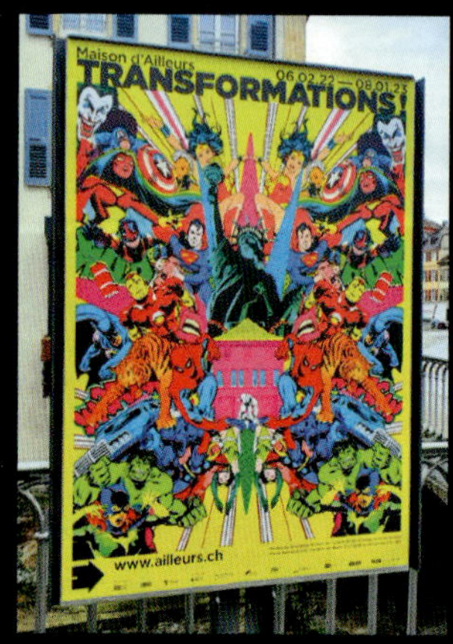

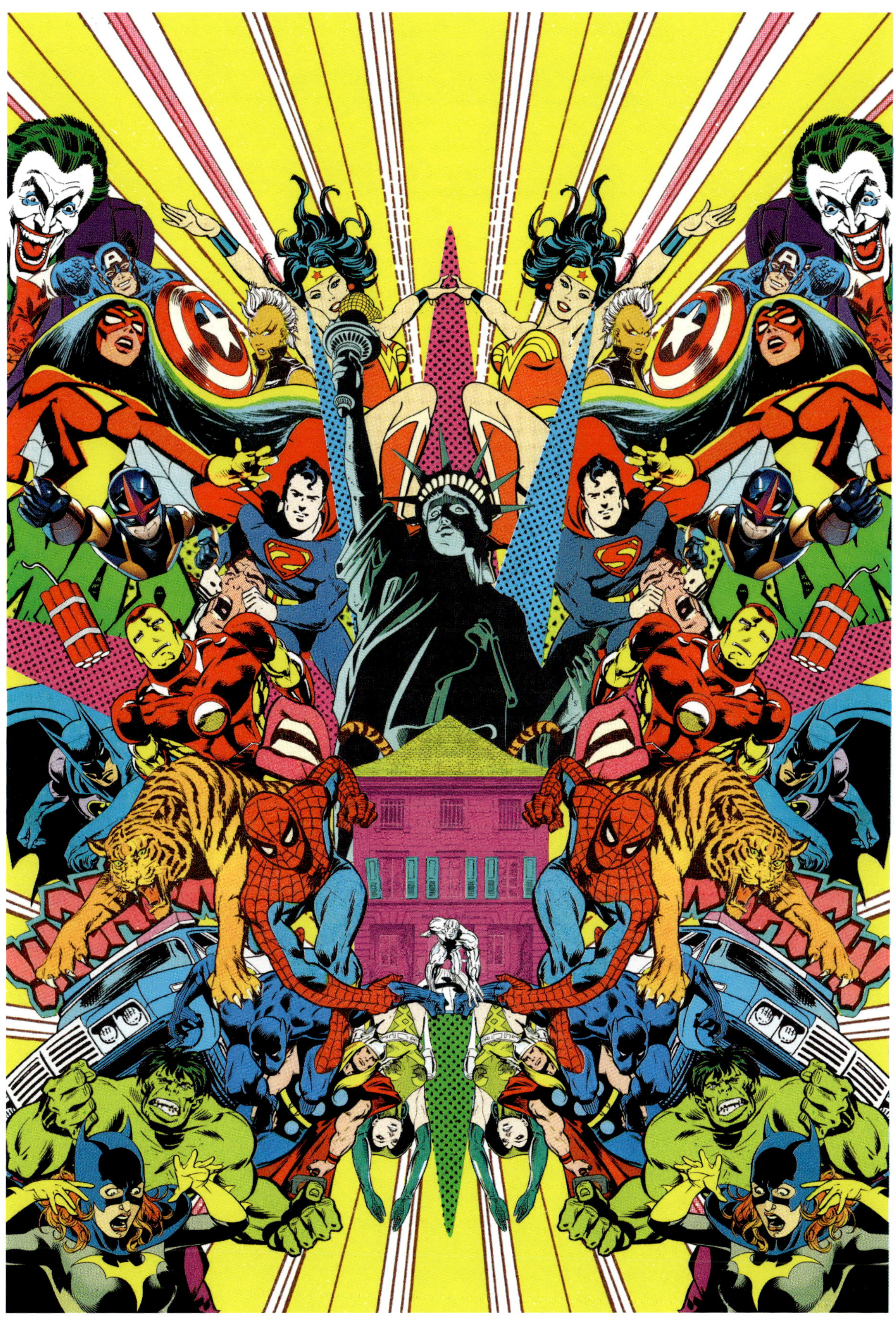

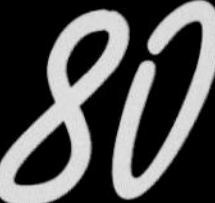

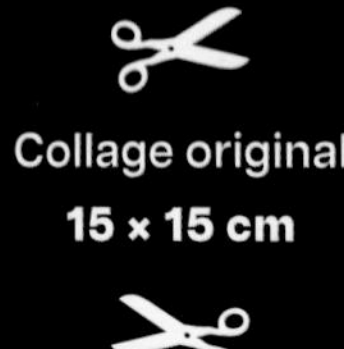

« David Chabannes, le directeur de la galerie Christiane Vallé (Clermont-Ferrand), avec laquelle je travaille régulièrement, m'a contacté (ainsi que d'autres artistes) pour savoir si je pouvais réaliser une petite œuvre, pour fêter les 80 ans de son grand-père, René Chabannes, le créateur de la galerie. Ayant une grande sympathie pour ce personnage haut en couleur et fort chaleureux, c'est avec plaisir que je me suis empressé de réaliser amicalement ce collage ! »

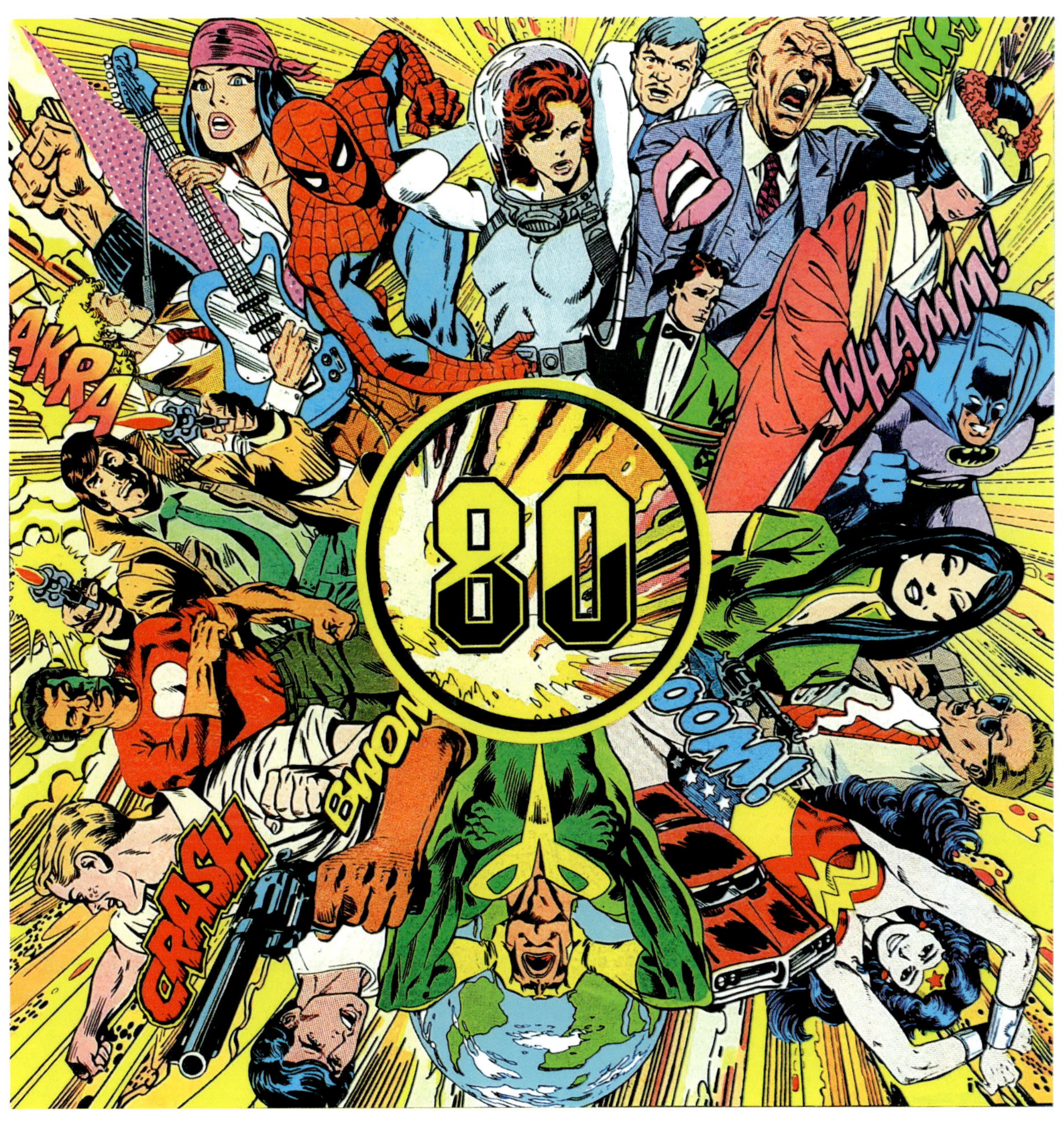
AKRA
WHAMM!
80
BWOM
OOM!
CRASH

2022

Black Panther

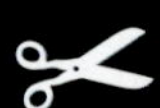

Collage original
120 × 80 cm

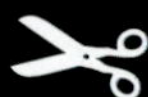

« Fin 2021, j'ai été contacté par Stephen Wacker (l'homme derrière ma couverture du numéro 700 d'*Amazing Spider-Man*) afin de réaliser un collage de Black Panther pour illustrer, sur le Net, un podcast consacré au super-héros du Wakanda. Malheureusement, mon collage illustrera juste la vignette YouTube du trailer de l'émission, Marvel lui préférant une illustration plus classique. De toute façon, les détails de l'œuvre n'étaient vraiment pas mis en valeur… Trouvant dommage que mon collage reste dans l'ombre, je l'ai alors proposé quelques mois plus tard à Marvel Comics. Ce fut une bonne idée, car ils en firent une *variant cover* pour le numéro 1 d'une nouvelle saga ! »

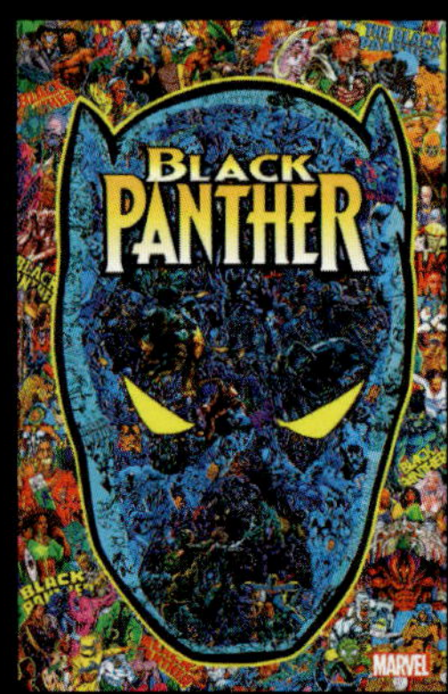

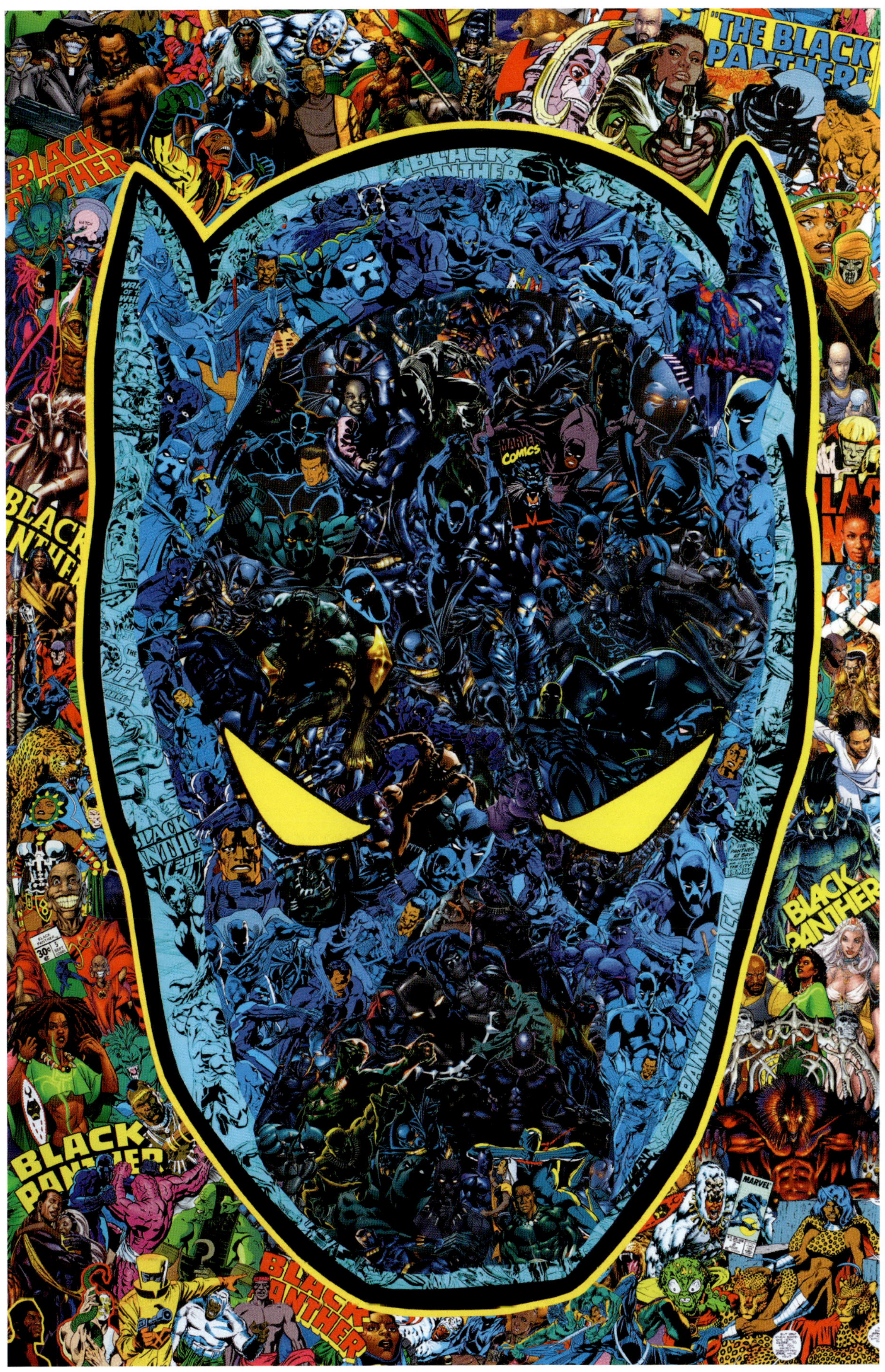
"THE BLACK PANTHER!"
BLACK PANTHER
MARVEL COMICS
BLACK PANTHER
BLACK PANTHER

Metal Geek

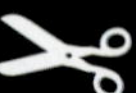

Collage numérique

« Alors que je venais juste d'apprendre que j'allais réaliser un collage officiel pour le Hellfest (un des plus grands festivals de musique métal), je suis contacté par *Geek Magazine*, qui souhaite que je réalise une couverture pour un hors-série consacré au... métal ! Qui sera, de plus, réalisé en partenariat avec le Hellfest ! Ce sera un vrai plaisir que de réaliser une nouvelle couverture pour ce magazine six ans après la précédente. »

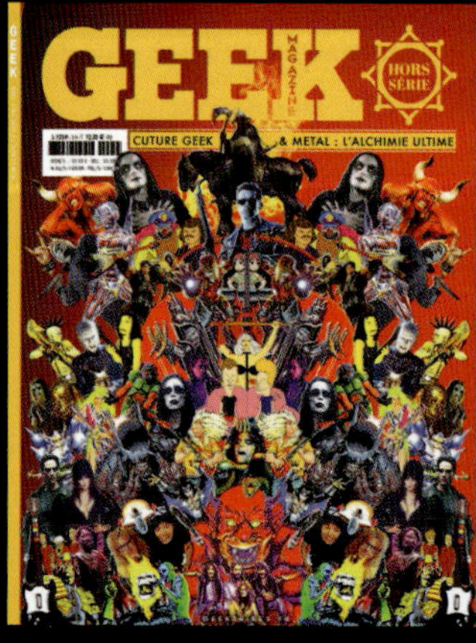

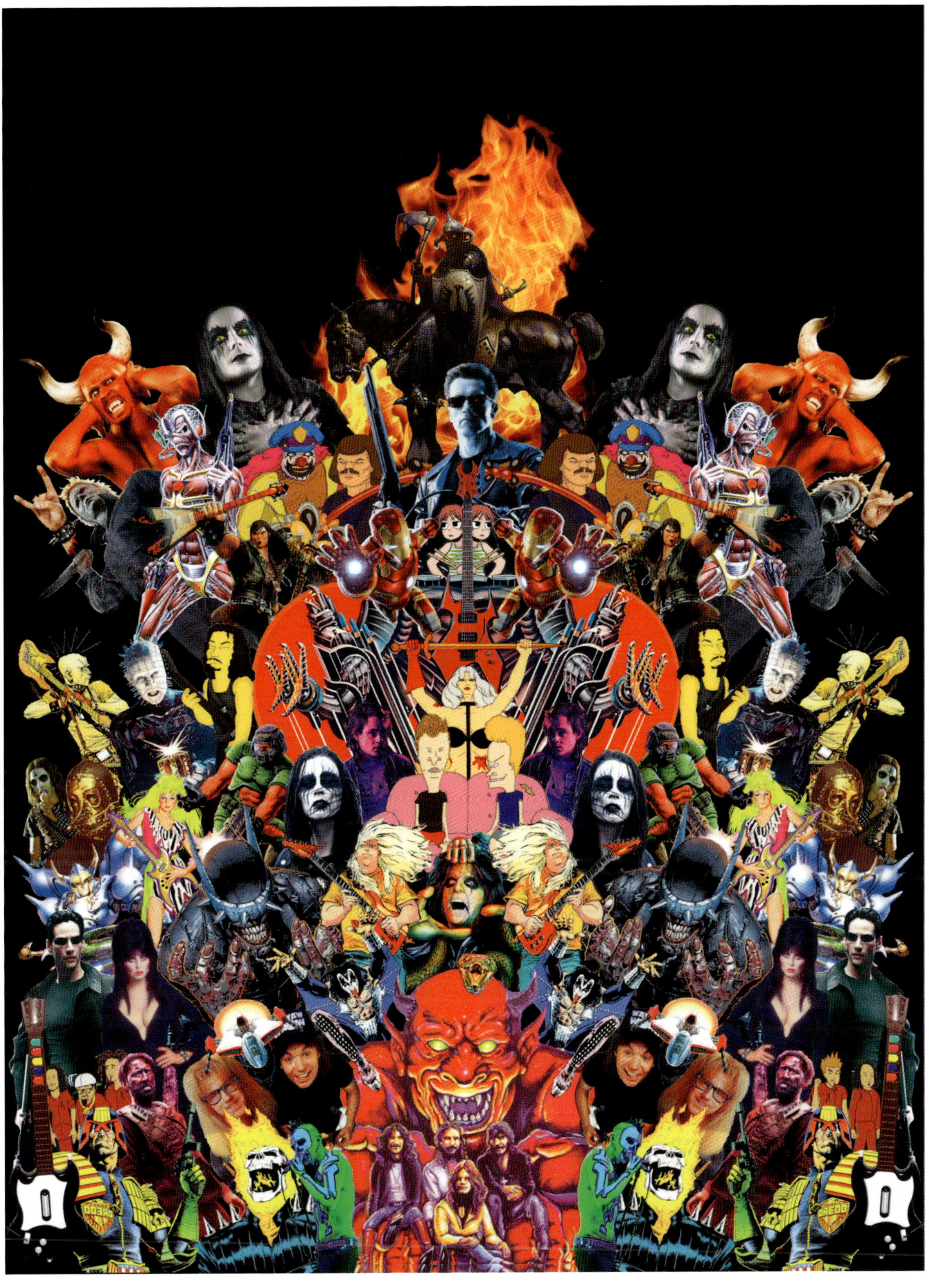

Arishem The Judge

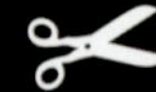

Collage original
120 × 80 cm

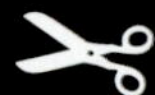

« Nouvelle commande de Marvel pour une *variant cover* du numéro 1 de la saga *A.X.E.: Eve of Judgment*. Il m'a été demandé de représenter un Céleste pour cette couverture. J'ai choisi de représenter un dessin du maître Jack Kirby, leur créateur. Ce nouveau titre comprend les personnages des Avengers, des X-Men et des Eternals dans une grande aventure ! »

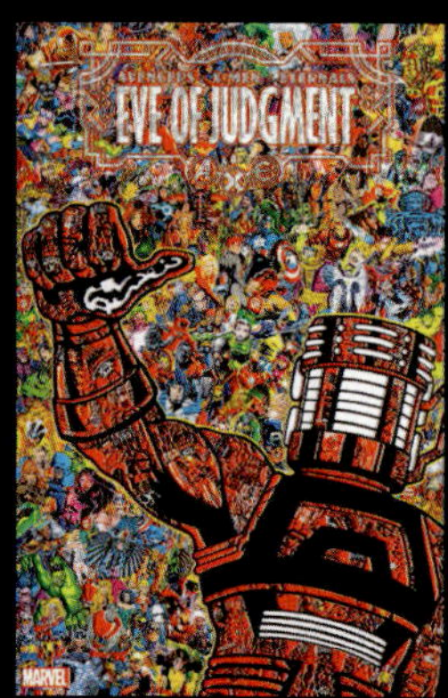

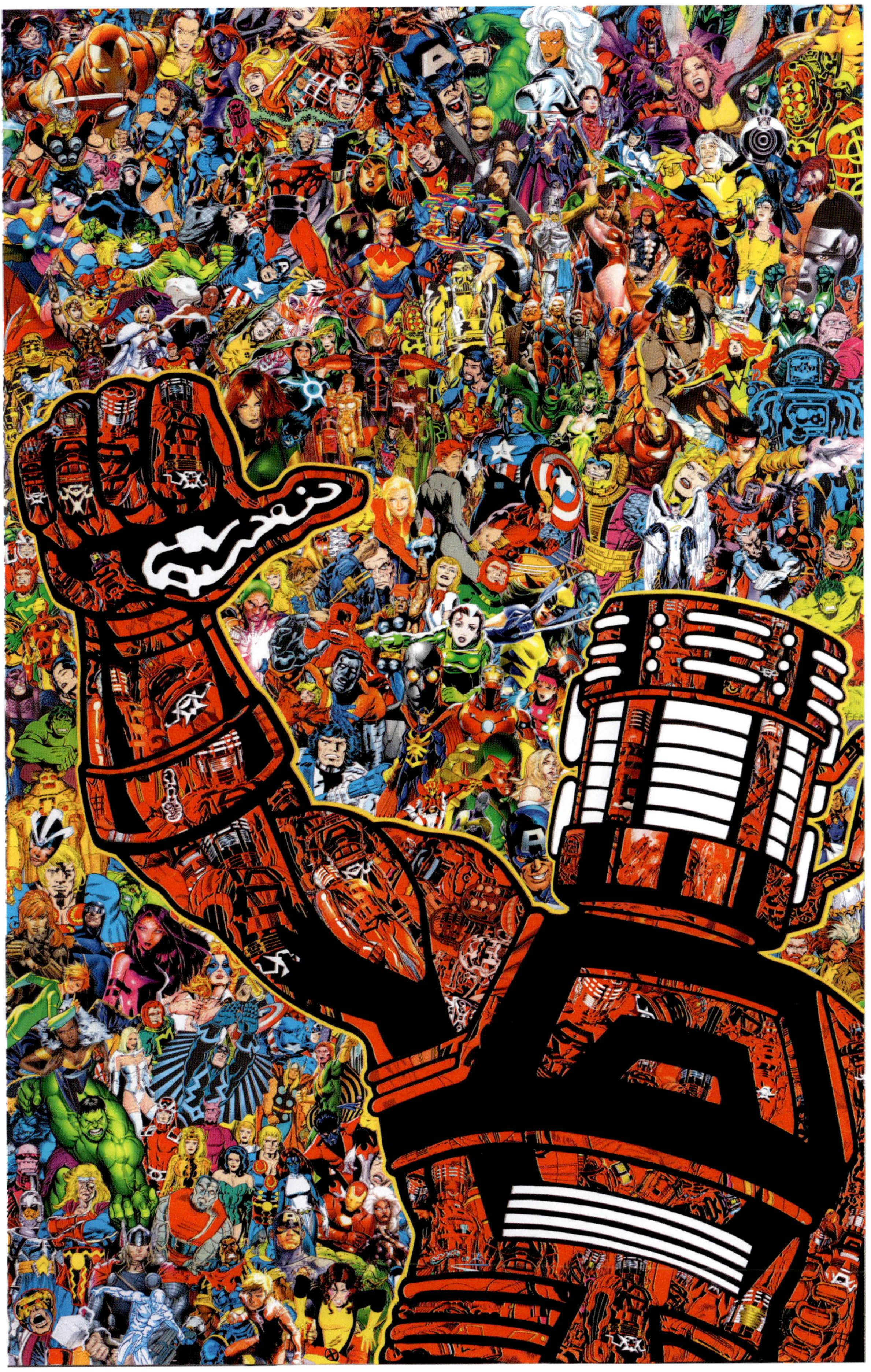

Hellfest

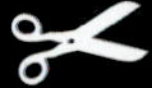

Collage original
130 × 90 cm

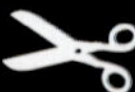

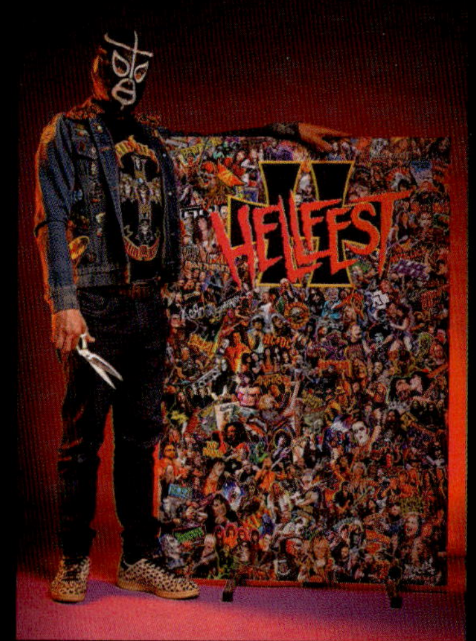

« Beaucoup de choses m'ont motivé pour la réalisation de ce collage, mais la première fut « *arriver à mettre les pieds au Hellfest pour pouvoir voir Judas Priest* » ! C'est un groupe mythique et fondateur du métal que j'ai malheureusement découvert sur le tard. Je suis tombé complètement fou de ce groupe, et quand j'ai appris qu'il passait au festival, mon sang n'a fait qu'un tour ! Petit problème : toutes les places étaient déjà vendues...

J'avais déjà envisagé de réaliser un collage sur le métal, mais je gardais cette idée dans un coin de ma tête. Je me suis donc dit que si j'arrivais à réaliser un collage officiel pour le Hellfest, j'aurais peut-être une chance d'y participer ! L'idée peut paraître folle, mais elle valait le coup d'être tentée. De plus, Benjamin Geffroy venait de commencer un documentaire sur moi. L'occasion idéale pour qu'il m'accompagne afin de faire de superbes images ! Les idées étaient là, mais encore fallait-il pouvoir les proposer. Heureusement, j'avais dans mon entourage deux ou trois potes qui avaient le contact des fondateurs du Hellfest. Je pus ainsi expliquer mon projet directement aux organisateurs, Ben Barbaud et Yoann Le Nevé. Ils furent tout de suite emballés par le projet, à ma plus grande joie ! Ces trois jours passés au Hellfest avec un petit groupe d'amis furent exceptionnels, et resteront gravés à jamais dans ma mémoire ! Un rêve éveillé... Seule petite ombre au tableau : l'incorporation de AC/DC et du chanteur Phil Lynott (Thin Lizzy) dans le collage, alors qu'ils n'ont jamais participé au Hellfest. Malgré la grande attention portée à la conception de cette œuvre, je n'ai pu éviter ces deux erreurs, à mon grand désarroi. »

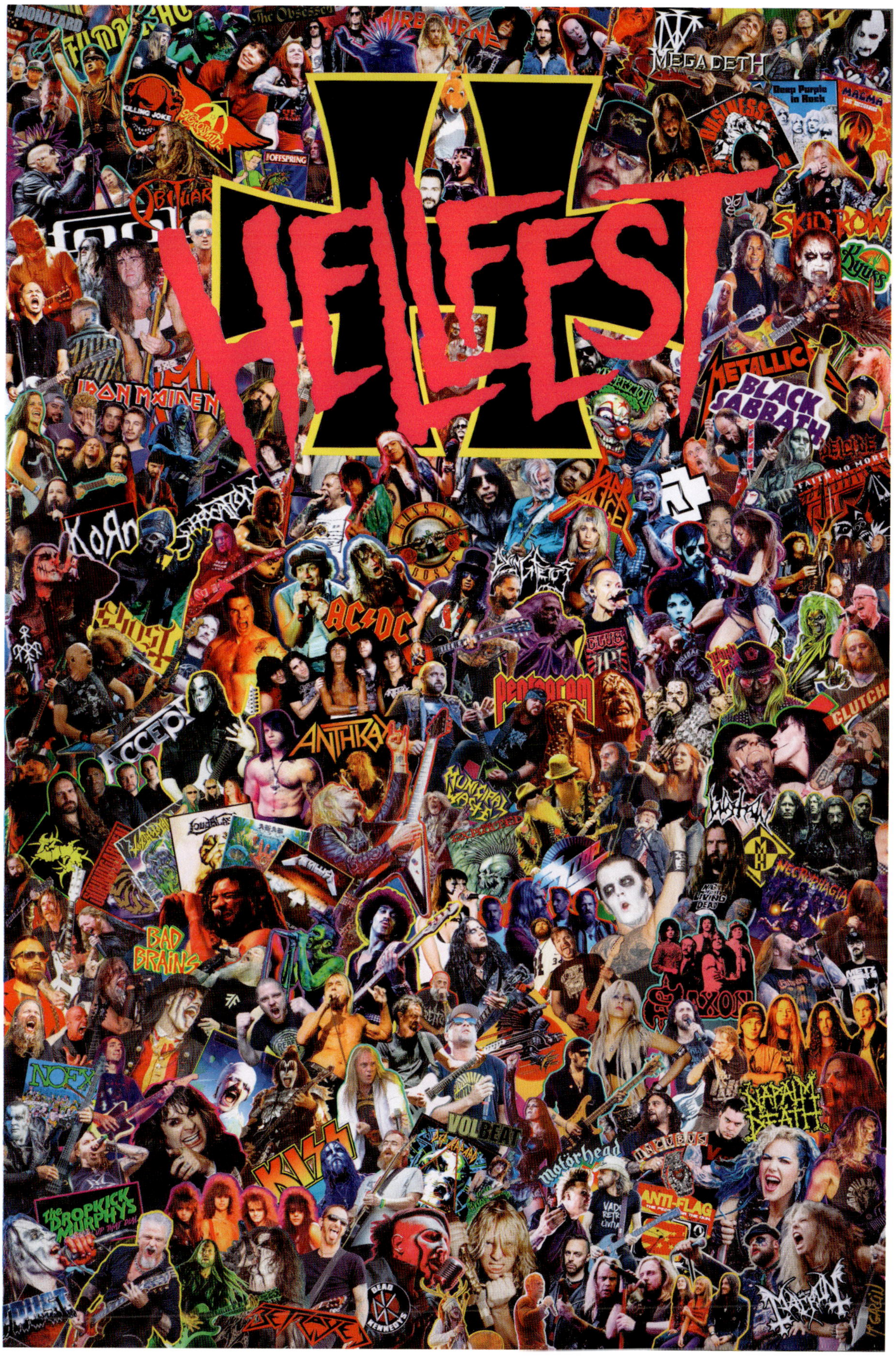
HELLFEST
BIOHAZARD
The Obsessed
AIRBOURNE
MEGADETH
Deep Purple in Rock
MAGMA
KILLING JOKE
THE OFFSPRING
SKID ROW
Kyuss
IRON MAIDEN
METALLICA
BLACK SABBATH
FAITH NO MORE
KoRn
AC/DC
ACCEPT
ANTHRAX
pentagram
CLUTCH
BAD BRAINS
SAXON
NOFX
NAPALM DEATH
VOLBEAT
KISS
motörhead
ANTI-FLAG
The DROPKICK MURPHYS
DEAD KENNEDYS

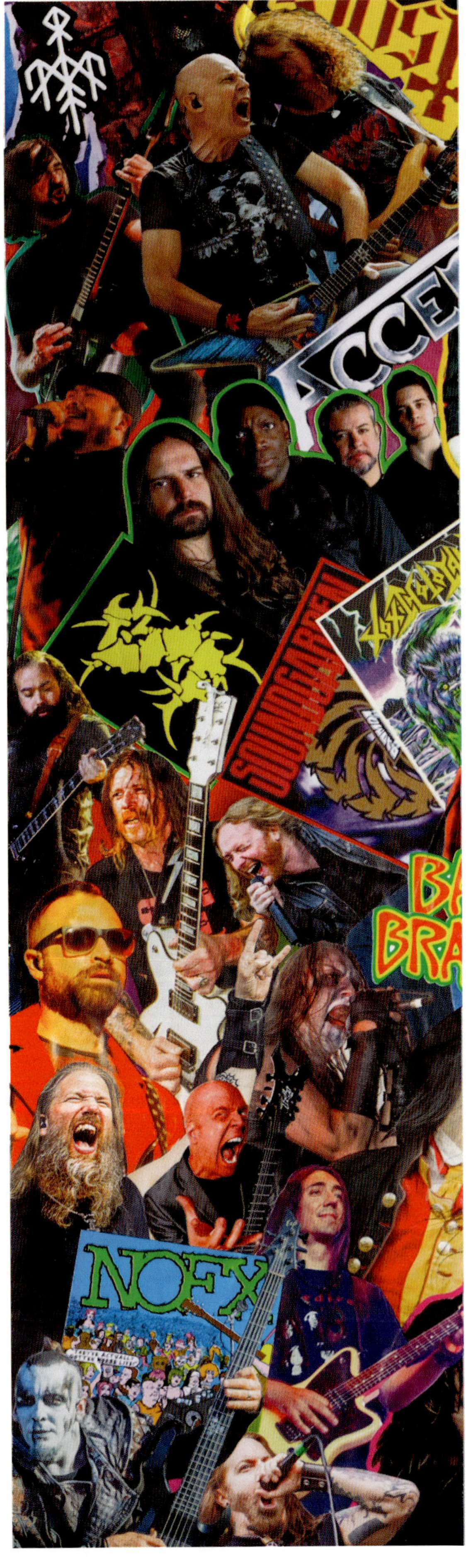
NOFX

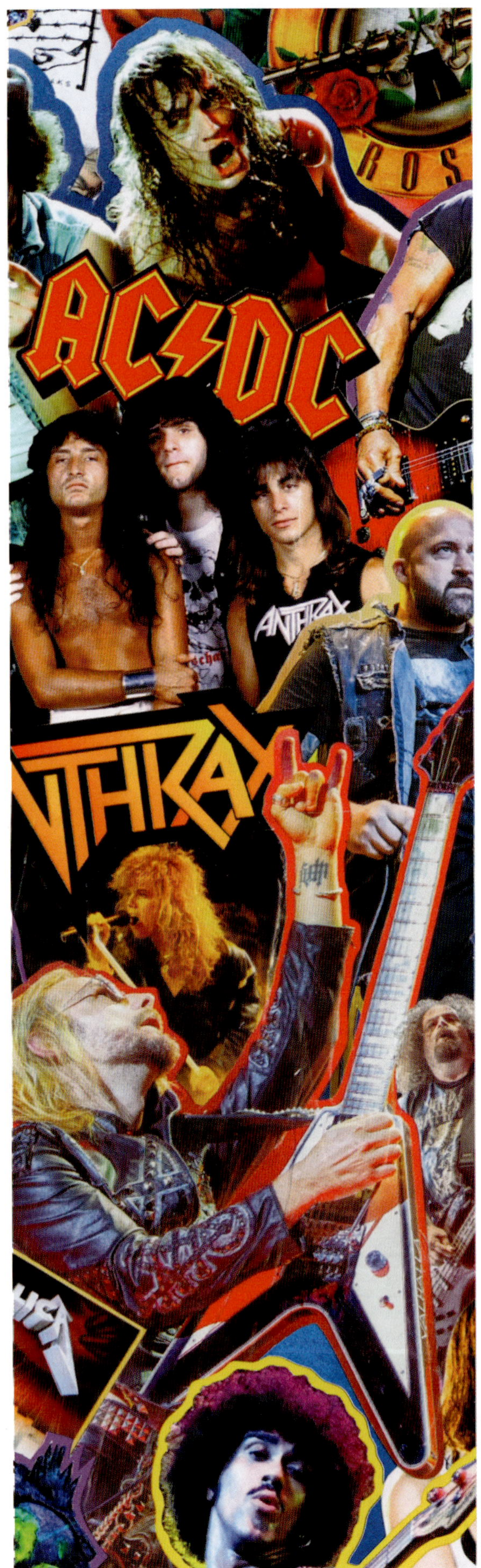
AC/DC
ANTHRAX

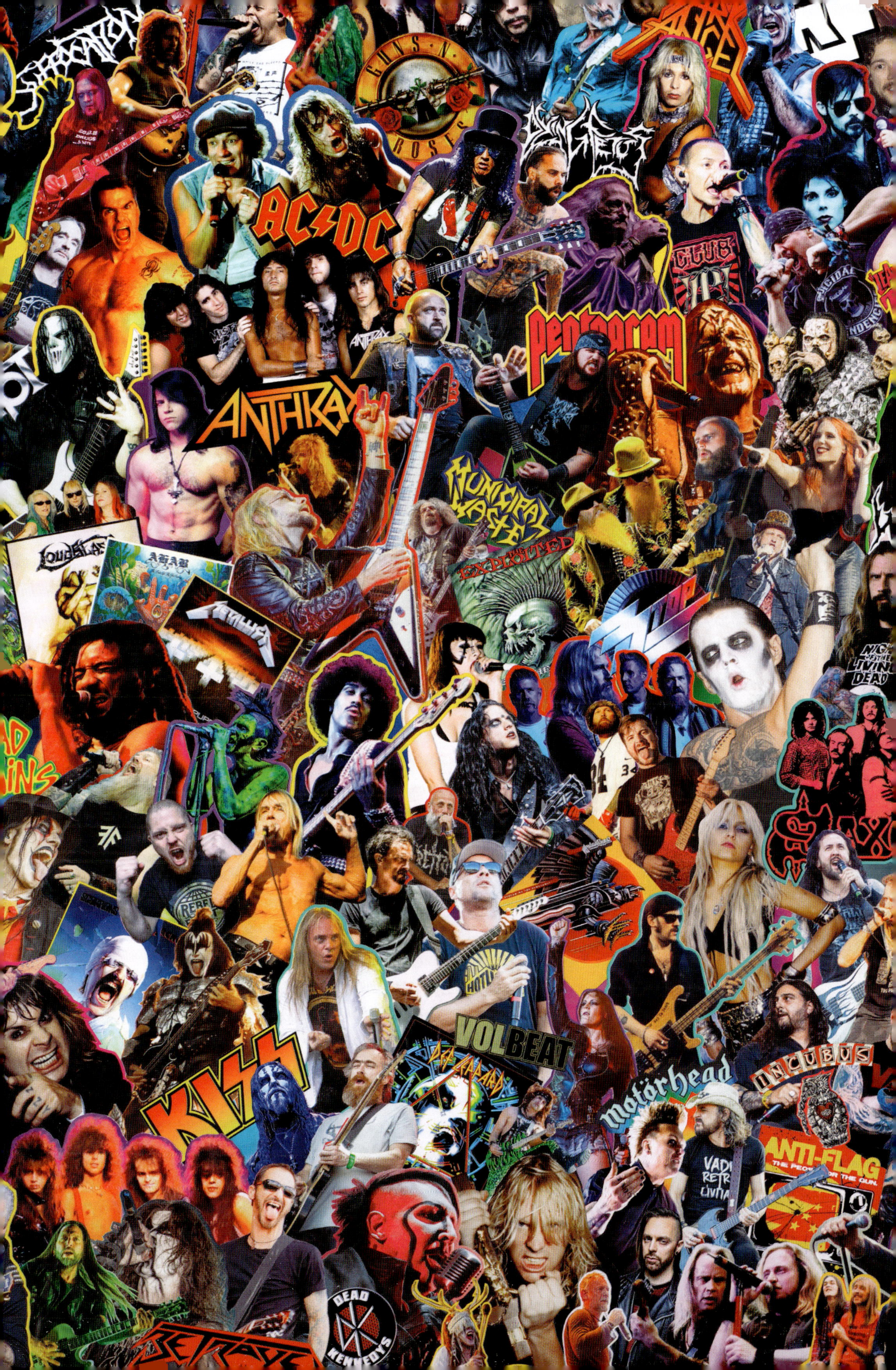

GUNS N ROSES
AC/DC
ANTHRAX
Pentagram
MUNICIPAL WASTE
EXPLOITED
AHAB
METALLICA
KISS
VOLBEAT
DEF LEPPARD
motörhead
INCUBUS
ANTI-FLAG
DEAD KENNEDYS

50 Years of Judas Priest

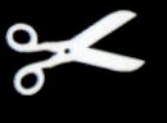

Collage numérique

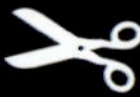

« Étant invité à participer au Hellfest 2022, je savais qu'il y avait une mince chance de pouvoir rencontrer un de mes groupes préférés : Judas Priest. Mon idée fut de réaliser une œuvre à leur gloire, afin de la leur offrir. Il fallait évidemment, pour cela, espérer que l'organisation du festival me laisse les approcher. J'ai donc réalisé cette œuvre numérique dans la précipitation. Elle comprend toutes les couvertures d'albums du groupe depuis 50 ans, et je dois avouer que j'en suis très fier ! Ben Barbaud joua le jeu et m'emmena dans leur loge. Malheureusement, seul leur manager occupait les lieux. J'y ai laissé cinq sublimes tirages à destination du groupe + un réclamé par le manager (apparemment, il aimait bien), mais je n'ai jamais eu de nouvelles, ni le moindre remerciement. »

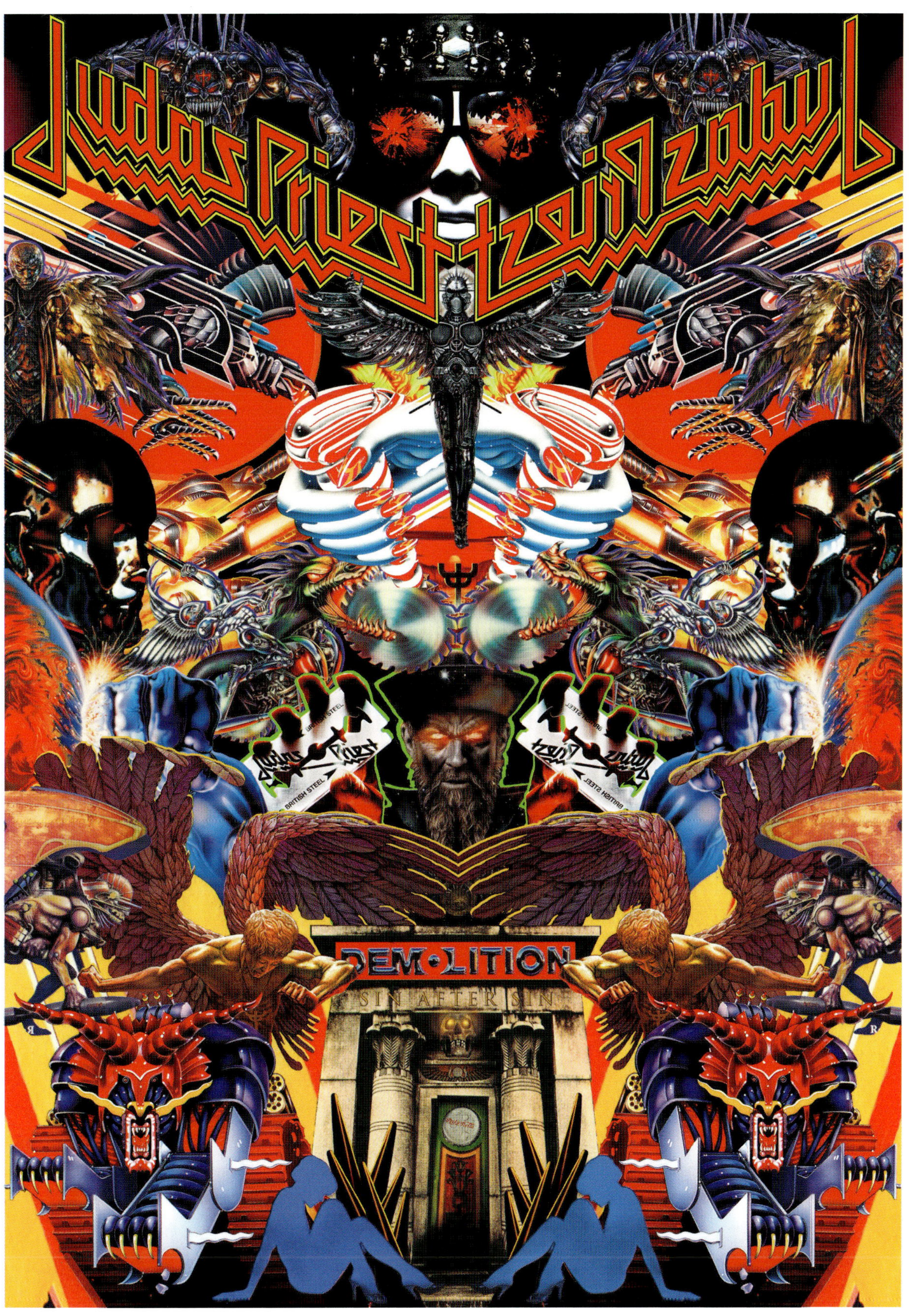
Judas Priest
BRITISH STEEL
DEM•LITION
SIN AFTER SIN

Harley Quinn

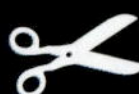

Collage original
120 × 80 cm

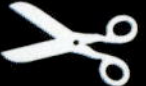

« Cette œuvre m'a été commandée par un particulier. La même personne qui m'avait démarché pour l'œuvre « Logo of One Piece » en 2021. Cela faisait un moment que je pensais réaliser un collage consacré à la « Quinn ». Je fus donc ravi de me pencher sur sa conception. Je suis très content du résultat ! La pose de l'héroïne, son look, les couleurs acidulées... tout me plaît ! »

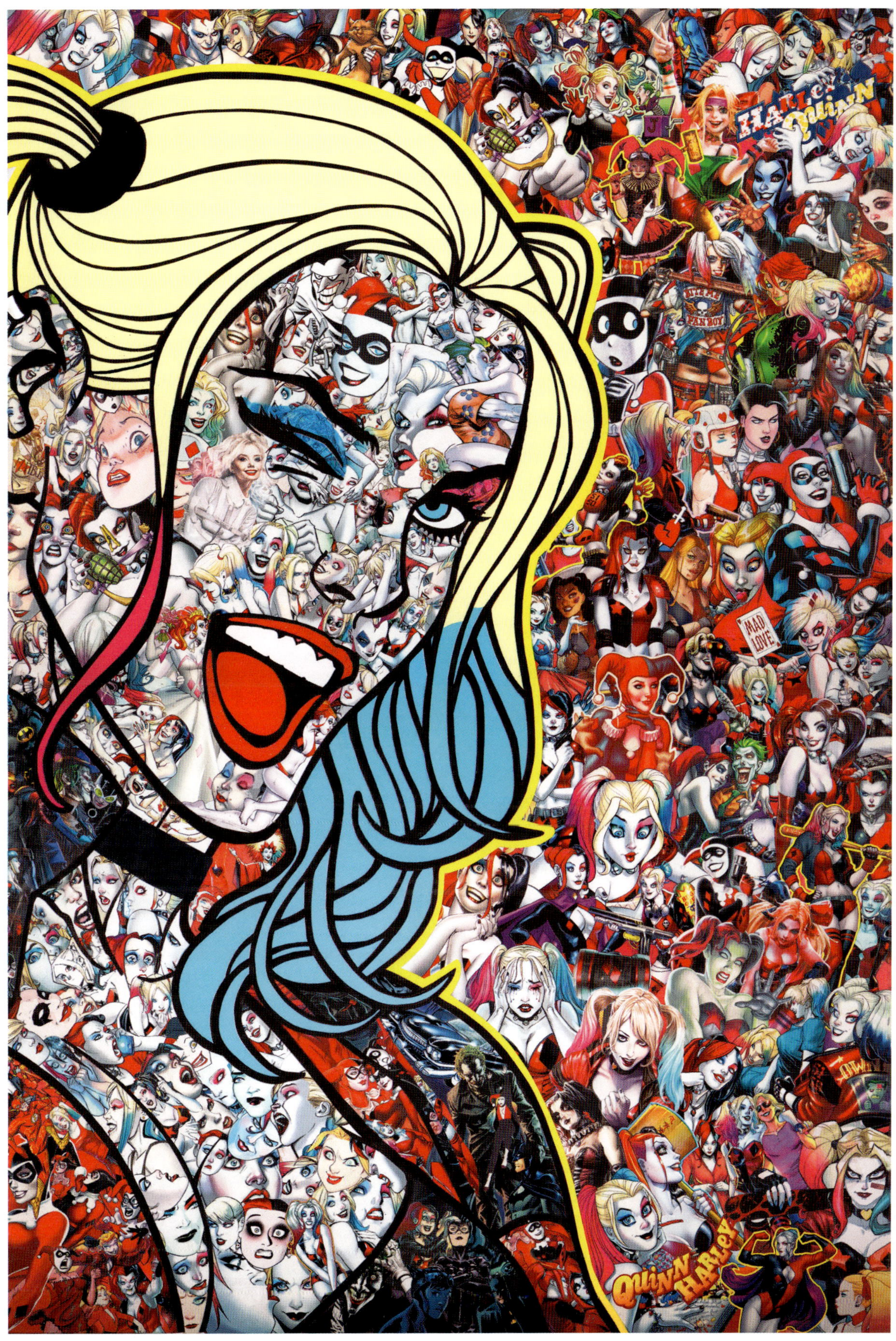
MAD
LOVE
QUINN
HARLEY

Ghost Rider

Collage original
120 × 70 cm

« Ce collage a été principalement réalisé en 2014. Cependant, une fois fini, à l'époque, je me disais qu'il manquait quelque chose. Pendant des années, j'ai pensé le compléter avec le logo "Ghost Rider" ou le portrait du personnage. Malgré tout, j'adorais la composition de l'œuvre, et quand j'imaginais le titre ou le portrait du personnage apposé dessus, cela ne fonctionnait pas dans mon esprit. Huit ans après, j'ai finalement décidé de laisser le visuel tel quel. J'ai juste ajouté une pièce, en bas à gauche, pour l'actualiser : un dessin du "Cosmic Ghost Rider" accompagné de "bébé Thanos". »

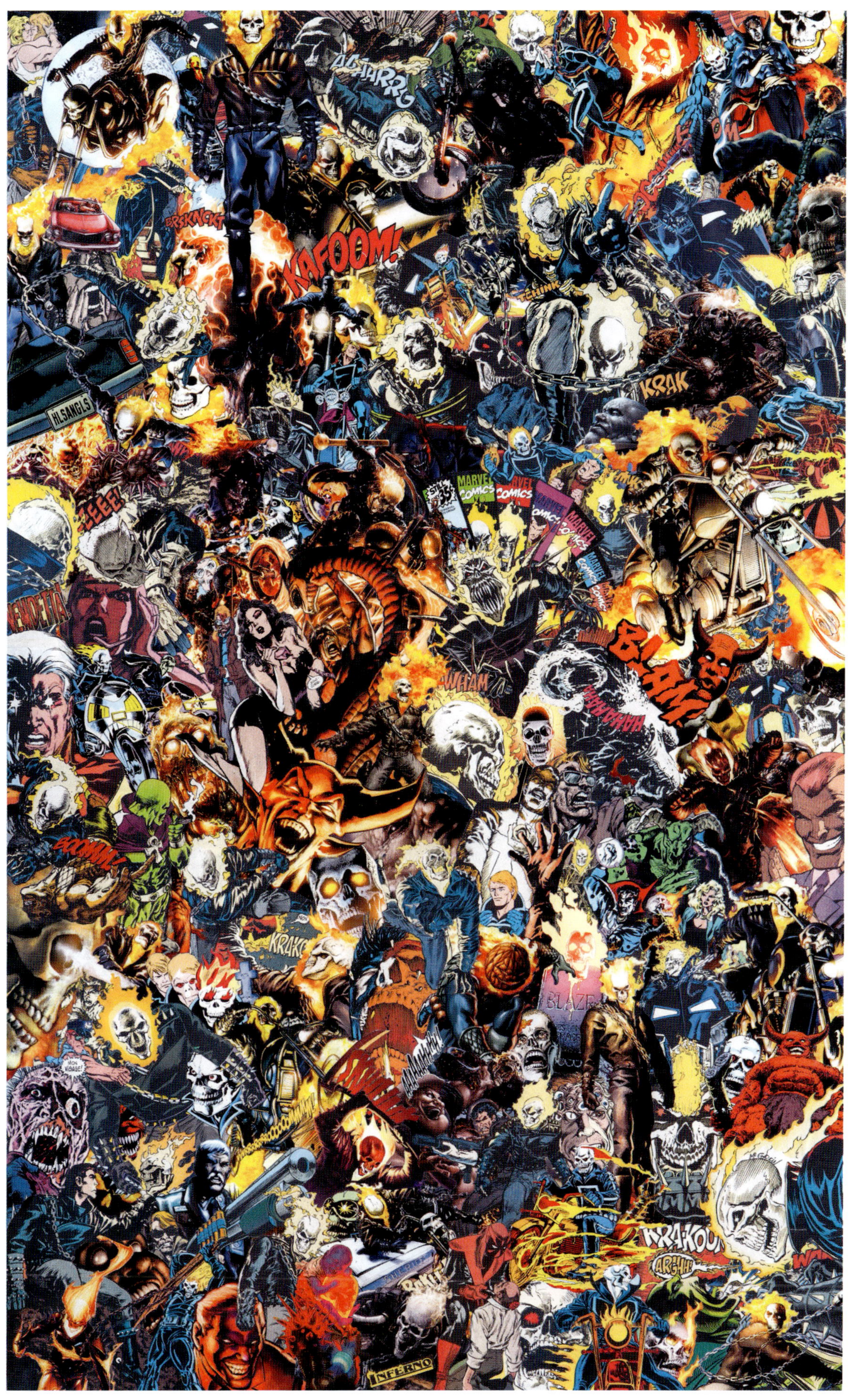
KAFOOM!
KRAK
BLAM!
INFERNO

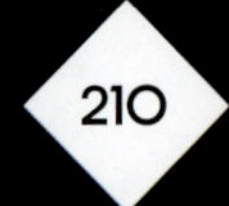

I Love Batman

Collage original
120 × 80 cm

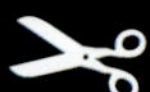

« Ce collage est né d'une forte envie de réaliser une œuvre sur Batman et son univers. J'adore le côté sombre et à la fois coloré des *comics*. J'avais beaucoup de *comics Batman* prêts à être découpés, et quand je les parcourais, j'imaginais déjà ce que cela allait donner. Je me suis régalé à créer ce collage, surtout dans l'agencement des couleurs. »

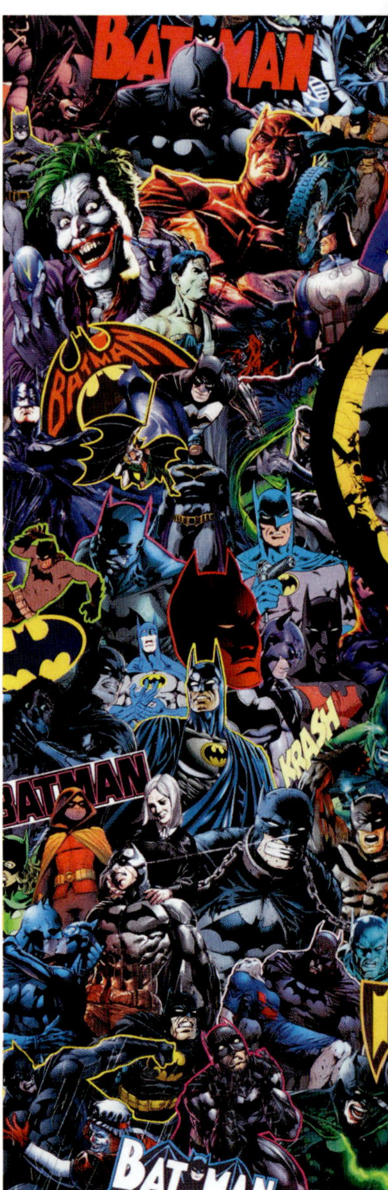

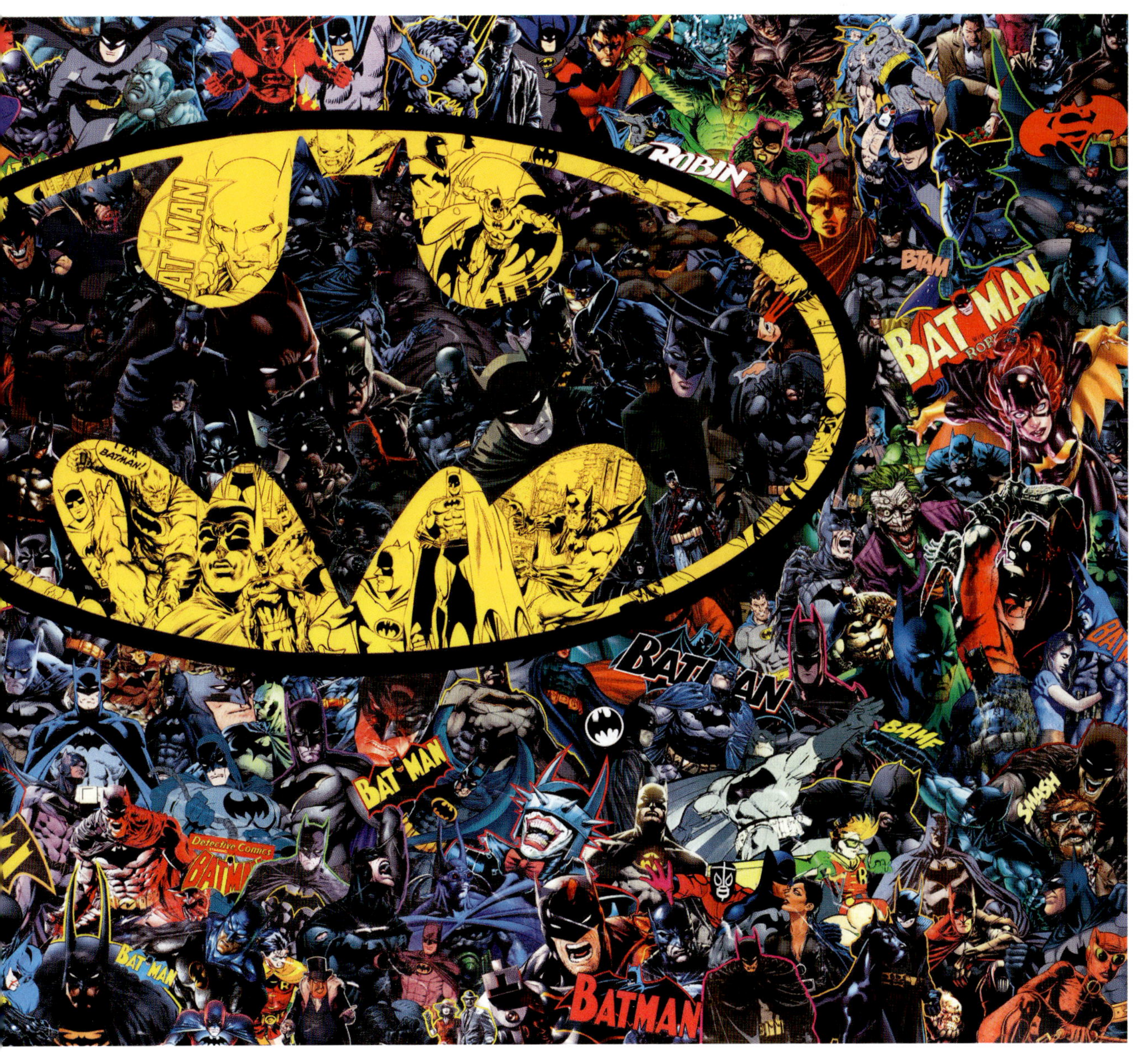
ROBIN
BAT MAN
BAT MAN
BATMAN
BAMF
BAT MAN
SMASH
Detective Comics
BAT-MAN
BATMAN

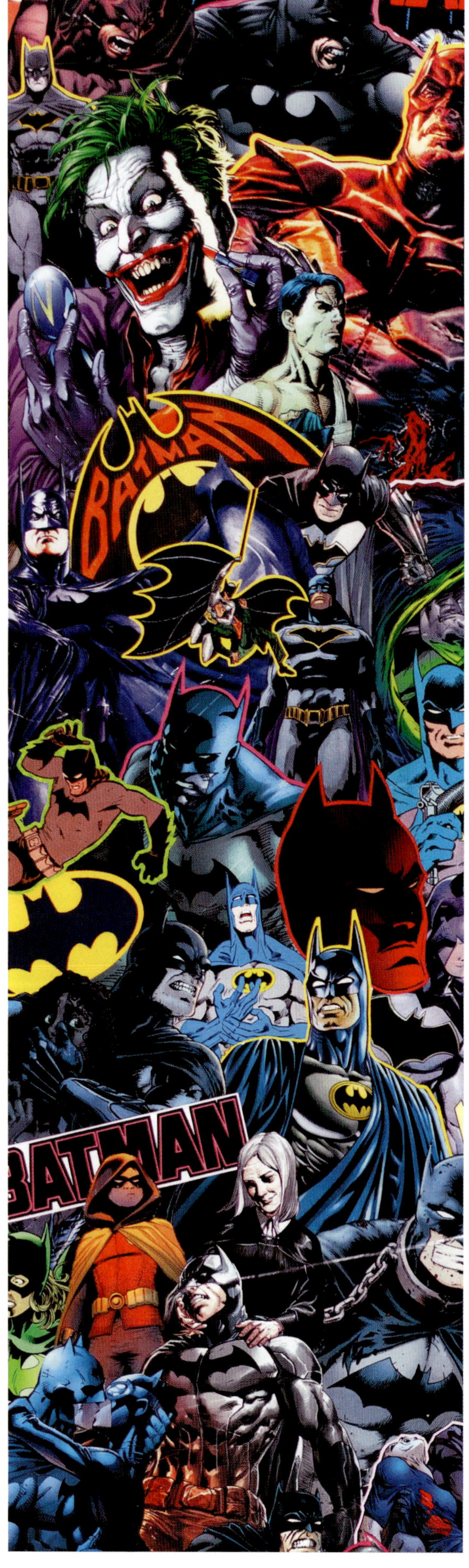
BATMAN
BATMAN

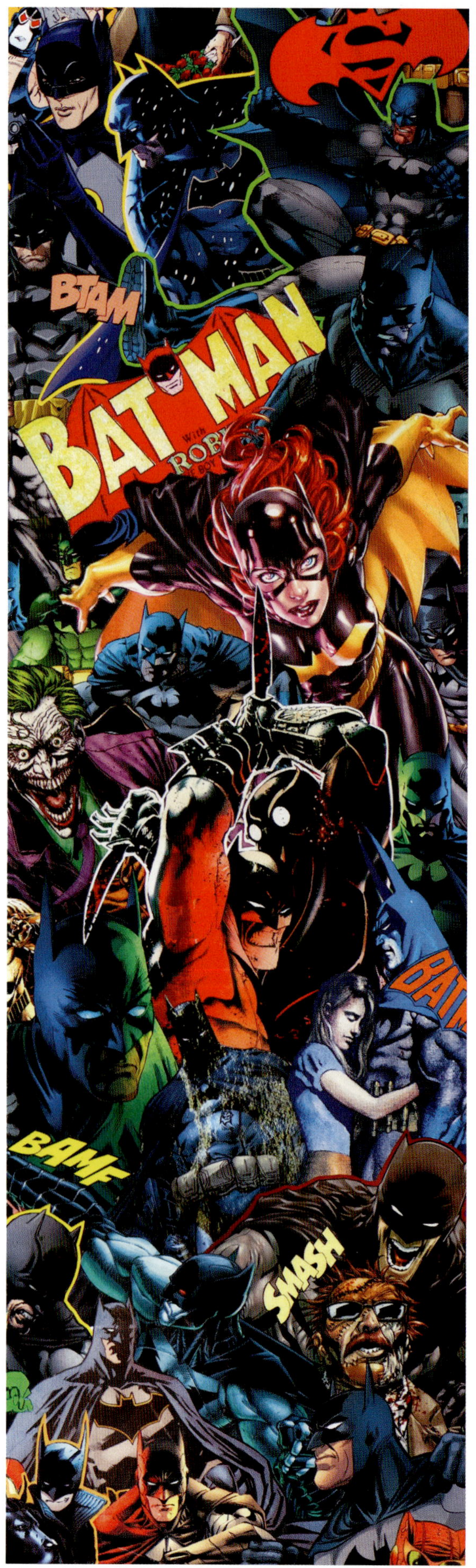
BTAM
BAT MAN
BAMF
SMASH

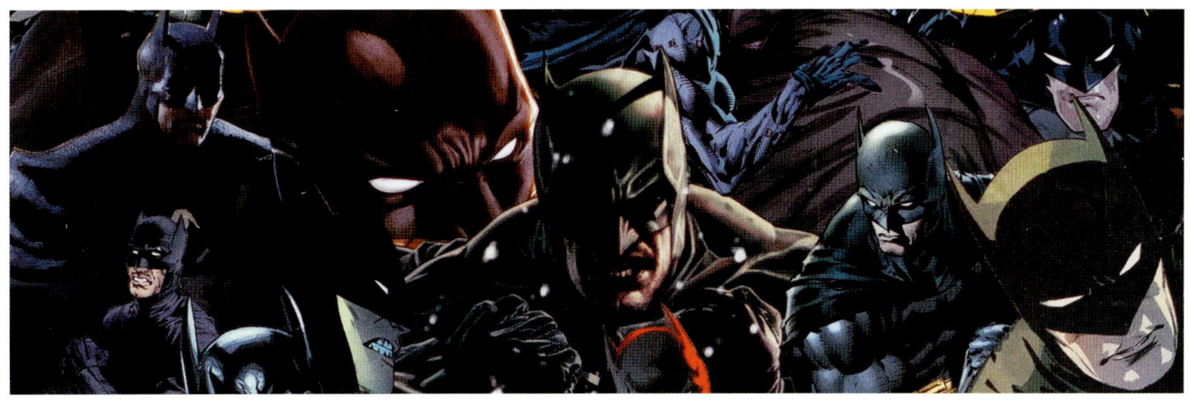

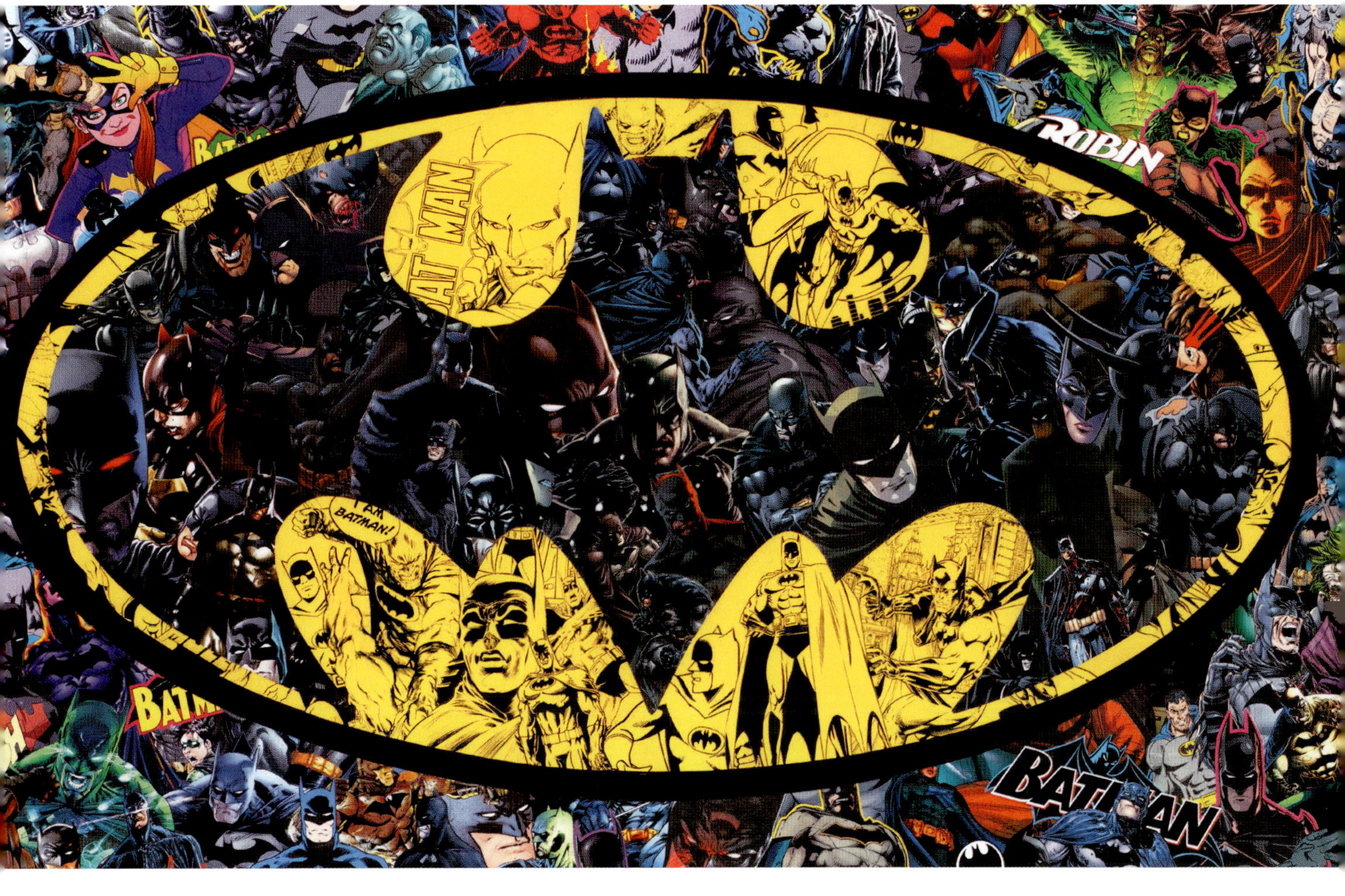

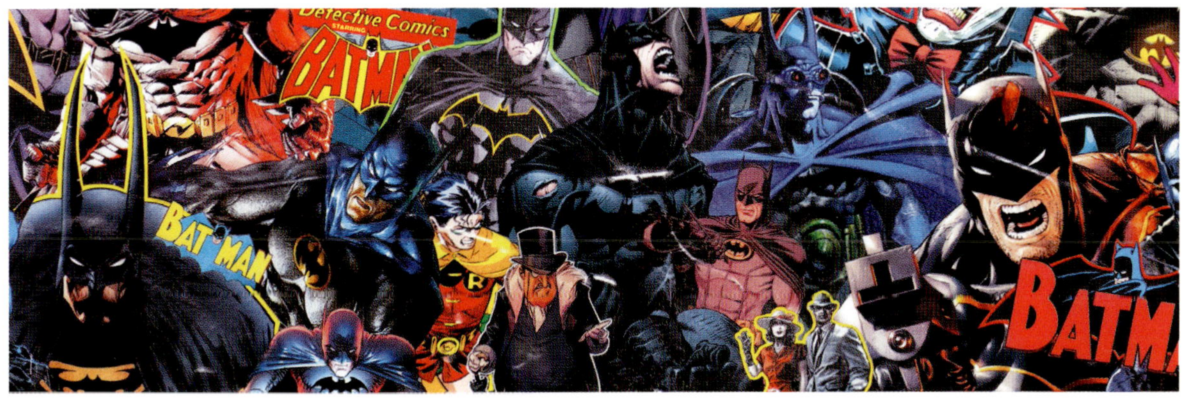
Detective Comics

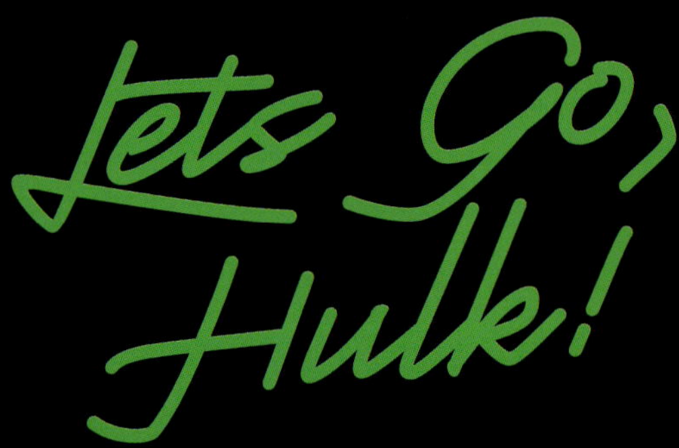

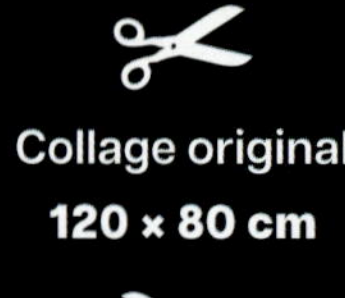

Collage original
120 × 80 cm

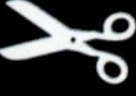

« Les trois œuvres dont il est désormais question ont un commanditaire assez étonnant : mon notaire ! C'est en discutant avec lui lors de la signature pour l'achat de mon appartement qu'il a su que j'étais artiste. En découvrant mon travail sur Google, il a tout de suite aimé. Quelques semaines plus tard, il me contactait afin de passer trois commandes ! Une pour lui, et une pour chacun de ses deux associés, dans le but de leur offrir à Noël. Je n'avais pas le droit à l'erreur

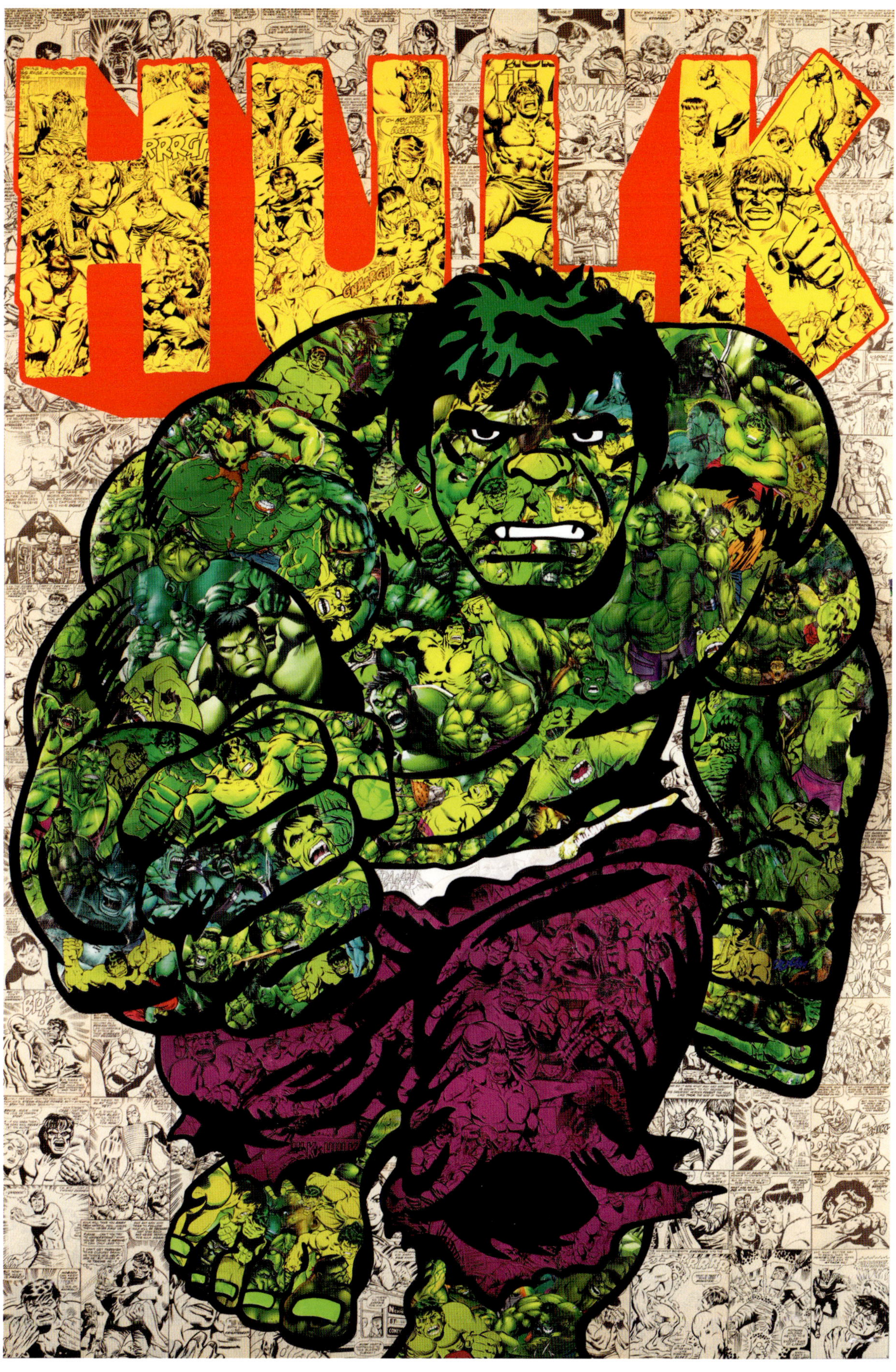
HULK

Tron Take Off

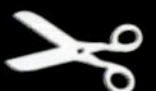

Collage original

120 × 80 cm

« Comme pour le collage précédent, j'ai utilisé des *comics* noir et blanc pour le fond. J'aime beaucoup cela ! Premièrement, car ça met bien en avant le personnage central, et ensuite parce qu'on peut s'imaginer voir les images de ses aventures passées. Un peu comme un résumé de sa vie en arrière-plan. Cette idée me ravit ! Avec les nombreux détails de son armure, cette œuvre a été un peu plus longue à réaliser que les deux autres. »

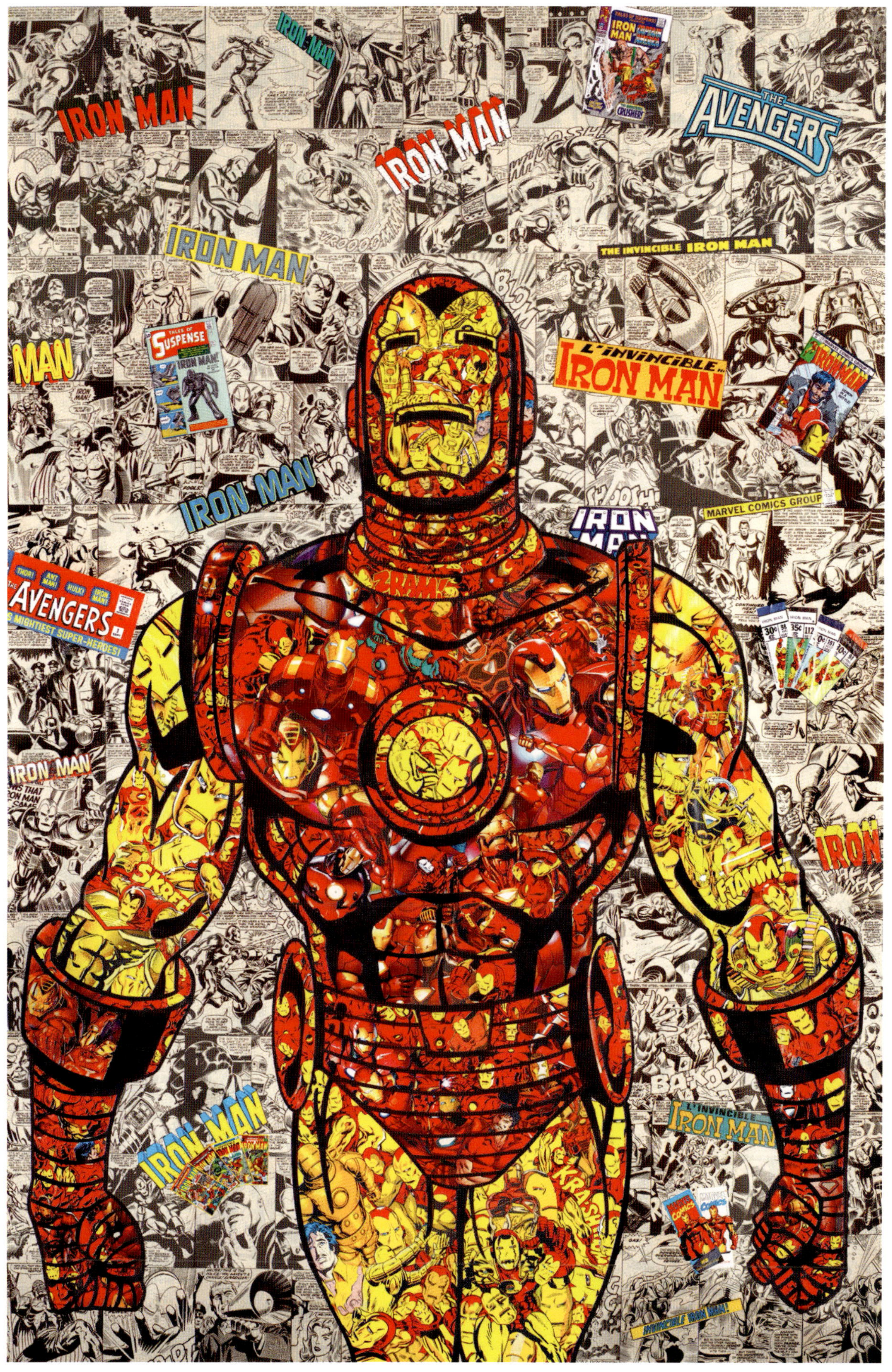
IRON MAN
IRON MAN
THE AVENGERS
IRON MAN
THE INVINCIBLE IRON MAN
MAN
TALES OF SUSPENSE
L'INVINCIBLE IRON MAN
IRON MAN
IRON MAN
MARVEL COMICS GROUP
THOR! ANT MAN! HULK! IRON MAN!
THE AVENGERS
S MIGHTIEST SUPER-HEROES!
ZRAM!
IRON MAN
SKREE
IRON
L'INVINCIBLE IRON MAN
IRON MAN
KRASH

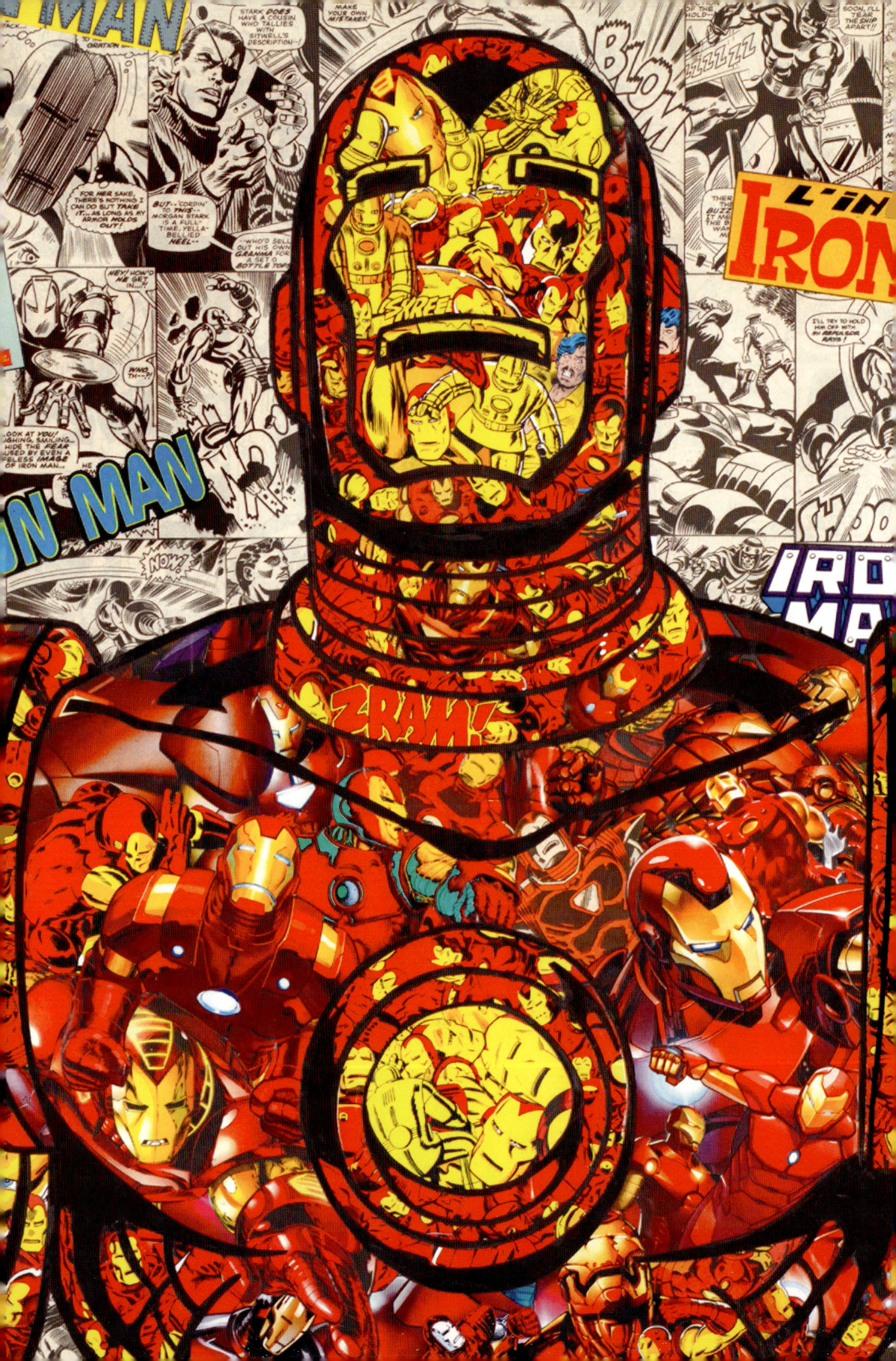
MAN
STARK DOES HAVE A COUSIN WHO TALLIES WITH SITWELL'S DESCRIPTION--!
MAKE YOUR OWN MISTAKES!
BLOM
SOON, I'LL TEAR THE SHIP APART!!
FOR HER SAKE, THERE'S NOTHING I CAN DO BUT TAKE IT... AS LONG AS MY ARMOR HOLDS OUT!
BUT--'CORDIN' TO THIS--MORGAN STARK IS A FULL-TIME, YELLA-BELLIED HEEL--
HEY! HOW'D HE GET IN...?!
WHO, TH--?!
SKREE
IRON
MAN
NOW!
ZRAM!

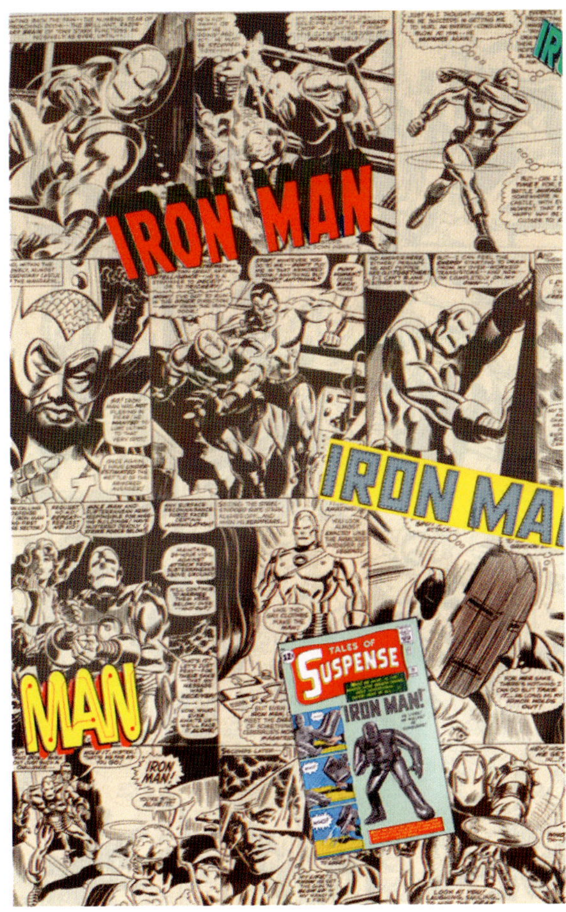
IRON MAN
IRON MAN
MAN
TALES OF SUSPENSE
IRON MAN!

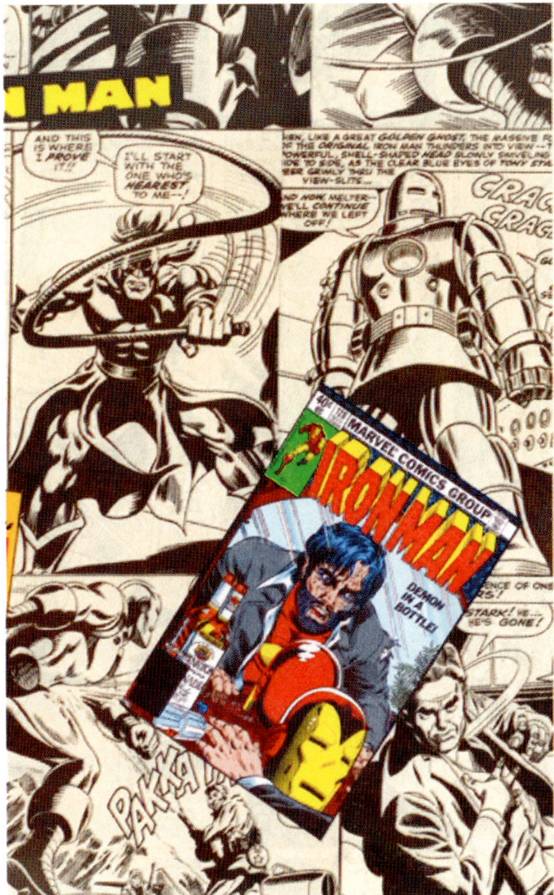
N MAN
AND THIS IS WHERE I PROVE IT!!
I'LL START WITH THE ONE WHO'S NEAREST TO ME--!
MARVEL COMICS GROUP
IRON MAN
DEMON IN A BOTTLE!

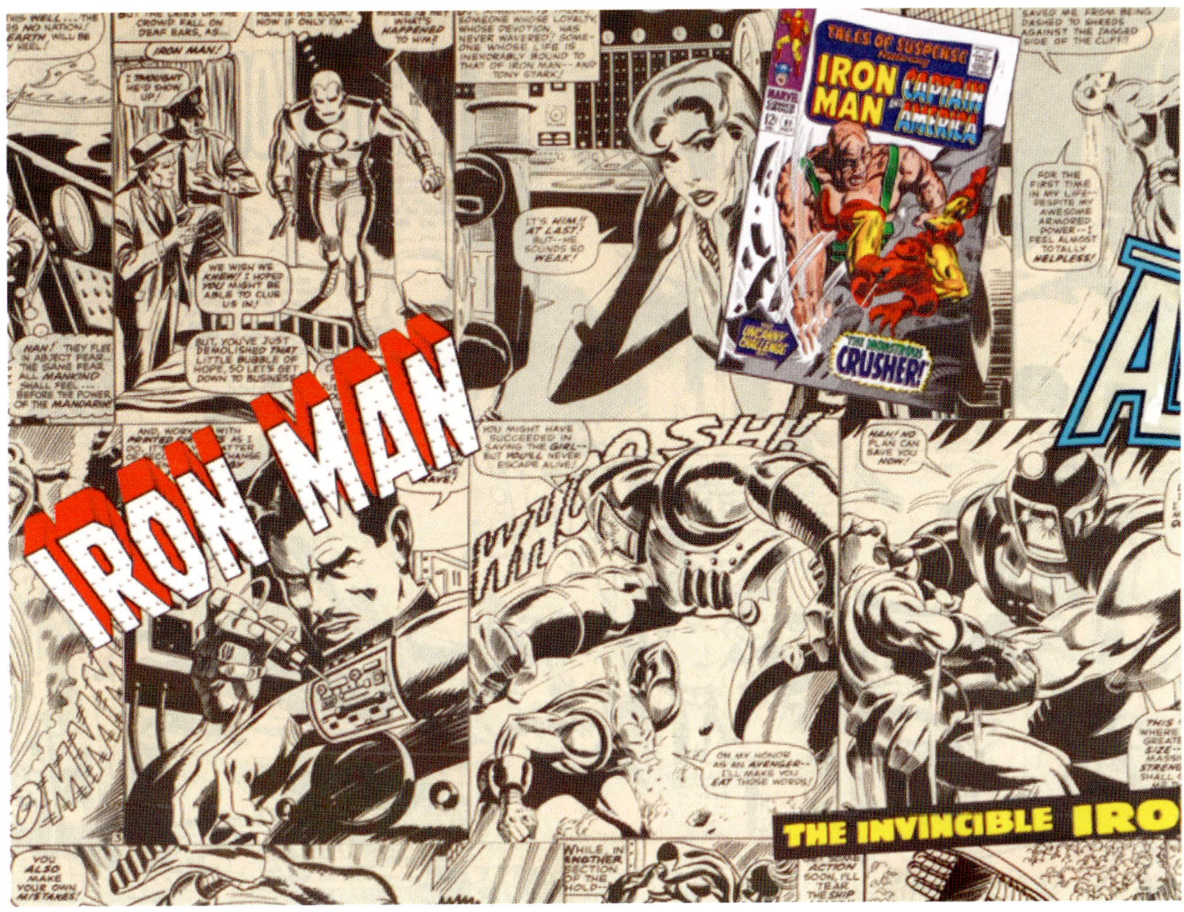
TALES OF SUSPENSE
IRON MAN
CAPTAIN AMERICA
CRUSHER!
IT'S HIM!! AT LAST! BUT--HE SOUNDS SO WEAK!
FOR THE FIRST TIME IN MY LIFE-- DESPITE MY AWESOME ARMORED POWER-- I FEEL ALMOST TOTALLY HELPLESS!
IRON MAN
MAN! NO PLAN CAN SAVE YOU NOW!
ON MY HONOR AS AN AVENGER-- I'LL MAKE YOU EAT THOSE WORDS!
THE INVINCIBLE IRO

Wonder Woman Crossed Arms

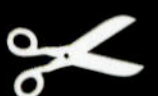

Collage original
120 × 80 cm

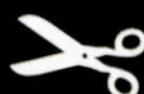

« Je me régale toujours autant à travailler sur ce personnage iconique, surtout sur sa version 70's ! J'adore son look, avec cette impressionnante chevelure et ces couleurs explosives ! Un des personnages féminins les plus emblématiques de la pop culture ! »

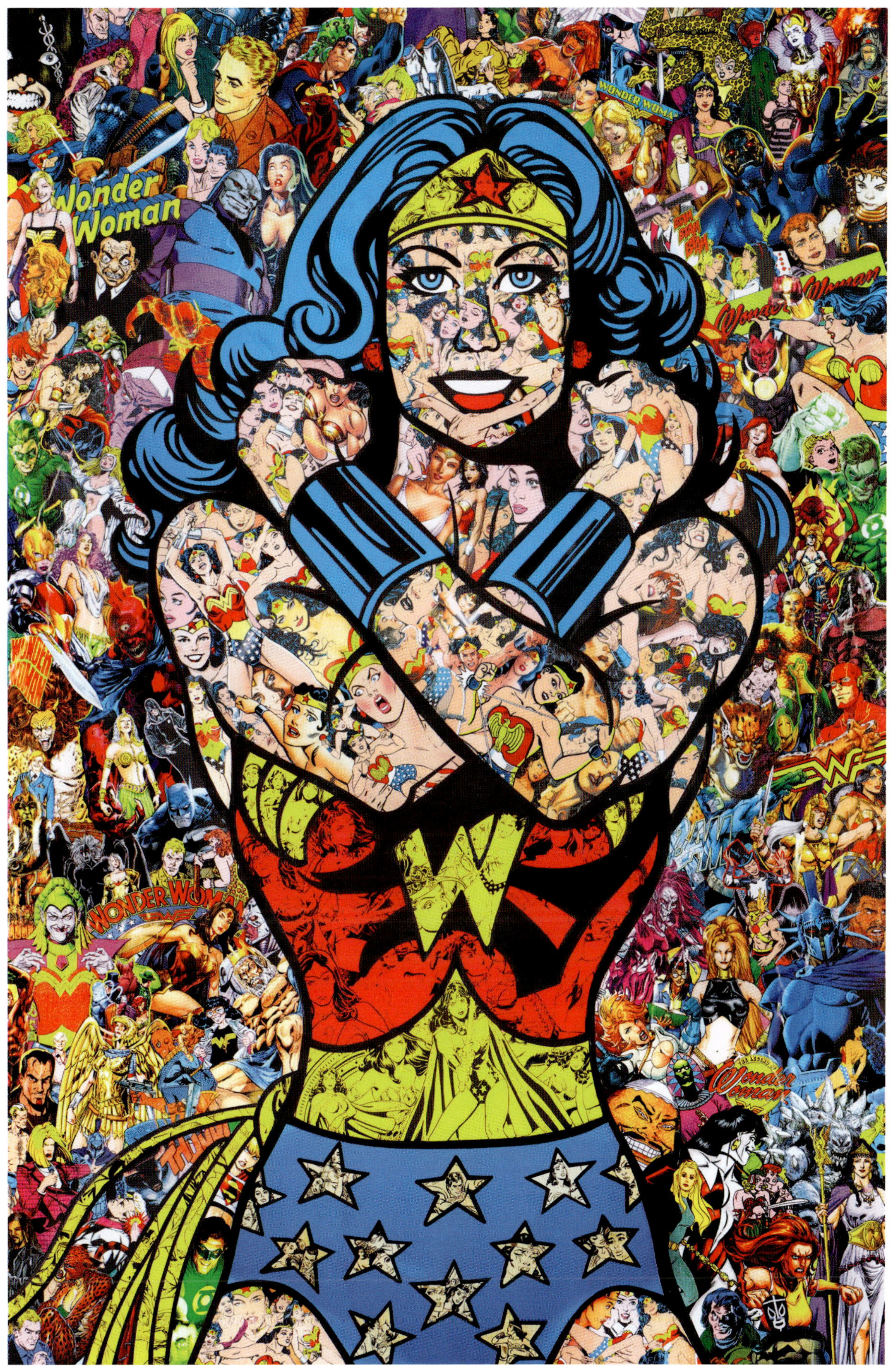
Wonder Woman

Où est Mr Garcin ?

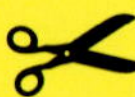

Listes des œuvres dans lesquels
se cache notre découpeur préféré !

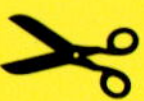

108

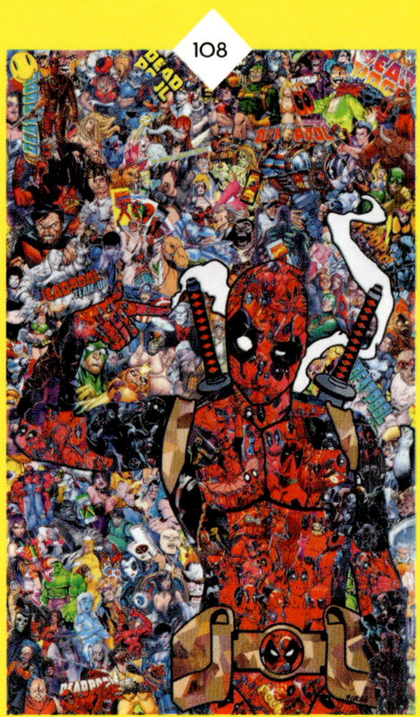

Deadpool - p. 080

115

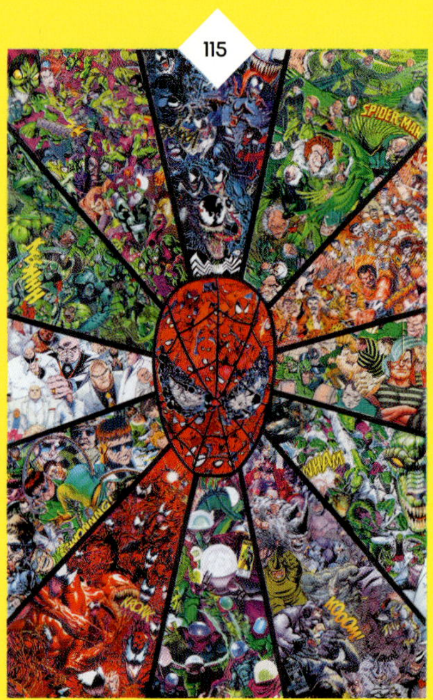

Spider-Man's Villains - p. 098

126

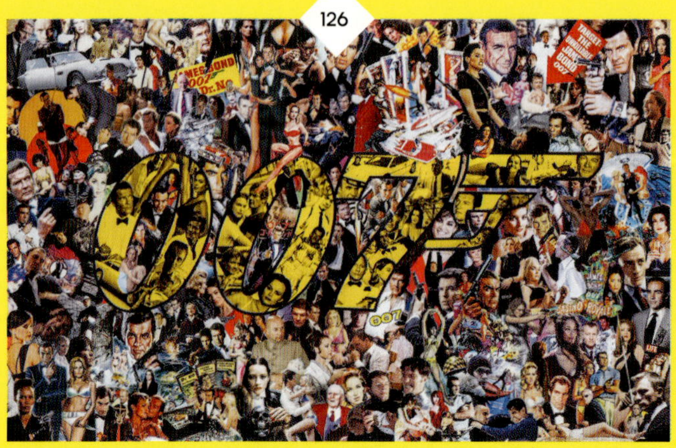

James Bond - p. 120

148

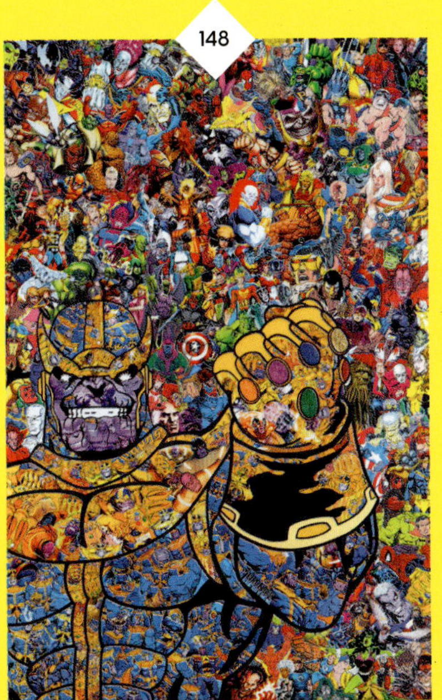

Thanos - p. 168

197

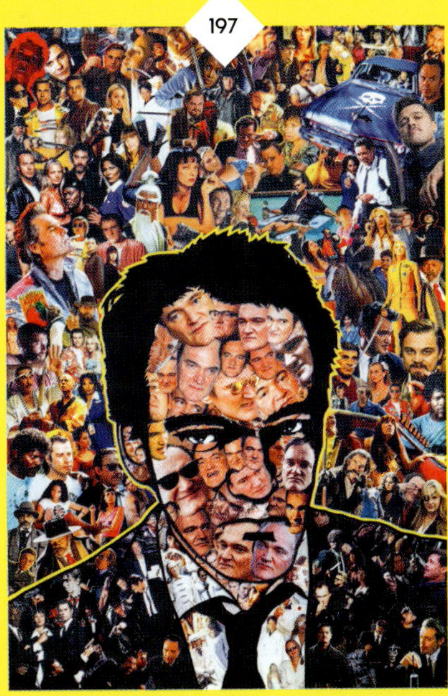

Tarantino - p. 270

206

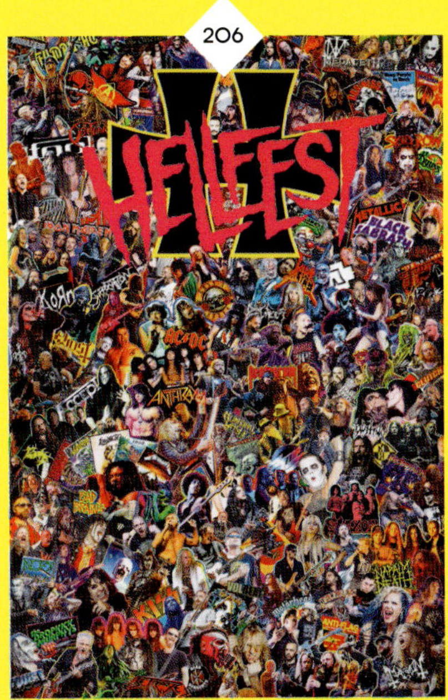

Hellfest - p. 290

210

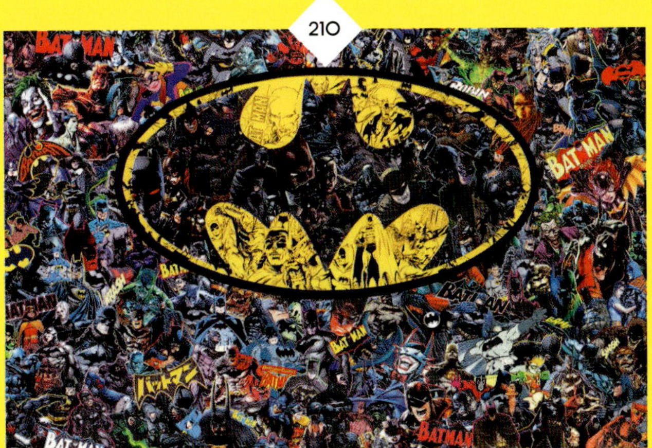

I Love Batman - p. 300

101

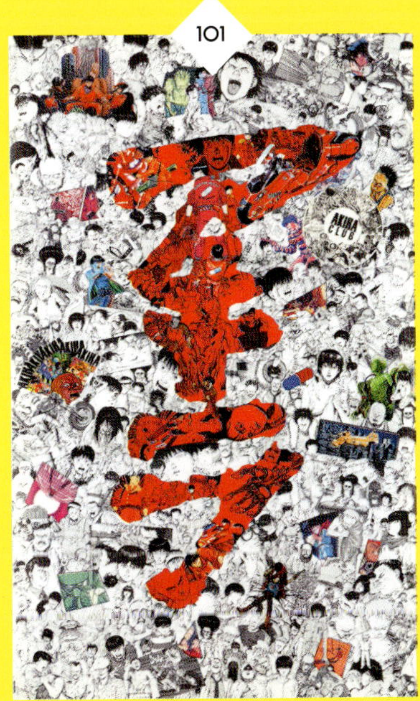

Akira Club

Erratum

Oubliée dans le volume 1, Mr Garcin est bel et bien présent dans cette œuvre.

Hommage

Je voulais profiter de la page des remerciements pour rendre hommage à trois personnes parties ces dernières années, et qui m'étaient particulièrement chères !

Francis Porras

Gégé le Chinois

Alix Laporte Tarride

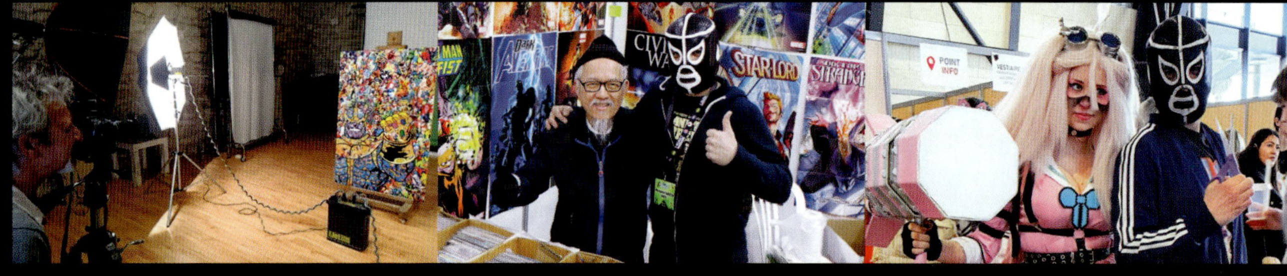

Merci à toi pour m'avoir aidé à accrocher ma toute première expo, alors que l'on ne se connaissait pas encore. Merci pour tes conseils, tes encouragements, ton soutien indéfectible et ta grande gentillesse ! Toujours un mot pour rire et toujours prêt à aider ; tu dois manquer à beaucoup de monde ! Merci pour toutes les photos de mes œuvres ainsi que mes portraits réalisés durant de nombreuses années. Merci.

Merci pour ta sympathie légendaire ! Merci pour tout ce que tu as apporté à la ville de Marseille et ses p'tits geeks. Tu mettais la culture manga et comics en avant, qui plus est à une époque où tout le monde s'en moquait. Tu étais « un vrai » comme on dit ! Je me rappelle très bien la première fois où j'ai découvert ta boutique « La Passerelle ». Véritable caverne d'Ali Baba (perchée en hauteur d'une librairie classique) et accessible uniquement via une... passerelle ! Un lieu atypique pour un personnage qui ne l'était pas moins. C'est d'ailleurs ici que j'ai acheté mon tout premier manga : un numéro de *Hokuto no Ken* (*Ken le Survivant*). Le début d'une grande passion. Merci !

Merci pour tous ces bons moments passé avec toi, notamment quand tes parents me confiaient ta garde ! Inutile de dire combien nous avons rigolé. Je me rappelle encore cette fois, où lors d'un vernissage, je m'amusais à dire à mes amis que tu étais ma fille. Toi, très premier degré (normal pour une enfant de 5/6 ans), tu rétorquais à qui voulait bien l'entendre : « *Non, ce n'est pas mon père !* » Je pense que tu as été ma plus jeune fan ! Je garderai toujours en tête le moment où tu as dit à tes petits camarades, d'un ton assuré : « *Lui c'est Mr Garcin ! C'est un artiste très connu* ». Merci.

Remerciements

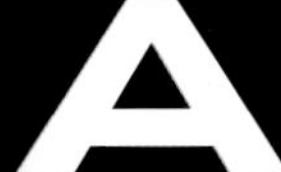

Avant tout, je voudrais remercier Pix'n Love pour m'avoir suivi sur ce nouveau livre, j'en suis ravi !

Un grand merci à David Chabannes de la galerie Christiane Vallé pour son soutien infaillible depuis de nombreuses années ainsi qu'à ses collaborateurs Japonais, Dynamo le grand Ayatollah du rock' n roll et toute son équipe du comics shop « Central Comics », Nordine mon ami et solide binôme de Double Dragon, Zdrek qui me supporte avec courage dans notre émission « First Date » et qui a monté avec vaillance un grand nombre de mes émissions YouTube, Didier alias « Le couz », toujours présent pour filmer ou donner un coup de main et... me supporter, Caroline pour son soutien, ses encouragements, ses conseils et son amour indéfectible, mes parents, toujours là pour m'encourager et m'aider si il le faut, ma famille, Bigkam pour sa bienveillance, son aide régulière et pour m'avoir mis le pied à l'étrier dans le « YouTube Game », les amis retrogamers Edward, Colik Fantastik, Brycecorp, Franck Latour, Gunhed, Gemu Oni, Mike & Wahwah (avec toute leur team), l'association MO5 pour leur soutien, notamment David Soumet et Philippe Dubois, les Hard Looters pour leur bonne humeur et leur sympathie, Fred Zolf avec qui je suis toujours certain de m'amuser comme un gamin, Matos & Games, Toypad, Ericka et Marion qui m'ont beaucoup aidé à la découpe ces dernières années, ce fada de Cyril Despontin toujours là pour soutenir Double Dragon avec sa gouaille légendaire, François Gaillard pour sa confiance, son amitié de plus de 20 ans et toutes nos merveilleuses et sanguinolentes collaborations, Lytnim pour son talent monstrueux et pour tous les superbes portraits qu'il m'a fait, Romain Houles ce grand bosseur passionné jusqu'au bout des ongles pour sa confiance, Benjamin pour avoir eu l'idée folle de me suivre dans mes aventures caméra à la main, Ben Barbot et le Hellfest pour m'avoir suivi dans mon projet, Laurent de la librairie « Planètes Interdites » pour son soutien indéfectible de la première heure, Tom Breevort et tous ses collaborateurs de Marvel Edition, Maik Darah pour sa gentillesse, sa disponibilité et son fun, le Musée Art ludique pour leur soutien de toujours, Michael pour avoir accepté de remettre le couvert pour ce Volume 2 avec une folie toujours plus délectable, mes amis de longue date Thomas, Flore, Nicolas, Daniel, Thomas Lebascle, Sabrina mais aussi le bar « Le Titty Twister » dans lequel j'ai animé quelques quizz mémorables et fait de longues parties de baby-foot avec Marion, Florent Gorges qui restera à jamais pour moi l'homme qui m'a fait découvrir le Japon en 2009, les compères de l'époque AHL et J'M Destroy, l'équipe de « Sumimasen Turbo » qui, en plus de leur sympathie, ont mis une de mes œuvres pour décorer leur plateau, le chaleureux Marcus, soutien de la première heure, toujours de bonne humeur, Jean-Louis Mast et son humour si atypique, Sébastien Abdelhamid, Le Métalleux Geek et sa bande sans oublier les salons et autres conventions qui m'invitent régulièrement comme le HeroFestival, le TGS, le SRG, le Geek Life festival, la Geek Unchained, etc. Merci, enfin, à tous les gens qui me soutiennent, m'encouragent ou encore à ceux qui m'ont acheté des œuvres !

MERCI, MERCI et MERCI !!!

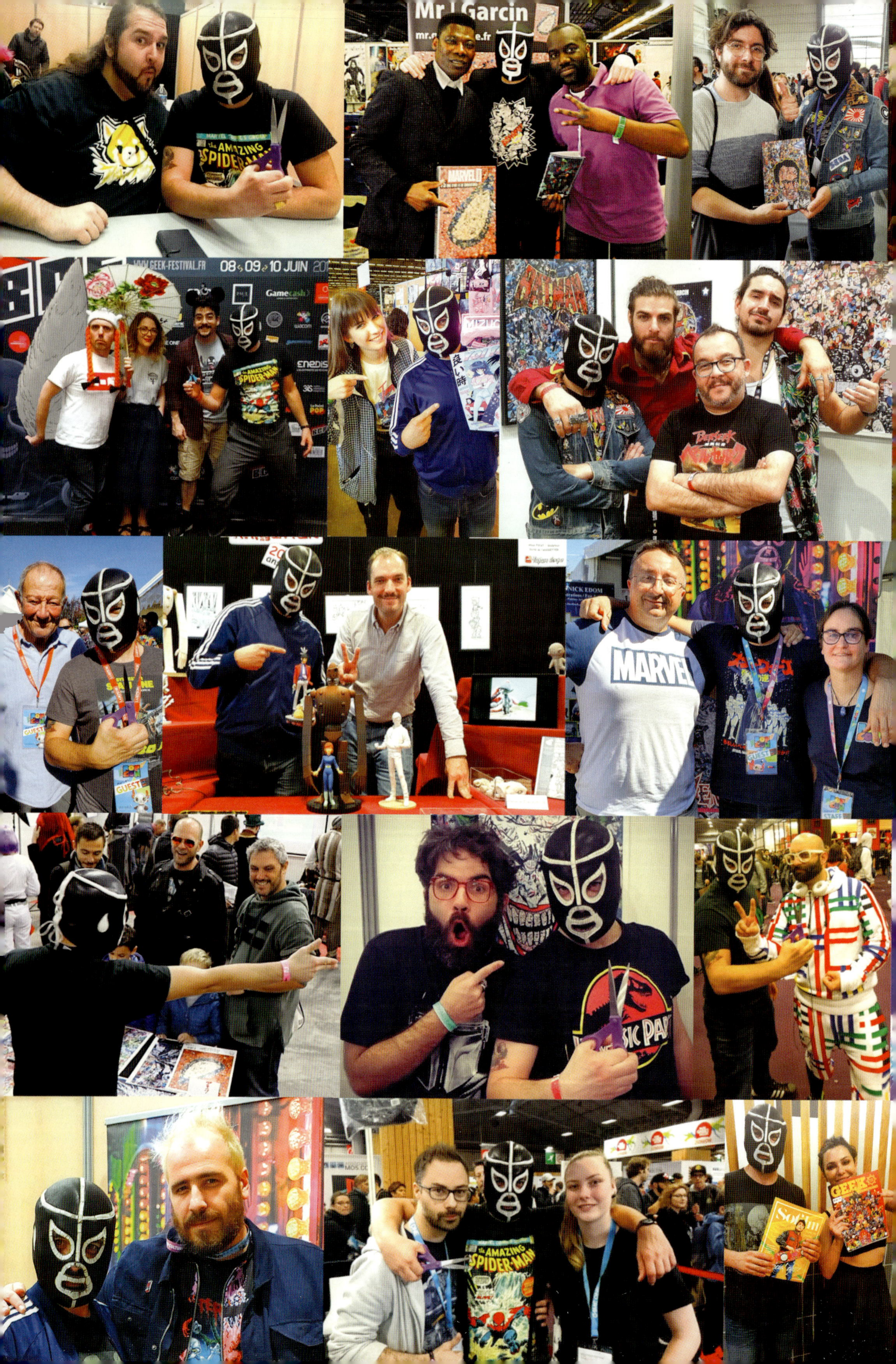
Mr | Garcin
WWW.GEEK-FESTIVAL.FR
08 09 10 JUIN
Gamecash
enedis
MIZUC
MARVEL
NICK EDOM
the AMAZING SPIDER-MAN
GUEST
STAFF

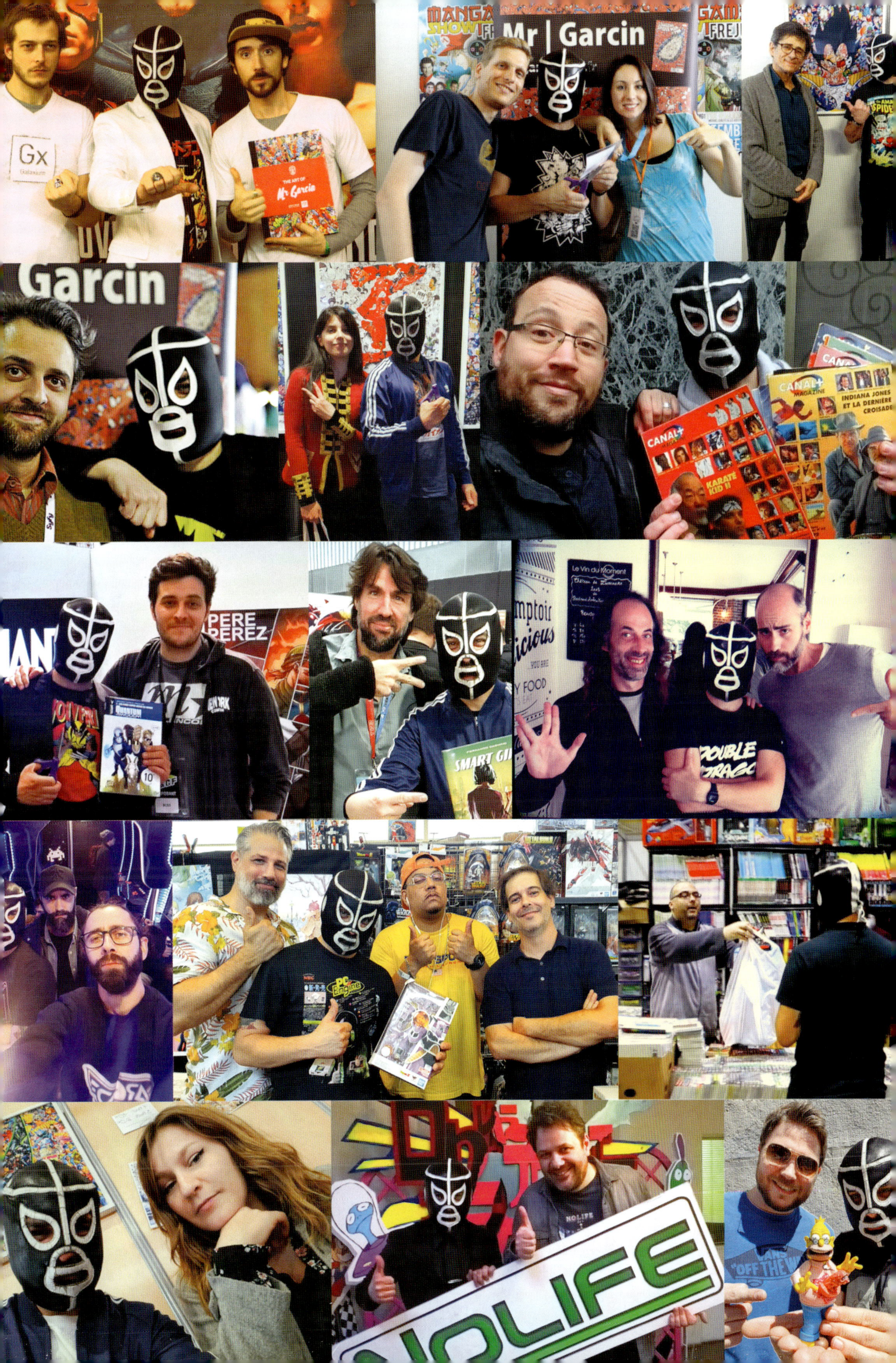

Gx
THE ART OF
Mr Garcin
MANGA SHOW
Mr | Garcin
Garcin
CANAL+
CANAL+ MAGAZINE
INDIANA JONES ET LA DERNIÈRE CROISADE
KARATE KID II
PERE PEREZ
Le Vin du Moment
NOLIFE

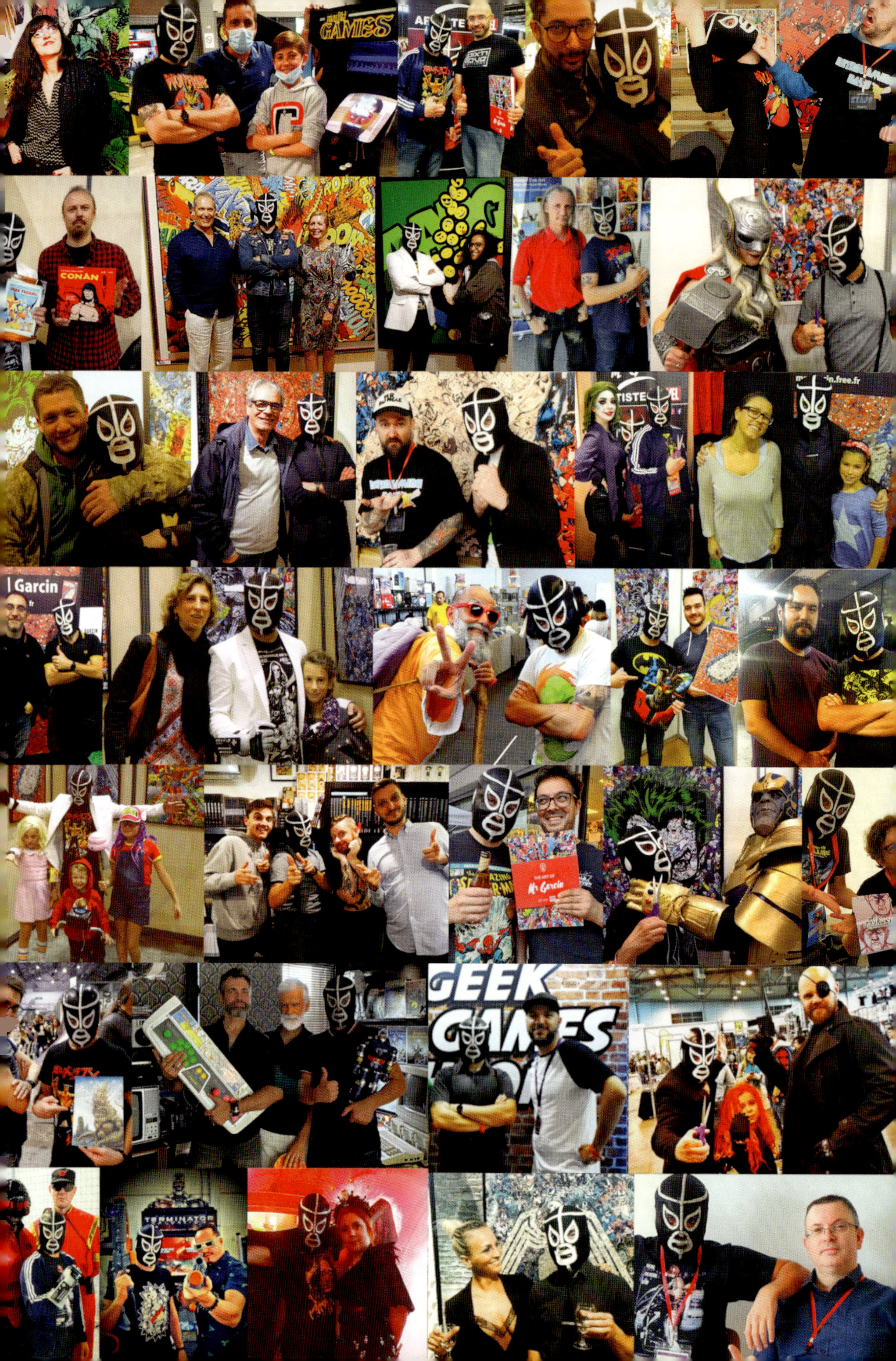
GAMES
CONAN
THE ART OF
Mr Garcin
GEEK
TERMINATOR

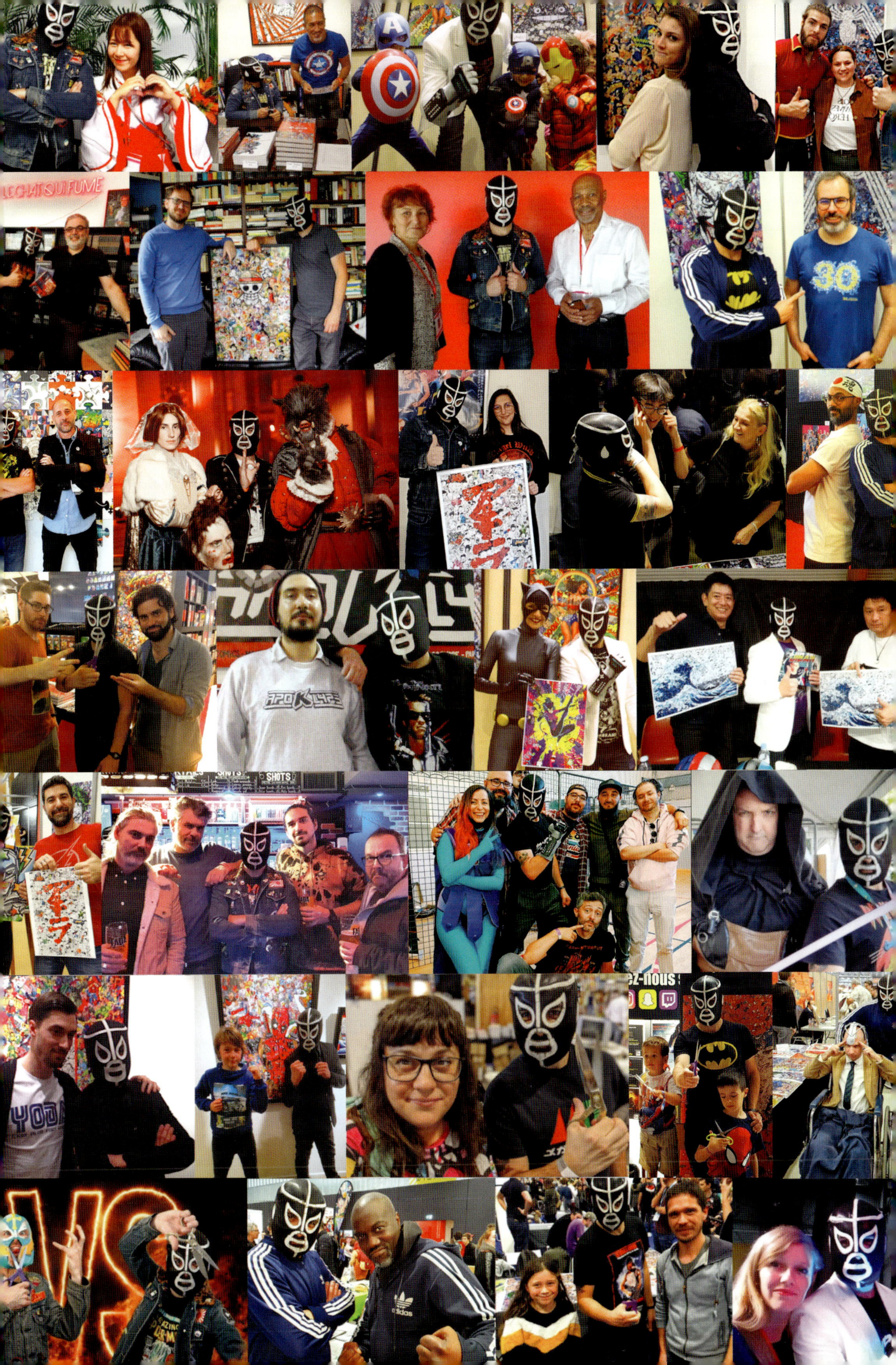
LECHATQUIFUME
30
SHOTS
adidas
ez-nous

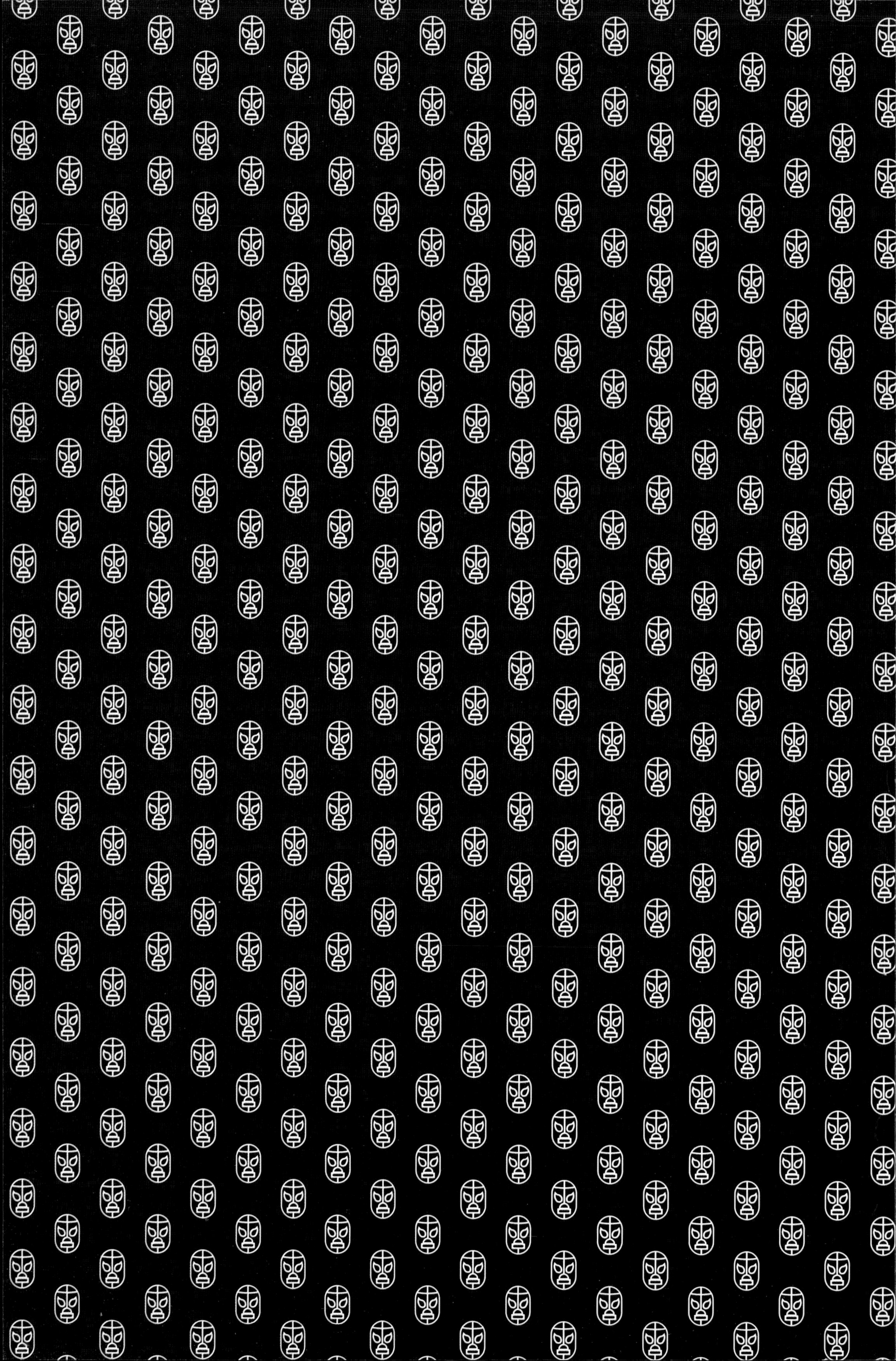